全国职业教育“十二五”规划教材
全国高等职业教育财会类规划教材·工学结合项目化系列

Excel在会计及财务中的应用

肖月华　肖子蕾　主　编
曹艳平　吕一　戴彩霞　谢桃香　副主编

電子工業出版社
Publishing House of Electronics Industry
北京·BEIJING

内 容 简 介

本书以中小企业的财务会计工作流程为编写主线，全面展示 Excel 应用技术。

本书图文并茂，突出操作，淡化理论。全书分为三篇，第一篇为 Excel 基本应用，包括项目 1 和项目 2，主要利用会计基本单据设计、日常费用和收入统计等的编写展示 Excel 2007 的基本应用技术；第二篇为 Excel 会计处理，包括项目 3～项目 8，通过利用 Excel 设计总账管理、编制财务报表、财务报表分析、薪资管理、固定资产管理、购销存管理等系统并完成业务处理工作，展示 Excel 在会计应用中的主要技术；第三篇为 Excel 财务管理，包括项目 9～项目 13，通过利用 Excel 建立流动资产管理、成本分析、财务预算管理、投资决策管理、筹资决策管理等系统并完成业务处理工作，展示 Excel 在财务应用中的主要技术。

本书适合高职高专会计类专业学生使用，也适合五年制高职、中职学生使用，并可作为会计、财务管理等相关从业人士的参考读物。

图书在版编目（CIP）数据

Excel 在会计及财务中的应用 / 肖月华，肖子蕾主编. —北京：电子工业出版社，2015.2

全国高等职业教育财会类规划教材. 工学结合项目化系列

ISBN 978-7-121-25294-5

Ⅰ. ①E… Ⅱ. ①肖… ②肖… Ⅲ. ①表处理软件－应用－会计－高等职业教育－教材②表处理软件－应用－财务管理－高等职业教育－教材 Ⅳ. ①F232②F275-39

中国版本图书馆 CIP 数据核字（2014）第 305680 号

策划编辑：贾瑞敏

责任编辑：胡辛征

特约编辑：赵树刚

印　　刷：北京虎彩文化传播有限公司

装　　订：北京虎彩文化传播有限公司

出版发行：电子工业出版社

北京市海淀区万寿路 173 信箱　　邮编：100036

开　　本：787×1092　1/16　　印张：17.75　　字数：454.4 千字

版　　次：2015 年 2 月第 1 版

印　　次：2021 年 1 月第 7 次印刷

定　　价：38.50 元

凡所购买电子工业出版社图书有缺损问题，请向购买书店调换。若书店售缺，请与本社发行部联系，联系及邮购电话：（010）88254888，88258888。

质量投诉请发邮件至 zlts@phei.com.cn，盗版侵权举报请发邮件到 dbqq@phei.com.cn。

本书咨询联系方式：（010）88254019，jrm@phei.com.cn。

前　　言

Excel 到底该怎么用于会计、用于财务管理，是学生面对的问题、是会计从业人员面对的问题，也是教师们要研究的问题。本教材是根据编写团队对部分中小企业财务人员能力要求的调查及多年来的会计工作体会、会计类专业毕业生对 Excel 应用要求及能力的反馈进行编写的。

本教材特色：

1．以中小企业的财务会计工作流程为编写主线，展示 Excel 应用技术。

全书分为三篇，第一篇为 Excel 基本应用，包括项目 1 和项目 2，主要利用会计基本单据设计、日常费用和收入统计等的编写展示 Excel 2007 的基本应用技术；第二篇为 Excel 会计处理，包括项目 3～项目 8，通过利用 Excel 设计总账管理、编制财务报表、财务报表分析、薪资管理、固定资产管理、购销存管理等系统并完成业务处理工作，展示 Excel 在会计应用中的主要技术；第三篇为 Excel 财务管理，包括项目 9～项目 13，通过利用 Excel 建立流动资产管理、成本分析、财务预算管理、投资决策管理、筹资决策管理等系统并完成业务处理工作，展示 Excel 在财务应用中的主要技术。

2．双目录编排。第一份目录（文前目录）以财务会计业务处理流程为主线，第二份目录（文后索引）以所展示的 Excel 应用技术为主线。

3．任务驱动。

4．图文并茂，突出操作，淡化理论。

本书以图文并茂的方式，引导读者一步步地完成利用 Excel 做账务系统、进行财务管理等操作，并提供模拟实践机会。

本书主要内容以图片方式展示，对应用性的小技巧以“小知识”提示，对重要函数及公式以“函数与公式”项目展示，对学习中应注意的细节以“注意”提示。

本教材适合高职高专会计类专业学生使用，也适合五年制高职、中职学生使用，并可作为会计、财务管理等相关从业人士的参考读物。

本教材由肖月华、肖子蕾主编，曹艳平、吕一、戴彩霞、谢桃香任副主编。肖月华负责拟定全书大纲，并负责全书初稿的修改、最终统稿和定稿。

参加本书编写的人员都是担任会计电算化课程及 Excel 课程教学多年，具有丰富的教学科研经验的高职院校老师。全书分为 13 个项目，具体分工为：项目 1 由娄底职业技术学院戴彩霞编写，项目 2 由娄底职业技术学院谢桃香编写，项目 3 和项目 4 由湖南铁道职业技术学院吕一编写，项目 5 和项目 10 由湖南电气职业技术学院曹艳平编写，项目 6～项目 8 由娄底职业技术学院肖子蕾编写，项目 9、项目 11～项目 13 及附录由娄底职业技术学院肖月华编写。

本书在编写过程中得到多家企业的支持和帮助，书中利用 Excel 设计的大部分系统已在企业财务工作中应用，部分财务人员能在此基础上利用书中的 Excel 技术对系统进行符合企业独特要求的深化。

本书配有各项目的基本素材，供教学、学习参考使用，订购本书的读者可登录华信教育资源网（www.hxedu.com.cn）免费下载。

尽管编写组成员及出版社编辑为本书进行了多次的修改和调整，但书中难免出现疏漏，敬请读者不吝指正，并反馈给出版社或编者。

编　者

2015 年 1 月

目　　录

第三篇 Excel 财务管理

第一篇　Excel 基本应用

1 CHAPTER

项目 1　会计基本单据设计

项目目标

1. 完成企业常见的四大表单设置：差旅费报销单、借款审批单、银行借款及利息计算表、往来客户一览表；

2. 能灵活运用 Excel 格式设置技巧完成各项目的表格格式设计，并能举一反三，进而达到能利用 Excel 完成各类办公所需表格的设计。

项目导入

企业利用 Excel 进行账务管理，需要以众多的原始单据为依据，这些原始单据有外来和自制两种。企业需要设计各种自制单据，如差旅费报销单、职工借款审批单、银行借款利息计算表、客户往来表、供应商往来表及各种成本计算表等。

本项目介绍如何利用 Excel 2007 来创建常见的几种财务单据，同时介绍 Excel 表格处理的方法和技巧，从而希望读者举一反三，进而达到能利用 Excel 建立各类办公所需表格。

项目思路

本项目先学习 Excel 2007 基本操作，再运用基本操作技术完成四种表单的设置。

任务一　Excel 2007 基本操作

一、认识 Excel 2007

我们首先来认识 Excel 2007 的基本界面，如图 1-1 所示。

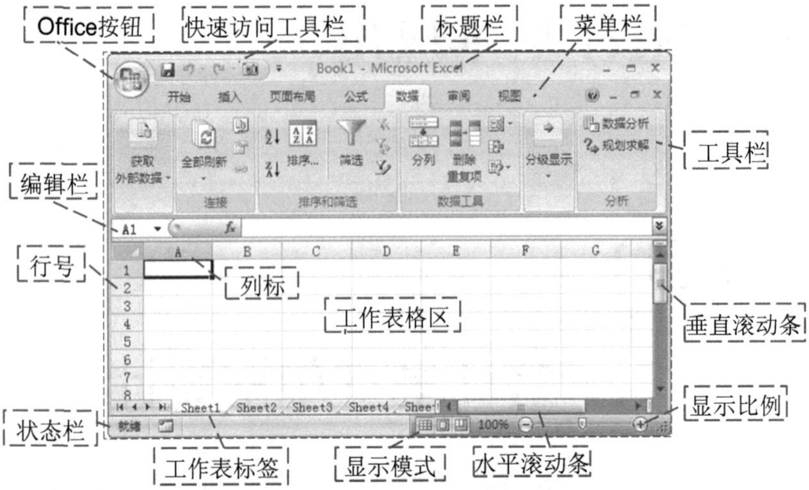

图 1-1　Excel 2007 界面

1. Office 按钮

Office 按钮又称为“文件”菜单，单击该按钮，可以完成工作簿的“新建”、“打开”、“保存”、“另存为”等工作，如图 1-2 所示。单击该菜单下方的“Excel 选项”按钮能进行 Excel 选项设置。单击“退出 Excel”按钮可以退出工作簿。Excel 选项设置的子项内容有“常用”、“公式”、“保存”、“高级”等，在这些子项下可以设置如“包含的工作表数”、“显示网格线”、“在具有零值的单元格中显示零”、“显示水平滚动条”等各种个性化设置。

2. 快速访问工具栏

Excel 2007 快速访问工具栏如图 1-3 所示，包含最常用的快捷操作按钮，如“保存”、“撤销”、“恢复”，同时通过右侧下拉三角形可以进行快速访问工具栏的自定义设置。

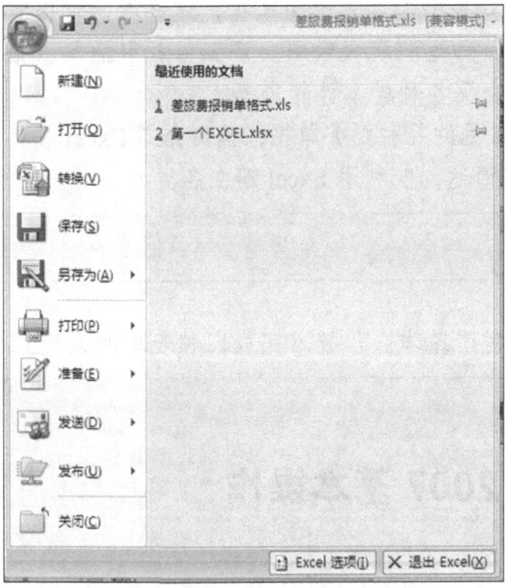

图 1-2　Office 按钮

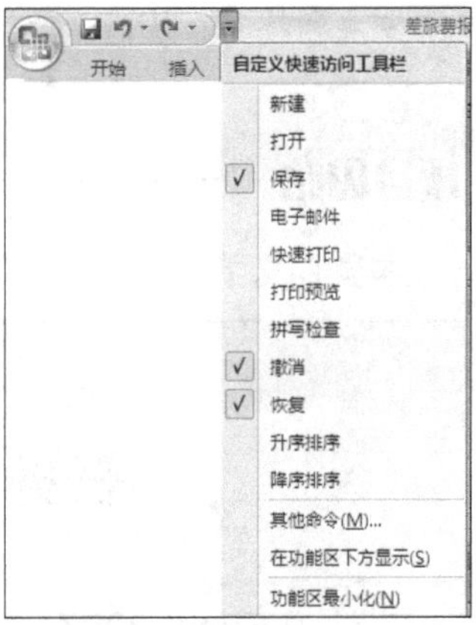

图 1-3　快速访问工具

3. 标题栏

标题栏位于窗口的最上方，快速访问工具栏的右边，如图 1-4 所示。用于显示当前正在运行的文档，如果是刚打开的新工作簿，则文件显示其默认的文件名 Book1。单击右端的按钮，可以进行“最大化”、“最小化”、“关闭”操作。

图 1-4　标题栏

4. 菜单栏、工具栏

Excel 2007 的菜单栏、工具栏又称为功能区，亦称选项卡，默认情况下有“开始”、“插入”、“页面布局”、“公式”、“数据”、“审阅”、“视图”、“加载项”等菜单，如图 1-5 所示。下一部分为相应菜单栏对应的各项工具，如单击“开始”菜单，工具栏中显示“开始”菜单的各工具按钮。各菜单下的工具按工具属性设置了不同的功能区域，如“开始”菜单下的区域有“剪贴板”、“字体”、“对齐方式”、“数字”、“样式”等功能区。如单击“插入”菜单，工具栏中显示“插入”菜单的各工具按钮。各菜单下的工具按工具属性设置了不同的功能区域，如“插入”菜单下的区域有“表”、“插图”、“图表”、“链接”、“文本”等功能区。

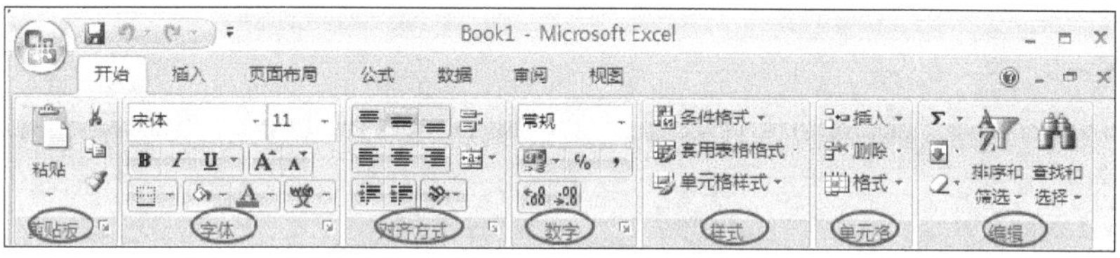

图 1-5　“开始”菜单及其工具

单击工具栏右下角的对话框启动器，可打开各工具选项更详细的设置。如单击“开始”菜单下“对齐方式”工具右下角的对话框启动器，即 ，弹出“设置单元格格式”对话框，在此可进行单元格格式设置，如图 1-6 所示。

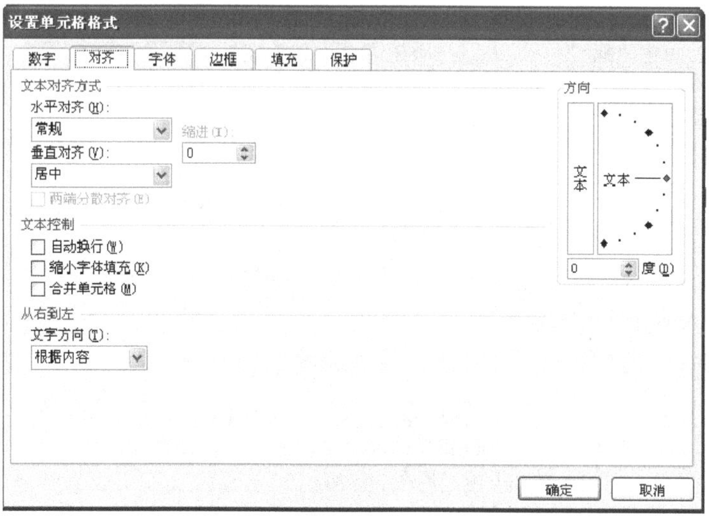

图 1-6　“设置单元格格式”对话框

5. 状态栏

状态栏位于窗口底部，用来显示当前工作区的状态，如图 1-7 所示。Excel 2007 支持三种显示模式，分别为“普通”、“页面布局”、“分页预览”，默认状态下为“普通”模式。在状态栏右击，可自定义状态栏。

图 1-7　状态栏

6. 工作表标签

工作表标签显示的是每一个工作表的名称，默认为 Sheet1、Sheet2、Sheet3 等，如图 1-8 所示。可以进行“重命名”、“插入”、“删除”等操作。工作表右侧的为快速插入工作表按钮。

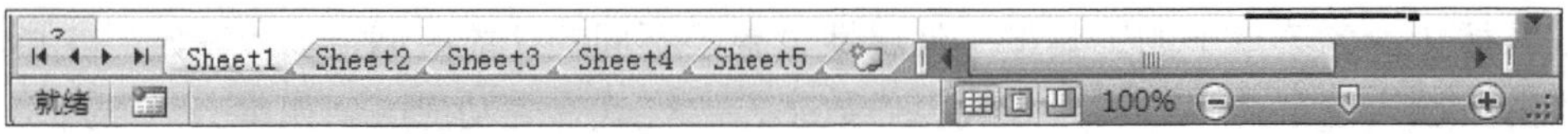

图 1-8　工作表标签

二、插入、移动或删除工作表

1. 插入工作表

打开工作簿后，系统默认的工作表有三个，即 Sheet1、Sheet2、Sheet3，用户可以根据需要插入或删除工作表。

（1）插入一个工作表

在工作表 Sheet2 前增加一个工作表，操作如图 1-9 所示。

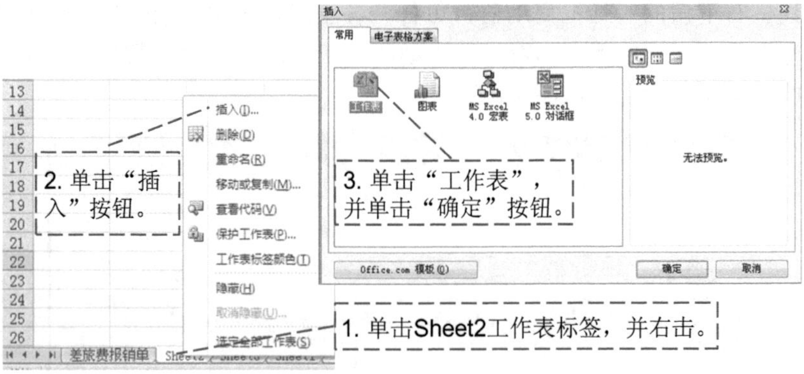

图 1-9　插入一个工作表

（2）一次插入多个工作表

在工作表 Sheet2 前增加三个工作表，操作如图 1-10 所示。

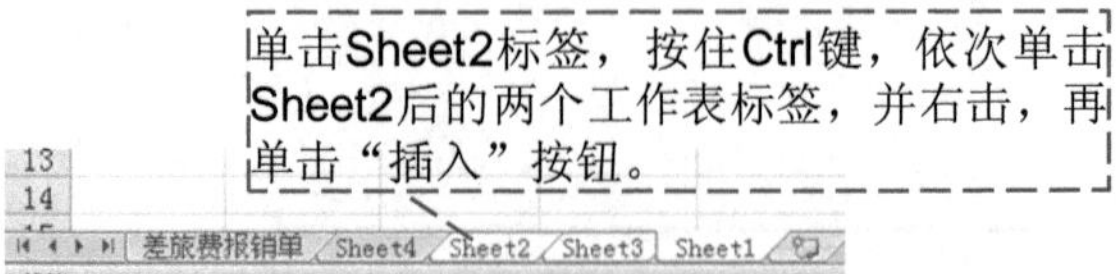

图 1-10　插入多个工作表

2. 移动工作表

例如，将 Sheet2 工作表移动到“借款审批单”工作表前，操作如图 1-11 所示。

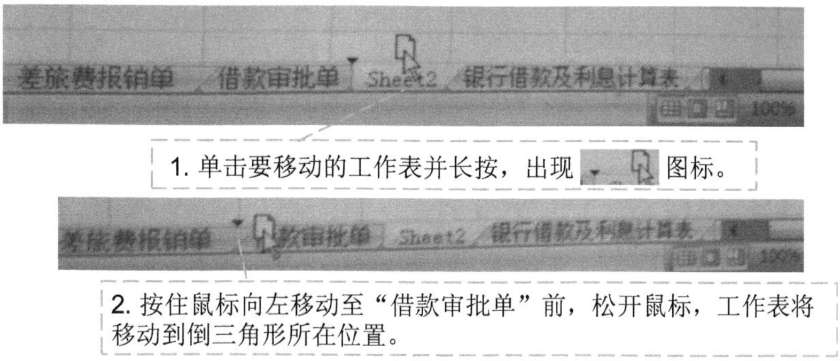

图 1-11　移动工作表

3. 删除工作表

选中要删除的一个或多个工作表并右击，在弹出的快捷菜单中选择“删除”命令。

三、重命名工作表并设置标签颜色

1. 重命名工作表

重命名工作表就是将工作表设置一个新的名称(亦称标签)。如将工作表 Sheet1 命名为“差旅费报销单”，操作如图 1-12 所示。

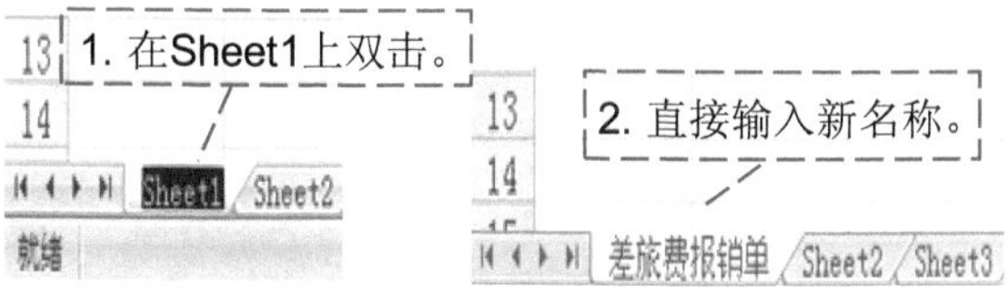

图 1-12　重命名工作表

2. 设置标签颜色

有时为了突出某个工作表，可将该工作表标签设置为一定的颜色，操作如图 1-13 所示。

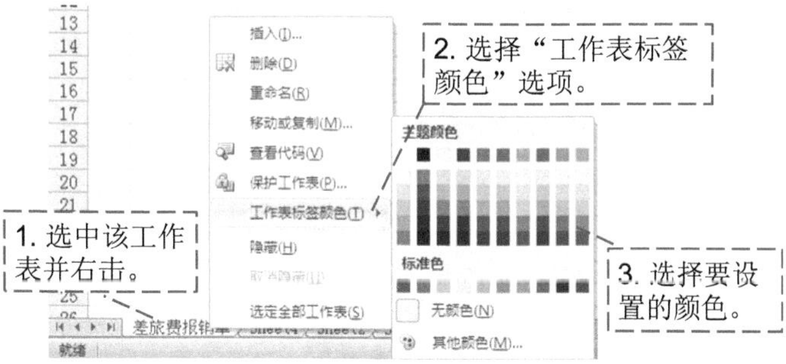

图 1-13　设置工作表标签颜色

四、调整行高、列宽

建立表格时，其默认的行高、列宽并不一定都满足实际需要，此时需重新调整行高、列宽。调整行高、列宽的方式有拖动法、命令法、一次调整多行或多列，以及整表调整。

1. 拖动法（见图 1-14 和图 1-15）

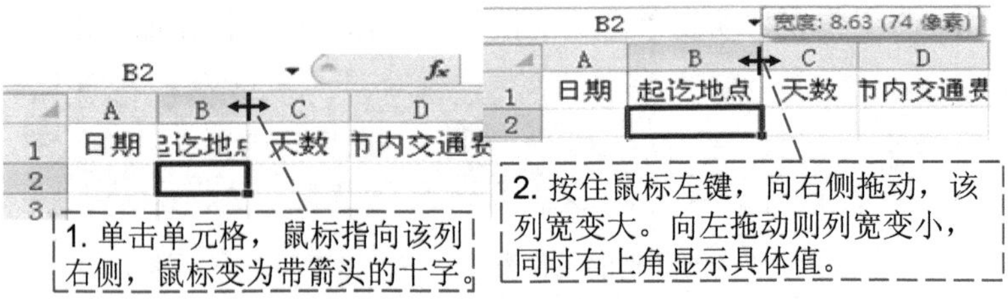

图 1-14　拖动法调整列宽

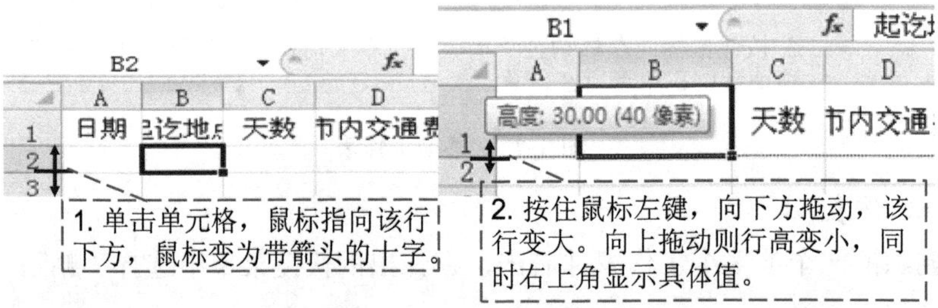

图 1-15　拖动法调整行高

2. 命令法（见图 1-16 和图 1-17）

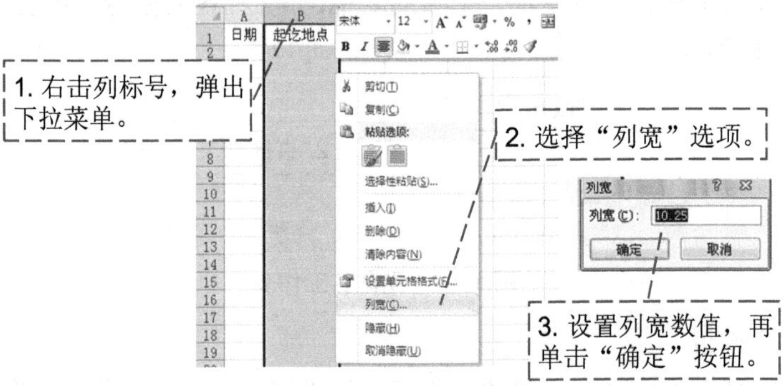

图 1-16　命令法设置列宽

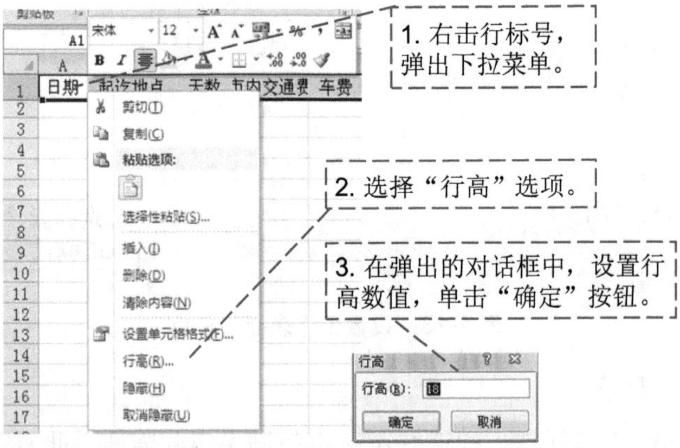

图 1-17　命令法设置行高

3. 一次调整多行或多列

有时需要一次调整多行行高或多列列宽，且多行或多列可能连续也可能不连续，如果要求的高度或宽度相同，则可一次调整多行或多列，如图1-18和图1-19所示。

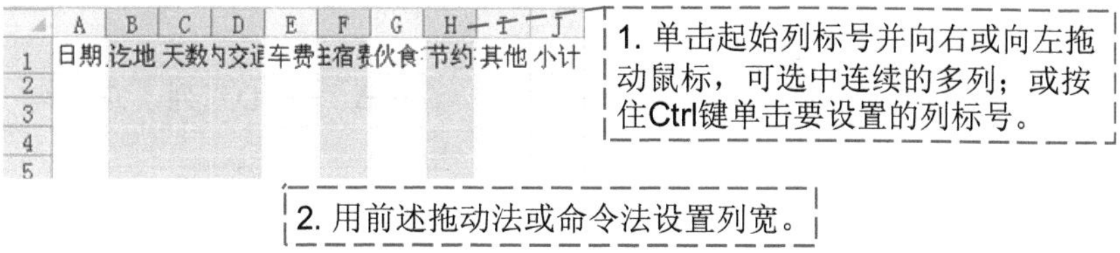

图1-18　调整多列列宽

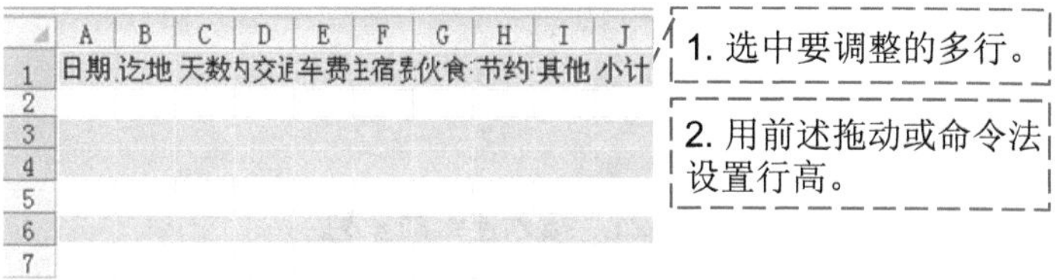

图1-19　调整多行行高

4. 整表调整

如果要对整表的行高、列宽进行相同调整，则可直接单击工作表左上角、名称框下的空格　选中整表，再采用上述方法进行调整。

五、工作表中插入行或列

在表格制作过程中，插入行或列以输入新内容或删除不需要的行或列是常见的操作，可以一次插入或删除一行或一列，也可以一次插入或删除多行或多列。

1. 插入一列（见图1-20）

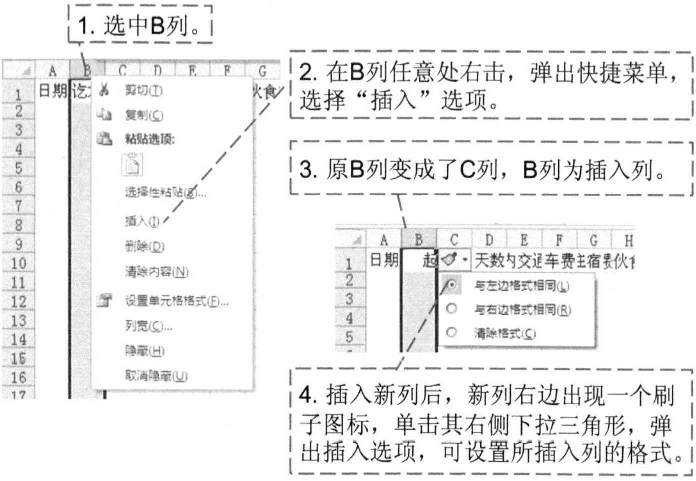

图1-20　插入一列

2. 插入一行

方法同插入一列。

3. 插入连续的多列（见图 1-21）

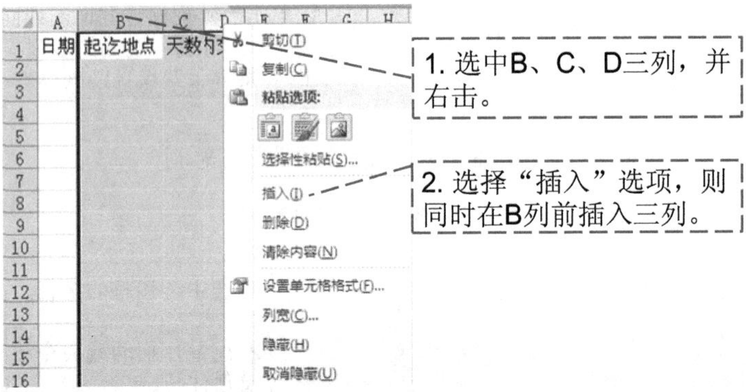

图 1-21　插入连续的多列

4. 插入多行

方法同插入多列。

5. 插入非连续的多列

例如，在 A、C、E 列前各插入一列，方法如图 1-22 所示。

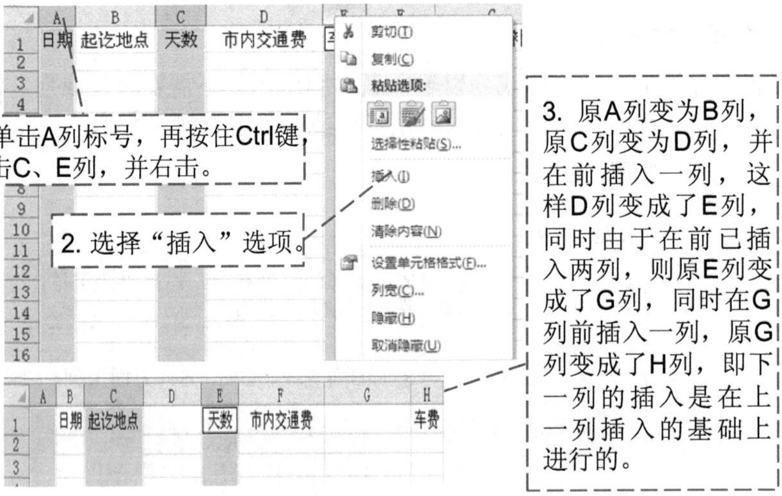

图 1-22　插入不连续的多列

6. 删除行或列

选中要删除的行或列后右击，在弹出的快捷菜单中选择“删除”选项即可。

六、合并单元格

1. 使用“开始”菜单工具合并（见图 1-23）

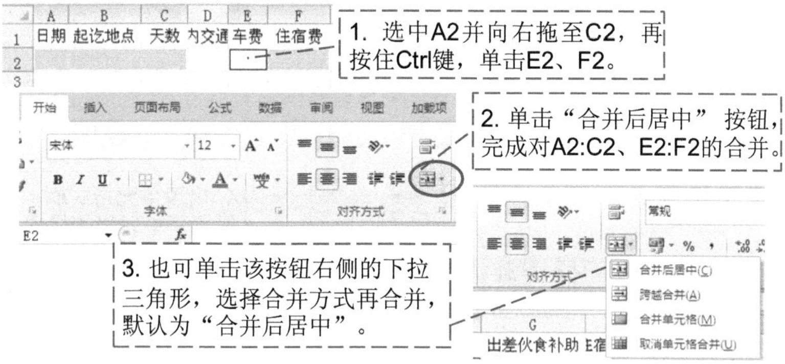

图 1-23　使用工具按钮合并单元格

2. 其他方式

选中要合并的单元格并右击，使用快捷工具进行合并。或打开“设置单元格格式”对话框，选中“合并单元格”复选框完成单元格的合并，如图 1-24 所示。

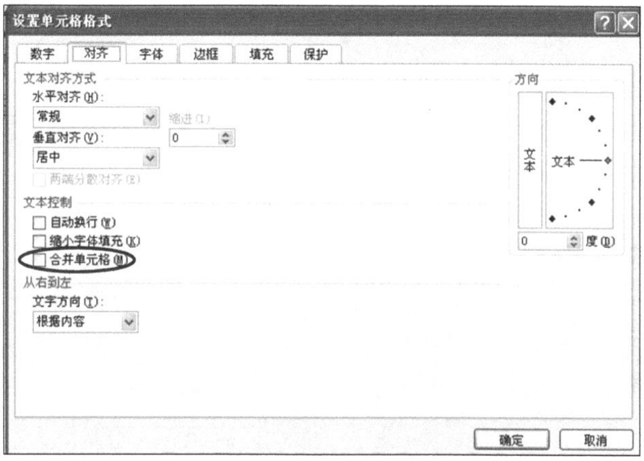

图 1-24　使用格式工具合并单元格

七、增加或删除单元格

在工作表的编辑过程中，有时内容中的单元格过多，需要删除，有时也需要增加单元格。

（1）删除单元格（见图 1-25）

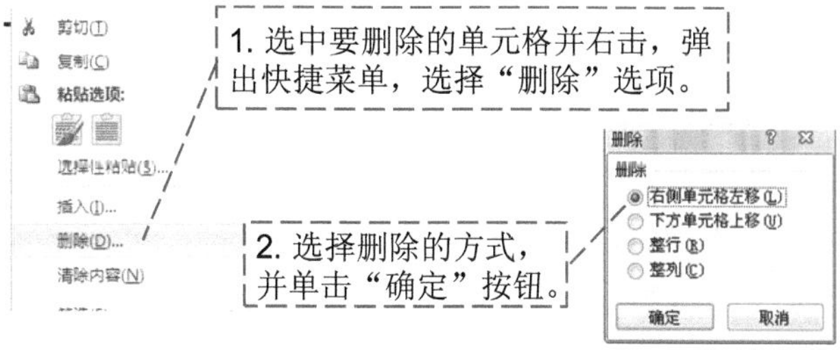

图 1-25　删除单元格

（2）增加单元格

在 B4 单元格上方增加一个单元格，方法如图 1-26 所示。

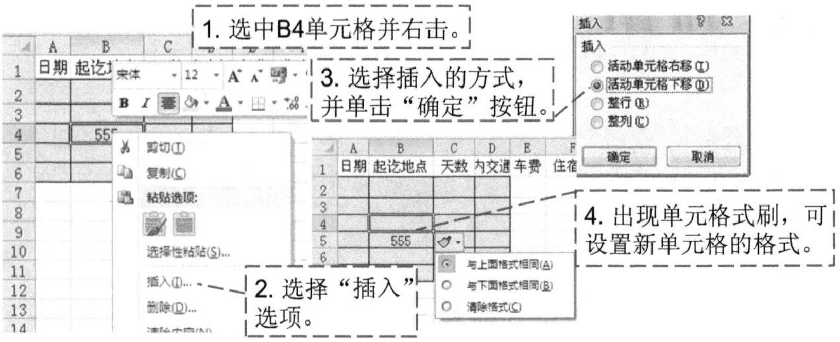

图 1-26　插入单元格

八、设置工作区域边框底纹

在工作表的编辑过程中，有时要给相应区域画表格线、设置一定的底纹或进行其他的格式设置，如单元属性、对齐方式、字体等，则需使用“设置单元格格式”命令。如在 A2:D6 画红色表格线并设置底纹颜色为浅蓝色，方法如下。

1. 设置边框

设置边框可在快捷菜单中设置，如图 1-27 所示，也可以在 Excel 2007 界面功能区“开始”菜单下的“字体”区中的下边框工具 或“单元格”区域中的格式工具 中进行设置，如图 1-28 所示。

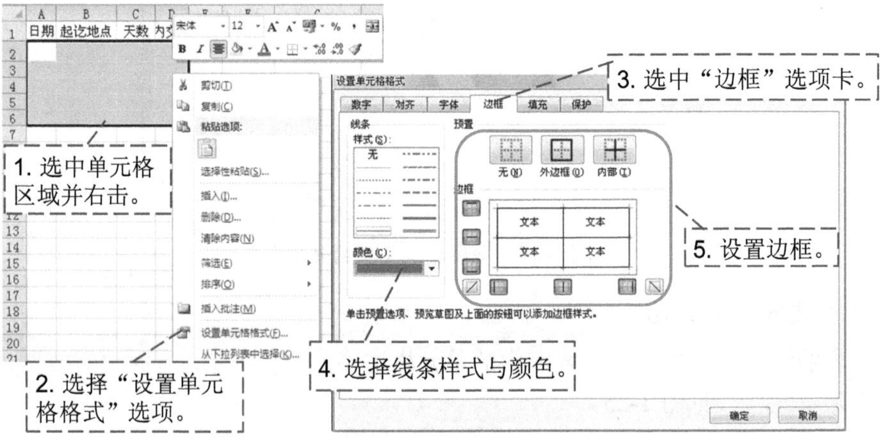

图 1-27　设置边框

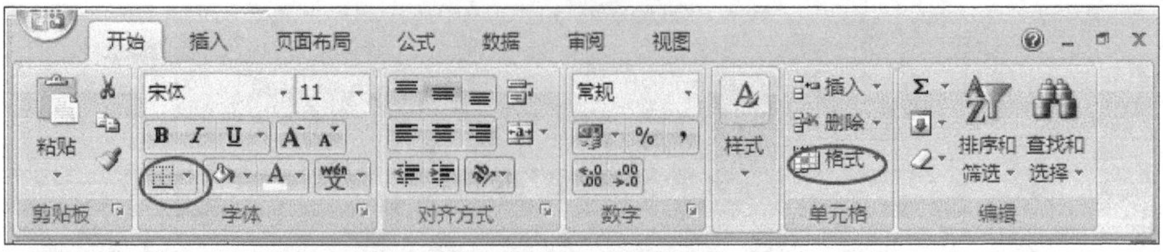

图 1-28　下边框工具与格式工具

2. 设置底纹

即设置单元格区域的背景色。选择要设置的区域后右击，选择“设置单元格格式”选项，打开“设置单元格格式”对话框，选择“填充”选项卡进行设置；也可直接单击“开始”菜单下“字体”区的填充工具进行设置。

九、打印工作表设置

工作表完成后，如果需要打印则需进行页面设置，通过页面设置可以设置纸张的大小、打印方向、左右上下页边距、页脚页眉、工作表区域及标题等，操作方法如图 1-29 所示。

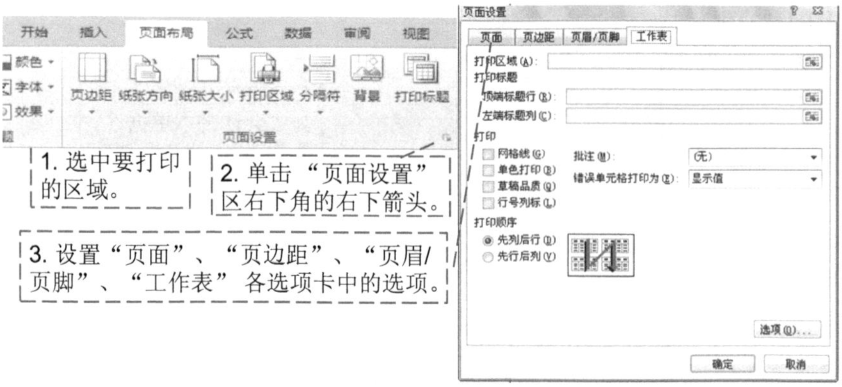

图 1-29　页面设置

也可单击“文件”按钮，在弹出的下拉菜单中选择“打印”选项进行打印设置。

任务二　设置差旅费报销单

活动一　单据样式规划

差旅费报销单是各单位最基本的单据。在利用 Excel 设置单据之前，需对单据进行整体规划，确定单据项目及排列方式，再逐一进行格式设置，制作出美观、实用的单据。图 1-30 所示为制作完成的差旅费报销单。

差 旅 费 报 销 单

部门　　　　　　　　　　年　　月　　日

<table>
<tr><td colspan="4">出差人</td><td colspan="7"></td><td>出差事由</td><td colspan="5"></td></tr>
<tr><td colspan="4">出　发</td><td colspan="4">开　始</td><td rowspan="2">交通工具</td><td colspan="2">交通费</td><td colspan="6">出差补贴</td></tr>
<tr><td>月</td><td>日</td><td>时</td><td>地点</td><td>月</td><td>日</td><td>时</td><td>地点</td><td>单据张数</td><td>金额</td><td>项目</td><td>单据张数</td><td>金额</td><td>项目</td><td>单据张数</td><td>金额</td></tr>
<tr><td></td><td></td><td></td><td></td><td></td><td></td><td></td><td></td><td></td><td></td><td></td><td>住宿费</td><td></td><td></td><td>邮电费</td><td></td><td></td></tr>
<tr><td></td><td></td><td></td><td></td><td></td><td></td><td></td><td></td><td></td><td></td><td></td><td>住宿结余补贴</td><td></td><td></td><td>不买卧铺补贴</td><td></td><td></td></tr>
<tr><td></td><td></td><td></td><td></td><td></td><td></td><td></td><td></td><td></td><td></td><td></td><td>市内交通补贴</td><td></td><td></td><td>其他</td><td></td><td></td></tr>
<tr><td></td><td></td><td></td><td></td><td></td><td></td><td></td><td></td><td></td><td></td><td></td><td>办公用品费</td><td></td><td></td><td></td><td></td><td></td></tr>
<tr><td></td><td></td><td></td><td></td><td></td><td></td><td></td><td></td><td></td><td></td><td></td><td></td><td></td><td></td><td>合计</td><td></td><td></td></tr>
<tr><td colspan="2" rowspan="2">报销总额</td><td colspan="8" rowspan="2">人民币大写</td><td colspan="4" rowspan="2">小写</td><td>预借金额</td><td></td><td></td></tr>
<tr><td>退补金额</td><td></td><td></td></tr>
</table>

主管：　　　　审核：　　　　证明：　　　　　　　经领人：

图 1-30　差旅费报销单布局

差旅费报销单一般包括出差人、出差事由、出发时间、到达时间、出差天数、交通工具、交通费、出差补贴等项目。确定项目之后，再确定基本的结构，并可先在纸上画一个草图，然后再按草图进行制作。下面以娄底丹枫制衣有限责任公司差旅费报销单为例进行讲解。

活动二　设置单据体

一、建立会计单据工作簿及差旅费报销单工作表

建立工作簿，并重命名为“会计基本单据”，将“Sheet1”工作表命名为“差旅费报销单”，如图 1-31 所示。

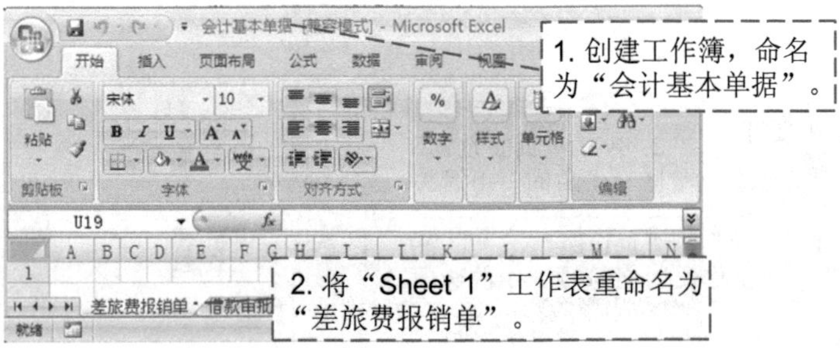

图 1-31　创建工作表

二、单据布局

1. 确定行数

第 1 行为标题，第 2 行为部门与日期，第 3 行为出差人及事由，第 4 行至 12 行为出差的具体报销项目，第 13 行为签字行。

2. 确定列数

确定单据所需最多列数。从草稿图中可以看出，最多列数的显示在第 5 行，共需 17 列。

三、单据设置

1. 设置单据头

在“差旅费报销单”工作表中，设置单据头，操作如图 1-32 所示。

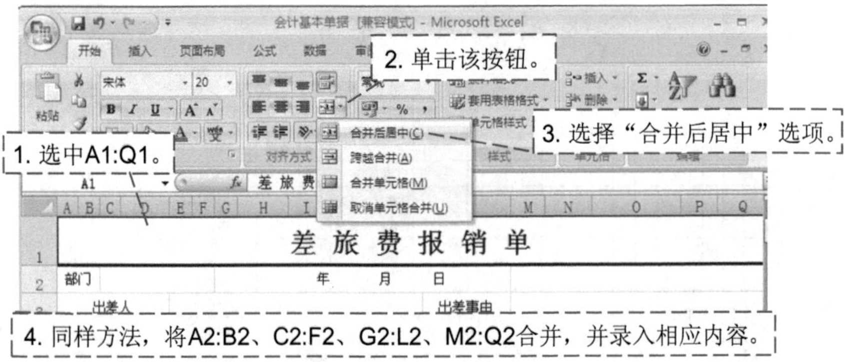

图 1-32　设置单据头

2. 设置单据体（见图 1-33 和图 1-34）

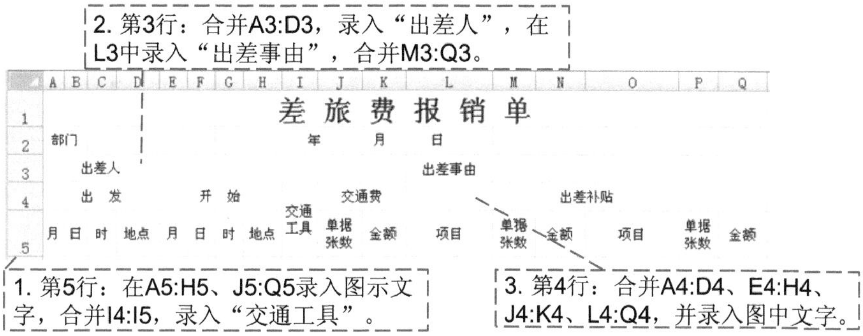

图 1-33　设置单据体 3～5 行

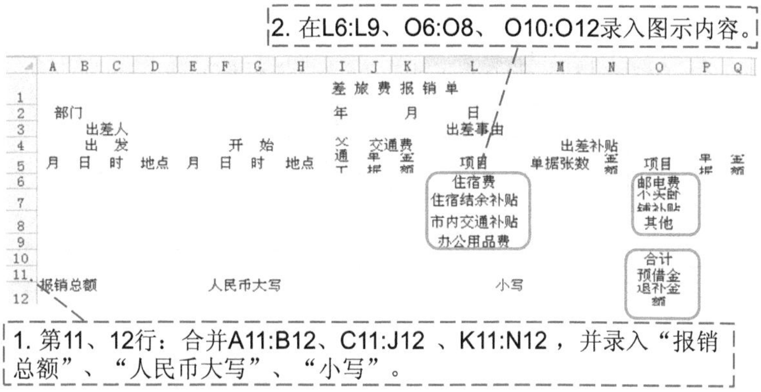

图 1-34　设置单据体 6～12 行

3. 设置单据尾（见图 1-35）

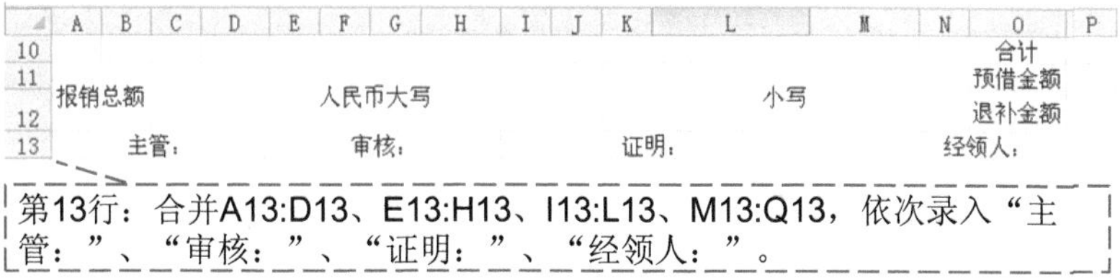

图 1-35　设置单据尾

活动三　美化单据

单据内容设置完成后，需将其进行格式设置，满足使用的需要。美化工作主要有：设置表格边界；调整行高和列宽；设置单据字体、对齐方式、边框；取消网格线等。调整行高和列宽、单据字体、设置边框的方法参见任务一；设置表格边界可通过插入行列的方式完成，设置对齐方式、取消网格线、单据打印的操作如图 1-36～图 1-38 所示。

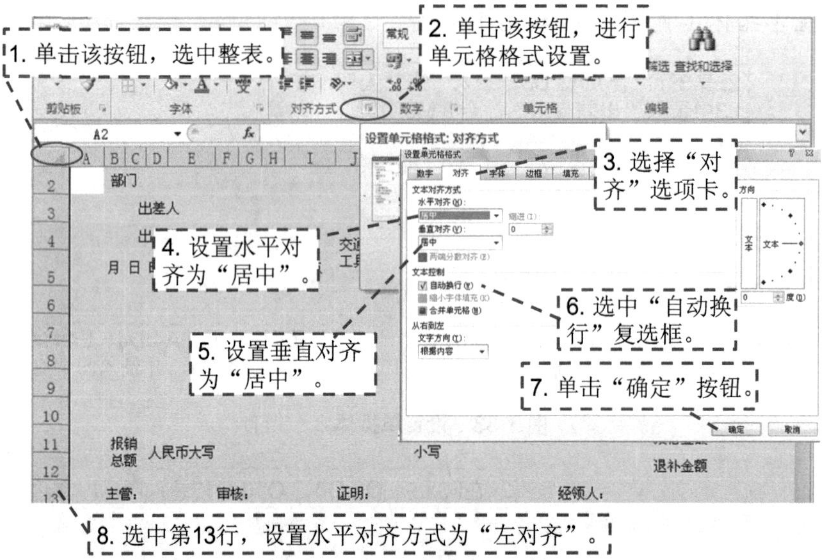

图 1-36　设置对齐方式

图 1-37　取消网格线

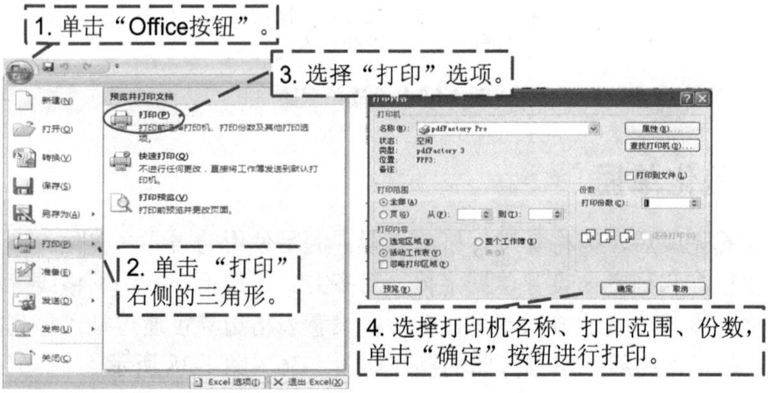

图 1-38　单据打印

小知识

1．还有什么方法可以打开“设置单元格格式”对话框？

（1）单击“开始”菜单下的“字体”区、“对齐方式”区或“数字”区中的 ；

（2）单击“单元格”区“格式”工具右侧的下拉三角形，然后选择“设置单元格格式”选项；

（3）选中单元格后右击，在弹出的快捷菜单中选择“设置单元格格式”选项。

2．设置单元格格式可以完成哪些操作？

可以完成数字格式、对齐方式、字体、边框、填充设置，并可实现对工作表的保护。

任务三　设置借款审批单

活动一　单据样式规划

借款审批单是各单位基本的单据之一。在利用 Excel 设置单据之前，需对单据进行整体规划，确定单据项目及排列方式，再逐一进行格式设置，制作出美观、实用的单据。图 1-39 所示为制作完成的借款审批单。

借款审批单一般包括借款人姓名、部门、职务、借款金额（大小写格式）、借款事由、部门经理签字栏、财务总管签字栏、总经理签字栏等项目。确定项目之后，再确定基本的结构，并可先在纸上画一个草图，然后再按草图进行制作。下面以娄底丹枫制衣有限责任公司借款审批单为例进行讲解。

活动二　设置单据体

一、建立借款审批单工作表

在“会计基本单据”工作簿里，将“Sheet2”工作表命名为“借款审批单”。

二、单据布局

（1）确定行数

第 1 行为表头标题，第 2 行为日期与附件，第 3 行为借款人姓名、部门和职务，第 4 行至第 5 行为借款金额和借款事由，第 6 行和第 7 行为签字行，如图 1-39 所示。

（2）确定列数

确定单据所需最多列数。从草稿图中可以看出，共需 6 列。

娄底丹枫制衣有限责任公司借款审批单

20　　年　　月　　日　　　　　　　　附件：　　张

借款人姓名		部　门		职　务	
借款金额	人民币大写：　佰　拾　万　仟　佰　拾　元　角　分				¥
借款事由					
部门经理		财务总管		总经理	
会计		出纳		经手	

图 1-39　借款审批单布局

三、单据设置

1．设置单据头（见图 1-40）

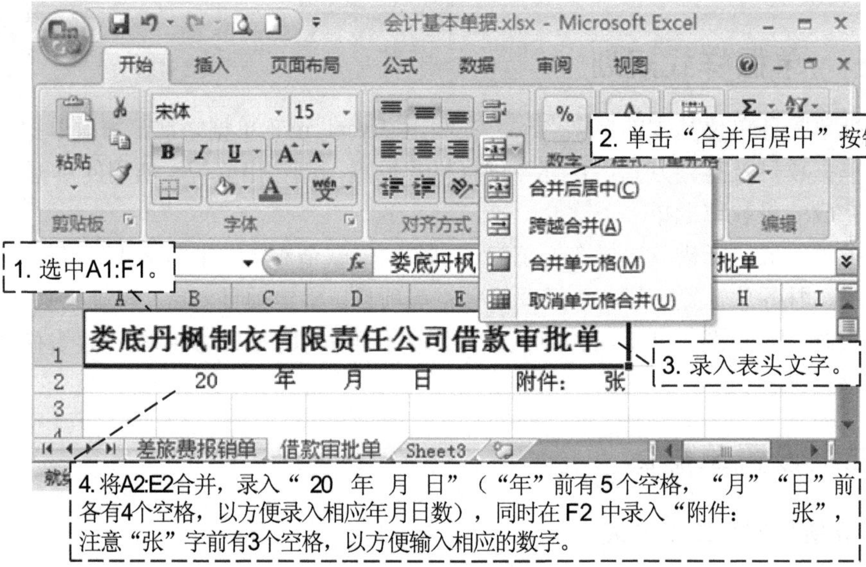

图 1-40　设置单据头

2．设置单据体（见图 1-41 和图 1-42）

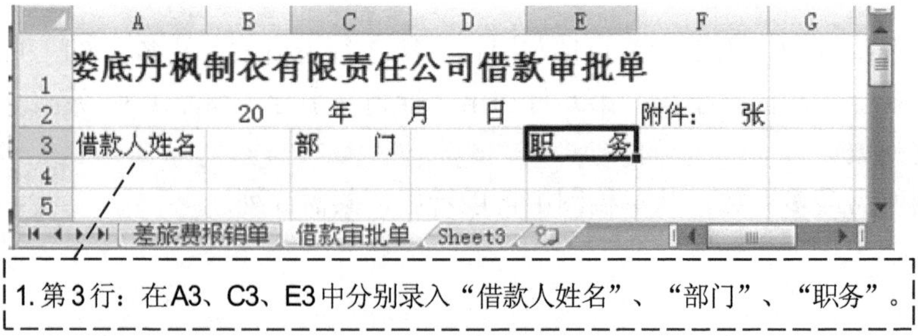

图 1-41　设置单据体第 3 行

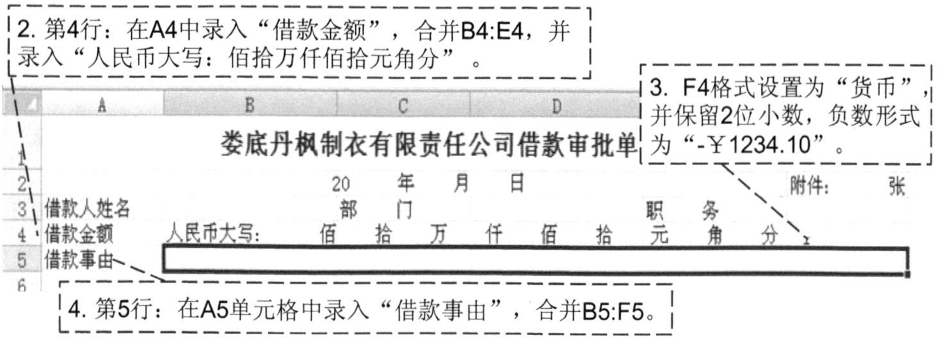

图 1-42　设置单据体第 4～5 行

3. 设置单据尾（见图 1-43）

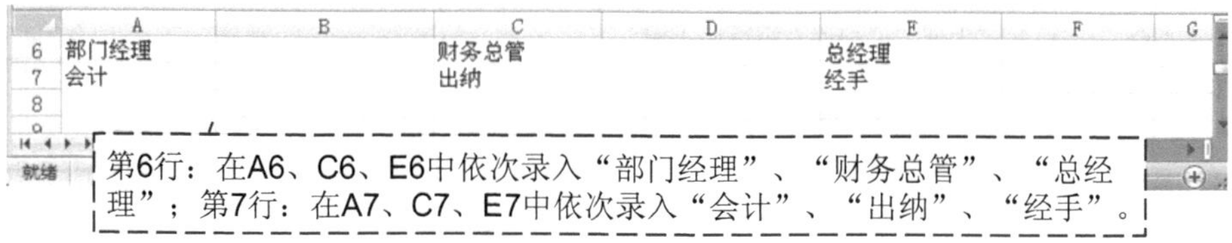

图 1-43　设置单据尾

活动三　美化和打印单据

内容与方法参照本项目任务二。

小知识

Microsoft Excel 2007 中 Shift 键和 Ctrl 键的用法如表 1-1 所示。

表 1-1　Shift和Ctrl键的用法

选　择	操　作
一个单元格	单击该单元格或按箭头键，移至该单元格
单元格区域	单击该区域中的第一个单元格，然后拖至最后一个单元格，或者在按住 Shift 键的同时按箭头键以扩展选定区域。也可以选择该区域中的第一个单元格，然后按 F8 键，使用箭头键扩展选定区域。要停止扩展选定区域，再次按 F8 键
较大的单元格区域	单击该区域中的第一个单元格，然后在按住 Shift 键的同时单击该区域中的最后一个单元格。也可以使用滚动功能显示最后一个单元格
工作表中的所有单元格	单击“全选”按钮 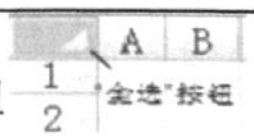 ，还可以按 Ctrl+A 组合键。 注释：如果工作表包含数据，按 Ctrl+A 组合键可选择当前区域。长按 Ctrl+A 组合键可选择整个工作表
不相邻的单元格或单元格区域	选择第一个单元格或单元格区域，然后在按住 Ctrl 键的同时选择其他单元格或区域。也可以选择第一个单元格或单元格区域，然后按 Shift+F8 组合键将另一个不相邻的单元格或区域添加到选定区域中。要停止向选定区域中添加单元格或区域，再次按 Shift+F8 组合键。 注释：不取消整个选定区域，便无法取消对不相邻选定区域中某个单元格或单元格区域的选择

续表

选　择	操　作
整行或整列	单击行标题或列标题。 也可以选择行或列中的单元格，方法是选择第一个单元格，然后按 Ctrl+Shift+箭头组合键（对于行，使用向右键或向左键；对于列，使用向上键或向下键）。 注释：如果行或列包含数据，那么按 Ctrl+Shift+箭头组合键可选择到行或列中最后一个已使用单元格之前的部分。长按 Ctrl+Shift+箭头组合键可选择整行或整列
相邻行或列	在行标题或列标题间拖动鼠标。或者选择第一行或第一列，然后在按住 Shift 键的同时选择最后一行或最后一列
不相邻的行或列	单击选定区域中第一行的行标题或第一列的列标题，然后在按住 Ctrl 键的同时单击要添加到选定区域中的其他行的行标题或其他列的列标题
行或列中的第一个或最后一个单元格	选择行或列中的一个单元格，然后按 Ctrl 键+箭头键（对于行，请使用向右键或向左键；对于列，使用向上键或向下键）
工作表或 Microsoft Office Excel 表格中第一个或最后一个单元格	按 Ctrl+Home 组合键可选择工作表或 Excel 列表中的第一个单元格。 按 Ctrl+End 组合键可选择工作表或 Excel 列表中最后一个包含数据或格式设置的单元格
工作表中最后一个使用的单元格（右下角）之前的单元格区域	选择第一个单元格，然后按 Ctrl+Shift+End 组合键可将选定单元格区域扩展到工作表中最后一个使用的单元格（右下角）
到工作表起始处的单元格区域	选择第一个单元格，然后按 Ctrl+Shift+Home 组合键可将单元格选定区域扩展到工作表的起始处
增加或减少活动选定区域中的单元格	按住 Shift 键的同时单击要包含在新选定区域中的最后一个单元格。活动单元格（活动单元格就是选定单元格，可以向其中输入数据。一次只能有一个活动单元格。活动单元格四周的边框加粗显示）和所单击的单元格之间的矩形区域将成为新的选定区域

要取消选择单元格区域，请单击工作表中的任意单元格。

任务四　设置银行借款及利息计算表

活动一　单据样式规划

银行借款及利息计算表是各单位基本的单据之一。在利用 Excel 设置单据之前，需对单据进行整体规划，确定单据项目及排列方式，再逐一进行格式设置，制作出美观、实用的单据。图 1-45 所示为制作完成的银行借款及利息计算表。

银行借款及利息计算表一般包括借款类型、借款金额、利率、利息额 4 个项目，其中在借款类型这个项目下要填写长期借款或者短期借款。确定项目之后，再确定基本结构，并可先在纸上画一个草图，然后再按草图进行制作。下面以娄底丹枫制衣有限责任公司的银行借款及利息计算表为例进行讲解。

活动二　设置单据体

一、建立银行借款及利息计算表

在“会计基本单据”工作簿中将“Sheet3”工作表命名为“银行借款及利息计算表”，如图 1-44 所示。

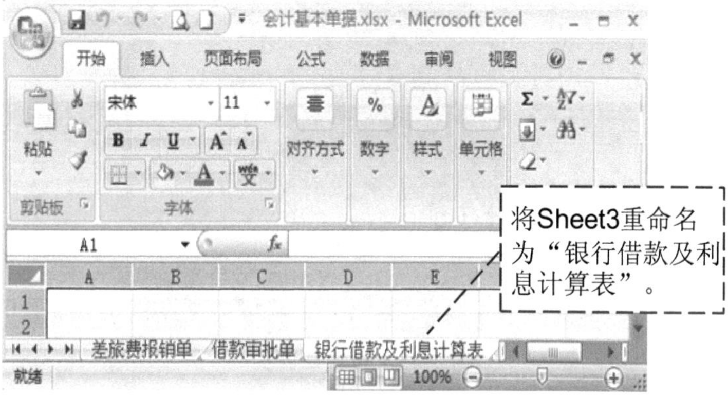

图 1-44　工作表创建

二、单据布局

1. *确定行数*

第 1 行为表头，第 2 行为单位，第 3 行为借款类型、借款金额、利率、利息额，从第 4 行开始为各种类型的借款单位或个人借款信息，本案例中设计了 3 个借款类型单位，第 7 行为合计，如图 1-45 所示。

银行借款及利息计算表

单位：元

借款类型	借款金额	利率	利息额
长期借款			
短期借款（工行）			
短期借款（建行）			
合　　计			

图 1-45　银行借款及利息计算表布局

2. *确定列数*

确定单据所需最多列数。从草稿图中可以看出，共需 7 行 4 列。

三、单据设置

1. 设置单据头（见图 1-46）

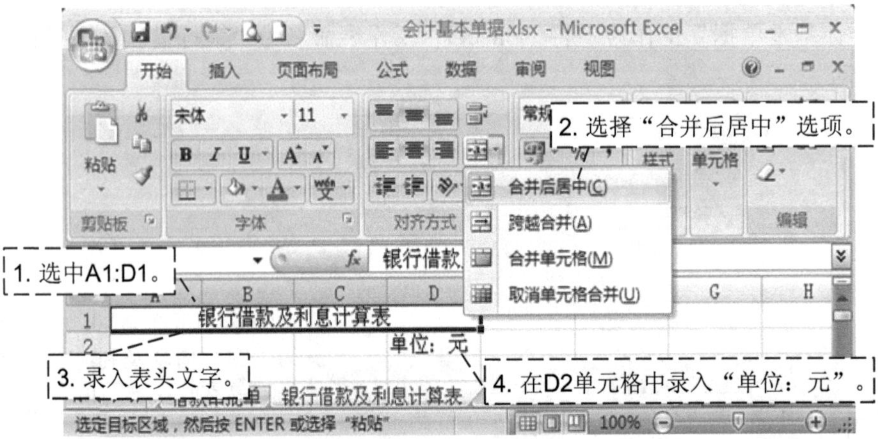

图 1-46　设置单据头

2. 设置单据体内容（见图 1-47）

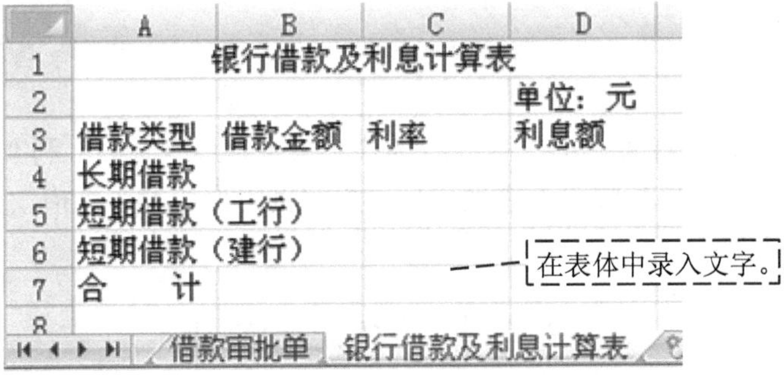

图 1-47　设置单据体第 3～7 行

活动三　美化和打印单据

内容与方法参照本项目任务二。

任务五　设置往来客户一览表

活动一　单据样式规划

往来客户一览表是各单位基本的单据之一。在利用 Excel 设置单据之前，需对单据进行整体规划，确定单据项目及排列方式，再逐一进行格式设置，制作出美观、实用的单据。图 1-48 所示为制作完成的往来客户一览表。

往来客户一览表

企业名称	法人代表	联系电话	联系地址	企业邮箱	银行名称	银行账号	合作性质	合作日期	信誉情况
娄底双双纺织用品公司	杜茹	0738-8670046	娄底市乐坪东街168号	yyr2009@yahoo.cn	中国建设银行	95590458968	供应商	2008-4-20	优
山东兰妮布业	刘杰	0433-78000054	山东省吉林市上北路15号	lannibuyei@sina.com.cn	中国工商银行	95591452783	供应商	2008-4-25	优
晓晓实业	吕刚	0731-15000046	长沙市芙蓉区158号	bgsch112@126.com	中国农业银行	95590495564	客户	2008-6-10	优

图 1-48　往来客户一览表布局

往来客户一览表一般包括企业名称、法人代表、联系电话、联系地址、企业邮箱、银行名称、银行账号、合作性质、合作日期、信誉情况等项目，其中在银行账号一栏要设置项目内容单元格的数字分类为文本类型，合作日期栏要设置项目内容单元格的数字分类为日期类型。确定项目之后，再确定基本的结构，并可先在纸上画一个草图，然后再按草图进行制作。下面以娄底丹枫制衣有限责任公司的往来客户一览表为例进行讲解。

活动二　设置单据体

一、建立往来客户一览表工作表

在"会计基本单据"工作簿中插入一张新的工作表，并将插入的新工作表命名为"往来客户一览表"。

二、单据布局

1. 确定行数

第 1 行为表头，第 2 行为企业名称、法人代表、联系电话、联系地址、企业邮箱、银行名称、银行账号、合作性质、合作日期、信誉情况，本案例中只设计了 3 个往来客户栏。

2. 确定列数

确定表单所需最多列数。从草稿图中可以看出，共需 5 行 10 列。

三、单据设置

1. 设置单据头（见图 1-49）

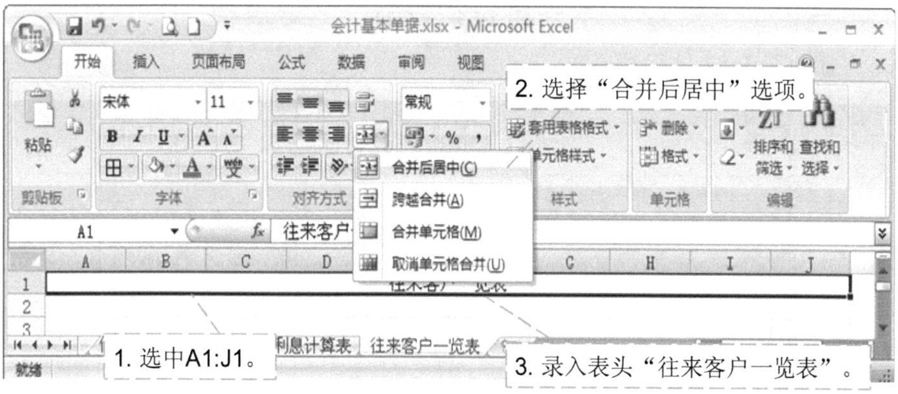

图 1-49　设置单据头

2. 设置单据体（见图 1-50）

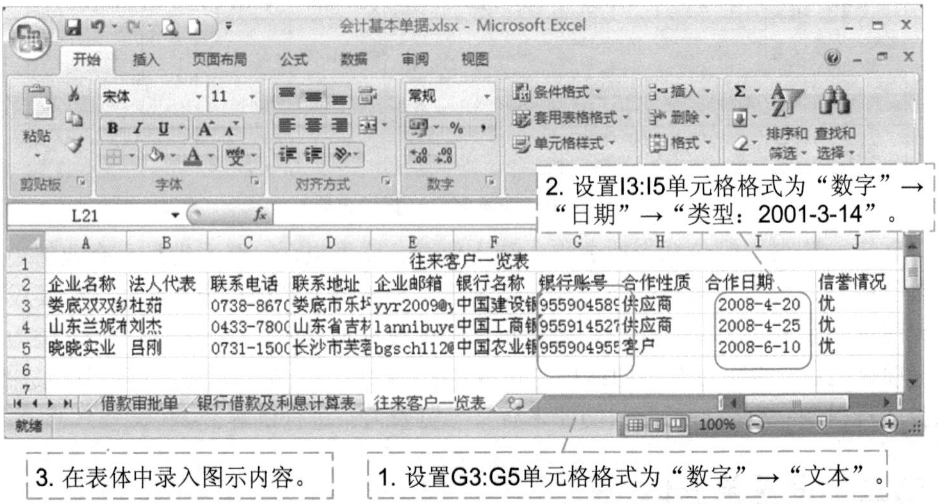

图 1-50　设置单据体第 2-5 行

单据内容设置完成后，需将其进行格式设置并打印单据。

模拟实战

1. 设置如图 1-51 所示收料单。

收料单

2011年12月1日　　编号：001

材料编号	材料名称	材料规格	单位	数量		计划单价	计划总成本
				应收	实收		
	蓝薄麻料布		米	4500	4500	25.80	116100.00

主管：钱海　质检：李小英　验收：肖娇　经办：刘哲

图 1-51　收料单

2. 设置如图 1-52 所示领料单。

领 料 单

领料部门：生产车间

用　途：男夏装　　2011年12月5日　　第 001号

材料			单位	数量		单价	计划总成本
编号	名称	规格		请领	实发		
	蓝薄麻料布		米	7500	7500	25.80	193500.00

领料人：李春明　领料主管：郭小影　发料人：赵江　仓库主管：钱海

图 1-52　领料单

3．设置如图1-53所示工资结算汇总表。

工资结算汇总表										
2011年11月30日										单位：元
部门		应付工资	代扣工资							实发金额
			养老保险	失业保险	医疗保险	住房公积金	个人所得税	小计		
			8%	1%	2%	6%				
生产车间	生产工人	232031.00	18562.48	2320.31	4640.62	13921.86		39445.27		192585.73
	管理人员	12835.00	1026.80	128.35	256.70	770.10		2181.95		10653.05
管理部门		165389.68	13231.17	1653.90	3307.79	9923.38	844.32	28960.57		136429.11
合计		410255.68	32820.45	4102.56	8205.11	24615.34	844.32	70587.79		339667.89

图1-53　工资结算汇总表

2
CHAPTER

项目2 日常费用和收入统计

项目目标

1．能利用 Excel 建立收入、费用分类表。
2．能利用 Excel 建立日常费用和收入记录表。
3．能利用 Excel 建立日常费用的收入统计表。
4．能利用 Excel 建立所属部门－时间数据透视表和所属部门－时间数据透视图。

项目导入

在一个企业的日常管理活动中，经常会发生一些费用支出和收入，为了更好地反映、控制这些日常费用的支出和收入，有关管理部门需要通过适当方式将这些费用统计出来。由于 Excel 提供了强大的计算、统计、分析功能，所以在一个企业的日常费用管理中，可以借助 Excel 来提高工作效率。

项目思路

本项目中介绍利用 Excel 2007 来创建常见的日常费用和收入统计表，表中数据以娄底丹枫制衣有限责任公司 12 月份的部分收支为参考，同时介绍 Excel 表格处理中分类汇总和数据透视表的方法和技巧。

任务一　建立费用与收入统计表格

一、建立收入、费用分类表

在进行日常费用和收入统计表制作前，把需要用到的基础数据设计成相应的数据编码和匹配的名称，这样便于操作。

1. 建立工作表

建立“日常费用和收入统计”工作簿，将 Sheet1 工作表重命名为“设置编码”，确定行数和列数，将基本数据项内容输入，如图 2-1 所示。

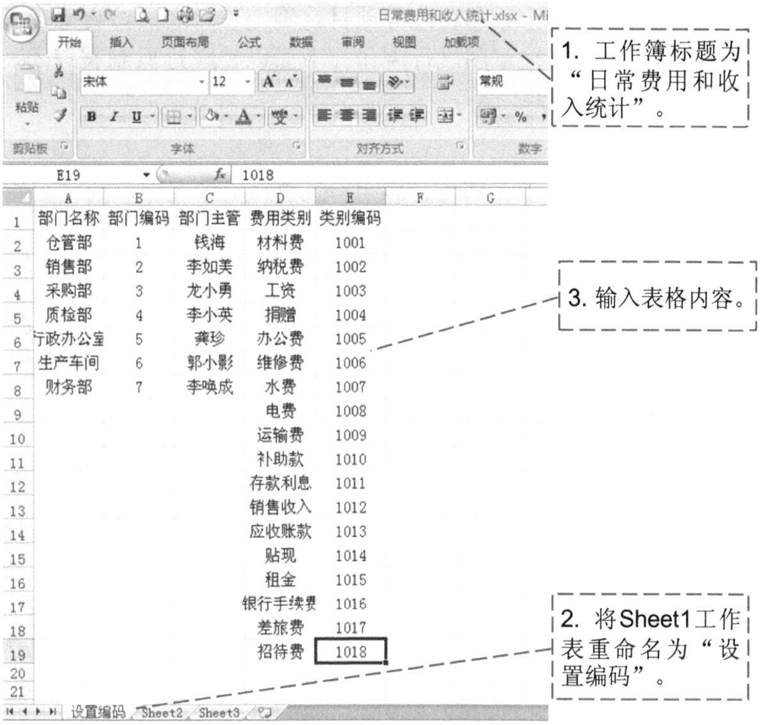

图 2-1 工作表的建立

2. 美化并打印表格

单据内容设置完成后进行美化，如图 2-2 所示，并打印表格。

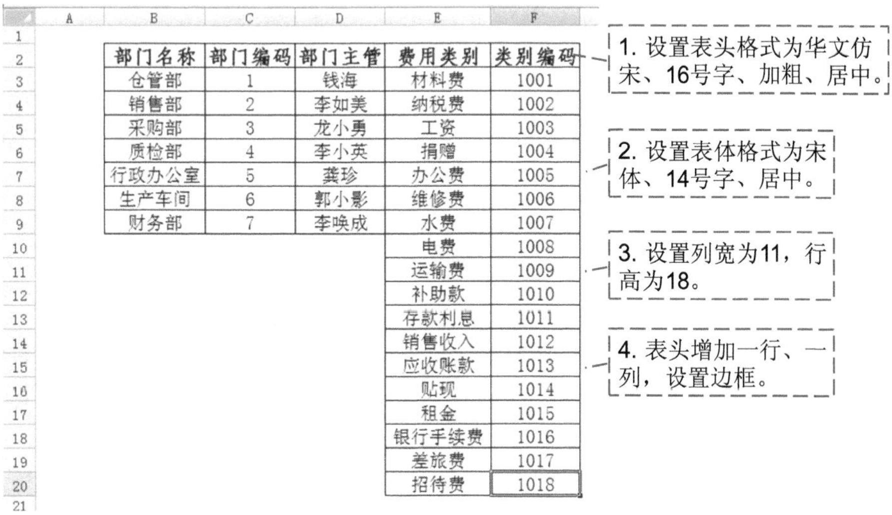

图 2-2 表格格式设置

二、建立日常费用和收入记录表

如果要准确地进行收支统计，就必须先创建日常费用和收入记录表。

日常费用和收入记录表一般包括序号、时间、员工名称、部门名称、部门编码、费用类别、类别编码、入额、出额、结余数和备注等项目。确定项目之后，再确定基本的结构，并可先在纸上画一个草图，然后再按草图进行制作。下面以娄底丹枫制衣有限责任公司的案例背景里的业务资料为基础进行讲解。

1. 设置单据体

在“日常费用和收入统计”工作簿中，将“Sheet2”工作表命名为“日常费用和收入记录表”。

2. 单据布局

数据项的表头和内容均以案例背景里的数据为基础，效果如图 2-3 所示。

12月份日常费用和收入记录表

序号	时间	员工名称	部门名称	部门编码	部门主管	费用类别	类别编码	入额	出额	结余数	备注
	12月1日									500,000.00	期初结余数
第1笔	12月1日	赵江	仓管部	1	钱海	运输费	1009		9,700.00	490,300.00	采购材料运费，附件4张
第2笔	12月4日	刘理	采购部	3	龙小勇	材料费	1001		24,000.00	466,300.00	购买银行汇票支付材料费，附件3张
第3笔	12月4日	刘理	采购部	3	龙小勇	银行手续费	1016		25.00	466,275.00	支付材料费的银行手续费，附件3张
第4笔	12月9日	张宏伟	行政办公室	5	龚珍	差旅费	1017		4,060.00	462,215.00	附件2张
第5笔	12月13日	李小明	行政办公室	5	龚珍	捐赠	1004		40,000.00	422,215.00	开出转账支票向娄底万宝光荣院捐款，附件2张
第6笔	12月18日	戴栋	销售部	2	李如美	招待费	1018		8,386.00	413,829.00	业务招待，附加9张
第7笔	12月20日	王娟	财务部	7	李唤成	水费	1007		3,360.00	410,469.00	支付本月水费，附件2张
第8笔	12月20日	王娟	财务部	7	李唤成	纳税费	1002		571.20	409,897.80	支付本月水费的增值税，附件2张
第9笔	12月20日	邓宏志	财务部	7	李唤成	电费	1008		6,496.00	403,401.80	支付本月电费，附件2张
第10笔	12月20日	邓宏志	财务部	7	李唤成	纳税费	1002		1,104.32	402,297.48	支付本月电费的增值税，附件2张
第11笔	12月21日	周中平	财务部	7	李唤成	存款利息	1011	902.89		403,200.37	工行第四季度存款利息，附件2张
第12笔	12月21日	周中平	财务部	7	李唤成	存款利息	1011	1,527.78		404,728.15	交通银行存款利息，附件2
第13笔	12月28日	李小明	行政办公室	5	龚珍	补助款	1010		32,200.00	372,528.15	支付员工餐费补助，附件2
第14笔	12月31日	柳迎风	生产车间	6	郭小影	办公费	1005		548.09	371,980.06	办公用品购置，附件2张

图 2-3　单据布局

3. 单据设置

Step 01 设置单据头，如图 2-4 所示。

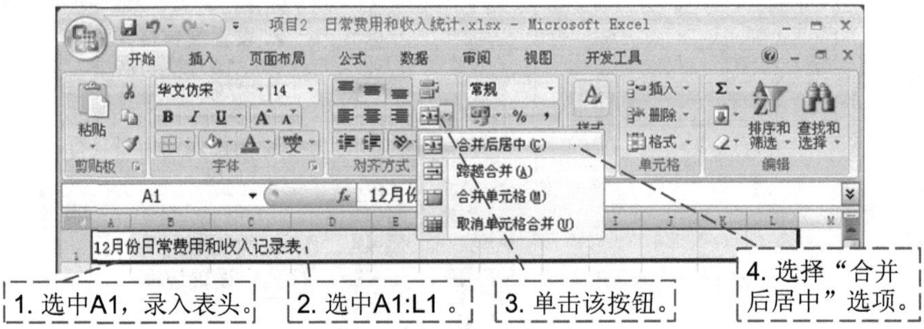

图 2-4　设置单据头

Step 02 设置单据体。

单据体内容包括行标题、列标题及相应的格式与内容，具体设置如图 2-5～图 2-8 所示。

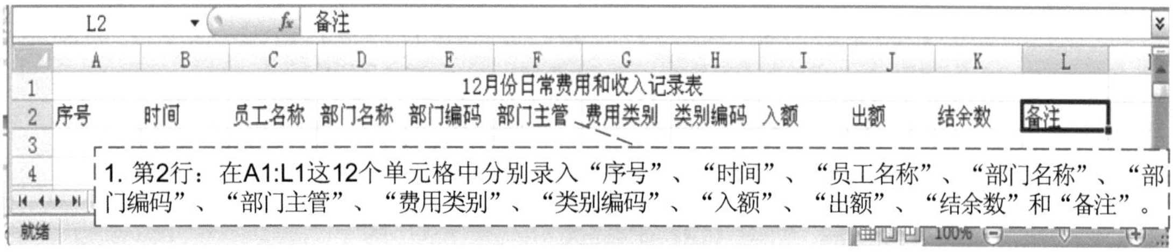

图 2-5　设置项目标题

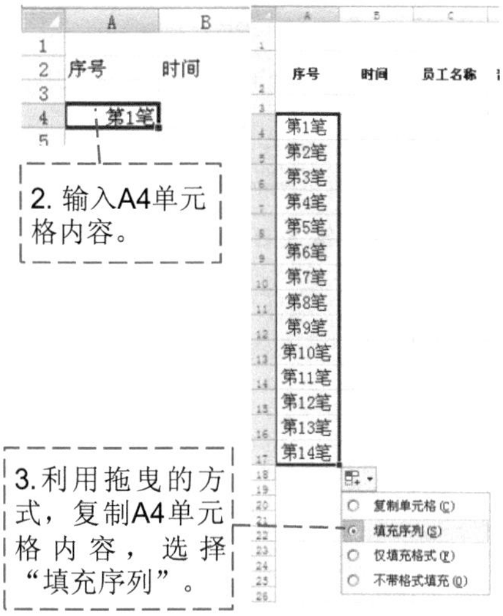

图 2-6　输入 A 列的内容

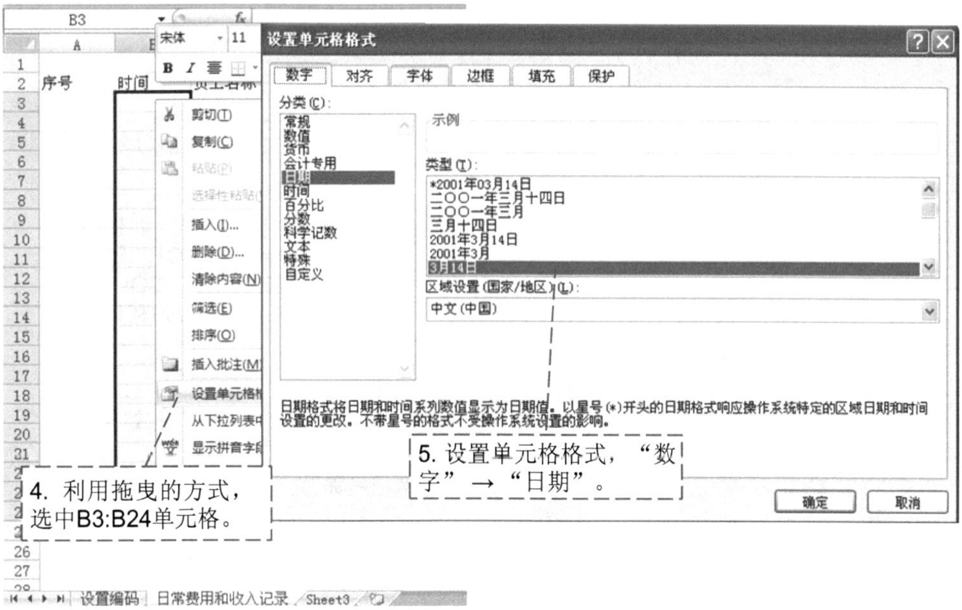

图 2-7　设置 B3:B26 日期格式

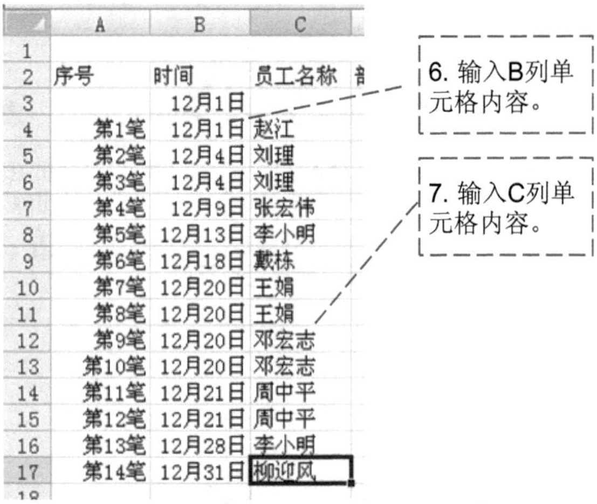

图 2-8　输入 B 列和 C 列的内容

Step 03 名称定义。

为方便以后对工作表某一区域的引用，可以将工作表某一区域指定一个名字，称为名称定义，其定义方法如图 2-9 和图 2-10 所示。

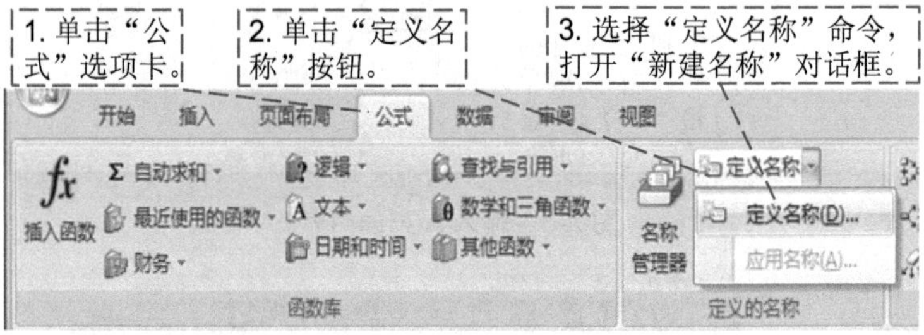

图 2-9　定义名称

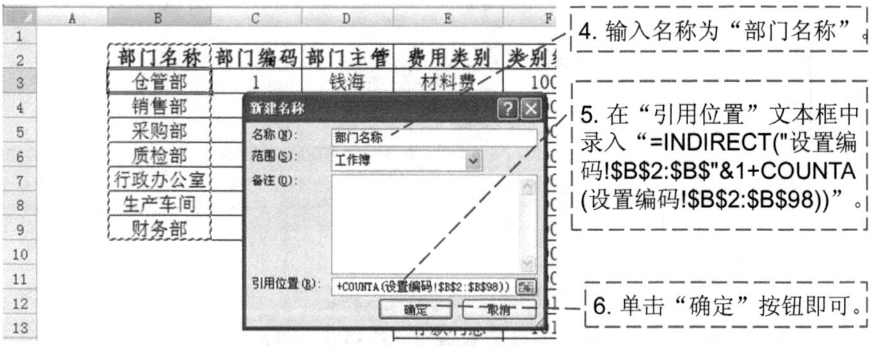

图 2-10　新建名称为“部门名称”

用同样的方法定义费用类别名称，内容如表 2-1 所示。

表 2-1　定义费用类别名称公式

名　称	引用位置	范　围
费用类别	=INDIRECT("设置编码!$B$2:B"&1+COUNTA(设置编码!$B$2:$B$98))	工作簿

函数与公式

1. COUNTA()函数

含义：返回参数列表中非空值的单元格个数。

语法：COUNTA(value1,value2,...)

解释：value1, value2, ... 为所要计算的值，参数个数为 1 到 30 个。在这种情况下，参数值可以是任何类型，它们可以包括空字符 ("")，但不包括空白单元格。如果参数是数组或单元格引用，则数组或引用中的空白单元格将被忽略。如果不需要统计逻辑值、文字或错误值，则使用函数 COUNT()。

【例 2-1】 求部门的个数，如图 2-11 所示。

	A	B	C
1	**部门名称**		
2	仓管部		
3	销售部		
4	采购部		
5	质检部		
6	行政办公室		
7	生产车间		
8	财务部		
9			
10			
11	**公式**	**说明**	**结果**
12	=COUNTA(A2:A9)	计算单元格区域A2到A8中非空单元格的个数。	7

图 2-11 COUNTA()函数应用案例

2. INDIRECT()函数

含义：返回并显示指定引用的内容。

语法：INDIRECT(ref_text,a1)

解释：

ref_text 代表引用的文本字符串或对单元格的引用，如果 ref_text 不是合法的单元格的引用，函数 INDIRECT()返回错误值#REF!。

a1 为 TRUE 或者忽略，使用 A1 引用样式。

a1 为 FALSE，使用 R1C1 引用样式。

例如，= INDIRECT("$A$1")与=A1 等价。

同理，INDIRECT("$A$1:$A$10")相当于引用 A1:A10 区域。

3. =INDIRECT("设置编码!$A$2:a"&1+COUNTA(设置编码!$A$2:$A$98))公式

表示对设置编码工作表中的 A 列中非空值的单元格的信息创建引用。如果 COUNTA(项目设置! $A$2:$A$98)=1，则只引用了 A2 一个值；如果 COUNTA(项目设置! $A$2:$A$98)>1，则引用了一个数据组。

Step 04 利用有效性进行部门名称设置。

为减少输入工作量，对在某一区域只就一定内容进行重复选择的项目，可通过有效性设置实现，操作方法如图 2-12～图 2-14 所示。

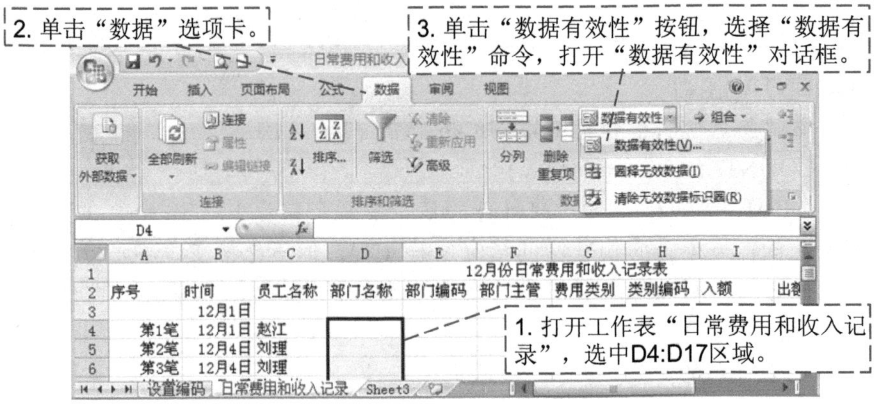

图 2-12　选择“数据有效性”命令

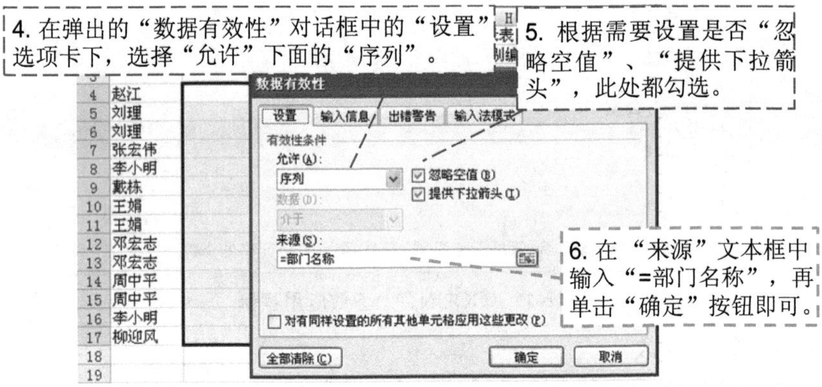

图 2-13　设置部门名称列表单元格的数据有效性

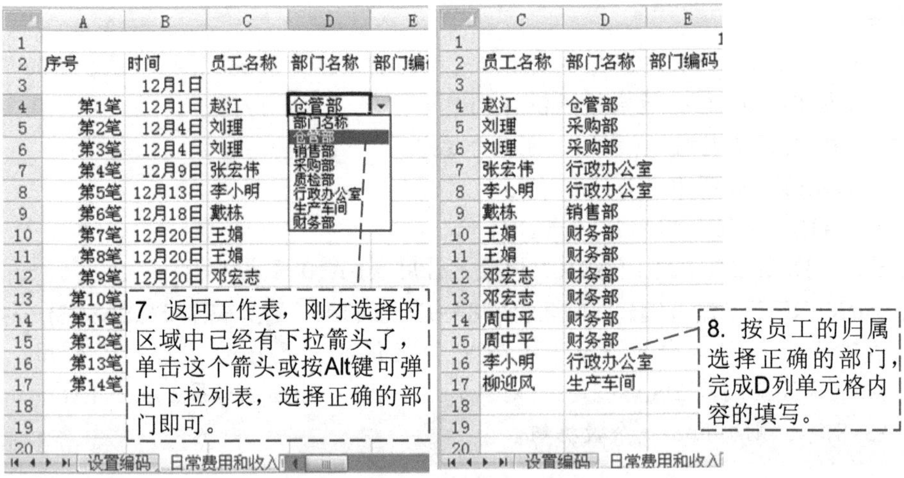

图 2-14　利用有效性输入部门

Step 05 设置部门编码。

设置部门编码公式，实现自动根据部门名称显示部门编码，操作方法如图 2-15 和图 2-16 所示。

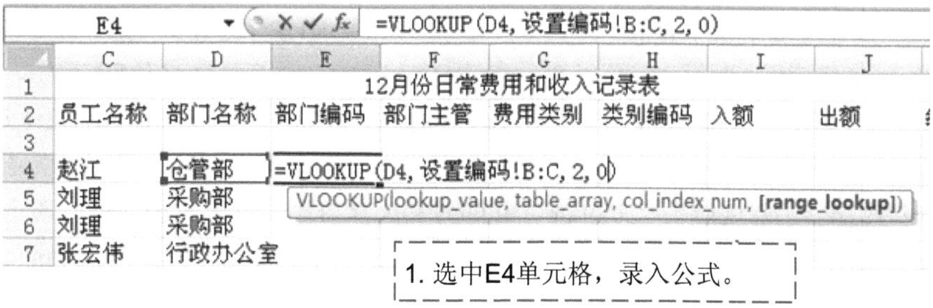

图 2-15 输入 E4 公式

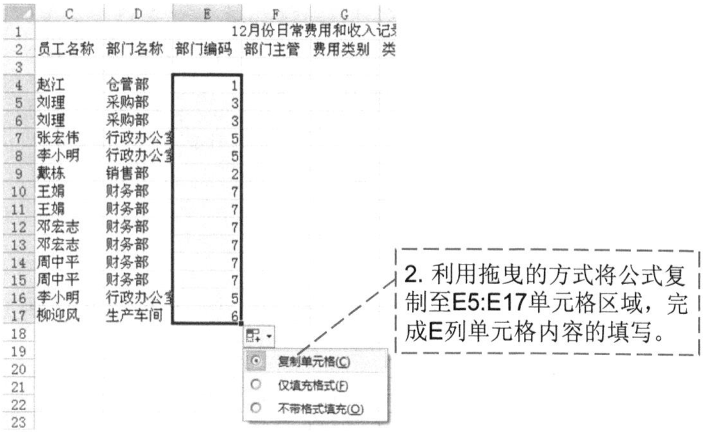

图 2-16 E 列单元格内容输入

函数与公式

1. VLOOKUP()函数

含义：纵向查找函数。在表格或数值数组的首列查找指定的数值，并由此返回表格或数组中该数值所在行中指定列处的数值。

语法：VLOOKUP(lookup_value,table_array,col_index_num,range_lookup)，即 VLOOKUP(查找值，区域，列序号，逻辑值)。

解释：

lookup_value 为需要在 table_array 数组（数组：用于建立可生成多个结果或可对在行和列中排列的一组参数进行运算的单个公式。数组区域共用一个公式；数组常量是用作参数的一组常量。）第一列中查找的数值。lookup_value 可以为数值或引用。若 lookup_value 小于 table_array 第一列中的最小值，VLOOKUP()函数返回错误值#N/A。可以为数值、引用或文本字符串。需要注意的是，类型必须与 table_array 第一列的类型一致。查找文本时，文本不区分大小写；可以使用通配符“*”、“?”。

table_array 为两列或多列数据。可以使用对区域或区域名称的引用、常数数组、计算后的内存数组。table_array 第一列中的值是由 lookup_value 搜索的值。这些值可以是文本、数字或逻辑值。文本不区分大小写。

col_index_num 为 table_array 中待返回的匹配值的列序号。col_index_num 为 1 时，返回 table_array 第一列的数值；col_index_num 为 2 时，返回 table_array 第二列的数值，

以此类推。如果 col_index_num 小于 1，函数 VLOOKUP()返回错误值#VALUE!；如果 col_index_num 大于 table_array 的列数，函数 VLOOKUP()返回错误值#REF!。

range_lookup 为一个逻辑值，指明函数 VLOOKUP()查找时是精确匹配，还是近似匹配。如果 range_lookup 为 TRUE（或 1），函数 VLOOKUP()将查找近似匹配值，也就是说，如果找不到精确匹配值，则返回小于 lookup_value 的最大数值。近似匹配查询一般用于数值的查询，table_array 的第一列必须按升序排列；否则不能返回正确的结果。如果 range_value 为 FALSE（或 0），函数 VLOOKUP()将返回精确匹配值。此时，table_array 不必进行排序。如果找不到，则返回错误值#N/A；可检测错误后使用 if 判断去除错误信息。

该函数与 LOOKUP()函数和 HLOOKUP()函数都属于一类函数，VLOOKUP()函数是按列查找，最终返回该列所需查询列序所对应的值；HLOOKUP()是按行查找的。

2. =VLOOKUP($D4,设置编码!$A:$B,2,0) 公式

表示在“设置编码”表 A:B 区域的第一列查找当前表单元格 D4 的值，要求查找匹配值时为精确匹配，查到后，返回“设置编码”表这一行第 2 列的值。

Step 06 输入部门主管。

设置从编码表中自动根据部门名称选择部门主管公式，以实现自动输入部门主管，操作方法如图 2-17 所示。

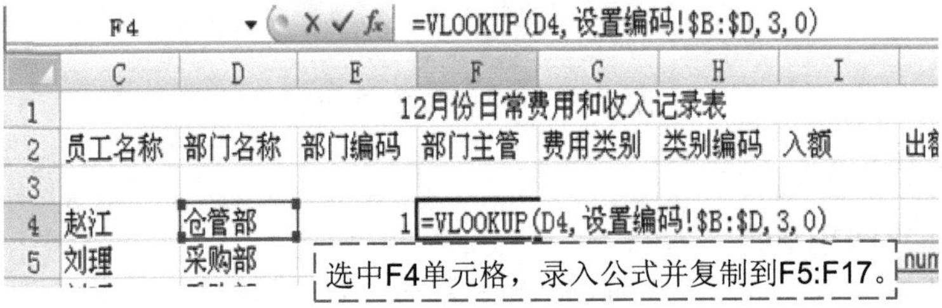

图 2-17 F 列单元格内容输入

Step 07 输入费用类别及类别编码。

利用数据有效性设置费用类别所在列的数据有效性，以实现自动在下拉列表中选择费用类别输入，操作方法如图 2-18 和图 2-19 所示。

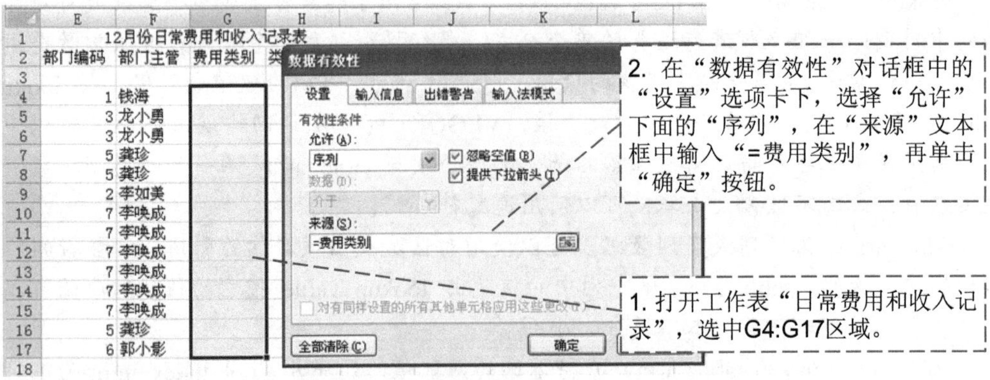

图 2-18 设置费用类别列表单元格的数据有效性

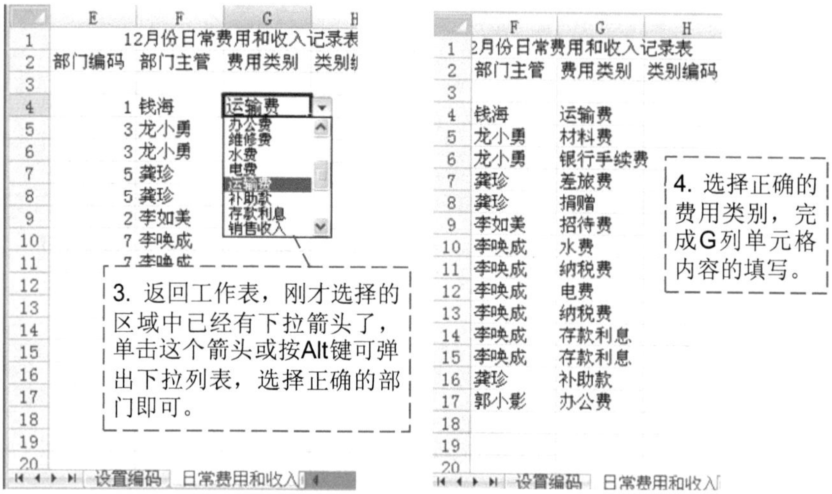

图 2-19　输入费用类别

设置自动输入类别编码公式，操作如图 2-20 所示。

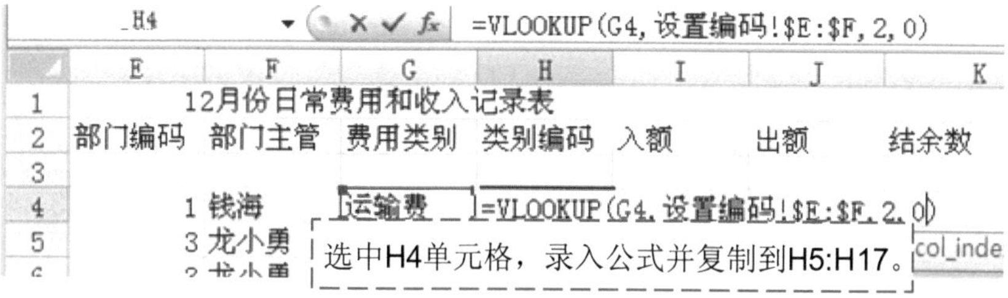

图 2-20　输入类别编码公式

Step 08 设置金额格式。

设置单元格区域 I3:K24 的金额格式，操作方法如图 2-21 和图 2-22 所示。

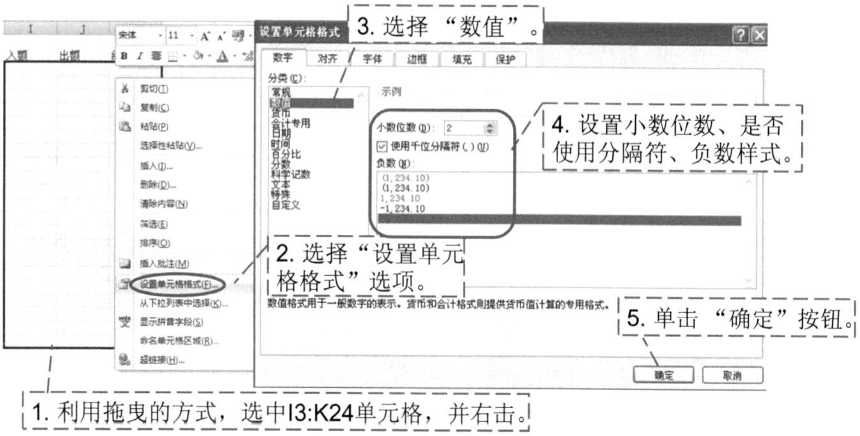

图 2-21　设置 I3:K24 单元格的格式

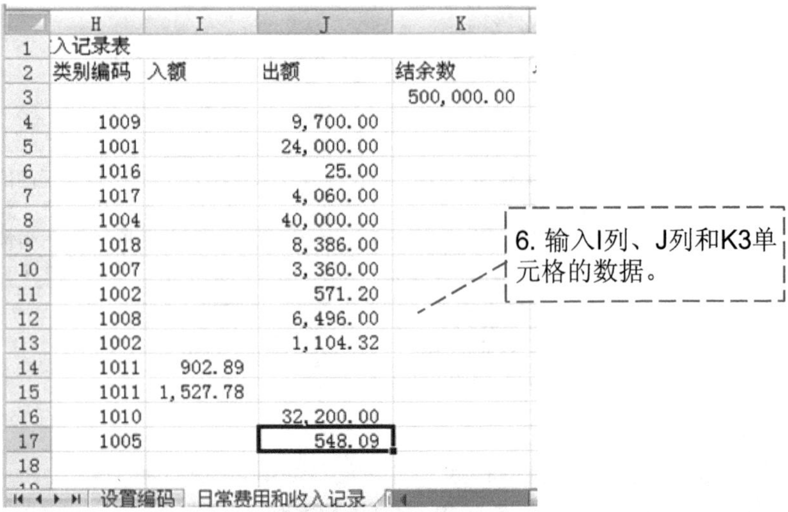

	H	I	J	K
1	入记录表			
2	类别编码	入额	出额	结余数
3				500,000.00
4	1009		9,700.00	
5	1001		24,000.00	
6	1016		25.00	
7	1017		4,060.00	
8	1004		40,000.00	
9	1018		8,386.00	
10	1007		3,360.00	
11	1002		571.20	
12	1008		6,496.00	
13	1002		1,104.32	
14	1011	902.89		
15	1011	1,527.78		
16	1010		32,200.00	
17	1005		548.09	
18				

图 2-22　输入数值

利用公式完成结余额的计算，操作方法如图 2-23～图 2-25 所示。

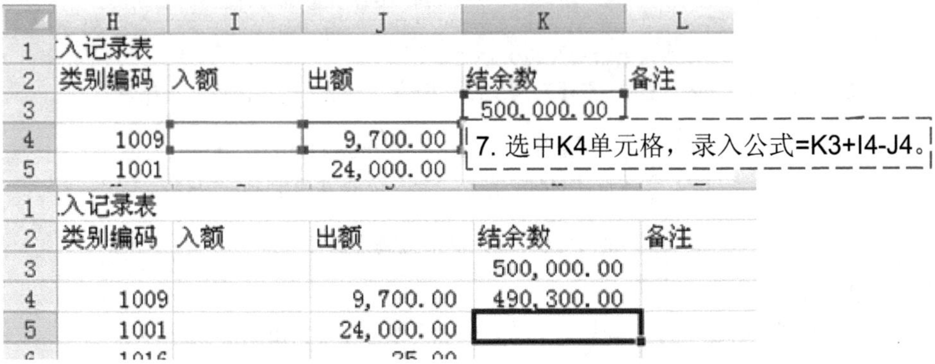

	H	I	J	K	L
1	入记录表				
2	类别编码	入额	出额	结余数	备注
3				500,000.00	
4	1009		9,700.00		
5	1001		24,000.00		

	H	I	J	K	L
1	入记录表				
2	类别编码	入额	出额	结余数	备注
3				500,000.00	
4	1009		9,700.00	490,300.00	
5	1001		24,000.00		

图 2-23　输入 K4 公式

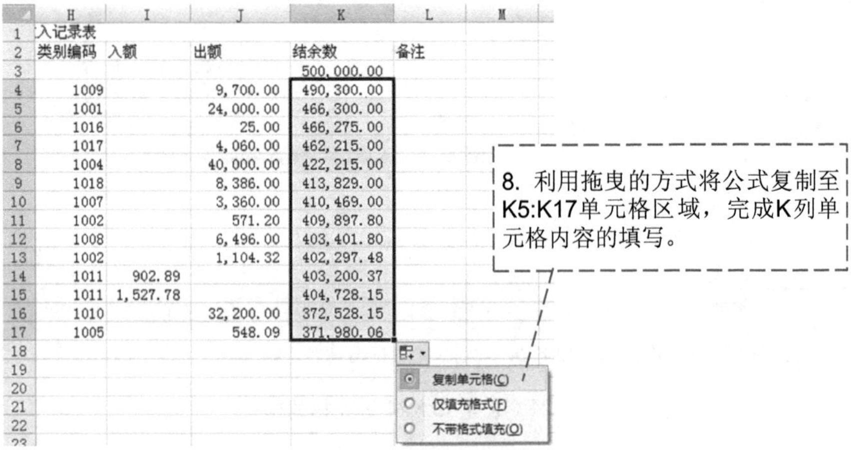

	H	I	J	K	L	M
1	入记录表					
2	类别编码	入额	出额	结余数	备注	
3				500,000.00		
4	1009		9,700.00	490,300.00		
5	1001		24,000.00	466,300.00		
6	1016		25.00	466,275.00		
7	1017		4,060.00	462,215.00		
8	1004		40,000.00	422,215.00		
9	1018		8,386.00	413,829.00		
10	1007		3,360.00	410,469.00		
11	1002		571.20	409,897.80		
12	1008		6,496.00	403,401.80		
13	1002		1,104.32	402,297.48		
14	1011	902.89		403,200.37		
15	1011	1,527.78		404,728.15		
16	1010		32,200.00	372,528.15		
17	1005		548.09	371,980.06		
18						
19						
20						
21						
22						

图 2-24　输入 K 列单元格内容

	H	I	J	K	L
1	入记录表				
2	类别编码	入额	出额	结余数	备注
3				500,000.00	期初结余数
4	1009		9,700.00	490,300.00	采购材料运费，附件4张
5	1001		24,000.00	466,300.00	购买银行汇票支付材料费，附件3张
6	1016		25.00	466,275.00	支付材料费的银行手续费，附件3张
7	1017		4,060.00	462,215.00	附件2张
8	1004		40,000.00	422,215.00	开出转账支票向娄底万宝光荣院捐款，附件2张
9	1018		8,386.00	413,829.00	业务招待，附加9张
10	1007		3,360.00	410,469.00	支付本月水费，附件2张
11	1002		571.20	409,897.80	支付本月水费的增值税，附件2张
12	1008		6,496.00	403,401.80	支付本月电费，附件2张
13	1002		1,104.32	402,297.48	支付本月电费的增值税，附件2张
14	1011	902.89		403,200.37	工行第四季度存款利息，附件2张
15	1011	1,527.78		404,728.15	交通银行存款利息，附件2张
16	1010		32,200.00	372,528.15	支付员工餐费补助，附件2张
17	1005		548.09	371,980.06	办公用品购置，附件2张

设置编码 | 日常费用和收入记录 | Sheet3

图 2-25 输入 L 列单元格内容

4. 美化单据

单据内容设置完成后，按需要进行字体、对齐方式、网格线等格式设置，最终效果如图 2-3 所示。

三、建立日常费用和收入统计表

1. 单据样式规划

利用 Excel 中的分类汇总功能将“日常费用和收入记录表”中的数据进行统计，生成日常费用和收入统计表。

2. 建立日常费用和收入统计表

在“日常费用和收入统计”工作簿中，将 Sheet3 工作表命名为“日常费用和收入统计表”。

3. 单据布局

复制“日常费用和收入记录”表中的数据，删除表头标题行和不需要的列，调整 J 列的列宽为 32，表单中第 2 行至第 16 行的行高为 17，如图 2-26 所示。

H15

	时间	员工名称	部门名称	部门编码	部门主管	费用类别	类别编码	入额	出额	备注
2	12月1日	赵江	仓管部	1	钱海	运输费	1009		9,700.00	采购材料运费，附件4张
3	12月4日	刘理	采购部	3	龙小勇	材料费	1001		24,000.00	购买银行汇票支付材料费，附件3张
4	12月4日	刘理	采购部	3	龙小勇	银行手续费	1016		25.00	支付材料费的银行手续费，附件3张
5	12月9日	张宏伟	行政办公室	5	龚珍	差旅费	1017		4,060.00	附件2张
6	12月13日	李小明	行政办公室	5	龚珍	捐赠	1004		40,000.00	开出转账支票向娄底万宝光荣院捐
7	12月18日	戴栋	销售部	2	李如美	招待费	1018		8,386.00	业务招待，附加9张
8	12月20日	王娟	财务部	7	李唤成	水费	1007		3,360.00	支付本月水费，附件2张
9	12月20日	王娟	财务部	7	李唤成	纳税费	1002		571.20	支付本月水费的增值税，附件2张
10	12月20日	邓宏志	财务部	7	李唤成	电费	1008		6,496.00	支付本月电费，附件2张
11	12月20日	邓宏志	财务部	7	李唤成	纳税费	1002		1,104.32	支付本月电费的增值税，附件2张
12	12月21日	周中平	财务部	7	李唤成	存款利息	1011	902.89		工行第四季度存款利息，附件2张
13	12月21日	周中平	财务部	7	李唤成	存款利息	1011	1,527.78		交通银行存款利息，附件2张
14	12月28日	李小明	行政办公室	5	龚珍	补助款	1010		32,200.00	支付员工餐费补助，附件2张
15	12月31日	柳迎风	生产车间	6	郭小影	办公费	1005		548.09	办公用品购置，附件2张

设置编码 | 日常费用和收入记录 | 日常费用和收入统计表

图 2-26 工作表数据

4. 单据设置

Step 01 打开“日常费用和收入统计表”，选中所有的数据单元格，执行“数据”→“排序”命令，如图 2-27 和图 2-28 所示。

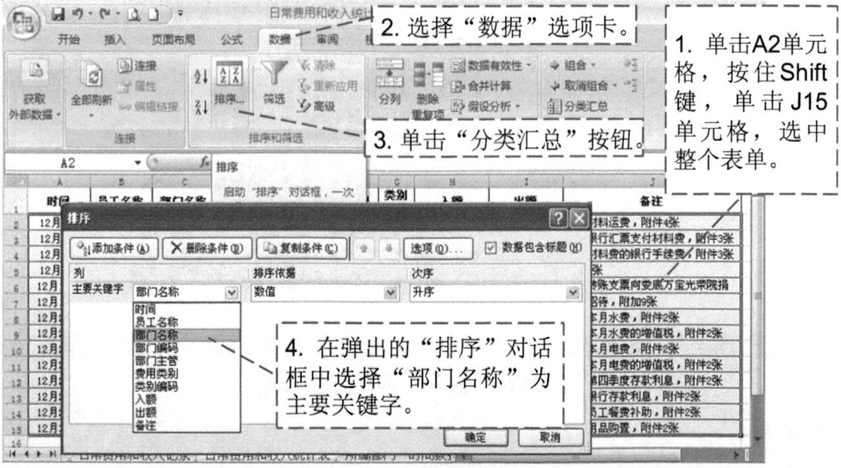

图 2-27 数据排序

时间	员工名称	部门名称	部门编码	部门主管	费用类别	类别编码	入额	出额	备注
12月20日	王娟	财务部	7	李唤成	水费	1007		3,360.00	支付本月水费，附件2张
12月20日	王娟	财务部	7	李唤成	纳税费	1002		571.20	支付本月水费的增值税，附件2张
12月20日	邓宏志	财务部	7	李唤成	电费	1008		6,496.00	支付本月电费，附件2张
12月20日	邓宏志	财务部	7	李唤成	纳税费	1002		1,104.32	支付本月电费的增值税，附件2张
12月21日	周中平	财务部	7	李唤成	存款利息	1011	902.89		工行第四季度存款利息，附件2张
12月21日	周中平	财务部	7	李唤成	存款利息	1011	1,527.78		交通银行存款利息，附件2张
12月4日	刘理	采购部	3	龙小勇	材料费	1001		24,000.00	购买银行汇票支付材料费，附件3张
12月4日	刘理	采购部	3	龙小勇	银行手续费	1016		25.00	支付材料费的银行手续费，附件3张
12月1日	赵江	仓管部	1	钱海	运输费	1009		9,700.00	采购材料运费，附件4张
12月31日	柳迎风	生产车间	6	郭小影	办公费	1005		548.09	办公用品购置，附件2张
12月18日	戴栋	销售部	2	李如美	招待费	1018		8,386.00	业务招待，附加9张
12月9日	张宏伟	行政办公室	5	龚玲	差旅费	1017		4,060.00	附件2张
12月13日	李小明	行政办公室	5	龚玲	捐赠	1004		40,000.00	开出转账支票向娄底万宝光荣院捐
12月28日	李小明	行政办公室	5	龚玲	补助款	1010		32,200.00	支付员工餐费补助，附件2张

图 2-28 排序效果展示

Step 02 选中所有的数据单元格，执行“数据”→“分类汇总”命令，如图 2-29 所示。

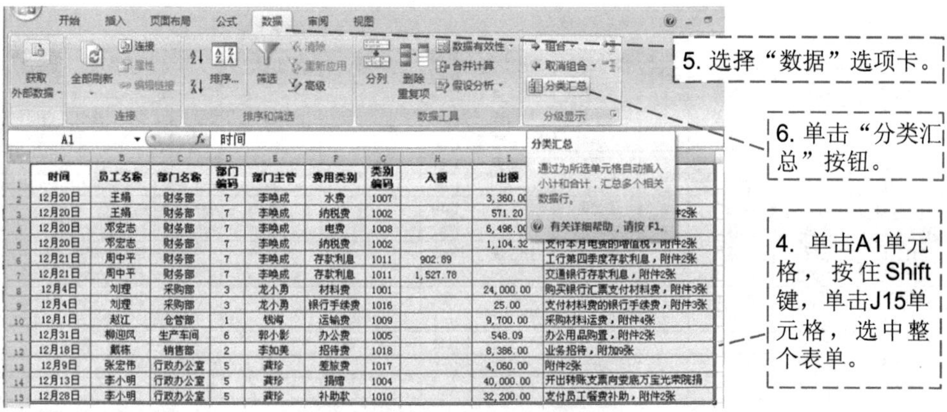

图 2-29 选区进行分类汇总

Step 03 将分类字段选为“部门名称”，汇总方式为“求和”，勾选“入额”和“出额”为汇总项，并勾选“汇总结果显示在数据下方”复选框，如图 2-30 所示。

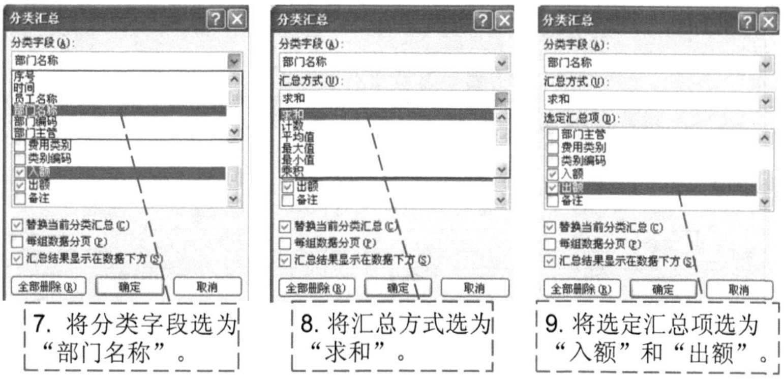

图 2-30　设置分类汇总选项

Step 04 单击“确定”按钮，即显示分类汇总的结果，如图 2-31 所示。

	A	B	C	D	E	F	G	H	I	J
1	时间	员工名称	部门名称	部门编码	部门主管	费用类别	类别编码	入额	出额	备注
2	12月20日	王娟	财务部	7	李唤成	水费	1007		3,360.00	支付本月水费，附件2张
3	12月20日	王娟	财务部	7	李唤成	纳税费	1002		571.20	支付本月水费的增值税，附件2张
4	12月20日	邓宏志	财务部	7	李唤成	电费	1008		6,496.00	支付本月电费，附件2张
5	12月20日	邓宏志	财务部	7	李唤成	纳税费	1002		1,104.32	支付本月电费的增值税，附件2张
6	12月21日	周中平	财务部	7	李唤成	存款利息	1011	902.89		工行第四季度存款利息，附件2张
7	12月21日	周中平	财务部	7	李唤成	存款利息	1011	1,527.78		交通银行存款利息，附件2张
8			财务部 汇					2,430.67	11,531.52	
9	12月4日	刘理	采购部	3	龙小勇	材料费	1001		24,000.00	购买银行汇票支付材料费，附件3张
10	12月4日	刘理	采购部	3	龙小勇	银行手续费	1016		25.00	支付材料费的银行手续费，附件3张
11			采购部 汇					0.00	24,025.00	
12	12月1日	赵江	仓管部	1	钱海	运输费	1009		9,700.00	采购材料运费，附件4张
13			仓管部 汇					0.00	9,700.00	
14	12月31日	柳迎风	生产车间	6	郭小影	办公费	1005		548.09	办公用品购置，附件2张
15			生产车间					0.00	548.09	
16	12月18日	戴栋	销售部	2	李如美	招待费	1018		8,386.00	业务招待，附加9张
17			销售部 汇					0.00	8,386.00	
18	12月9日	张宏伟	行政办公室	5	龚珍	差旅费	1017		4,060.00	附件2张
19	12月13日	李小明	行政办公室	5	龚珍	捐赠	1004		40,000.00	开出转账支票向娄底万宝光荣院捐
20	12月28日	李小明	行政办公室	5	龚珍	补助款	1010		32,200.00	支付员工餐费补助，附件2张
21			行政办公室					0.00	76,260.00	
22			总计					2,430.67	130,450.61	
23										

图 2-31　分类汇总效果展示

任务二　收入费用数据分析

一、所属部门—时间数据透视表

1. 单据样式规划

利用“日常费用和收入记录表”中的数据，进行数据透视表的制作，分析数据。

2. 建立“所属部门－时间数据透视表”工作表

在“日常费用和收入统计”工作簿中，插入一张新的工作表 Sheet1，并将其命名为“所属部门—时间数据透视表”，利用鼠标拖曳的方式，将其放在“日常费用和收入统计表”的后面。

3．制作所属部门－时间数据透视表

Step 01 选中“日常费用和收入记录表”中的数据，如图 2-32 所示。

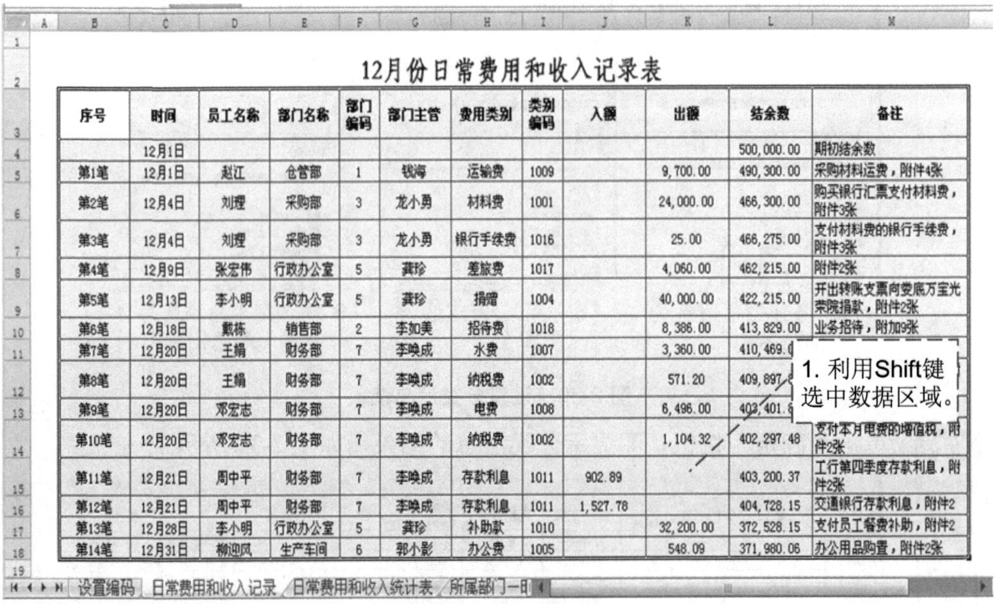

12月份日常费用和收入记录表

序号	时间	员工名称	部门名称	部门编码	部门主管	费用类别	类别编码	入额	出额	结余数	备注
	12月1日									500,000.00	期初结余数
第1笔	12月1日	赵江	仓管部	1	钱海	运输费	1009		9,700.00	490,300.00	采购材料运费，附件4张
第2笔	12月4日	刘理	采购部	3	龙小勇	材料费	1001		24,000.00	466,300.00	购买银行汇票支付材料费，附件3张
第3笔	12月4日	刘理	采购部	3	龙小勇	银行手续费	1016		25.00	466,275.00	支付材料费的银行手续费，附件3张
第4笔	12月9日	张宏伟	行政办公室	5	龚珍	差旅费	1017		4,060.00	462,215.00	附件2张
第5笔	12月13日	李小明	行政办公室	5	龚珍	捐赠	1004		40,000.00	422,215.00	开出转账支票向娄底万宝光荣院捐款，附件2张
第6笔	12月18日	戴栋	销售部	2	李加美	招待费	1018		8,386.00	413,829.00	业务招待，附加9张
第7笔	12月20日	王娟	财务部	7	李唤成	水费	1007		3,360.00	410,469.0	
第8笔	12月20日	王娟	财务部	7	李唤成	纳税费	1002		571.20	409,897	
第9笔	12月20日	邓宏志	财务部	7	李唤成	电费	1008		6,496.00	403,401.	
第10笔	12月20日	邓宏志	财务部	7	李唤成	纳税费	1002		1,104.32	402,297.48	支付本月电费的增值税，附件2张
第11笔	12月21日	周中平	财务部	7	李唤成	存款利息	1011	902.89		403,200.37	工行第四季度存款利息，附件2张
第12笔	12月21日	周中平	财务部	7	李唤成	存款利息	1011	1,527.78		404,728.15	交通银行存款利息，附件2
第13笔	12月28日	李小明	行政办公室	5	龚珍	补助款	1010		32,200.00	372,528.15	支付员工餐费补助，附件2
第14笔	12月31日	柳迎凤	生产车间	6	郭小影	办公费	1005		548.09	371,980.06	办公用品购置，附件2张

图 2-32　选择数据

Step 02 切换至功能区的“插入”选项卡，在“表”功能组中单击“数据透视表”按钮，或者单击“数据透视表”右侧的下拉按钮，再选择“数据透视表”命令，打开“创建数据透视表”对话框，如图 2-33 所示。

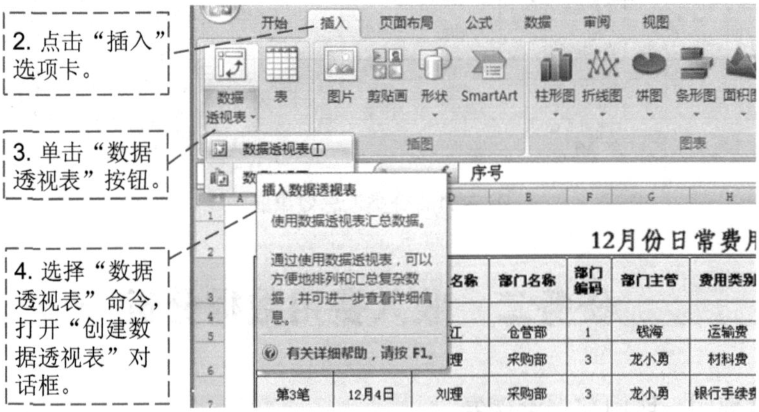

图 2-33　打开数据透视表

Step 03 默认情况下，Excel 将整个数据区域作为数据透视表的源数据，同时设置数据透视表的保存位置，如图 2-34 所示。

单击“确定”按钮，Excel 就创建了一个空白的数据透视表框架，同时打开“数据透视表字段列表”窗格，如图 2-35 所示。

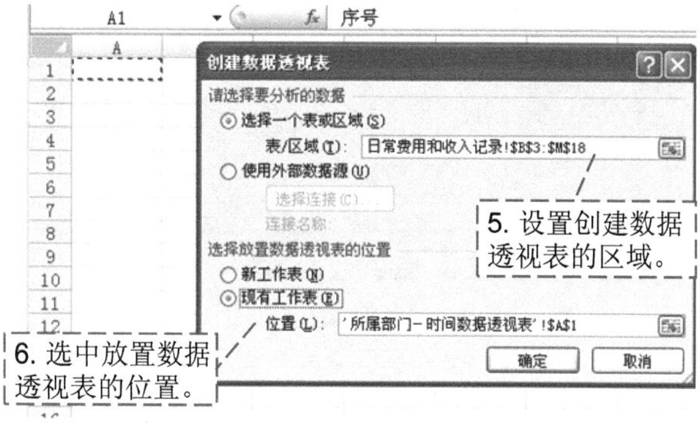

图 2-34　创建数据透视表

图 2-35　“数据透视表字段列表”窗格

Step 04 在“数据透视表字段列表”窗格中，选择各个字段，并将其拖放至“报表筛选”、“列标签”、“行标签”和“数值”这 4 个区域窗格，如图 2-36 所示，效果如图 2-37 所示。

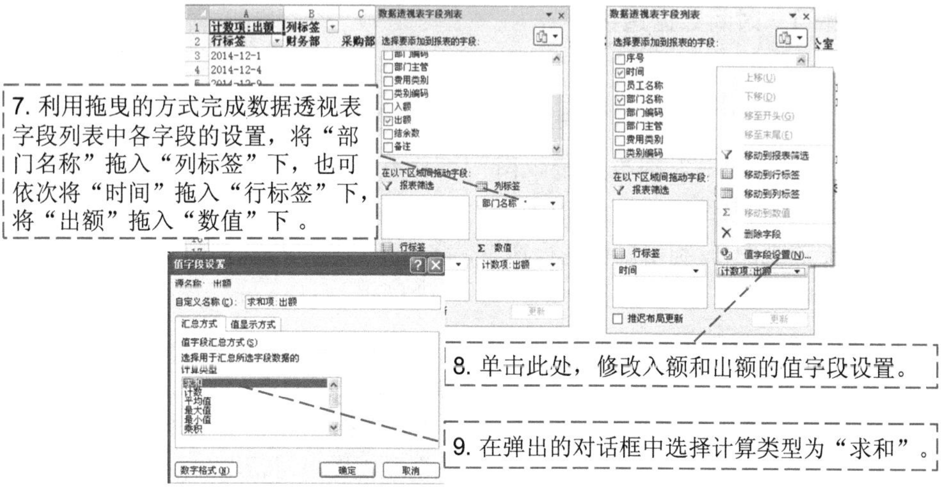

图 2-36　设置数据透视表

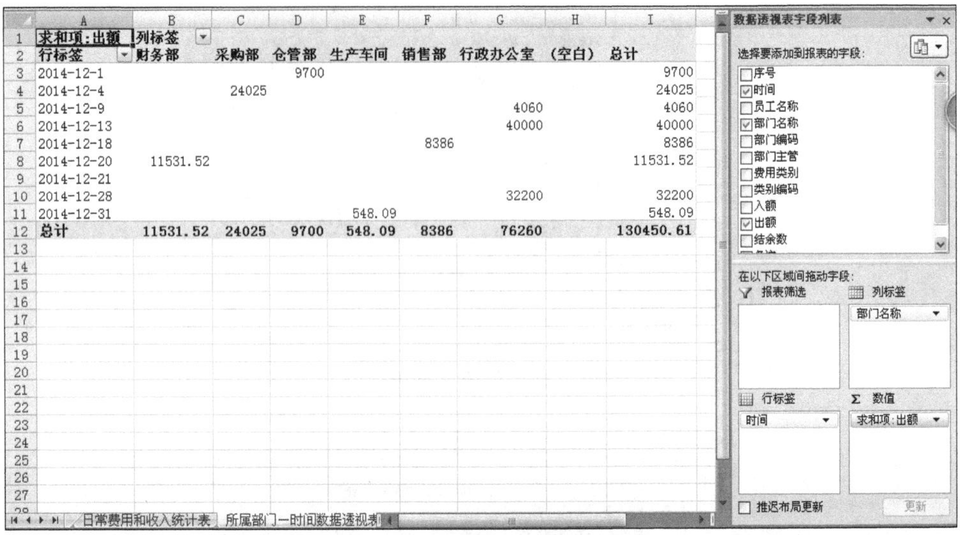

求和项:出额	列标签							
行标签	财务部	采购部	仓管部	生产车间	销售部	行政办公室	(空白)	总计
2014-12-1			9700					9700
2014-12-4		24025						24025
2014-12-9						4060		4060
2014-12-13						40000		40000
2014-12-18					8386			8386
2014-12-20	11531.52							11531.52
2014-12-21								
2014-12-28						32200		32200
2014-12-31				548.09				548.09
总计	11531.52	24025	9700	548.09	8386	76260		130450.61

图 2-37　数据透视表数据显示

4. 设置数据透视表边框（见图 2-38）

求和项:出额	列标签							
行标签	财务部	采购部	仓管部	生产车间	销售部	行政办公室	(空白)	总计
2014-12-1			9700					9700
2014-12-4		24025						24025
2014-12-9						4060		4060
2014-12-13						40000		40000
2014-12-18					8386			8386
2014-12-20	11531.52							11531.52
2014-12-21								
2014-12-28						32200		32200
2014-12-31				548.09				548.09
总计	11531.52	24025	9700	548.09	8386	76260		130450.61

图 2-38　设置边框线

二、所属部门—时间数据透视图

1. 单据样式规划

利用“日常费用和收入记录表”中的数据，进行数据透视图的制作，分析数据。

2. 建立“所属部门–时间数据透视图”工作表

在“日常费用和收入统计”工作簿中，插入一张新的工作表 Sheet1，并将其命名为“所属部门-时间数据透视图”，利用鼠标进行拖曳，将其拖放至“所属部门-时间数据透视表”的后面。

3. 制作所属部门–时间数据透视图

Step 01 选中“日常费用和收入记录表”中的数据，如图 2-39 所示。

Step 02 切换至功能区的“插入”选项卡，单击“数据透视表”右侧的下拉按钮，再选择“数据透视图”命令，打开“创建数据透视表及数据透视图”对话框，如图 2-40 所示。

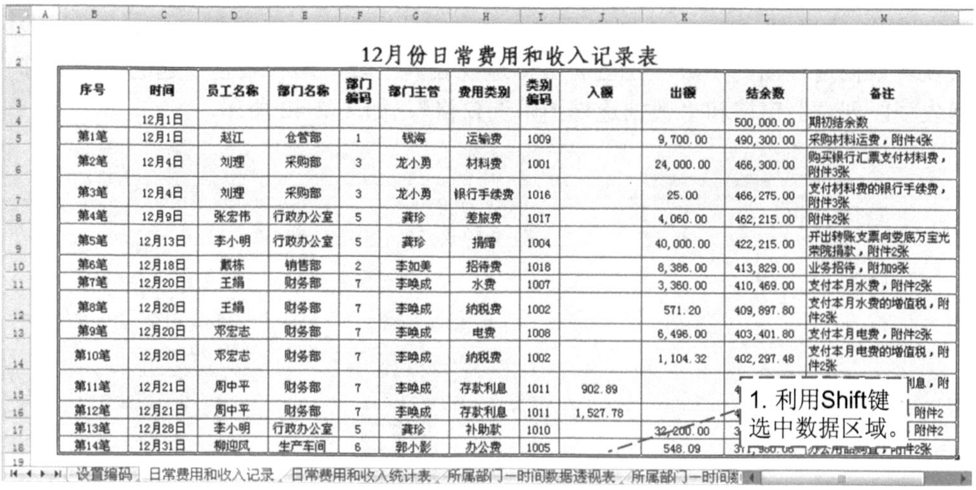

图 2-39　数据选取

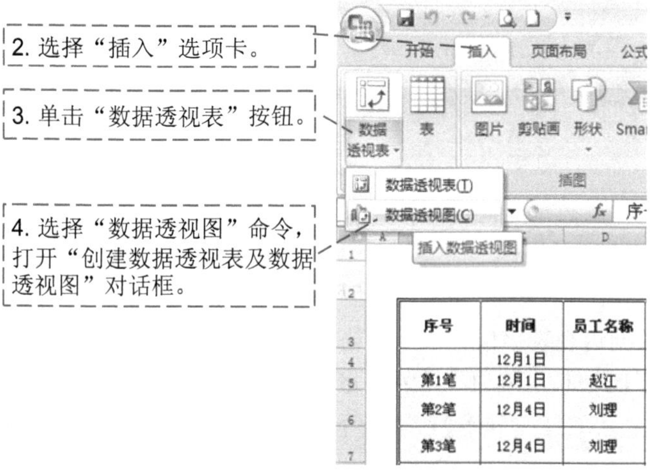

图 2-40　插入数据透视图

Step 03 默认情况下，Excel 将整个数据区域作为数据透视图的源数据，同时设置数据透视图的保存位置，如图 2-41 所示。

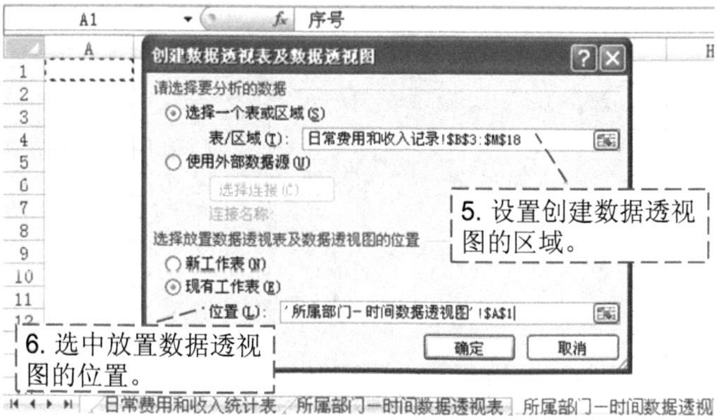

图 2-41　创建数据透视图

单击“确定”按钮，Excel 就创建了一个空白的数据透视表框架和一个空白的图表区，这时，会发现数据透视图的生成一定会有数据透视表的出现，图和表是一起的，同时打开“数据透视表字段列表”窗格和“数据透视图筛选窗格”，如图 2-42 所示。

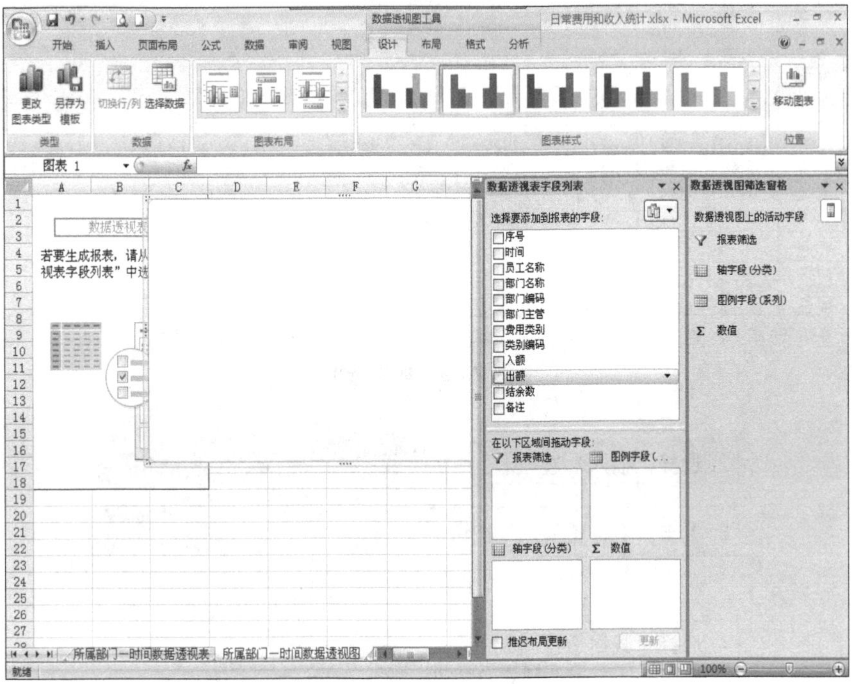

图 2-42　生成数据透视图表区

Step 04 在“数据透视表字段列表”窗格中，选择各个字段，并将其拖放至“报表筛选”、“图列字段”、“轴字段”和“数值”这 4 个区域窗格，如图 2-43 所示。

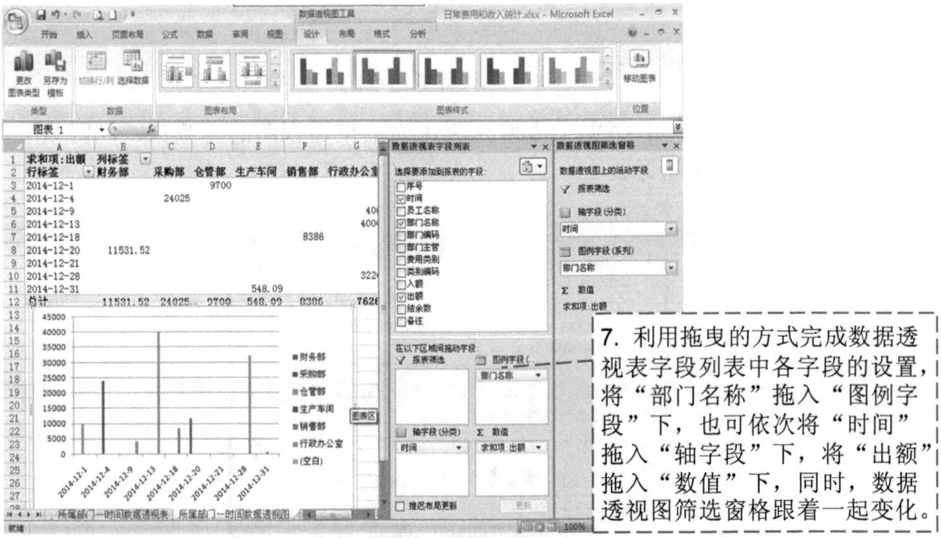

图 2-43　设置数据透视图表区

4. 美化数据透视图

如设置边框、修改透视图样式等，如图 2-44 所示。

求和项:出额	列标签							
行标签	财务部	采购部	仓管部	生产车间	销售部	行政办公室	(空白)	总计
2014-12-1			9700					9700
2014-12-4		24025						24025
2014-12-9						4060		4060
2014-12-13						40000		40000
2014-12-18					8386			8386
2014-12-20	11531.52							11531.52
2014-12-21								
2014-12-28						32200		32200
2014-12-31				548.09				548.09
总计	11531.52	24025	9700	548.09	8386	76260		130450.61

图 2-44　设置边框线

数据透视图的样式可以进行修改，如图 2-45 和图 2-46 所示。

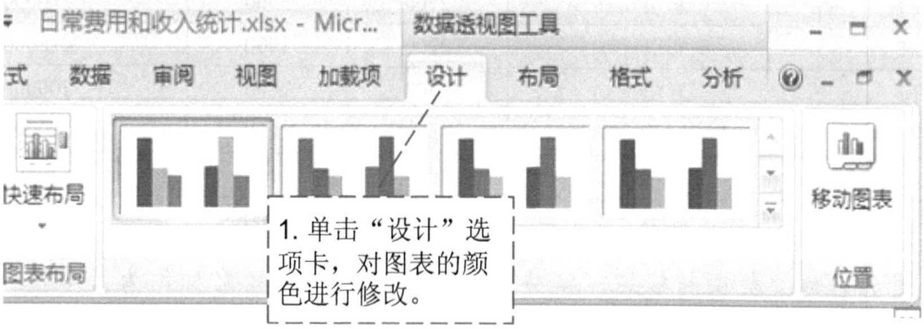

图 2-45　设置数据透视图表区的新样式

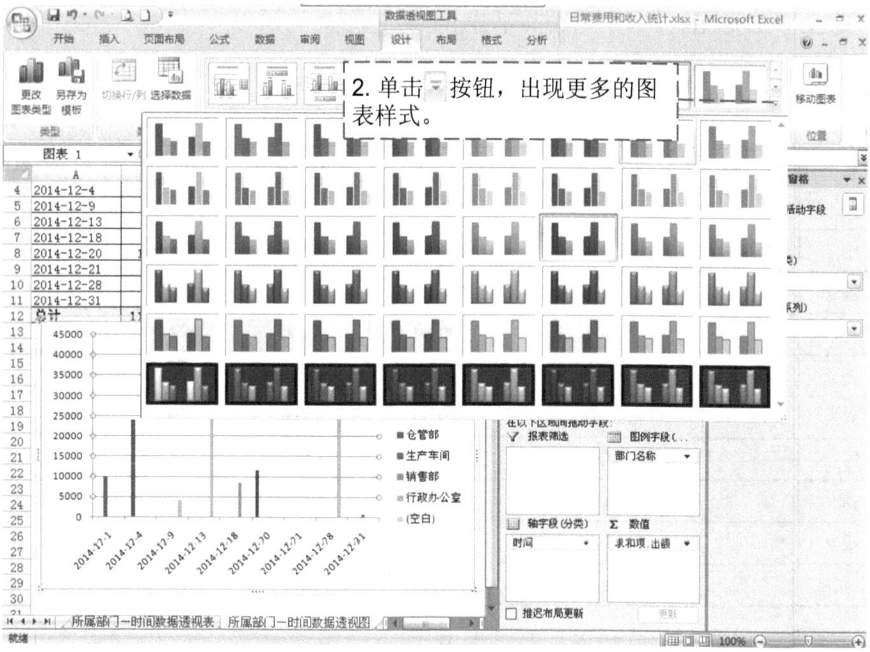

图 2-46　更多数据透视图表区样式选择

模拟实践

建立“数据透视表.xlsx”，完成如下操作。

（1）在工作表中输入表 2-2 所示内容。

表 2-2 海河电器城各分店 2006 年 12 月部分商品销售额

分 店	商品名称	单 价	销 量	销 售 额
分店 1	空调	3000	500	1500000
分店 2	空调	2500	800	2000000
分店 3	空调	3500	700	2450000
分店 1	洗衣机	3000	1500	4500000
分店 2	洗衣机	3000	1300	3900000
分店 3	洗衣机	3200	6600	21120000
分店 1	彩电	2500	3000	7500000
分店 2	彩电	2200	1900	4180000
分店 3	彩电	2500	2800	7000000
分店 1	冰箱	3500	2000	7000000
分店 2	冰箱	3000	2100	6300000
分店 3	冰箱	4000	2500	10000000

（2）请为表建立数据透视表。将分店作为列字段，商品名称作为行字段，销售额作为数据项。数据透视表放在本工作表内，起始位置为 A18。

（3）将数据透视表设置为只显示分店 3 的各商品销售额信息。

2．建立“工资.xlsx”，并完成如下操作。

（1）在工作表中输入表 2-3 所示内容。

表 2-3 职工工资表

姓 名	性 别	基本工资	奖 金	补 贴	房 租	实发工资
刘惠民		315.32	253.00	100.00	20.15	
李宁宁		285.12	230.00	100.00	18.00	
张 鑫		490.34	300.00	200.00	15.00	
路 程		200.76	100.00	0.00	22.00	
沈 梅		580.00	320.00	300.00	10.00	
高 兴		390.78	240.00	150.00	20.00	
王 陈		500.60	258.00	200.00	15.00	
陈 岚		300.80	230.00	100.00	10.34	
周 媛		450.36	280.00	200.00	15.57	
王国强		200.45	100.00	0.00	18.38	

（2）请在“性别”列前插入一列“账号”。

（3）将标题行“职工工资表”（B3:I3）合并居中，并将格式设为黑体、字号为 20。

（4）已知刘惠民的账号为“8085002001002001”，请将其填入相应的单元格中。

（5）将性别列的数据有效性进行设置，只允许接受数据“男”或“女”，并且填入前两位的性别，依次是：男，女。

（6）用公式求出实发工资（实发工资=基本工资+资金+补贴−房租）。

（7）插入工作表 Sheet2，在 Sheet2 工作表中设置打印工资条，效果如图 2-47 所示。

姓名	账号	性别	基本工资	奖金	补贴	房租	实发工资
刘惠民	8085002001002001	男	315.32	253	100	20.15	648.17

姓名	账号	性别	基本工资	奖金	补贴	房租	实发工资
李宁宁	8085002001002002	女	285.12	230	100	18	597.12

姓名	账号	性别	基本工资	奖金	补贴	房租	实发工资
张　鑫			490.34	300	200	15	975.34

姓名	账号	性别	基本工资	奖金	补贴	房租	实发工资
路　程			200.76	100		22	278.76

姓名	账号	性别	基本工资	奖金	补贴	房租	实发工资
沈　梅			580	320	300	10	1190

姓名	账号	性别	基本工资	奖金	补贴	房租	实发工资
高　兴			390.78	240	150	20	760.78

姓名	账号	性别	基本工资	奖金	补贴	房租	实发工资
王　陈			500.6	258	200	15	943.6

姓名	账号	性别	基本工资	奖金	补贴	房租	实发工资
陈　岚			300.8	230	100	10.34	620.46

图 2-47　工资打印条

第二篇 Excel 会计处理

3 CHAPTER

项目 3

总账管理

项目目标

通过本项目的学习，要求学生具有利用 Excel 2007 的相关函数与技术在以后的工作中完成总账系统的设计与管理的能力。具体包括：

1．根据工作单位情况构架 Excel 总账系统的能力；

2．插入、重命名、设置工作表标签颜色的能力；

3．11 位以上数字的输入、日期格式设置、序列填充的使用、超链接设置的能力；

4．运用 COUNTIF、OFFSET、COUNTA、SUMIF、IF、VLOOKUP、ISERROR、MATCH、SUM、ABS、RIGHT、CONCATENATE、HLOOKUP、MONTH、ROW 等函数进行运算的能力；

5．利用 SUBSTITUTE、TEXT、INT、[dbnum2]进行小写金额与大写金额转换的能力；

6．利用相对引用与绝对引用及混合引用、名称定义、单元格文字下画线设置、拉取窗体控件到快速访问工具栏进行处理的能力；

7．能利用 Excel 建立总账管理系统。

项目导入

任何企业的会计工作中都要记账，企业的总账及明细账管理是企业财务工作的基础，也是很重要的一部分，直接影响后期的财务分析。特别是很多小微企业由于没有电算化软件只能手工记账，为了节省人力提高工作效率，Excel 2007 完全可以完成企业账务处理的工作，帮助财务人员减轻工作负担。

本章介绍如何利用 Excel 2007 建立记账凭证、总账及明细账、科目汇总表并试算平衡。

项目思路

先进行总体设计，再进行具体内容的描述，具体如下：

1．建立总账工作簿，并设置由总页、科目、输入凭证、凭证打印、各期余额、科目汇总表、资产负债表、利润表等工作表组成的框架，完成各工作表的重命名、标签颜色的设置。

2．设计总账封面并建立目录与各工作表的超链接。

3．设计会计科目表并输入科目。

4．设计输入凭证表并输入凭证，同时查询总账与明细账，设计凭证格式并显示凭证。

5．设计各期余额表并输入期初余额。

6．设计科目汇总表并进行科目汇总。

7．保护工作簿及工作表。

任务一　建立总账管理框架

活动一　建立账套

首先建立账套所在的文件夹，然后在其中建立相应的工作簿，再在工作簿中建立各工作表，如总页、科目、输入凭证、凭证打印、各期余额、科目汇总表、资产负债表、利润表等内容。

1. 建立工作簿

在选定的文件夹中，建立"项目 3 和 4　丹枫制衣有限公司财务体系"工作簿。

2. 插入工作表并重命名、设置标签颜色

工作簿中要设置的工作表有：总页、科目、输入凭证、凭证打印、各期余额、科目汇总表、资产负债表、利润表。

Step 01 插入工作表。

插入工作表的步骤如图 3-1～图 3-3 所示。

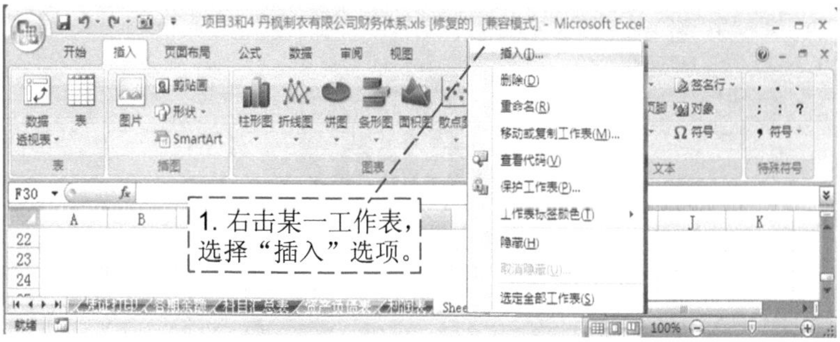

图 3-1　插入工作表 1

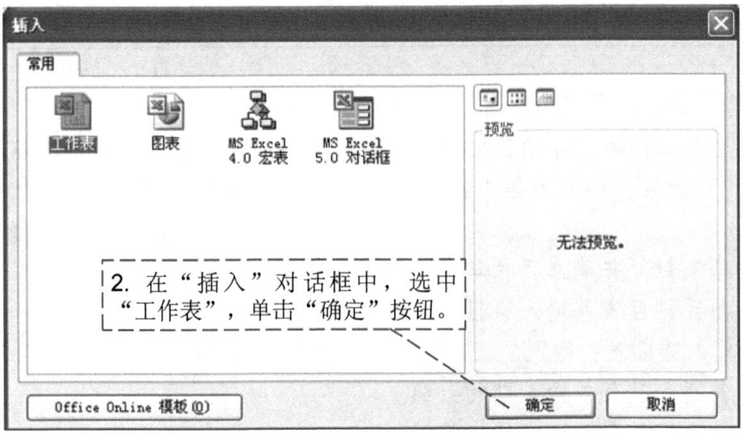

图 3-2　插入工作表 2

图 3-3　直接插入工作表

Step 02 重命名工作表，如图 3-4 所示。

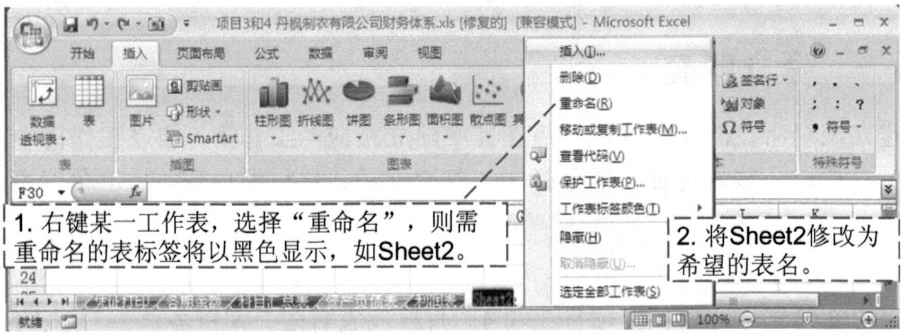

图 3-4　重命名工作表

Step 03 设置表标签颜色，如图 3-5 和图 3-6 所示。

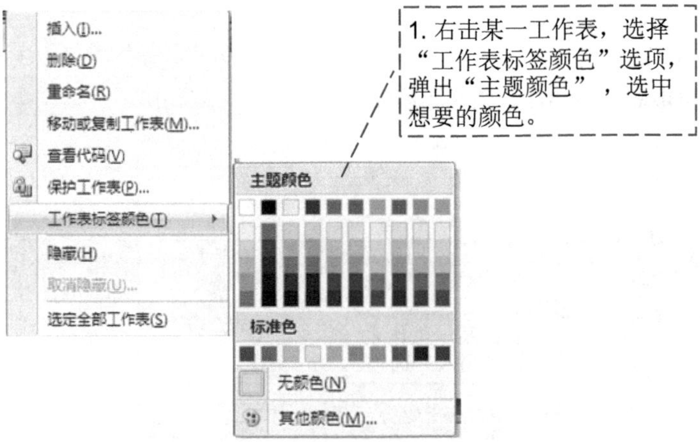

图 3-5　设置表标签颜色

图 3-6　表标签设置颜色效果

活动二　设置总账封面

Step 01 设置总页格式。

设置总页格式，即设置工作簿封面。封面布局及格式样式如图 3-7 所示。

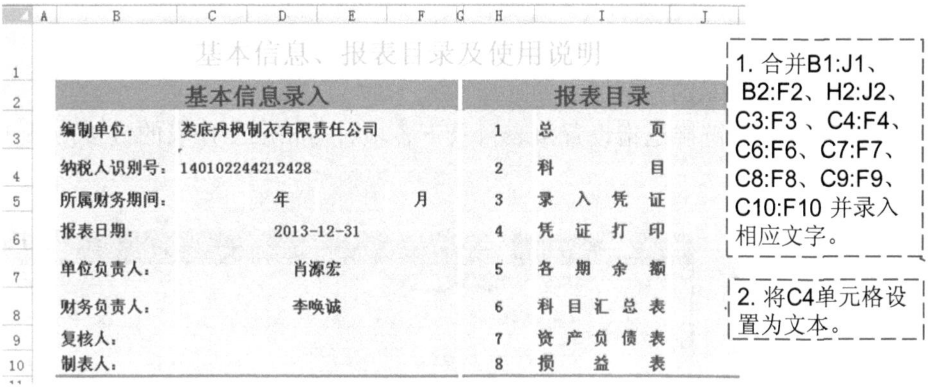

图 3-7　总页样式

小知识

超过 11 位数字的输入

“140102244212428”为超过 11 位的数字，输入时，应事先设置该单元格为“文本”，或先输入“‘”，再输入数据。

Step 02 设置年份与月份的下拉选择，如图 3-8 所示。

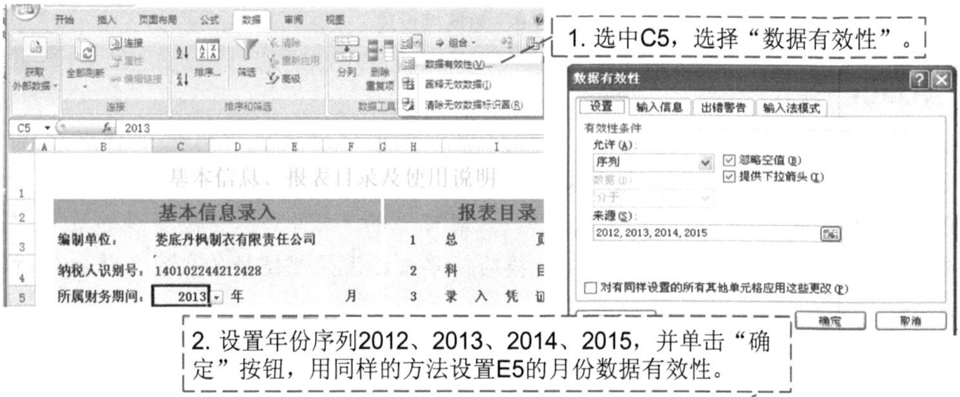

图 3-8　年月有效性设置

小知识

数据有效性设置中的序列设置方法

方法 1：在“来源”中直接输入序列，如“2012,2013,2014,2015”，序列中各值间逗号用英文半角逗号，序列中的值可以是数字、文本。

方法 2：先将序列中的内容定义为某个名称，再在“来源”中输入名称，如图 3-31 所示。

方法 3：在“来源”中直接引用单元格区域，如“=$A$2:$A$21”。

Step 03 设置报表目录的超链接。

设置报表目录的超链接是指设置报表目录下各项目与相应工作表的链接，操作方法如图 3-9 所示。

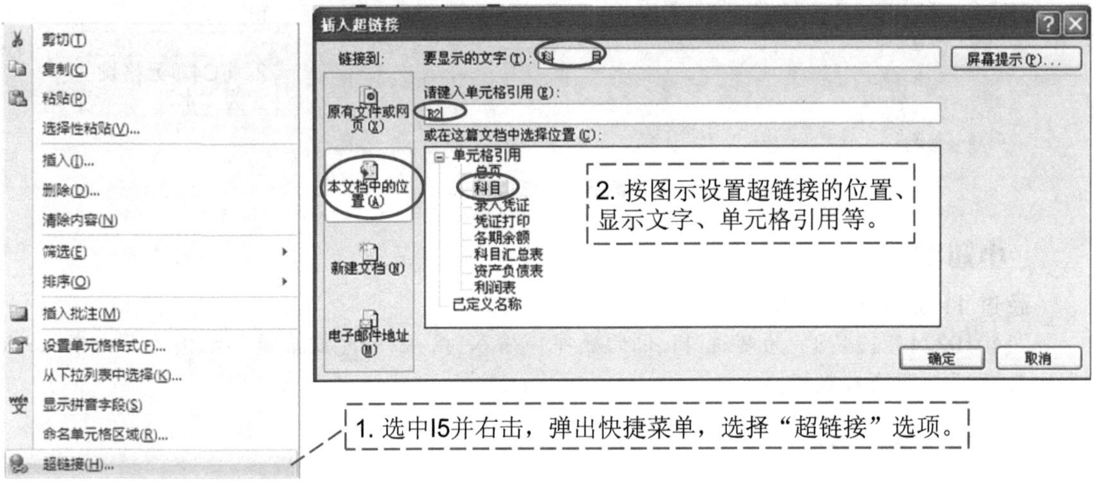

图 3-9　超链接设置

小知识

超链接的链接方式

超链接的链接可以设置到“原有文件或网页”、“本文档中的位置”、“新建文档”、“电子邮件地址”。如果设置到“原有文件或网页”，则有“当前文件夹”、“浏览过的页”、“最近使用过的文件”3 种链接内容。设置好超链接后，单击已设置超链接的文字，将打开所链接的内容。

Step 04 设置背景和边框。

设置各单元格或某区域背景颜色及边框，操作方法如图 3-10 和图 3-11 所示。

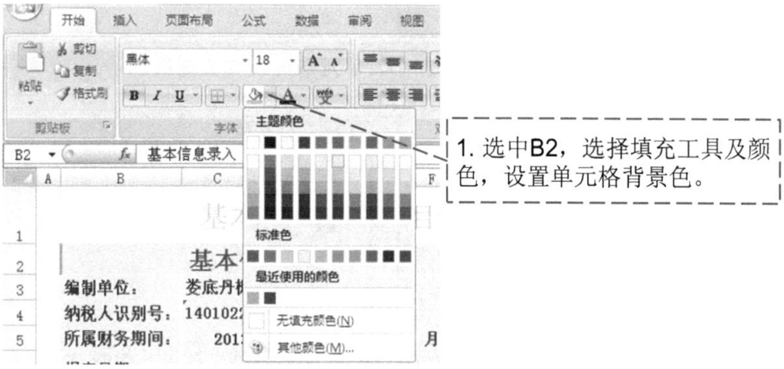

图 3-10　设置填充色

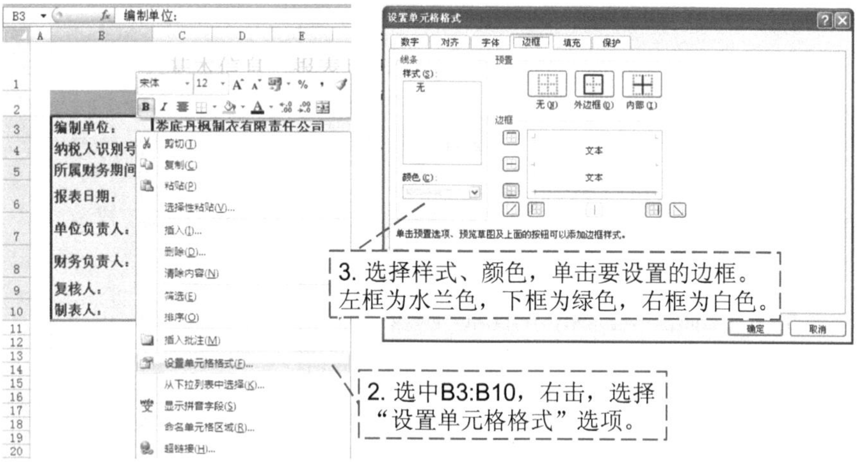

图 3-11　设置边框

注意：如果上、下、左、右边框颜色、样式各不相同，则需各边分别设置，不能一次设置。

任务二　输入凭证与账簿查询

活动一　输入会计科目表

建立会计科目代码与会计科目，同时为方便以后引用会计科目，需将会计科目某一部分进行名称定义。

Step 01 会计科目编码的不重复设置。

为防止会计科目及编码重复设置，可以利用数据的有效性，通过公式自定义一定区域内容不可重复的属性。操作方法如图 3-12～图 3-14 所示。

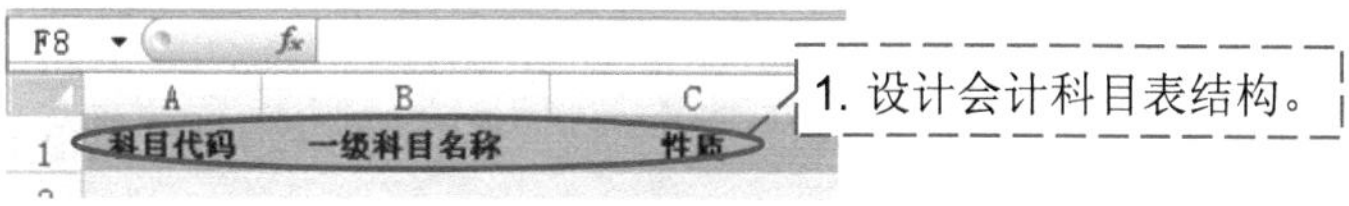

图 3-12　设计科目表结构

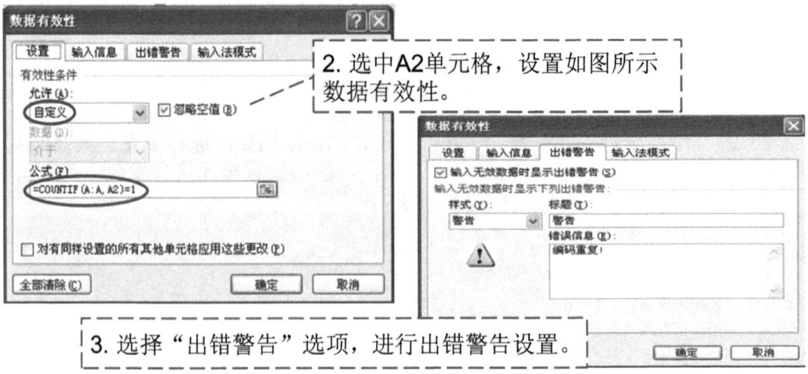

图 3-13　设置编码不重复

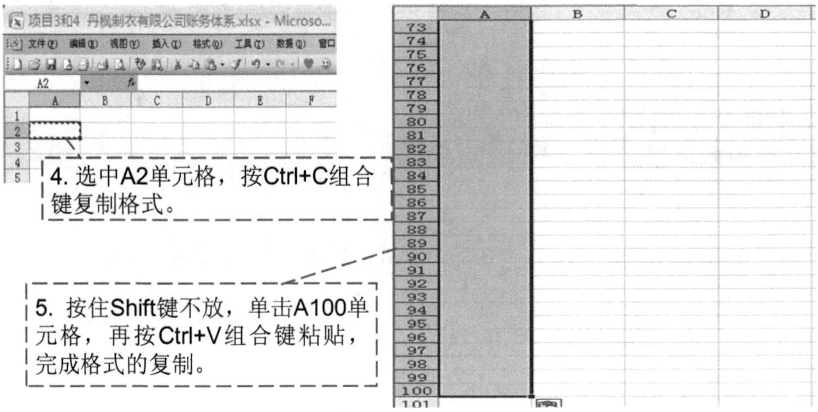

图 3-14　复制格式

函数与公式

1. COUNTIF()函数

含义：对指定区域中符合指定条件的单元格计数。

语法：COUNTIF(range,criteria)

解释：

range 为要计算其中非空单元格数目的区域。

criteria 为以数字、表达式或文本形式定义的条件。

【例 3-1】求大于或小于 50 或 C3 的单元格个数，如图 3-15 所示。

	A	B	C	D
2	50	20	34	86
3	60	40	55	62
4	公式		结果或说明	
5	=countif($A$2:$D$3,">50")		大于50的单元格个数 （4个）	
6	=countif($A$2:$D$3,"=50")		等于50的单元格个数 （1个）	
7	=countif($A$2:$D$3,"<50")		小于50的单元格个数 （3个）	
8	=countif($A$2:$D$3,">=50")		大于或等于50的单元格个数 （5个）	
9	=countif($A$2:$D$3,"<=50")		小于或等于51的单元格个数 （4个）	
10	=countif($A$2:$D$3,">"&$C$3)		大于C3的个数 （3个）	
11	=countif($A$2:$D$3,">="&$C$3)		大于或等于C4的个数 （4个）	
12	=countif($A$2:$D$3,$C$3)		等于C5的个数 （1个）	
13	=countif($A$2:$D$3,"="&$C$3)		等于C5的个数 （1个）	

图 3-15　COUNTIF()函数举例

2. =COUNTIF (A:A,A2)=1：在 A 列统计等于 A2 单元格数值的个数，且只有一个，即 A 列中与 A2 值相同的值只有一个。

3. =COUNTIF ($B$2:$B$192,">' ''")：计算 B2:B192 非空单元格的个数。

Step 02 输入会计科目的相关数据。

输入如图 3-16 所示的会计科目表。

科目代码	一级科目名称	性质
1001	库存现金	借
1002	银行存款	借
1012	其他货币资金	借
1120	交易性金融资产	借
1121	应收票据	借
1122	应收账款	借
1123	坏账准备	贷
1125	预付账款	借
1221	其他应收款	借
1400	原材料	借
1401	周转材料	借
1403	材料采购	借
1404	材料成本差异	借
1405	库存商品	借
1501	可供出售金融资产	借
1601	固定资产	借
1602	累计折旧	贷
1603	固定资产减值准备	贷
1604	固定资产清理	借
1607	在建工程	借
1701	无形资产	借
1702	累计摊销	贷
1704	投资性房地产	借
1705	长期股权投资	借
1801	长期待摊费用	借
2001	短期借款	贷
2201	应付票据	贷
2202	应付账款	贷
2203	预收账款	贷
2205	其他应付款	贷
2211	应付职工薪酬	贷
2221	应交税费	贷
2501	长期借款	贷
4001	实收资本	贷
4002	资本公积	贷
4101	盈余公积	贷
4103	本年利润	贷
4104	利润分配	贷
5001	生产成本	借
5002	制造费用	借
5003	研发支出	借
6001	主营业务收入	贷
6051	其他业务收入	贷
6061	营业外收入	贷
6071	投资收益	贷
6401	主营业务支出	借
6402	其他业务成本	借
6403	营业税金及附加	借
6601	营业费用	借
6602	管理费用	借
6603	财务费用	借
6711	营业外支出	借
6712	资产减值损失	借
6801	所得税	借

图 3-16　输入会计科目

Step 03 会计科目名称定义。

会计科目表内容将在以后工作表中引用，为方便引用可以将工作表部分内容定义一个名称。定义方法如图 3-17 所示。

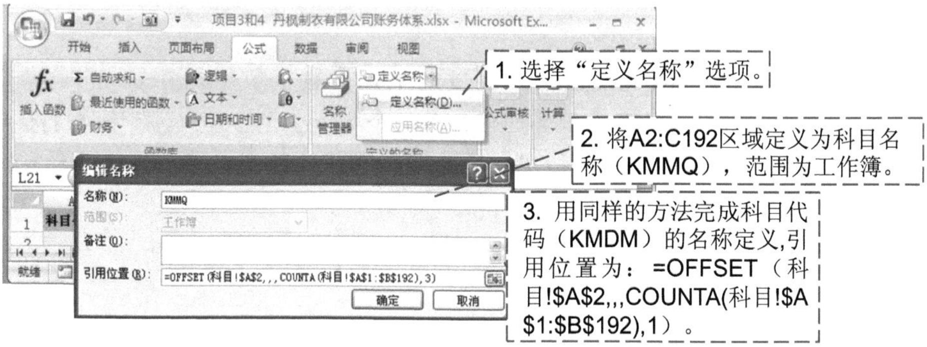

图 3-17　名称定义

函数与公式

1. OFFSET()函数

含义：是指以引用的左上单元格为基准，按指定的行偏移、列偏移、行数、列数返回一个新的引用区域。

语法：OFFSET (reference,rows,cols,height,width)，即 Offset(引用,行偏移,列偏移,行数,列数);

解释：

reference 是指对单个单元格或一个连续的单元格区域的引用。指区域的开始位置。

必须为对单元格或相连单元格区域的引用，否则，函数 OFFSET()返回错误值#VALUE!。

rows 指返回区域的左上单元格相对于引用的单元格（称之为“基准单元格”或“基准”）的行偏移数，负值表示向起始行的上方偏移；正值表示向下方偏移；同一行为 0，可省略。

cols 是指返回区域的左上单元格相对于基准的列偏移数，负值表示向左偏移；正值表示向右偏移；同一列为 0，可省略。

当行数和列数偏移量超出工作表的边缘时，返回错误值#REF!。

height、width指返回区域的行数和列数。必须为正数。如与引用的行数或列数相同，则相应的参数可省略。

【例 3-2】 OFFSET()函数应用举例，如图 3-18 所示。

	A	B	C	D	E	F	G
1	1	公式	说明（结果）				
2	2	=OFFSET(C3,2,3,1,1)	显示单元格 F5 中的值 (0)				
3	3	=SUM(OFFSET(C3:E5,-1,0,3,3))	对数据区域 C2:E4 求和 (0)				
4	4	=OFFSET(C3:E5,0,-3,3,3)	返回错误值 #REF!，因为引用区域不在工作表中				
5	5						

图 3-18　OFFSET()函数举例

再如，公式“=SUM(OFFSET(C2,1,2,3,1))”将计算比单元格 C2 靠下 1 行并靠右 2 列的 3 行 1 列的区域的总值。

2．COUNTA()函数

含义：返回参数列表中非空值的单元格个数。利用函数 COUNTA()可以计算单元格区域或数组中包含数据的单元格个数。如果不需要统计逻辑值、文字或错误值，可以使用函数 COUNT()。

语法：COUNTA(value1,value2,...)，即 COUNTA(参数 1,参数 2,...)。

解释：value1,value2,...为所要计算的值，参数个数为 1 到 30 个。在这种情况下，参数值可以是任何类型，它们可以包括空字符（""），但不包括空白单元格。如果参数是数组或单元格引用，则数组或引用中的空白单元格将被忽略。

【例 3-3】 COUNTA()函数应用举例，如图 3-19 所示。

	A	B	C	D	E	F	G
1	1	公式	说明（结果）				
2	2	=OFFSET(C3,2,3,1,1)	显示单元格 F5 中的值 (0)				
3	3	=SUM(OFFSET(C3:E5,-1,0,3,3))	对数据区域 C2:E4 求和 (0)				
4	4	=OFFSET(C3:E5,0,-3,3,3)	返回错误值 #REF!，因为引用区域不在工作表中				
5	5						
6	6	**=COUNTA(A1:G5)**	**计算非空单元格个数，结果为：13**				

图 3-19　COUNTA()函数应用举例

3．=OFFSET('科目'!$A$2,,,COUNTA('科目'!$A$1:$B$192),1)

COUNTA('科目'!$A$1:$B$192)是指统计 A1:B192 区域单元格个数。

OFFSET('科目'!$A$2,,,COUNTA('科目'!$A$1:$B$192),1)是指以科目表 A2 为坐标选取 COUNTA 统计的行数为区域高度，1 列为区域宽度。

小知识

相对引用、绝对引用及混合引用

加上了绝对引用符“$”的列标和行号为绝对地址，在公式向旁边复制时不会发生变化，没有加上绝对地址符号的列标和行号为相对地址，在公式向旁边复制时会跟着发生变化。混合引用时部分地址发生变化。如 C1=$A$1+$B$1，当将公式复制到 C2 单元格时仍为：=$A$1+$B$1，公式始终不变，为绝对引用；如 C1=A1+B1，当将公式复制到 C2 单元格时变为：=A2+B2，该引用方式为相对引用；如 C1=$A1+B$1，当将公式复制到 C2 单元格时变为：=$A2+B$1，当将公式复制到 D1 单元格时变为：=$A1+C$1，为混合引用。可按 F4 键进行各引用的快速设置。

Step 04 统计会计科目个数。

为防止科目设置错误，及方便以后科目引用，可事先统计设置科目的个数，操作方法如图 3-20 所示。

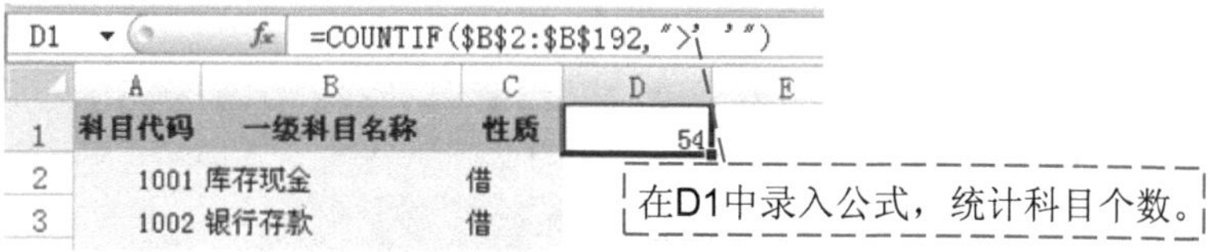

图 3-20 统计科目个数

Step 05 美化工作表。

将科目表设置为自己喜欢的颜色与样式。

活动二 输入分录并显示凭证

一、建立凭证信息表

在“输入凭证”工作表中，建立会计凭证表。

Step 01 建立输入凭证表框架，如图 3-21 所示。

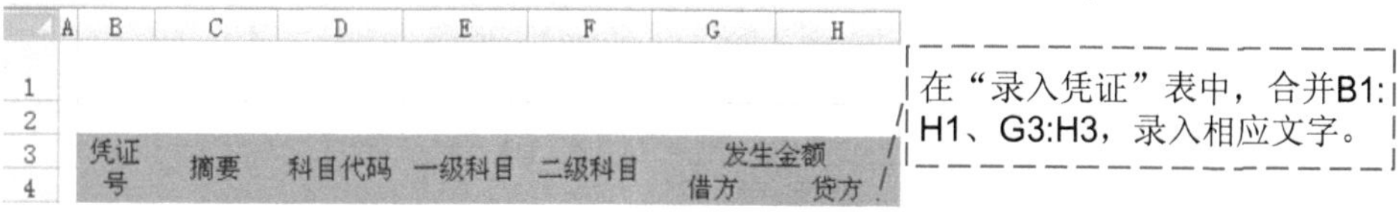

图 3-21 建立凭证框架

Step 02 设置输入凭证表标题，如图 3-22 所示。

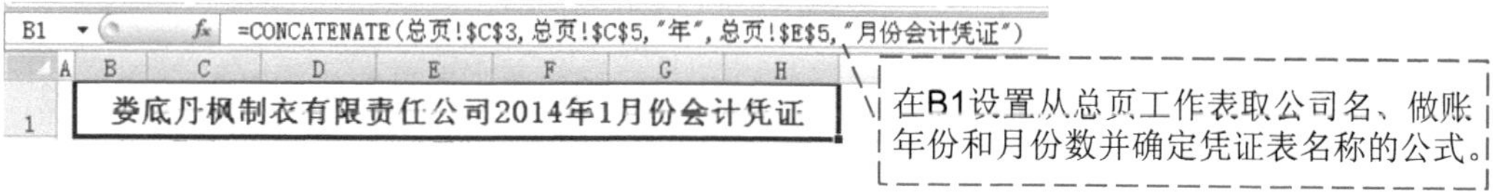

图 3-22 设置凭证表标题

Step 03 定义凭证表相关名称。

为方便以后工作表对输入凭证工作表的引用，需进行名称定义。输入凭证工作表要定义的名称如表 3-1 所示，定义方法见项目二。

表 3-1　要定义的名称

名称含义	名　称	公　　式	范　围
凭证编号	LRPZH	=输入凭证!$B$5:$B$1004	工作簿
凭证借方发生额	LRPZJ	=输入凭证!$G$5:$G$1004	工作簿
凭证贷方发生额	LRPZD	=输入凭证!$H$5:$H$1004	工作簿
整个凭证表	LRPZ	=输入凭证!$B$5:$H$1004	工作簿
凭证科目	LRPZK	=输入凭证!$E$5:$F$1004	工作簿

Step 04 设置凭证借贷平衡检验公式。

凭证输入完成后，为防止凭证输入及借贷方金额计算错误，需设置凭证借贷平衡检验公式。设置方法如图 3-23～图 3-26 所示。

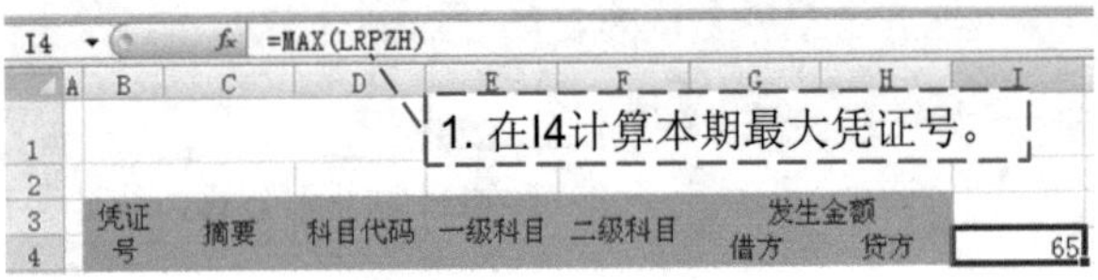

图 3-23　取最大凭证号

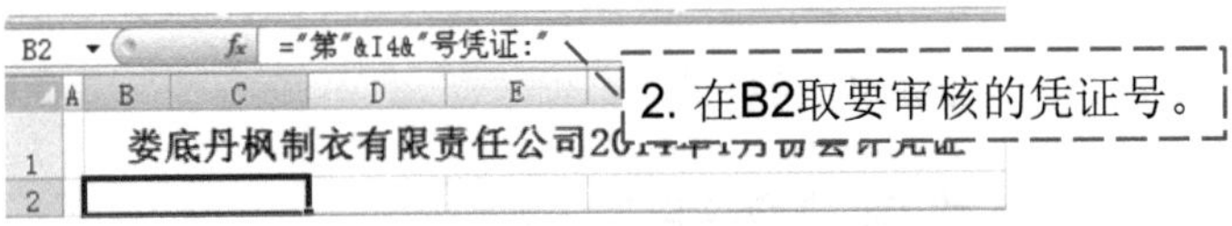

图 3-24　取要审核的凭证号

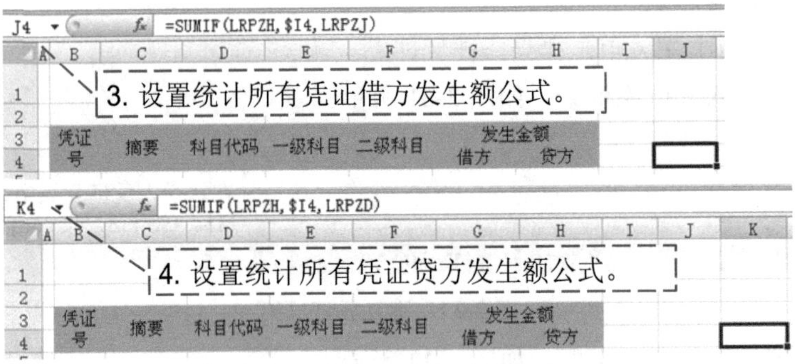

图 3-25　计算凭证借贷发生额

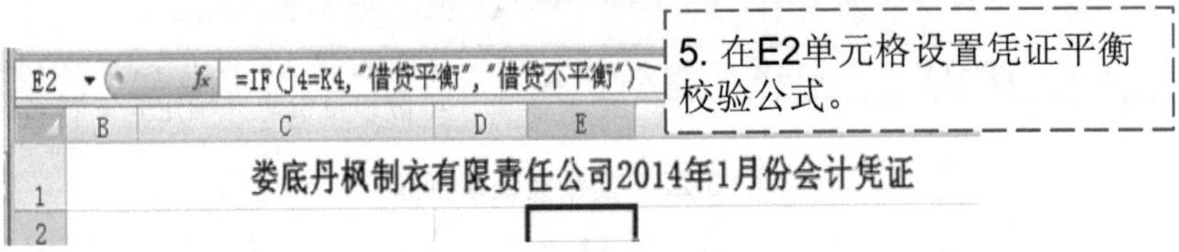

图 3-26　凭证平衡校验

函数与公式

1. SUMIF()函数（条件求和函数）

含义：对满足条件的单元格求和。

语法：SUMIF(range,criteria,sum_range)，即 SUMIF(条件区域,条件,求和范围)

解释：

range 为用于条件判断的单元格区域。

criteria 以数字、表达式或文本形式定义的条件。例如，条件可以表示为 32、"32"、">32" 或 "apples"。条件可以使用通配符?、*，? 匹配任意单个字符，*匹配任意一串字符，如“?2*”表示需要求和的条件是第二个数字为 2。

sum_range 是需要求和的实际单元格。如果省略，将使用区域中的单元格。

【例 3-4】 SUMIF()函数应用举例，如图 3-27 所示。

	A	B
1	规格	数量
2	注塑片	80
3	反光片	220
4	注塑片	100
5	反光片	280
6	公式	结果（说明）
7	=SUMIF(A2:A5,"反光片",B2:B5)	返回值为500，即220+280=500

图 3-27 SUMIF()函数应用

2. =SUMIF(LRPZH,$I4,LRPZJ)

表示在 LRPZH（凭证号区域）中查找与 I4 相同的凭证号，并计算该凭证号 LRPZJ（借方金额栏）的借方金额合计数。

3. IF()函数

含义：执行真假值判断，根据逻辑计算的真假值，返回不同结果。

语法：IF(logical_test,value_if_true,value_if_false)，即 IF(条件,真值,假值)

解释：

logical_test 表示计算结果为 TRUE 或 FALSE 的任意值或表达式，即条件。

value_if_true 表示 logical_test 为 TRUE 时返回的值，即符合条件时返回的值，真值。

value_if_false 表示 logical_test 为 FALSE 时返回的值，即不符合条件时返回的值，假值。

【例 3-5】 If 函数应用举例，如图 3-28 所示。

	A	B
1	实际收入	预算收入
2	1500	900
3	500	900
4	500	925
5	公式	说明（结果）
6	=IF(A2>B2,"超收","未达标")	判断第2行是否超出预算(超收)
7	=IF(A3>B3,"超收","未达标")	判断第3行是否超出预算(未达标)

A6 的公式：如果 A2>B2，则显示真值“超收”，否则显示假值“未达标”；
A7 的公式：如果 A3>B3，则显示真值“超收”，否则显示假值“未达标”。

图 3-28 If 函数应用 1

IF()函数可以进行嵌套使用，最多可嵌套 7 层，如图 3-29 所示。

	A	B
1	成绩	
2	50	
3	91	
4	78	
5	公式	说明（结果）
6	=IF(A2>89,"A",IF(A2>79,"B",IF(A2>69,"C",IF(A2>59,"D","F"))))	为第一个成绩指定一个字母等级(F)
7	=IF(A3>89,"A",IF(A3>79,"B",IF(A3>69,"C",IF(A3>59,"D","F"))))	为第二个成绩指定一个字母等级(A)
8	=IF(A4>89,"A",IF(A4>79,"B",IF(A4>69,"C",IF(A4>59,"D","F"))))	为第三个成绩指定一个字母等级(C)

图 3-29　IF()函数应用 2

在 A6 单元格公式中，第二个 IF 语句同时也是第一个 IF 语句的参数 value_if_false。同样，第三个 IF 语句是第二个 IF 语句的参数 value_if_false。例如，如果第一个 logical_test (A2>89)为 TRUE，则返回“A”；如果第一个 logical_test 为 FALSE，则计算第二个 IF 语句，以此类推。

4．=IF(J4=K4,"借贷平衡","借贷不平衡")

若 J4=K4，则显示“借贷平衡”，否则显示“借贷不平衡”。

5．&

&用于连接文本。

【例 3-6】&的应用举例，如图 3-30 所示。

	A	B
1	abc	def
2	公式	结果
3	=A1&B1&"gh"	abcdefgh

图 3-30　&的应用

Step 05 设置科目代码与科目取数。

利用数据有效性设置科目代码能利用下拉菜单选择输入，操作方法如图 3-31 所示。科目代码输入以后，要求系统能自动显示相应的会计科目，操作方法如图 3-32 所示。

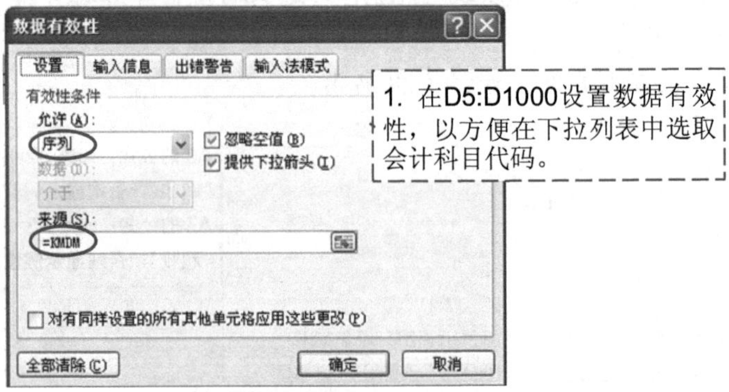

图 3-31　选取科目代码

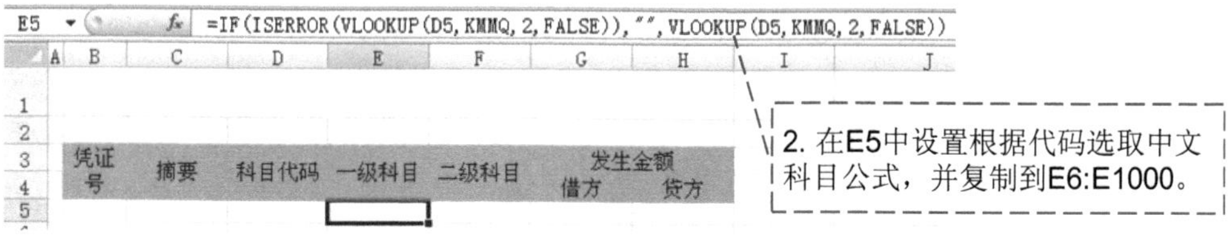

图 3-32　选取一级科目

函数与公式

1. ISERROR()函数

含义：检测一个值是否为错误值#N/A、#VALUE!、#REF!、#DIV/0!、#NUM!、#NAME?或#NULL!，如果是其中的一个，返回 FALSE，否则，返回 TRUE。

语法：ISERROR(value)

解释：

value 表示要检测的值。检测的值可以是一个单元格、公式或数值的名称，如空白（空白单元格）、错误值、逻辑值、文本、数字、引用值或对于以上任意参数的名称引用。

在 Excel 中，一共有 9 个工作表函数，用来检验数值或引用类型，这些函数概括为 IS 类函数，可以检验数值的类型并根据参数取值返回 TRUE 或 FALSE。分别如表 3-2 和表 3-3 所示。

表 3-2　常见的IS()函数

函　数	如果为下面的内容，则返回 TRUE
isblank(value)	值为空白单元格
iserr(value)	值为任意错误值（除去 #N/A）
iserror(value)	值为任意错误值（#N/A、#VALUE!、#REF!、#DIV/0!、#NUM!、#NAME? 或 #NULL!）
islogical (value)	值为逻辑值
isna(value)	值为错误值 #N/A
isnontext(value)	值为不是文本的任意项（注意此函数在值为空白单元格时返回 TRUE）
Isnumber(value)	值为数字
isref(value)	值为引用
istex(value)	值为文本

表 3-3　常见的错误值

错误值	含　义	错误值	含　义
#N/A	函数或公式中没有可用数值	#NUM!	公式或函数中某个数字有问题
#VALUE!	使用错误的参数或运算对象类型	#NAME?	使用了不正确的函数或参数名称
#REF!	单元格引用无效	#NULL!	使用了不正确的区域运算符或不正确的单元格引用
#DIV/0!	公式被零除		

2. =if(iserror(vlookup(D5,KMMQ,2,false)),"", vlookup (D5,KMMQ,2,false))

vlookup(D5,KMMQ,2, false)表示在 KMMQ 中模糊查找与 D5 相同的内容，并显示相应行第 2 列的内容。

iserror(vlookup(D5,KMMQ,2,false)表示判断 vlookup(D5,KMMQ,2,false)返回的值是否为错误值。

=if(iserror(vlookup(D5,KMMQ,2,false)),"", vlookup (D5,KMMQ,2,false))表示先判断 vlookup(D5,KMMQ,2,false)返回的值是否为错误值，如果是，则显示为空，否则显示 vlookup(D5,KMMQ,2,false)返回的值。

Step 06 输入凭证。

根据企业经济业务内容输入凭证。经济业务凭证见书后附录 A。

输入凭证时，一级科目将根据所选择的科目代码自动显示。

二、显示凭证

在输入凭证工作表中，会计凭证是以账簿的形式表现出来的，但为实现与手工会计的衔接，需要将输入的凭证以手工凭证的样式打印出来。因此我们在工作簿中设置了凭证打印样式。

Step 01 凭证样式设计，如图 3-33 所示。

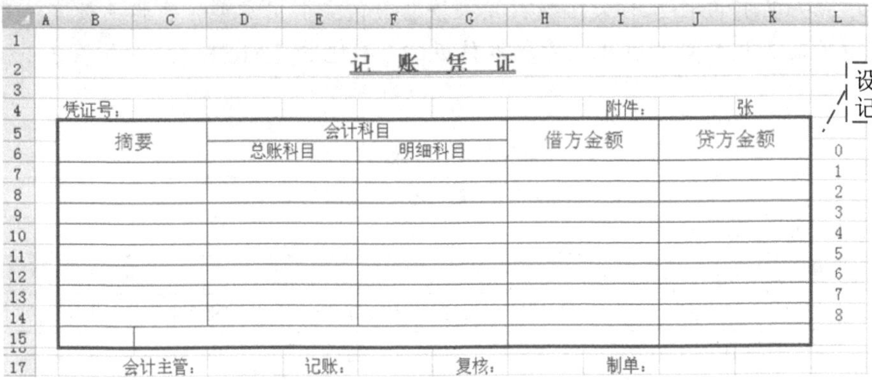

图 3-33 设计凭证样式

小知识

如何设置单元格文字下画线（见图 3-34 和图 3-35）

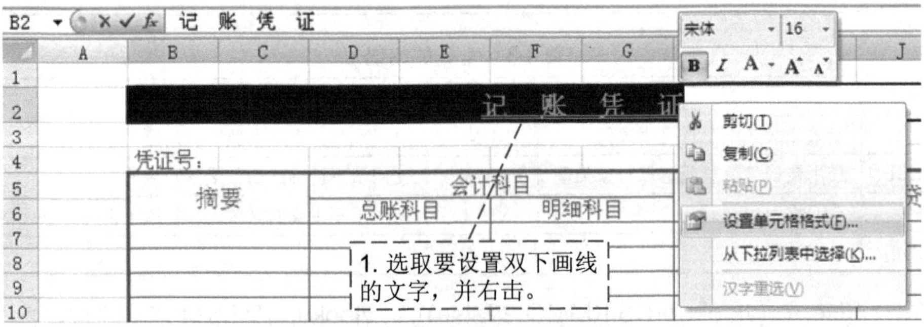

图 3-34 设计文字下画线 1

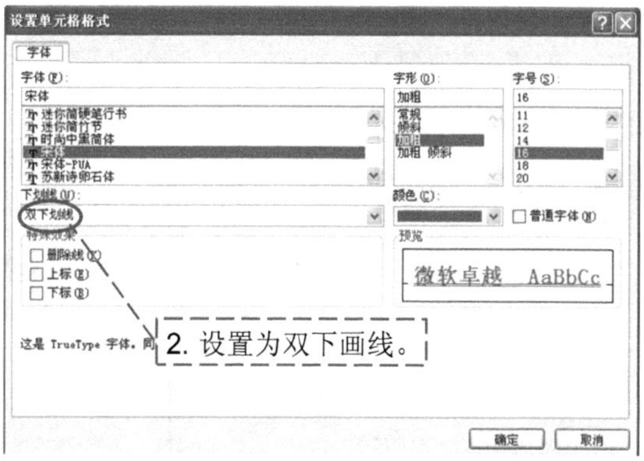

图 3-35 设计文字下画线 2

Step 02 选取记账凭证号。

记账凭证号反映输入凭证工作表中的凭证号。可通过数值调节按钮自动产生。其操作方法如图 3-36 和图 3-37 所示。

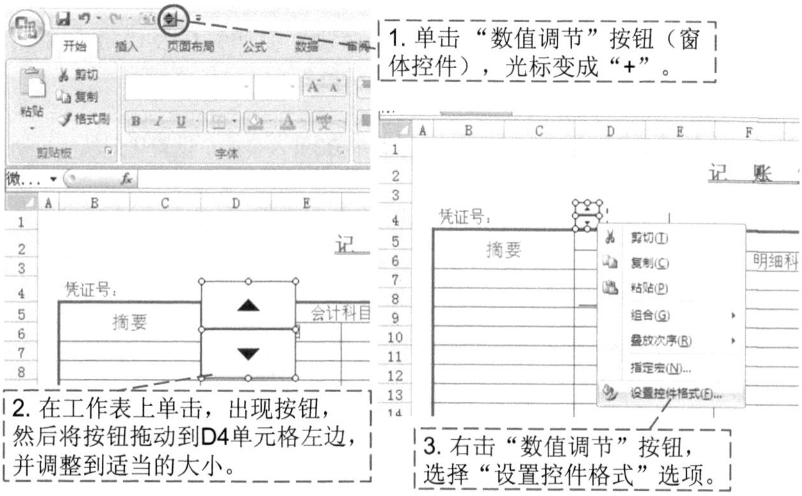

图 3-36 利用控件取凭证号

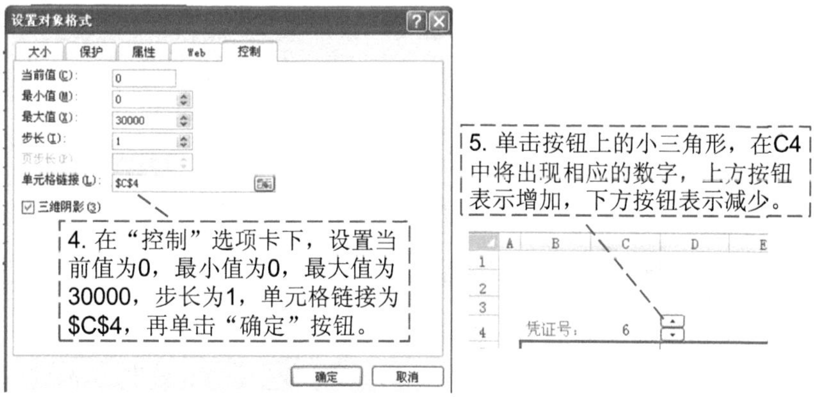

图 3-37 设置取凭证号的跨度

小知识

如何添加窗体控件到快速访问工具栏（见图 3-38）

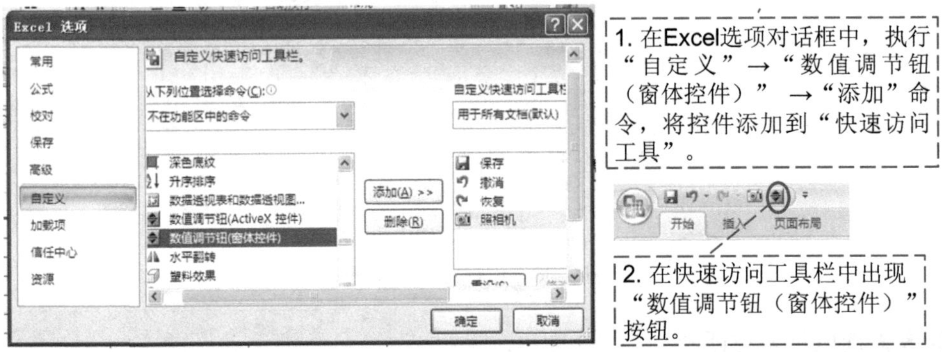

图 3-38　添加控件

Step 03 凭证体取数。

凭证体需要设置的内容包括凭证填制日期、摘要、会计科目及借贷方金额、金额合计数及中文大写金额。其设置方法如图 3-39～图 3-43 所示。

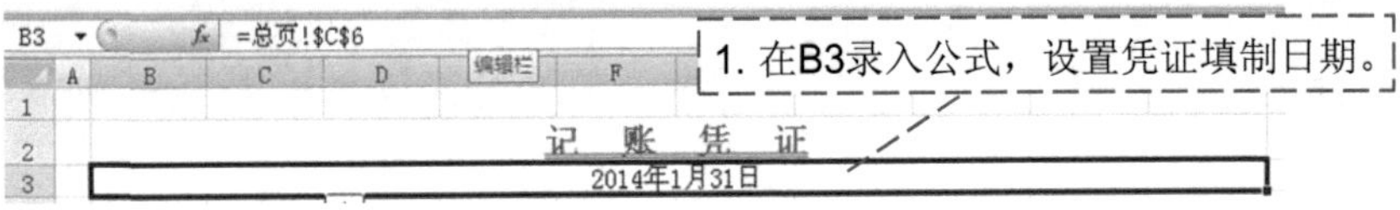

图 3-39　设置凭证日期

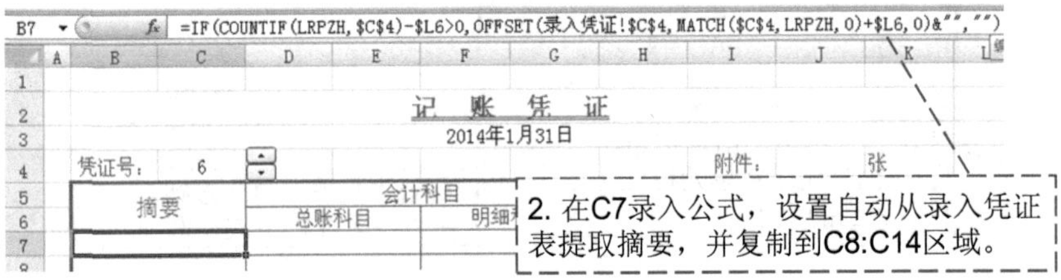

图 3-40　设置凭证摘要

图 3-41　复制区域公式

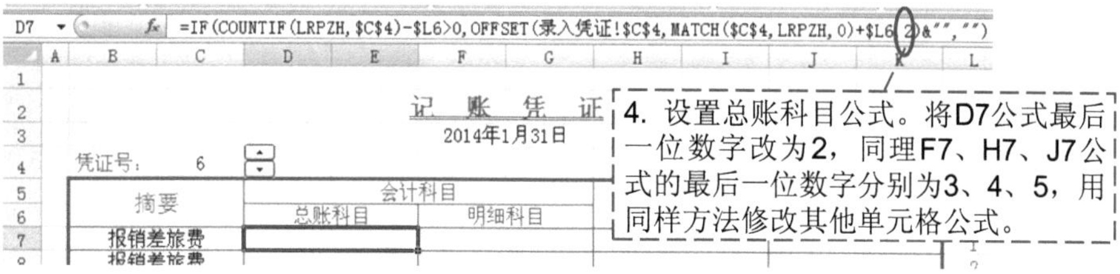

图 3-42　设置总账科目公式

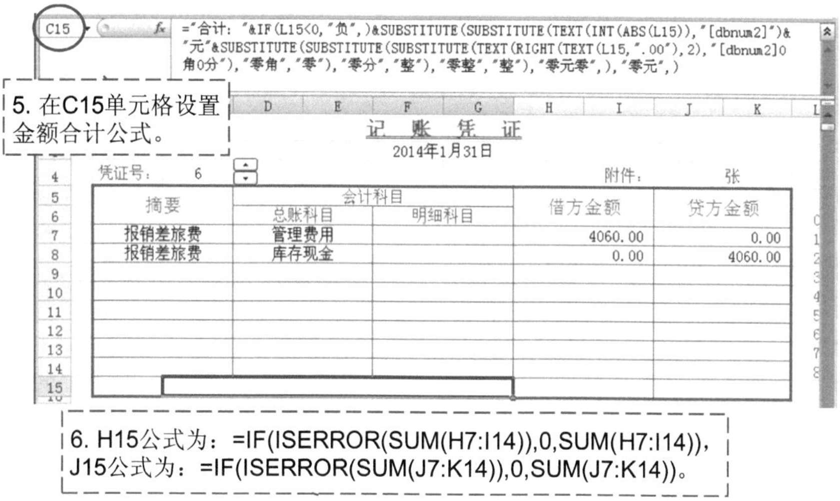

图 3-43　设置金额合计公式

函数与公式

1．MATCH()函数

含义：返回指定数值在指定数组区域中的位置。

语法：MATCH(lookup_value, lookup_array, match_type)，即 MATCH(值, 范围, 逻辑值)。

解释：

lookup_value 表示需要在数据表（lookup_array）中查找的值，可以是数值、文本、逻辑值或对以上类型的引用。

lookup_array 表示可能包含所要查找数值的连续单元格区域、一个数组或是对某数组的引用。

match_type 表示指定 Microsoft Excel 将 lookup_value 与 lookup_array 中数值进行匹配的方式。为 1 时，查找小于或等于 lookup_value 的最大数值，lookup_array 必须按升序排列；为 0 时，查找等于 lookup_value 的第一个数值，lookup_array 按任意顺序排列；为–1 时，查找大于或等于 lookup_value 的最小数值，lookup_array 必须按降序排列。

利用 MATCH()函数查找功能时，当查找条件存在时，MATCH()函数结果为具体位置（数值），否则显示#N/A 错误。

【例 3-7】MATCH()函数应用举例，如图 3-44 所示。

	A	B
2	苹果	50
3	香蕉	32
4	桔子	46
5	梨子	15
6	**公式**	**结果（说明）**
7	=MATCH(39,B2:B5,1)	因为没有完全符合的项目，所以会传回范围 B2:B5 中下一个较小的值 (32)。(2)
8	=MATCH(46,B2:B5,0)	范围 B2:B5 中 46 的位置。(3)
9	=MATCH(51,B2:B5,-1)	因为 B2:B5 不是依递减顺序排列，所以会传回错误。(#N/A)

图 3-44　MATCH()函数

2．SUM()函数

含义：计算单元格区域中的所有数值之和。

语法：SUM(number1,number2, ...)。

解释：

number1，number2，...为 1 到 30 个需要求和的参数。直接键入到参数表中的数字、逻辑值及数字的文本表达式将被计算。如果参数为数组或引用，只有其中的数字将被计算。数组或引用中的空白单元格、逻辑值、文本将被忽略。

【例 3-8】 SUM(5, 6) 等于 11。SUM("5", 6, TRUE)等于 12，因为文本值被转换成数字，而逻辑值“TRUE”被转换成数字 1。如果 A1 包含"5"，而 B1 包含 TRUE，则：SUM(A1, B1, 2)等于 2，因为对非数值型的值的引用不能被转换成数值。如果单元格 A2:E2 包含 5、15、30、40 和 50，则 SUM(A2:C2)等于 50；SUM(B2:E2, 15)等于 150。

3．ABS()函数

含义：返回表达式的绝对值，即不带负号的值。

语法：ABS(number)，即 ABS(<数值表达式>)。

4．SUBSTITUTE()函数（字符串替换函数）

含义：将字符串中的部分字符串以新字符串替换。如果需要在某一文本字符串中替换指定的文本，使用函数 SUBSTITUTE()；如果需要在某一文本字符串中替换指定位置处的任意文本，使用函数 REPLACE()。

语法：SUBSTITUTE (text,old_text,new_text,[instance_num])

解释：

text 表示包含有要替换字符的字符串或文本单元格引用。

old_text 表示要被替换的旧字符串或文本单元格引用。如果原有字符串中的大小写与新字符串中的大小写不匹配，将不进行替换。

new_text 表示用于替换 old_text 的新字符串或文本单元格引用。

instance_num 为一个数值，用来指定以 new_text 替换第几次出现的 old_text。如果指定了 instance_num，则只有满足要求的 old_text 被替换；否则将用 new_text 替换 text 中出现的所有 old_text。

【例 3-9】 SUBSTITUTE()函数应用举例，如图 3-45 所示。

	A	B	C
1		公式	结果（说明）
2	TCL电视销售数据	=SUBSTITUTE(A2,"销售","成本")	"成本"替代"销售"
3	2011年第一季度、2012年第一季度	=SUBSTITUTE(A3,"季度","月度",2)	第二个"季度"被替代为"月度"

图 3-45　SUBSTITUTE()函数应用

再如，如果 A1=学习的革命、A2=电脑，则公式=SUBSTITUTE(A1,"的革命",A2,1)，返回"学习电脑"。

5．RIGHT()函数

含义：从一个文本字符串的最后一个字符开始返回指定个数的字符。

语法：RIGHT(text, num_chars)。

解释：

text 为必要参数。为字符串表达式，其中最右边的字符将被返回。

num_chars 为必要参数。为数值表达式，指出想返回多少字符。如果为 0，返回零长度字符串 ("")。如果大于或等于 text 的字符数，则返回整个字符串。

【例 3-10】RIGHT()函数应用举例，如图 3-46 所示。

	B	C
1	销售789012356	
2	公式	结果（说明）
3	=RIGHT($B$1,6)	返回0123456
4	=RIGHT($B$1)	返回6
5	=RIGHT($B$1,15)	返回销售789012356
6	=RIGHT($B$1,-2)	#VALUE!

图 3-46　RIGHT()函数应用

6．INT()函数（取整函数）

含义：将数值向下取整为最接近的整数。

语法：INT(number)。

解释：

number 表示需要进行向下舍入取整的实数。

ROUNDUP(number)函数为向绝对值大的方向舍入；ROUNDDOWN(number)为向绝对值小的方向舍入；ROUND(number)函数为小数小于 4 的数向 0 方向舍入，小数大于 4 的数向 0 的反方向舍入。

【例 3-11】INT()函数的应用举例，如图 3-47 所示。

	A	B
1	5.32	
2	公式	说明（结果）
3	=INT(8.9)	将8.9向下舍入到最接近的整数(8)
4	=INT(-8.9)	将-8.9向下舍入到最接近的整数(-9)
5	=A1-INT(A1)	返回单元格A2中正实数的小数部分(0.32)

	A	B	C	D	E
1		int	roundup	rounddown	round
2	-1.8	-2	-2	-1	-2
3	-1.2	-2	-2	-1	-1
4	1.2	1	2	1	1
5	1.8	1	2	1	2

图 3-47　INT()函数的应用

7. TEXT()函数

含义：将数值转换为按指定数字格式表示的文本。

语法：TEXT (value,format_text)

解释：

value 为数值、能返回为数值的公式，或对数值单元格的引用。

format_text 为文字形式的数字格式，文字形式来自于“单元格格式”对话框中“数字”选项卡的“分类”框中的文本格式。

【例 3-12】假设单元格 A1 含有数字 23.5。若要将数字格式设置为美元金额，可以使用公式：=TEXT(23.5,"$0.00")，则结果显示$23.50。

假设 B2 单元格数值为 2800.56，使用公式=text (B2,"####")，可将其转换为 2800。

假设 B2 单元格数值为 44777，使用公式=text (B2,"0000-00-00")，可将其转换为 0004-47-77。

8. [dbnum2]

代表使用数字大写字体。

【例 3-13】[dbnum2]应用举例，如图 3-48 所示。

	A	B	C
1	数据	公式	结果
2	75	=TEXT(A2,"[dbnum2]")&"元整"	返回柒拾伍元整
3	1004.23	=TEXT(A3,"[dbnum2]")&"元整"	返回壹仟零肆.贰叁元整

图 3-48 [dbnum2]应用

9. "合计："&IF(L15<0,"负",)& Substitute (Substitute (text(int(ABS(L15)),"[dbnum2]")&"元"& Substitute (Substitute (Substitute (text (Right(text (L15,".00"),2),"[dbnum2]0 角 0 分"),"零角","零"),"零分","整"),"零整","整"),"零元零",),"零元",)

text(L15,".00")：将 L15 的值转换为带两位小数点的文本。

Right(text (L15,".00"),2)：取 L15 转换为文本后字符串的后两位。

text (Right(text (L15,".00"),2),"[dbnum2]0 角 0 分")：取 L15 转换为文本后字符串的后两位以转换为大小形式，格式为 0 角 0 分。

Substitute (text (Right(text (L15,".00"),2),"[dbnum2]0 角 0 分"),"零角","零")：将 0 角 0 分替换为零角零分。

text (int(ABS(L15))：L15 取绝对值并取整，取整后转换为文本。

活动三　查看总账与明细账

可以利用工作表中的数据筛选功能查看总账和明细账。

Step 01 建立筛选器，如图 3-49 所示。

Step 02 查看总账与明细账，如图 3-50～图 3-52 所示。

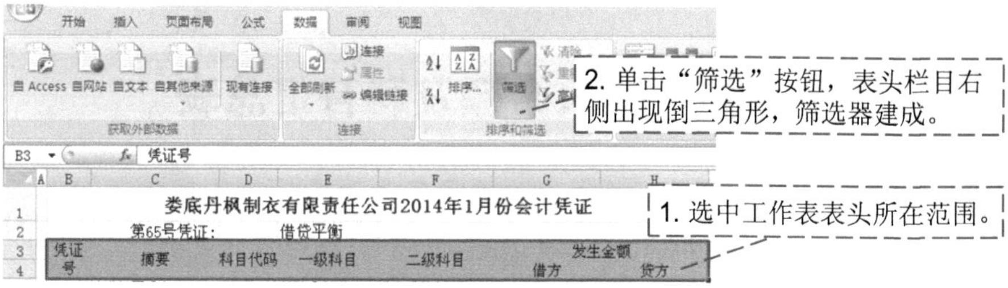

图 3-49　建立筛选器

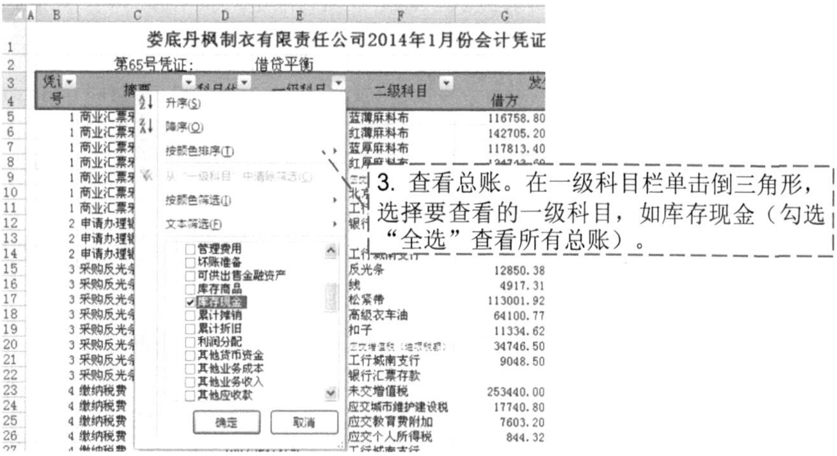

图 3-50　查看总账

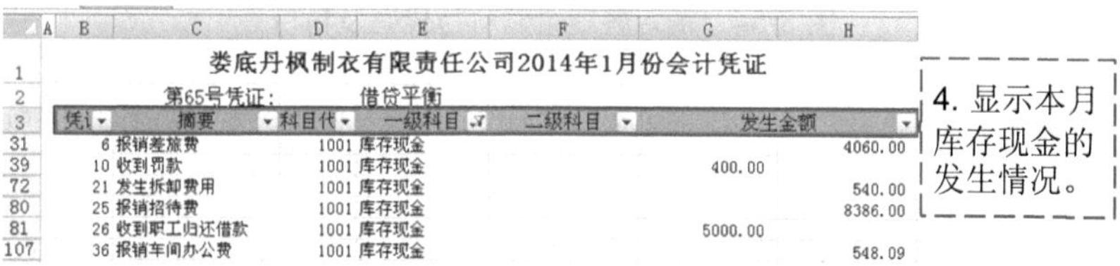

图 3-51　查看总账结果

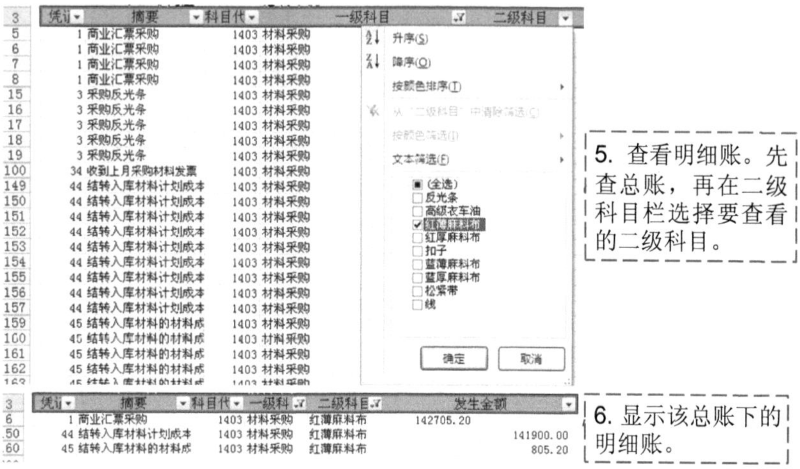

图 3-52　查看明细账

任务三　输入余额及科目汇总表

活动一　输入各期余额

Step 01 设置各期余额表样式并输入余额。

在各期余额工作表中，设置各期余额表。操作方法如图 3-53～图 3-56 所示。

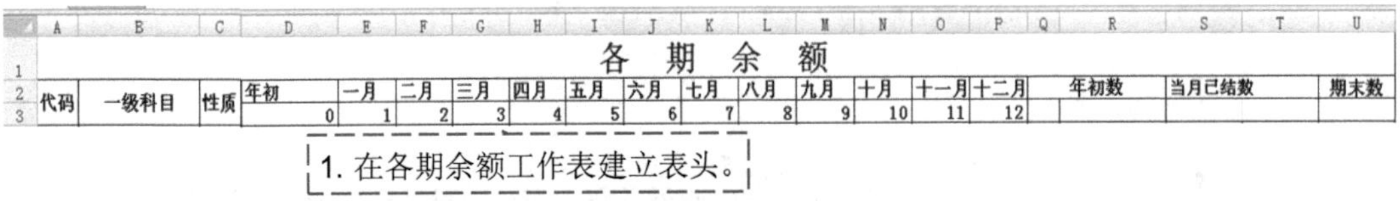

图 3-53　建立各期余额表头

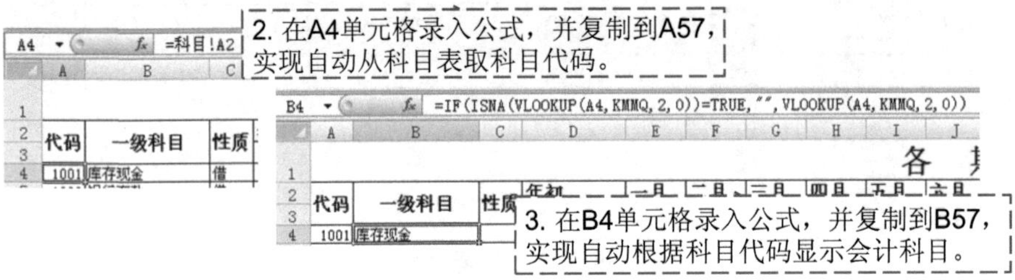

图 3-54　输入各期余额科目代码及科目

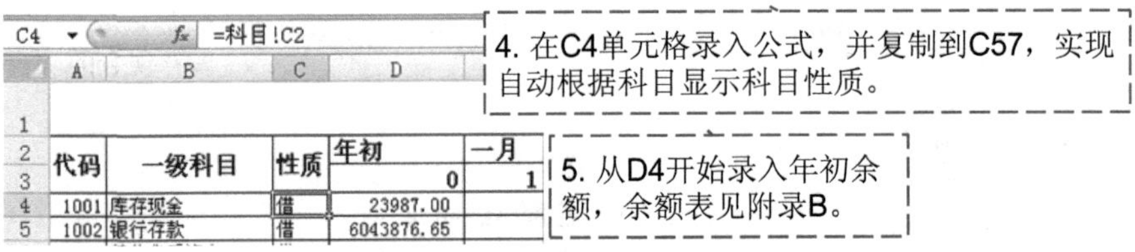

图 3-55　输入各期余额科目性质及年初数

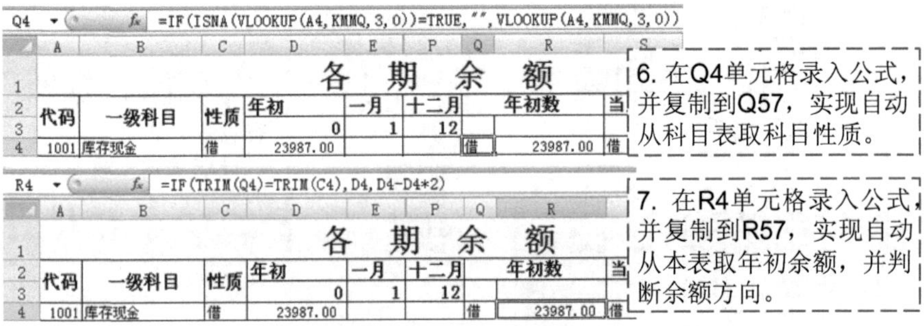

图 3-56　显示年初数

Step 02 定义各期余额名称，如图 3-57 所示。

图 3-57　定义余额表范围

活动二　输入科目汇总表

为定期掌握各账户的发生情况，需建立科目汇总表。

一、设计科目汇总表样式

科目汇总表数据内容包括科目、期初余额、本期发生额、期末余额，所以设置科目汇总表需至少设置这些栏目。

Step 01 建立表格样式，如图 3-58 所示。

图 3-58　科目汇总表总框架

Step 02 设置表标题，如图 3-59 所示。

图 3-59　科目汇总表标题

Step 03 设置会计科目和科目性质，如图 3-60 所示。

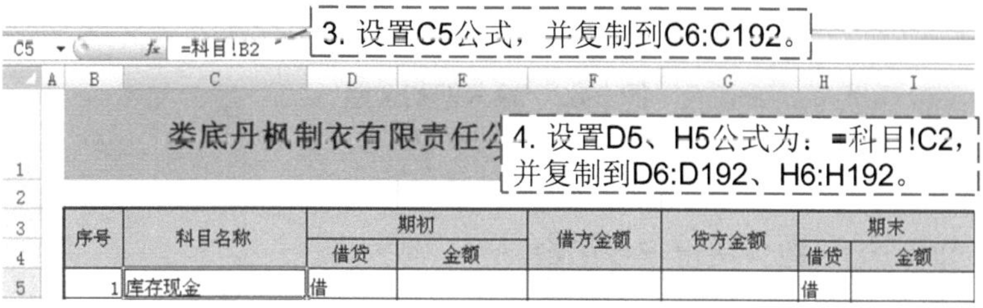

图 3-60　科目汇总表科目来源

函数与公式

1. CONCATENATE()函数（文本合并函数）

含义：将多个文本字符串合并为一个文本字符串。

语法：CONCATENATE(text1,text2,...)，即 CONCATENATE(文本 1,文本 2,...)。

解释：

text1,text2,...为 1 到 30 个将要合并成单个文本项的文本项。这些文本项可以为文本字符串、数字或对单个单元格的引用。也可以用&（和号）运算符代替函数 CONCATENATE()实现文本项的合并。

【例 3-13】CONCATENATE()函数应用举例，如图 3-61 所示。

	A	B
1	你	相聚
2	**公式**	**结果（说明）**
3	=CONCATENATE(A1,"是我今生最美的",B1)	返回：你是我今生最美的相聚
4	=CONCATENATE(A1&"是我今生最美的"&B1)	返回：你是我今生最美的相聚
5	=A1&"是我今生最美的"&B1	返回：你是我今生最美的相聚

图 3-61 CONCATENATE()函数应用

不同文本合并为一个文本也可用举例中的其他形式。

2. =CONCATENATE(总页!$C$3,总页!$C$5,"年",总页!$E$5,"月份科目汇总表")

是指表标题显示为：总页表中 C3、C5 单元格的单位名称、会计年，以及“年”、总页表 E5 单元格中的月份值及“月份会计凭证”。

此公式也可以“=总页!$C$3&总页!$C$5&"年"&总页!$E$5&"月份会计凭证"”代替。

二、输入科目汇总表数据

科目汇总表数据内容包括期初余额、本期发生额、期末余额等内容。期初余额数据来源于各期余额工作表，本期发生额数据来源于会计凭证表，期末余额则可根据期初余额、本期发生额计算得到。

Step 01 输入期初余额，如图 3-62 所示。

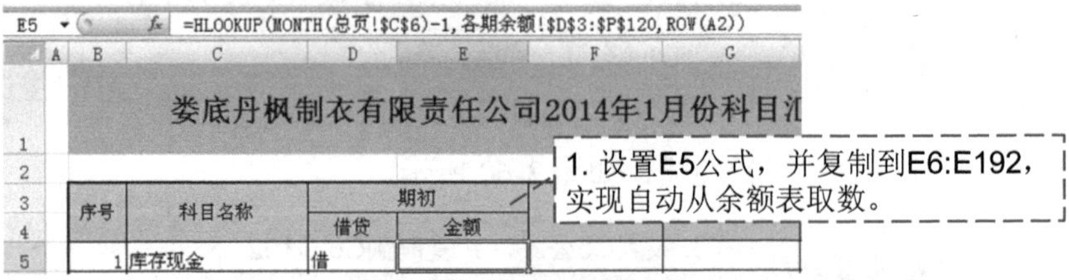

图 3-62 输入期初余额

函数与公式

1. HLOOKUP()函数（按行查找函数）

含义：搜索数组区域首行满足条件的元素，确定待检索单元格在区域中的列序号，再进一步返回选定单元格的值。

语法：HLOOKUP(lookup_value,table_array,row_index_num,range_lookup)

解释：

lookup_value 为需要在数据表第一行中进行查找的数值，可以为数值、引用或文本字符串。

table_array 为需要在其中查找数据的数据表，如文本、数据或逻辑值表。适用对区域或区域名称的引用。

row_index_num 为满足条件的单元格在数组区域 table_array 中的行序号。row_index_num 为 1 时，返回 table_array 第一行的数值；为 2 时，返回 table_array 第二行的数值，以此类推。如果小于 1，函数 HLOOKUP()返回错误值#VALUE!；如果大于 table_array 的行数，函数 HLOOKUP()返回错误值 #REF!。

range_lookup 为一个逻辑值，指明函数 HLOOKUP()查找时是精确匹配，还是近似匹配。如果为 TRUE 或省略，则返回近似匹配值。如果找不到精确匹配值，则返回小于 lookup_value 的最大数值。如果为 FALSE，函数 HLOOKUP()将查找精确匹配值，如果找不到，则返回错误值#N/A。

【例 3-14】HLOOKUP()函数应用举例，如图 3-63 所示。

	A	B	C	D	E	F
1	员工编号	G01	G02	G03	G04	G05
2	第一季度	88	89	90	91	92
3	第二季度	89	85	95	93	98
4	第三季度	102	90	86	89	94
5	第四季度	95	110	99	86	92
6	全年合计	374	374	370	359	376
7						
8	员工编号	G01	G02	G03	G04	G05
9						
10		公式		结果(说明)		
11	全年合计	=HLOOKUP(B8,$B$1:$F$6,6)		返回374		
12		=HLOOKUP(D8,$B$1:$F$6,6)		返回370		

图 3-63　HLOOKUP()函数应用

类似函数有：VLOOKUP()函数、LOOKUP()函数。

2．MONTH()函数

含义：返回一年中的某月。

语法：MONTH(date)

解释：

date 可以是任何能够表示日期的数值、数值表达式、字符串表达式或它们的组合。如果 date 包含 Null，则返回 Null。

3．ROW()函数

含义：返回某区域第一个单元格的行号。

语法：ROW(reference)

解释：

reference 为需要得到其行号的单元格或单元格区域。如果省略，则返回该函数所有行。

【例 3-15】ROW()函数应用举例，如图 3-64 所示。

	A	B	C	D	E	F
1		公式		结果(说明)		
2	全年合计	=ROW()		返回2		
3		=ROW(C5)		返回5		
4		=ROW(B1:F6)		返回1		
5						
6						
7						

图 3-64　ROW()函数应用

Step 02 输入借贷方发生额，如图 3-65 和图 3-66 所示。

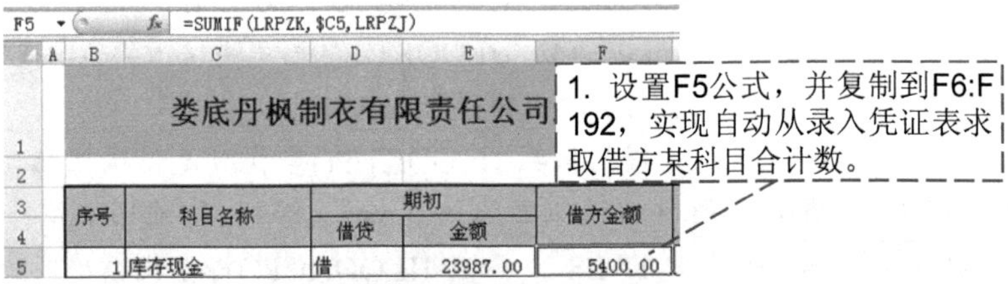

图 3-65　借方合计发生额

图 3-66　贷方合计发生额

Step 03 输入期末余额，如图 3-67 所示。

图 3-67　输入期末余额

三、定义汇总表名称

汇总表名称的定义如图 3-68 和表 3-4 所示。

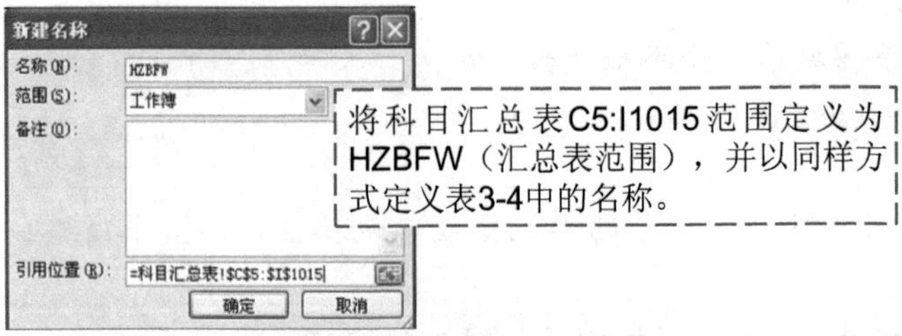

图 3-68　汇总表名称定义

表 3-4　科目汇总表中要定义的名称

名称含义	名　称	公　式	范　围
汇总表借贷	HZBJD	=科目汇总表!$F$5:$G$1015	工作簿
汇总表性质	HZBXZ	=科目汇总表!$D$5:$D$1015	工作簿
汇总表期初金额	HZBCJE	=科目汇总表!$E$5:$E$1015	工作簿
汇总表期末金额	HZBMJE	=科目汇总表!$I$5:$I$1015	工作簿

活动三　科目汇总表试算平衡

科目汇总表数据汇总完成以后，需验证期初、期末借贷是否平衡。

Step 01 设置期初、期末借贷合计栏，如图 3-69 所示。

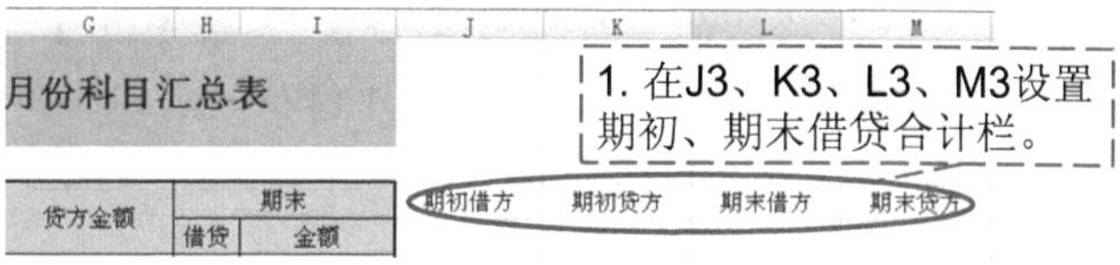

图 3-69　建立试算栏

Step 02 求期初、期末借贷方金额合计数，如图 3-70 所示。

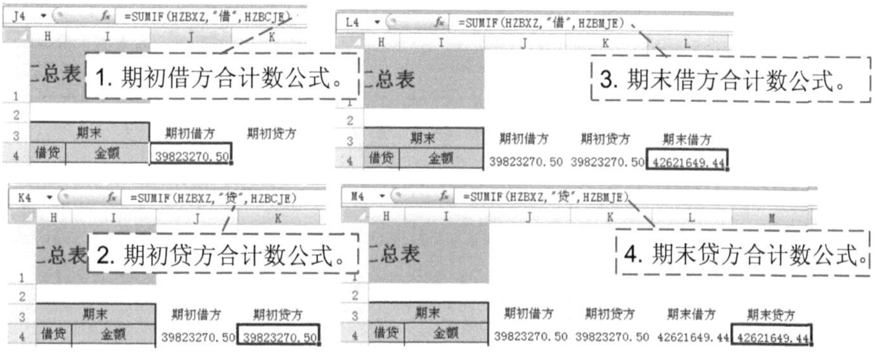

图 3-70　借贷合计计算

Step 03 科目汇总表试算平衡。

进行科目汇总表自动试算平衡校验，如图 3-71～图 3-73 所示。

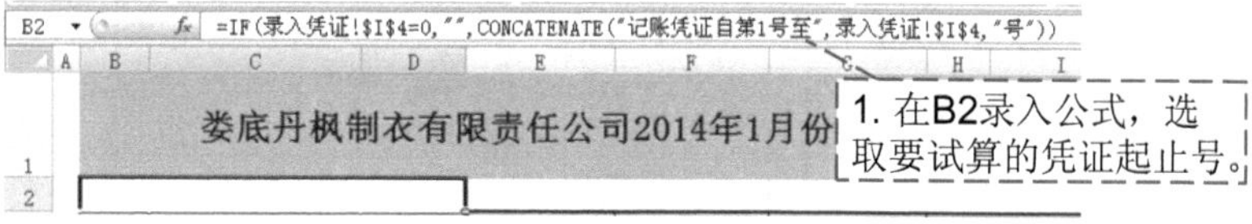

图 3-71　选择凭证起止号

图 3-72　期初借贷平衡试算

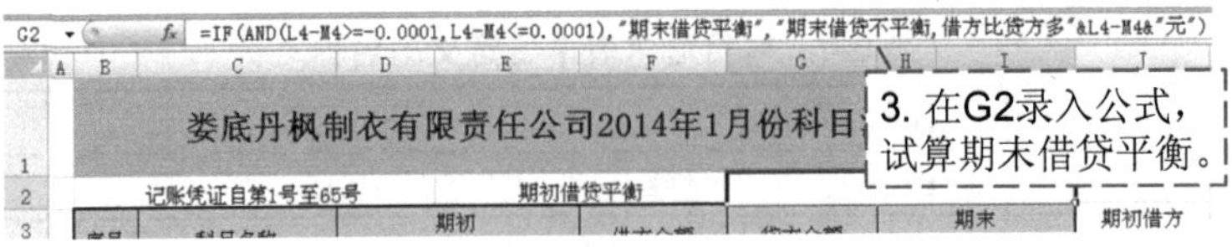

图 3-73　期末借贷平衡试算

函数与公式

1. AND()函数（与函数）

含义：取同时满足两个（或以上）参数的值。

格式：AND(logical1,logical2, ...)

解释：

logical1, logical2, ... 表示待检测的 1 到 30 个条件值，各条件值可为 TRUE 或 FALSE。

参数必须是逻辑值 TRUE 或 FALSE，或者包含逻辑值的数组（用于建立可生成多个结果或可对在行和列中排列的一组参数进行运算的单个公式。数组区域共用一个公式；数组常量是用作参数的一组常量）或引用。如果数组或引用参数中包含文本或空白单元格，则这些值将被忽略。如果指定的单元格区域内包括非逻辑值，则 AND() 函数将返回错误值 #VALUE!。

【例 3-15】AND()函数应用举例，如图 3-74 所示。

	A	B	C	D	E
1	姓名	买零食费(单位:元)	买衣服费(单位:元)	公式	结果(说明)
2	张明	60		=AND(B2<>"",C2<>"")	只买了一项,返回FALSE
3	李红		100	=AND(B3<>"",C3<>"")	只买了一项,返回FALSE
4	马元			=AND(B4<>"",C4<>"")	两项都没买,返回FALSE
5	黄灿	60	100	=AND(B5<>"",C5<>"")	两项都买了,返回TRUE
6	要求:判断哪些人两项都买了				

图 3-74　AND()函数

Step 04 美化科目汇总表。

① 隐藏或取消隐藏列，如图 3-75 所示。

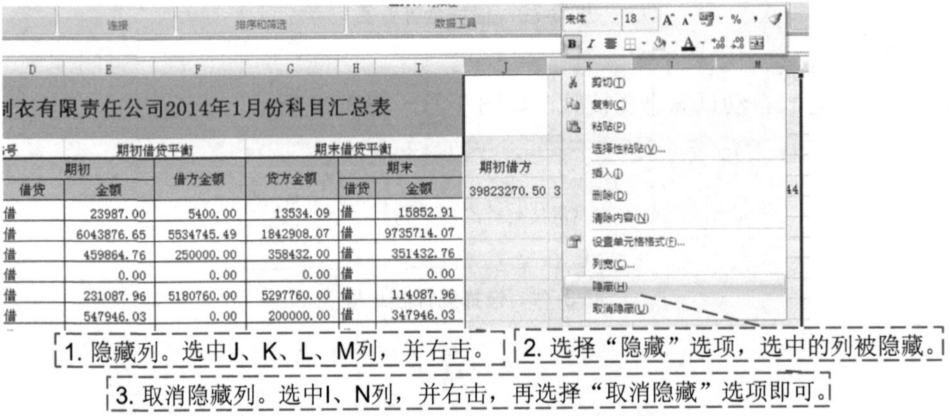

图 3-75　隐藏或取消隐藏列

② 完成其他美化。

任务四　保护总账系统

将建立完成的账务处理系统保护起来，可以避免其他闲杂人员随意修改，造成账目混乱。在 Excel 2007 中可以利用工作表保护或工作簿保护功能妥善地处理完毕的账目。

活动一　保护单张工作表

如果只需要保护个别的工作表，可以按如下方法操作，如图 3-76 和图 3-77 所示。

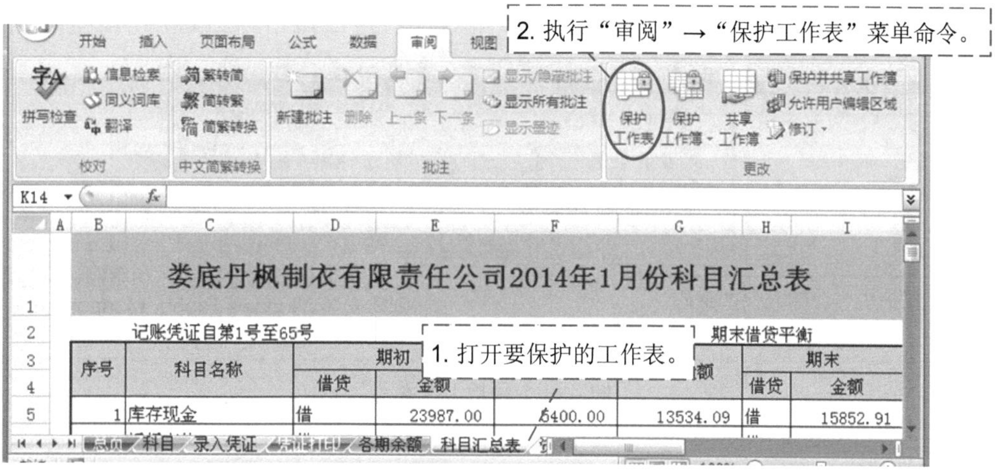

图 3-76　保护工作表 1

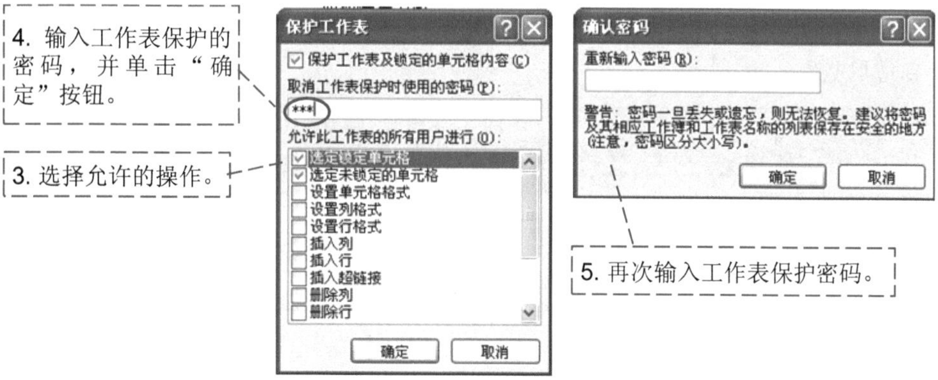

图 3-77　保护工作表 2

活动二　保护整个工作簿

如果整个工作簿都需要保护，可以按如下方法操作，如图 3-78 和图 3-79 所示。

图 3-78　保护工作簿 1

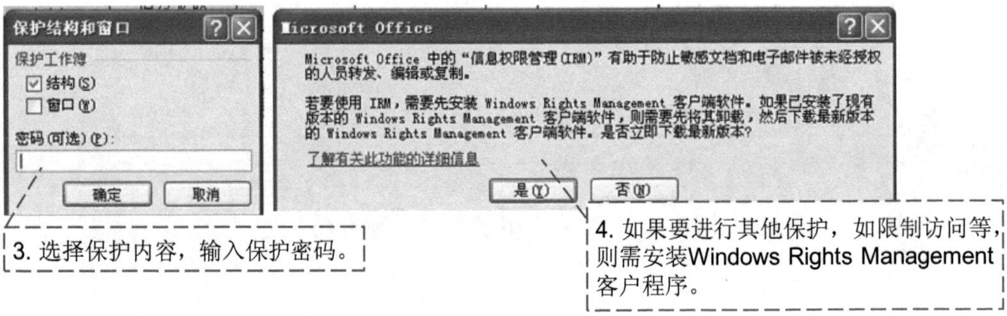

图 3-79　保护工作簿 2

模拟实战

如果输入凭证表如图 3-80 所示，则在凭证打印表中如何实现附件张数直接从输入凭证表自动取数？

	A	B	C	D	E	F	G	H	I	J
1	凭证字	凭证顺序	凭证号	摘要	科目代码	一级科目	二级科目	发生金额		附件张数
2								借方	贷方	
3	收	1	收字1号							
4	收	1	收字1号							

图 3-80　输入凭证表效果图

4
CHAPTER

项目 4 编制财务报表

项目目标

通过本项目的学习，要求利用 Excel 2007 的相关函数与技术在以后的工作中完成报表的设计与管理的能力。具体包括：

1．能进行资产负债表、利润表格式设计的能力；

2．利用函数或公式进行资产负债表、利润表从各期余额表、科目汇总表取数的能力。

项目导入

财务报表是财务报告最重要的组成部分，通过财务报表可以清晰地反映一定时期企业的财务状况和经营成果。由于资产负债表、利润表是对财务状况的综合分析，其中的每一项数据都需要从日常账务数据中得到，因此资产负债表、利润表的编制通常都需要使用多方面的数据。如果只是人工查阅前期数据，然后填写计算，则会非常烦琐，同时也非常容易出错。在 Excel 2007 中则可以非常轻松地从前面建立的日常财务处理工作簿中返回所需要的数据，从而快速地完成报表的编制。

本章着重介绍如何利用 Excel 2007 建立资产负债表和利润表。

项目思路

先进行总体设计，再进行具体内容的描述，具体如下。

1．完成资产负债表的格式设置，要求：公司名称、纳税人识别号自动从总页取得；

2．设置年初数、期末数取数公式，要求：

① 年初数直接从各期余额表年初数栏取数，且不显示错误值；

② 期末数取值：如果是在本月结账以后编制资产负债表，则从各期余额表相应月份的余额数取数，如果是在本月末结账前编制报表，则可直接从科目汇总表期末余额取数，且不显示错误值。

3．完成利润表的格式设置，要求同资产负债表设置；

4．完成损益类科目累计汇总表设置；

5．设置利润表及损益类科目累计汇总表取数公式，实现利润表数据自动从损益类科目累计汇总表取数。

任务一　编制资产负债表

利用 Excel 编制资产负债表，需先设置资产负债表的格式，然后设置取数公式实现自动从科目汇总表及会计凭证表中取数。

活动一　设置资产负债表格式

资产负债表包括三大组成：表头、表体和表尾。

Step 01 设置资产负债表表头。

资产负债表表头的内容包括表名、报表日期、编制单位、报表栏目等内容，如图 4-1～图 4-4 所示。

图 4-1　设置资产负债表表头

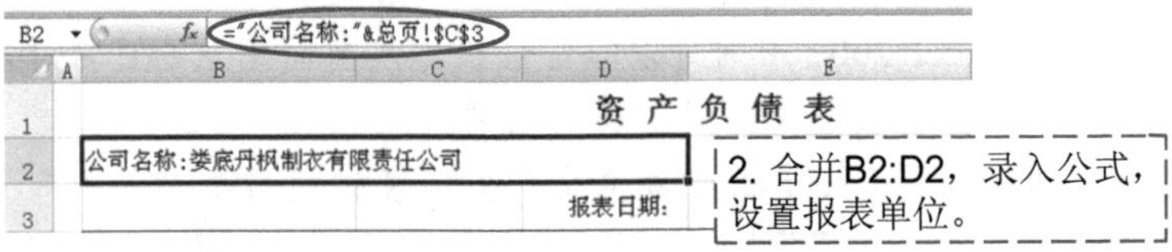

图 4-2　设置资产负债表编制单位

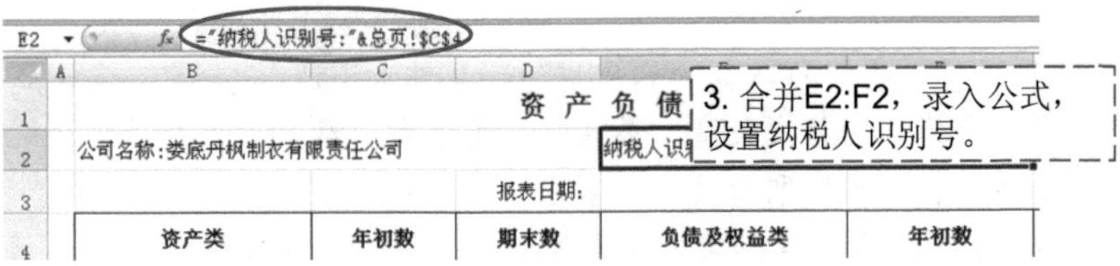

图 4-3　设置资产负债表纳税人识别号

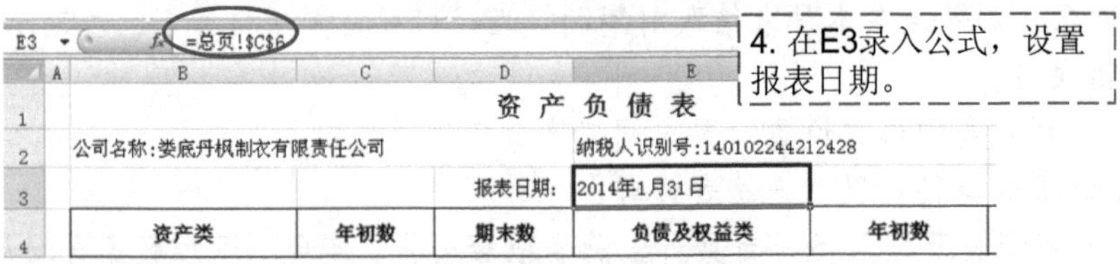

图 4-4　设置资产负债表报表日期

Step 02 设置资产负债表表体。

资产负债表表体如图 4-5 所示，按样式要求在资产负债表中进行设置。

	A	B	C	D	E	F	G
5		流动资产：			流动负债：		
6		货币资金			短期借款		
7		交易性金融资产			应付票据		
8		应收票据			应付账款		
9		应收股息			预收账款		
10		应收利息			其他应付款		
11		应收账款			应付职工薪酬		
12		预付账款			应付利息		
13		其他应收款			应付利润		
14		存货			应交税金		
15		可供出售金融资产			其他流动负债		
16		**流动资产合计**			**流动负债合计**		
17		长期股权投资			非流动负债：		
18		长期债权投资			长期借款		
19		固定资产原价			长期应付款		
20		减：累计折旧			递延收益		
21		减：固定资产减值准备					
22		固定资产账面价值			其他非流动负债		
23		工程物资			**非流动负债合计**		
24		在建工程			**负债合计**		
25		固定资产清理			所有者权益或股东权益：		
26		无形资产			实收资本（或股本）		
27		开发支出			资本公积		
28		长期待摊费用			盈余公积		
29		投资性房地产					
30		其他非流动资产			未分配利润		
31		**非流动资产合计**			**所有者权益合计**		
32		**资产总计**			**负债及权益合计**		

图 4-5　资产负债表表体

Step 03 设置资产负债表表尾，如图 4-6 所示。

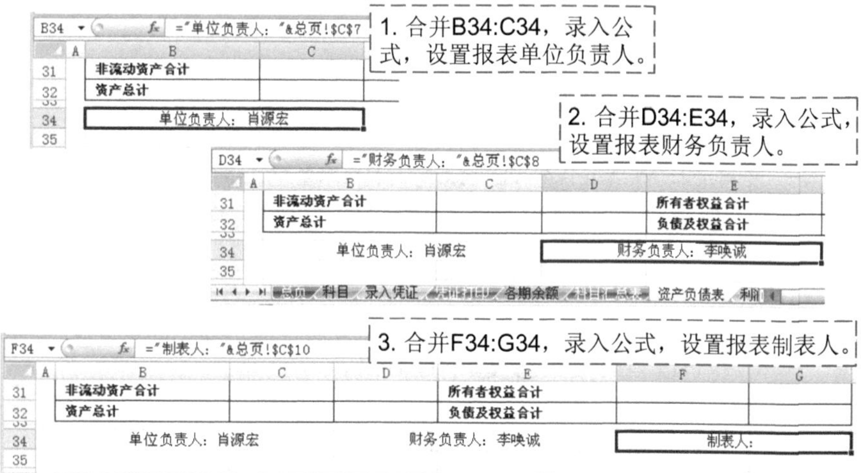

图 4-6　设置资产负债表表尾

活动二　输入资产负债表数据

资产负债表数据的输入有两种方式，一种是对照期初科目余额表及期末科目汇总表，根据报表编制方法直接手动输入报表数据；另一种是利用 Excel 总账管理系统提供的科目汇总表数据、期初余额，通过设置 Excel 取数公式实现自动编制报表。这里采用第二种方式。

Step 01 设置年初余额取数公式。

① 输入资产类项目年初余额，如图 4-7 所示。

图 4-7　输入年初数公式

在 C 列其他单元格内输入资产类项目期初数取数公式，如表 4-1 所示。

表 4-1　资产类项目期初数公式

资 产 类	年 初 数
流动资产:	
货币资金	=VLOOKUP("库存现金",YEFWB,17,0)+VLOOKUP("银行存款",YEFWB,17,0)+VLOOKUP("其他货币资金",YEFWB,17,0)
交易性金融资产	=VLOOKUP("交易性金融资产",YEFWB,17,0)
应收票据	=VLOOKUP("应收票据",YEFWB,17,0)
应收股息	=VLOOKUP("应收股息",YEFWB,17,0)
应收利息	=VLOOKUP("应收利息",YEFWB,17,0)
应收账款	=VLOOKUP("应收账款",YEFWB,17,0)
预付账款	=VLOOKUP("预付账款",YEFWB,17,0)
其他应收款	=VLOOKUP("其他应收款",YEFWB,17,0)
存货	=VLOOKUP("周转材料",YEFWB,17,0)+VLOOKUP("原材料",YEFWB,17,0)+VLOOKUP("材料采购",YEFWB,17,0)+VLOOKUP("材料成本差异",YEFWB,17,0)+VLOOKUP("库存商品",YEFWB,17,0)+ VLOOKUP("生产成本",YEFWB,17,0)+ VLOOKUP("制造费用",YEFWB,17,0)
其他流动资产	
流动资产合计	=SUM(C6:C15)
非流动资产:	
长期股权投资	=VLOOKUP("长期股权投资",YEFWB,17,0)
长期债权投资	=VLOOKUP("长期债权投资",YEFWB,17,0)
固定资产原价	=VLOOKUP("固定资产",YEFWB,17,0)
减:累计折旧	=VLOOKUP("累计折旧",YEFWB,17,0)
固定资产账面净值	=C20-C21
工程物资	=VLOOKUP("工程物资",YEFWB,17,0)
在建工程	=VLOOKUP("在建工程",YEFWB,17,0)
固定资产清理	=VLOOKUP("固定资产清理",YEFWB,17,0)
无形资产	=VLOOKUP("无形资产",YEFWB,17,0)
开发支出	=VLOOKUP("开发支出",YEFWB,17,0)

续表

资 产 类	年 初 数
长期待摊费用	=VLOOKUP("长期待摊费用",YEFWB,17,0)
其他长期资产	
其他非流动资产	
非流动资产合计	=SUM(C18:C19,C22,C23:C30)
资产总计	=C16+C31

注意：上述公式，除合计数外，结构均相同，只是使用的会计科目不同。另外，货币资金金额来源于库存现金、银行存款、其他货币资金金额之和，存货金额来源于原材料、材料采购、材料成本差异、库存商品、生产成本、制造费用金额等之和。

资产负债表中以后的各公式，请大家特别注意各公式间的异同，以减轻公式输入的难度。

函数与公式

1. **VLOOKUP()函数**　见项目 2。
2. **SUM 函数**　见项目 3。
3. **YEFWB**　指各期余额 B4:U120 的范围。
4. **=VLOOKUP("库存现金",YEFWB,17,0)**　表示在各期余额表 B4:U120 范围内查找库存现金科目并显示第 17 列该科目所在行的数值。

② 输入负债和所有者权益类项目年初余额。

在 F 列相应单元格设置负债和所有者权益类项目年初余额取数公式，如表 4-2 所示。

表 4-2　负债和权益类项目年初数公式

负债及权益类	年 初 数
流动负债:	
短期借款	=VLOOKUP("短期借款",YEFWB,17,0)
应付票据	=VLOOKUP("应付票据",YEFWB,17,0)
应付账款	=VLOOKUP("应付账款",YEFWB,17,0)
预收账款	=VLOOKUP("预收账款",YEFWB,17,0)
其他应付款	=VLOOKUP("其他应付款",YEFWB,17,0)
应付职工薪酬	=VLOOKUP("应付职工薪酬",YEFWB,17,0)
应付利息	=VLOOKUP("应付利息",YEFWB,17,0)
应付利润	=VLOOKUP("应付利润",YEFWB,17,0)
应交税金	=VLOOKUP("应交税金",YEFWB,17,0)
其他流动负债	
流动负债合计	=SUM(F6:F15)
非流动负债:	
长期借款	=VLOOKUP("长期借款",YEFWB,17,0)

续表

负债及权益类	年 初 数
长期应付款	=VLOOKUP("长期应付款",YEFWB,17,0)
递延收益	=VLOOKUP("递延收益",YEFWB,17,0)
其他非流动负债	
非流动负债合计	=SUM(F19:F22)
负债合计	=F16+F23
所有者权益：	
实收资本（或股本）	=VLOOKUP("实收资本",YEFWB,17,0)
资本公积	=VLOOKUP("资本公积",YEFWB,17,0)
盈余公积	=VLOOKUP("盈余公积",YEFWB,17,0)
未分配利润	=VLOOKUP("本年利润",YEFWB,17,0)+VLOOKUP("利润分配",YEFWB,17,0)
所有者权益合计	=SUM(F26:F30)
负债及权益合计	=F24+F31

Step 02 设置期末数取数公式。

① 输入资产类项目期末数据，如图 4-8 所示。

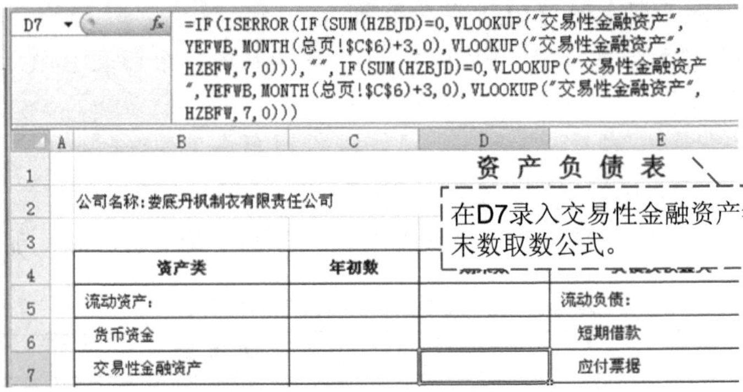

图 4-8 设置资产类项目期末公式

在 D 列其他单元格内填入资产类项目期末数取数公式，如表 4-3 所示。

表 4-3 资产类项目期末数公式

资 产 类	期 末 数
流动资产：	
货币资金	=IF(ISERROR(IF(SUM(HZBJD)=0,VLOOKUP("库存现金",YEFWB,MONTH(总页!$C$6)+3,0)+VLOOKUP("银行存款",YEFWB,MONTH(总页!$C$6)+3,0)+VLOOKUP("其他货币资金",YEFWB,MONTH(总页!$C$6)+3,0),VLOOKUP("库存现金",HZBFW,7,0)+VLOOKUP("银行存款",HZBFW,7,0)+VLOOKUP("其他货币资金",HZBFW,7,0))),"",IF(SUM(HZBJD)=0,VLOOKUP("库存现金",YEFWB,MONTH(总页!$C$6)+3,0)+VLOOKUP("银行存款",YEFWB,MONTH(总页!$C$6)+3,0)+VLOOKUP("其他货币资金",YEFWB,MONTH(总页!$C$6)+3,0),VLOOKUP("库存现金",HZBFW,7,0)+VLOOKUP("银行存款",HZBFW,7,0)+VLOOKUP("其他货币资金",HZBFW,7,0)))

续表

资产类	期末数
交易性金融资产	=IF(ISERROR(IF(SUM(HZBJD)=0,VLOOKUP("交易性金融资产",YEFWB,MONTH(总页!$C$6)+3,0),VLOOKUP("交易性金融资产",HZBFW,7,0))),"",IF(SUM(HZBJD)=0,VLOOKUP("交易性金融资产",YEFWB,MONTH(总页!$C$6)+3,0),VLOOKUP("交易性金融资产",HZBFW,7,0)))
应收票据	=IF(ISERROR(IF(SUM(HZBJD)=0,VLOOKUP("应收票据",YEFWB,MONTH(总页!$C$6)+3,0),VLOOKUP("应收票据",HZBFW,7,0))),"",IF(SUM(HZBJD)=0,VLOOKUP("应收票据",YEFWB,MONTH(总页!$C$6)+3,0),VLOOKUP("应收票据",HZBFW,7,0)))
应收股息	=IF(ISERROR(IF(SUM(HZBJD)=0,VLOOKUP("应收股息",YEFWB,MONTH(总页!$C$6)+3,0),VLOOKUP("应收股息",HZBFW,7,0))),"",IF(SUM(HZBJD)=0,VLOOKUP("应收股息",YEFWB,MONTH(总页!$C$6)+3,0),VLOOKUP("应收股息",HZBFW,7,0)))
应收利息	=IF(ISERROR(IF(SUM(HZBJD)=0,VLOOKUP("应收利息",YEFWB,MONTH(总页!$C$6)+3,0),VLOOKUP("应收利息",HZBFW,7,0))),"",IF(SUM(HZBJD)=0,VLOOKUP("应收利息",YEFWB,MONTH(总页!$C$6)+3,0),VLOOKUP("应收利息",HZBFW,7,0)))
应收账款	=IF(ISERROR(IF(SUM(HZBJD)=0,VLOOKUP("应收账款",YEFWB,MONTH(总页!$C$6)+3,0),VLOOKUP("应收账款",HZBFW,7,0))),"",IF(SUM(HZBJD)=0,VLOOKUP("应收账款",YEFWB,MONTH(总页!$C$6)+3,0),VLOOKUP("应收账款",HZBFW,7,0)))
预付账款	=IF(ISERROR(IF(SUM(HZBJD)=0,VLOOKUP("预付账款",YEFWB,MONTH(总页!$C$6)+3,0),VLOOKUP("预付账款",HZBFW,7,0))),"",IF(SUM(HZBJD)=0,VLOOKUP("预付账款",YEFWB,MONTH(总页!$C$6)+3,0),VLOOKUP("预付账款",HZBFW,7,0)))
其他应收款	=IF(ISERROR(IF(SUM(HZBJD)=0,VLOOKUP("其他应收款",YEFWB,MONTH(总页!$C$6)+3,0),VLOOKUP("其他应收款",HZBFW,7,0))),"",IF(SUM(HZBJD)=0,VLOOKUP("其他应收款",YEFWB,MONTH(总页!$C$6)+3,0),VLOOKUP("其他应收款",HZBFW,7,0)))
存货	=IF(ISERROR(IF(SUM(HZBJD)=0,VLOOKUP("周转材料",YEFWB,MONTH(总页!$C$6)+3,0)+VLOOKUP("材料采购",YEFWB,MONTH(总页!$C$6)+3,0)+VLOOKUP("材料成本差异",YEFWB,MONTH(总页!$C$6)+3,0)+VLOOKUP("原材料",YEFWB,MONTH(总页!$C$6)+3,0)+VLOOKUP("库存商品",YEFWB,MONTH(总页!$C$6)+3,0)+VLOOKUP("生产成本",YEFWB,MONTH(总页!$C$6)+3,0)+VLOOKUP("制造费用",YEFWB,MONTH(总页!$C$6)+3,0),VLOOKUP("周转材料",HZBFW,7,0)+VLOOKUP("材料采购",HZBFW,7,0)+VLOOKUP("材料成本差异",HZBFW,7,0)+VLOOKUP("原材料",HZBFW,7,0)+VLOOKUP("库存商品",HZBFW,7,0)+VLOOKUP("生产成本",HZBFW,7,0)+VLOOKUP("制造费用",HZBFW,7,0))),"",IF(SUM(HZBJD)=0,VLOOKUP("周转材料",YEFWB,MONTH(总页!$C$6)+3,0)+VLOOKUP("材料采购",YEFWB,MONTH(总页!$C$6)+3,0)+VLOOKUP("材料成本差异",YEFWB,MONTH(总页!$C$6)+3,0)+VLOOKUP("原材料",YEFWB,MONTH(总页!$C$6)+3,0)+VLOOKUP("库存商品",YEFWB,MONTH(总页!$C$6)+3,0)+VLOOKUP("生产成本",YEFWB,MONTH(总页!$C$6)+3,0)+VLOOKUP("制造费用",YEFWB,MONTH(总页!$C$6)+3,0),VLOOKUP("周转材料",HZBFW,7,0)+VLOOKUP("材料采购",HZBFW,7,0)+VLOOKUP("材料成本差异",HZBFW,7,0)+VLOOKUP("原材料",HZBFW,7,0)+VLOOKUP("库存商品",HZBFW,7,0)+VLOOKUP("生产成本",HZBFW,7,0)+VLOOKUP("制造费用",HZBFW,7,0)))
其他流动资产	
流动资产合计	=SUM(D6:D15)

续表

资 产 类	期 末 数
非流动资产:	
长期股权投资	=IF(ISERROR(IF(SUM(HZBJD)=0,VLOOKUP("长期股权投资",YEFWB,MONTH(总页!$C$6)+3,0),VLOOKUP("长期股权投资",HZBFW,7,0))),"",IF(SUM(HZBJD)=0,VLOOKUP("长期股权投资",YEFWB,MONTH(总页!$C$6)+3,0),VLOOKUP("长期股权投资",HZBFW,7,0)))
长期债权投资	=IF(ISERROR(IF(SUM(HZBJD)=0,VLOOKUP("长期债权投资",YEFWB,MONTH(总页!$C$6)+3,0),VLOOKUP("长期债权投资",HZBFW,7,0))),"",IF(SUM(HZBJD)=0,VLOOKUP("长期债权投资",YEFWB,MONTH(总页!$C$6)+3,0),VLOOKUP("长期债权投资",HZBFW,7,0)))
固定资产原价	=IF(ISERROR(IF(SUM(HZBJD)=0,VLOOKUP("固定资产",YEFWB,MONTH(总页!$C$6)+3,0),VLOOKUP("固定资产",HZBFW,7,0))),"",IF(SUM(HZBJD)=0,VLOOKUP("固定资产",YEFWB,MONTH(总页!$C$6)+3,0),VLOOKUP("固定资产",HZBFW,7,0)))
减:累计折旧	=IF(ISERROR(IF(SUM(HZBJD)=0,VLOOKUP("累计折旧",YEFWB,MONTH(总页!$C$6)+3,0),VLOOKUP("累计折旧",HZBFW,7,0))),"",IF(SUM(HZBJD)=0,VLOOKUP("累计折旧",YEFWB,MONTH(总页!$C$6)+3,0),VLOOKUP("累计折旧",HZBFW,7,0)))
固定资产账面价值	=D20-D21
工程物资	=IF(ISERROR(IF(SUM(HZBJD)=0,VLOOKUP("工程物资",YEFWB,MONTH(总页!$C$6)+3,0),VLOOKUP("工程物资",HZBFW,7,0))),"",IF(SUM(HZBJD)=0,VLOOKUP("工程物资",YEFWB,MONTH(总页!$C$6)+3,0),VLOOKUP("工程物资",HZBFW,7,0)))
在建工程	=IF(ISERROR(IF(SUM(HZBJD)=0,VLOOKUP("在建工程",YEFWB,MONTH(总页!$C$6)+3,0),VLOOKUP("在建工程",HZBFW,7,0))),"",IF(SUM(HZBJD)=0,VLOOKUP("在建工程",YEFWB,MONTH(总页!$C$6)+3,0),VLOOKUP("在建工程",HZBFW,7,0)))
固定资产清理	=IF(ISERROR(IF(SUM(HZBJD)=0,VLOOKUP("固定资产清理",YEFWB,MONTH(总页!$C$6)+3,0),VLOOKUP("固定资产清理",HZBFW,7,0))),"",IF(SUM(HZBJD)=0,VLOOKUP("固定资产清理",YEFWB,MONTH(总页!$C$6)+3,0),VLOOKUP("固定资产清理",HZBFW,7,0)))
无形资产	=IF(ISERROR(IF(SUM(HZBJD)=0,VLOOKUP("无形资产",YEFWB,MONTH(总页!$C$6)+3,0),VLOOKUP("无形资产",HZBFW,7,0))),"",IF(SUM(HZBJD)=0,VLOOKUP("无形资产",YEFWB,MONTH(总页!$C$6)+3,0),VLOOKUP("无形资产",HZBFW,7,0)))
开发支出	=If(ISERROR(IF(SUM(HZBJD)=0,VLOOKUP("开发支出",YEFWB,MONTH(总页!$C$6)+3,0),VLOOKUP("开发支出",HZBFW,7,0))),"",If(SUM(HZBJD)=0,VLOOKUP("开发支出",YEFWB,MONTH(总页!$C$6)+3,0),VLOOKUP("开发支出",HZBFW,7,0)))
长期待摊费用	=IF(ISERROR(IF(SUM(HZBJD)=0,VLOOKUP("长期待摊费用",YEFWB,MONTH(总页!$C$6)+3,0),VLOOKUP("长期待摊费用",HZBFW,7,0))),"",IF(SUM(HZBJD)=0,VLOOKUP("长期待摊费用",YEFWB,MONTH(总页!$C$6)+3,0),VLOOKUP("长期待摊费用",HZBFW,7,0)))
其他长期资产	
其他非流动资产	
非流动资产合计	=Sum(D18:D19,D22,D23:D30)
资产总计	=D16+D31

函数与公式

1. HZBJD 指科目汇总表 F5:G1015 的范围。
2. YEFWB 指各期余额 B4:U120 的范围。

3. HZBFW 指科目汇总表 C5:I1015 的范围。

4. =IF(ISERROR(IF(SUM(HZBJD)=0,VLOOKUP("短期投资",YEFWB,MONTH(总页!$C$6)+3,0),VLOOKUP("短期投资",HZBFW,7,0))),"",IF(SUM(HZBJD)=0,VLOOKUP("短期投资",YEFWB,MONTH(总页!$C$6)+3,0),VLOOKUP("短期投资",HZBFW,7,0)))

VLOOKUP("短期投资",HZBFW,7,0)表示在科目汇总表 C5:I1015 范围内查找短期投资科目并显示所在行第 7 列的值。

MONTH(总页!$C$6)表示取总页 C6 单元格日期值中的月份数。

VLOOKUP("短期投资",YEFWB,MONTH(总页!$C$6)+3,0)表示在各期余额 B4:U120 范围内查找短期投资科目，并显示所在行第"MONTH(总页!$C$6)+3"列的值。

IF(SUM(HZBJD)=0,VLOOKUP("短期投资",YEFWB,MONTH(总页!$C$6)+3,0),VLOOKUP("短期投资",HZBFW,7,0))表示如果 SUM(HZBJD)=0，则显示 VLOOKUP("短期投资",YEFWB,MONTH(总页!$C$6)+3,0)的值，反之显示 VLOOKUP("短期投资",HZBFW,7,0)的值。

ISERROR(IF(SUM(HZBJD)=0,VLOOKUP("短期投资",YEFWB,MONTH(总页!$C$6)+3,0),VLOOKUP("短期投资",HZBFW,7,0))) 表示判断 IF(SUM(HZBJD)=0, VLOOKUP("短期投资",YEFWB,MONTH(总页!$C$6)+3,0),VLOOKUP("短期投资",HZBFW,7,0))的值是否为错误值。

② 输入负债和所有者权益类项目期末数据。

在 G 列相应单元格内填入负债和所有者权益类项目期末数取数公式，如表 4-4 所示。

表 4-4 负债和权益类项目期末数公式

负债及权益类	期 末 数
流动负债:	
短期借款	=IF(ISERROR(IF(SUM(HZBJD)=0,VLOOKUP("短期借款",YEFWB,MONTH(总页!$C$6)+3,0),VLOOKUP("短期借款",HZBFW,7,0))),"",IF(SUM(HZBJD)=0,VLOOKUP("短期借款",YEFWB,MONTH(总页!$C$6)+3,0),VLOOKUP("短期借款",HZBFW,7,0)))
应付票据	=IF(ISERROR(IF(SUM(HZBJD)=0,VLOOKUP("应付票据",YEFWB,MONTH(总页!$C$6)+3,0),VLOOKUP("应付票据",HZBFW,7,0))),"",IF(SUM(HZBJD)=0,VLOOKUP("应付票据",YEFWB,MONTH(总页!$C$6)+3,0),VLOOKUP("应付票据",HZBFW,7,0)))
应付账款	=IF(ISERROR(IF(SUM(HZBJD)=0,VLOOKUP("应付账款",YEFWB,MONTH(总页!$C$6)+3,0),VLOOKUP("应付账款",HZBFW,7,0))),"",IF(SUM(HZBJD)=0,VLOOKUP("应付账款",YEFWB,MONTH(总页!$C$6)+3,0),VLOOKUP("应付账款",HZBFW,7,0)))
预收账款	=IF(ISERROR(IF(SUM(HZBJD)=0,VLOOKUP("预收账款",YEFWB,MONTH(总页!$C$6)+3,0),VLOOKUP("预收账款",HZBFW,7,0))),"",IF(SUM(HZBJD)=0,VLOOKUP("预收账款",YEFWB,MONTH(总页!$C$6)+3,0),VLOOKUP("预收账款",HZBFW,7,0)))
其他应付款	=IF(ISERROR(IF(SUM(HZBJD)=0,VLOOKUP("其他应付款",YEFWB,MONTH(总页!$C$6)+3,0),VLOOKUP("其他应付款",HZBFW,7,0))),"",IF(SUM(HZBJD)=0,VLOOKUP("其他应付款",YEFWB,MONTH(总页!$C$6)+3,0),VLOOKUP("其他应付款",HZBFW,7,0)))

续表

负债及权益类	期 末 数
应付职工薪酬	=IF(ISERROR(IF(SUM(HZBJD)=0,VLOOKUP("应付职工薪酬",YEFWB,MONTH(总页!$C$6)+3,0),VLOOKUP("应付职工薪酬",HZBFW,7,0))),"",IF(SUM(HZBJD)=0,VLOOKUP("应付职工薪酬",YEFWB,MONTH(总页!$C$6)+3,0),VLOOKUP("应付职工薪酬",HZBFW,7,0)))
应付利息	=IF(ISERROR(IF(SUM(HZBJD)=0,VLOOKUP("应付利息",YEFWB,MONTH(总页!$C$6)+3,0),VLOOKUP("应付利息",HZBFW,7,0))),"",IF(SUM(HZBJD)=0,VLOOKUP("应付利息",YEFWB,MONTH(总页!$C$6)+3,0),VLOOKUP("应付利息",HZBFW,7,0)))
应付利润	=IF(ISERROR(IF(SUM(HZBJD)=0,VLOOKUP("应付利润",YEFWB,MONTH(总页!$C$6)+3,0),VLOOKUP("应付利润",HZBFW,7,0))),"",IF(SUM(HZBJD)=0,VLOOKUP("应付利润",YEFWB,MONTH(总页!$C$6)+3,0),VLOOKUP("应付利润",HZBFW,7,0)))
应交税金	=IF(ISERROR(IF(SUM(HZBJD)=0,VLOOKUP("应交税金",YEFWB,MONTH(总页!$C$6)+3,0),VLOOKUP("应交税金",HZBFW,7,0))),"",IF(SUM(HZBJD)=0,VLOOKUP("应交税金",YEFWB,MONTH(总页!$C$6)+3,0),VLOOKUP("应交税金",HZBFW,7,0)))
其他流动负债	
流动负债合计	=SUM(G6:G15)
非流动负债:	
长期借款	=IF(ISERROR(IF(SUM(HZBJD)=0,VLOOKUP("长期借款",YEFWB,MONTH(总页!$C$6)+3,0),VLOOKUP("长期借款",HZBFW,7,0))),"",IF(SUM(HZBJD)=0,VLOOKUP("长期借款",YEFWB,MONTH(总页!$C$6)+3,0),VLOOKUP("长期借款",HZBFW,7,0)))
长期应付款	=IF(ISERROR(IF(SUM(HZBJD)=0,VLOOKUP("长期应付款",YEFWB,MONTH(总页!$C$6)+3,0),VLOOKUP("长期应付款",HZBFW,7,0))),"",IF(SUM(HZBJD)=0,VLOOKUP("长期应付款",YEFWB,MONTH(总页!$C$6)+3,0),VLOOKUP("长期应付款",HZBFW,7,0)))
递延收益	=IF(ISERROR(IF(SUM(HZBJD)=0,VLOOKUP("递延收益",YEFWB,MONTH(总页!$C$6)+3,0),VLOOKUP("递延收益",HZBFW,7,0))),"",IF(SUM(HZBJD)=0,VLOOKUP("递延收益",YEFWB,MONTH(总页!$C$6)+3,0),VLOOKUP("递延收益",HZBFW,7,0)))
其他非流动负债	
非流动负债合计	=SUM(G19:G22)
负债合计	=G16+G23
所有者权益:	
实收资本（或股本）	=IF(ISERROR(IF(SUM(HZBJD)=0,VLOOKUP("实收资本",YEFWB,MONTH(总页!$C$6)+3,0),VLOOKUP("实收资本",HZBFW,7,0))),"",IF(SUM(HZBJD)=0,VLOOKUP("实收资本",YEFWB,MONTH(总页!$C$6)+3,0),VLOOKUP("实收资本",HZBFW,7,0)))
资本公积	=IF(ISERROR(IF(SUM(HZBJD)=0,VLOOKUP("资本公积",YEFWB,MONTH(总页!$C$6)+3,0),VLOOKUP("资本公积",HZBFW,7,0))),"",IF(SUM(HZBJD)=0,VLOOKUP("资本公积",YEFWB,MONTH(总页!$C$6)+3,0),VLOOKUP("资本公积",HZBFW,7,0)))
盈余公积	=IF(ISERROR(IF(SUM(HZBJD)=0,VLOOKUP("盈余公积",YEFWB,MONTH(总页!$C$6)+3,0),VLOOKUP("盈余公积",HZBFW,7,0))),"",IF(SUM(HZBJD)=0,VLOOKUP("盈余公积",YEFWB,MONTH(总页!$C$6)+3,0),VLOOKUP("盈余公积",HZBFW,7,0)))

续表

负债及权益类	期 末 数
未分配利润	=IF(ISERROR(IF(SUM(HZBJD)=0,VLOOKUP("本年利润",YEFWB,MONTH(总页!$C$6)+3,0)+VLOOKUP("利润分配",YEFWB,MONTH(总页!$C$6)+3,0),VLOOKUP("本年利润",HZBFW,7,0)+VLOOKUP("利润分配",HZBFW,7,0))),"",IF(SUM(HZBJD)=0,VLOOKUP("本年利润",YEFWB,MONTH(总页!$C$6)+3,0)+VLOOKUP("利润分配",YEFWB,MONTH(总页!$C$6)+3,0),VLOOKUP("本年利润",HZBFW,7,0)+VLOOKUP("利润分配",HZBFW,7,0)))
所有者权益合计	=SUM(G26:G30)
负债及权益合计	=G24+G31

Step 03 得出资产负债表数据，如图 4-9 所示。

	A	B	C	D	E	F	G
1				资 产 负 债 表			
2		公司名称：娄底丹枫制衣有限责任公司			纳税人识别号：140102244212428		表1
3				报表日期：	2014年1月31日		单位：元
4		**资产类**	**年初数**	**期末数**	**负债及权益类**	**年初数**	**期末数**
5		流动资产：			流动负债：		
6		货币资金	6,527,728.41	10,102,999.74	短期借款		
7		交易性金融资产			应付票据	2,504,384.00	3,081,194.00
8		应收票据	231,087.96	114,087.96	应付账款	805,450.00	805,450.00
9		应收股息			预收账款	292,154.00	292,154.00
10		应收利息			其他应付款		
11		应收账款	486,467.39	272,480.67	应付职工薪酬	637,116.48	661,081.76
12		预付账款	-960,154.00	-960,154.00	应付利息		
13		其他应收款	11,598.00	6,598.00	应付利润		
14		存货	7,476,219.62	5,668,763.18	应交税金	-972,446.92	713,562.15
15		可供出售金融资产		108,432.00	其他流动负债		
16		**流动资产合计**	13,772,947.38	15,313,207.55	**流动负债合计**	3,266,657.56	5,553,441.91
17		长期股权投资		1,219,060.05	非流动负债：		
18		长期债权投资			长期借款	5,000,000.00	5,000,000.00
19		固定资产原价	9,364,950.00	9,416,950.00	长期应付款		
20		减：累计折旧	1,409,973.60	1,485,676.80	递延收益		
21		减：固定资产减值准备					
22		固定资产账面价值	7,954,976.40	7,931,273.20	其他非流动负债		
23		工程物资			**非流动负债合计**	5,000,000.00	5,000,000.00
24		在建工程	11,736,966.48	3,872,666.48	**负债合计**	8,266,657.56	10,553,441.91
25		固定资产清理	26,928.00		所有者权益或股东权益：		
26		无形资产	4,416,000.00	4,194,000.00	实收资本（或股本）	20,000,000.00	20,000,000.00
27		开发支出			资本公积	181,303.27	181,303.27
28		长期待摊费用			盈余公积	89,860.00	790,504.85
29		投资性房地产		7,864,300.00			
30		其他非流动资产			未分配利润	9,369,997.43	8,869,257.25
31		**非流动资产合计**	24,134,870.88	25,081,299.73	**所有者权益合计**	29,641,160.70	29,841,065.37
32		**资产总计**	37,907,818.26	40,394,507.28	**负债及权益合计**	37,907,818.26	40,394,507.28
34		单位负债人：肖源宏			财务负债人：李唤诚	制表人：	

图 4-9　资产负债表

任务二　编制利润表

利用 Excel 编制利润表，需先设置利润表格式，然后设置取数公式实现自动从科目汇总表及会计凭证表中取数。

活动一　设置利润表格式

Step 01 设置利润表格式。

利润表结构一般包括表头、表体、表尾。表头包括标题、编制单位等，表体包括利润项目、本月数、本年累计数项目，表尾为编制人、审核人等内容，如图 4-10～图 4-14 所示。

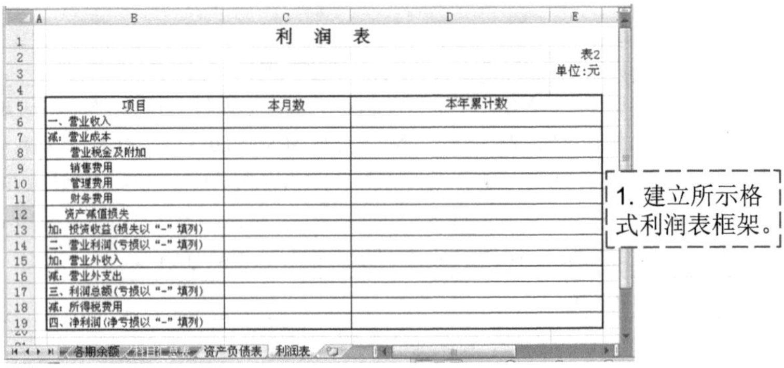

图 4-10　设置利润表框架

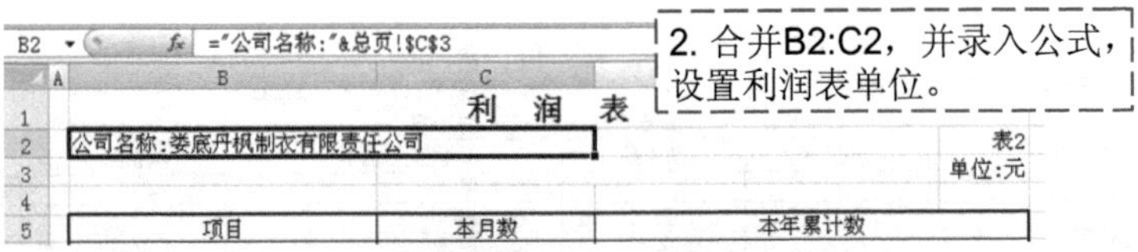

图 4-11　设置利润表单位

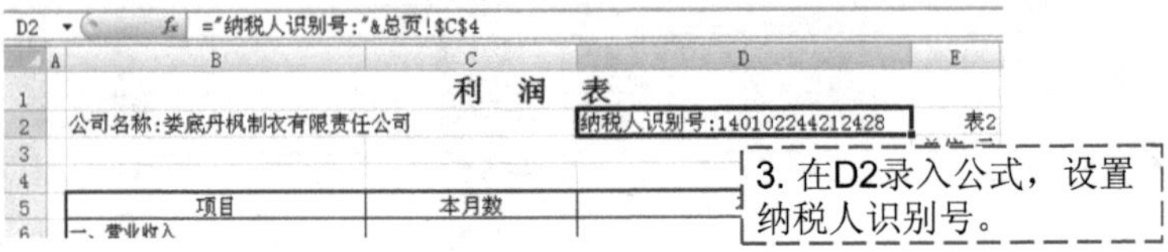

图 4-12　设置利润表纳税人识别号

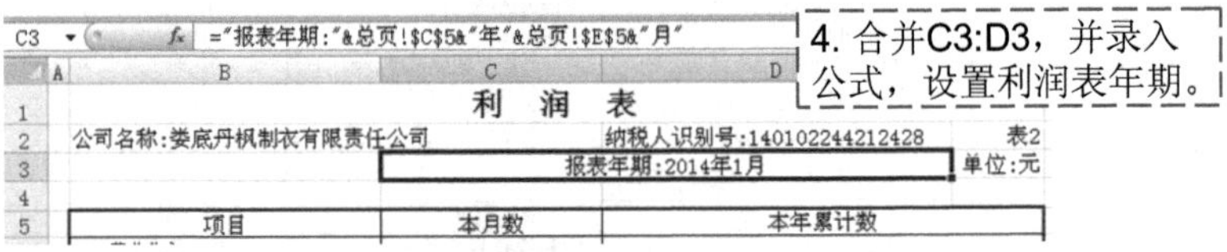

图 4-13　设置利润表日期

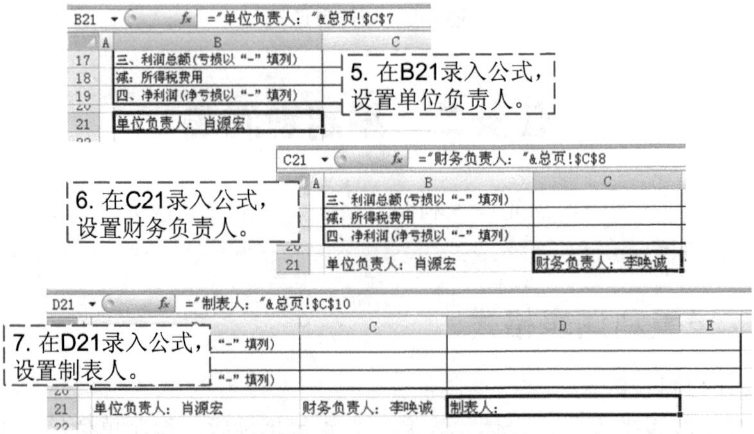

图 4-14　设置利润表表尾

Step 02 设置损益类科目累计汇总表。

为实现利润表本年累计数的自动取数，需先设置损益类科目累计汇总表，如图 4-15 所示。

损益类科目累计汇总表

项目	本年累计数	1月	2月	3月	4月	5月	6月	7月	8月	9月	10月	11月	12月
		1	2	3	4	5	6	7	8	9	10	11	12
主营业务收入													
其他业务收入													
营业外收入													
投资收益													
主营业务支出													
其他业务成本													
营业税金及附加													
营业费用													
管理费用													
财务费用													
营业外支出													
资产减值损失													
所得税													

图 4-15　损益类科目累计汇总表样式

活动二　输入利润表数据

在 Excel 中输入利润表数据，一般选择通过设置自动取数。

Step 01 设置损益类科目累计汇总表本年累计数公式，如图 4-16 所示。

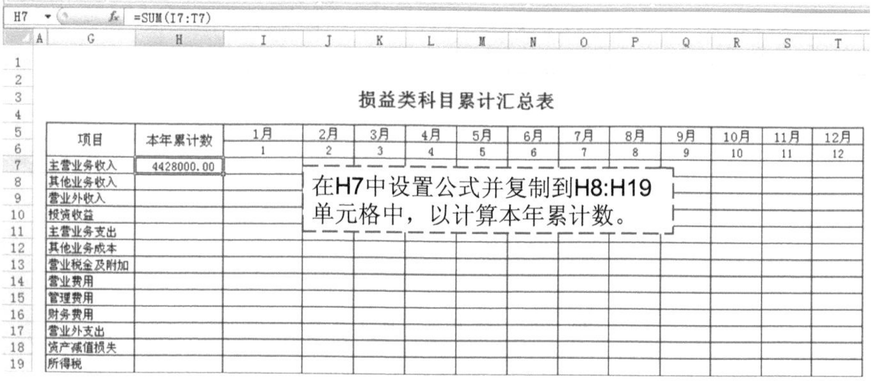

损益类科目累计汇总表

项目	本年累计数	1月	2月	3月	4月	5月	6月	7月	8月	9月	10月	11月	12月
		1	2	3	4	5	6	7	8	9	10	11	12
主营业务收入	4428000.00												
其他业务收入													
营业外收入													
投资收益													
主营业务支出													
其他业务成本													
营业税金及附加													
营业费用													
管理费用													
财务费用													
营业外支出													
资产减值损失													
所得税													

图 4-16　设置本年累计数公式

Step 02 在损益类科目累计汇总表中输入当月发生额，如图 4-17 所示。

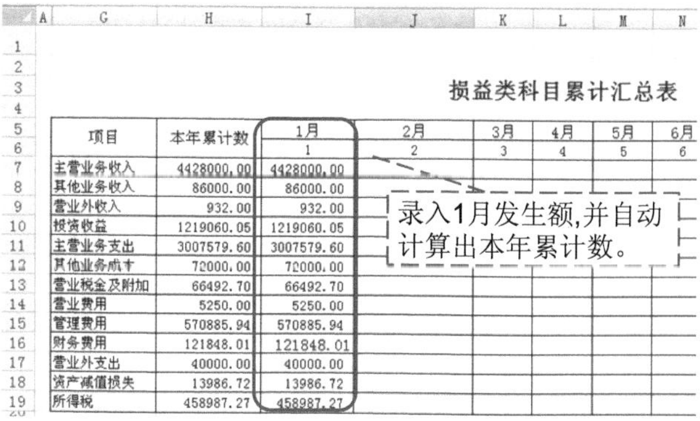

损益类科目累计汇总表

项目	本年累计数	1月	2月	3月	4月	5月	6月
		1	2	3	4	5	6
主营业务收入	4428000.00	4428000.00					
其他业务收入	86000.00	86000.00					
营业外收入	932.00	932.00					
投资收益	1219060.05	1219060.05					
主营业务支出	3007579.60	3007579.60					
其他业务成本	72000.00	72000.00					
营业税金及附加	66492.70	66492.70					
营业费用	5250.00	5250.00					
管理费用	570885.94	570885.94					
财务费用	121848.01	121848.01					
营业外支出	40000.00	40000.00					
资产减值损失	13986.72	13986.72					
所得税	458987.27	458987.27					

图 4-17　输入本月发生额

Step 03 设置利润表取数公式，如图 4-18～图 4-20 所示。利润表本月数公式如表 4-5 所示，利润表本年累计数公式如表 4-6 所示。

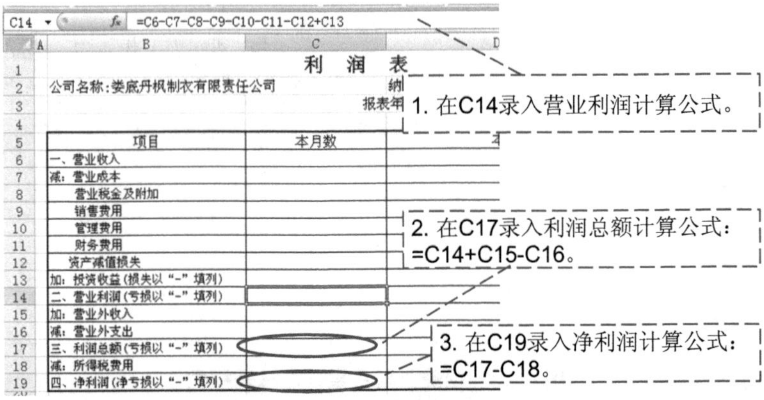

图 4-18 设置利润表取数公式 1

图 4-19 设置利润表取数公式 2

表 4-5 利润表本月数公式

项 目	本 月 数
一、营业收入	=IF(VLOOKUP(总页!$E$5,$I$6:$T$6,总页!$E$5,1)=总页!$E$5,VLOOKUP("主营业务收入",$G$7:$T$19,总页!$E$5+2,0)+VLOOKUP("其他业务收入",$G$7:$T$19,总页!$E$5+2,0),0)
减：营业成本	=IF(VLOOKUP(总页!$E$5,$I$6:$T$6,总页!$E$5,1)=总页!E$5,VLOOKUP("主营业务支出",$G$7:$T$19,总页!$E$5+2,0)+VLOOKUP("其他业务成本",$G$7:$T$19,总页!$E$5+2,0),0)
营业税金及附加	=IF(VLOOKUP(总页!$E$5,$I$6:$T$6,总页!$E$5,1)=总页!$E$5,VLOOKUP("营业税金及附加",$G$7:$T$19,总页!$E$5+2,0),0)
销售费用	=IF(VLOOKUP(总页!$E$5,$I$6:$T$6,总页!$E$5,1)=总页!$E$5,VLOOKUP("营业费用",$G$7:$T$19,总页!$E$5+2,0),0)
管理费用	=IF(VLOOKUP(总页!$E$5,$I$6:$T$6,总页!$E$5,1)=总页!$E$5,VLOOKUP("管理费用",$G$7:$T$19,总页!$E$5+2,0),0)

续表

项　　目	本 月 数
财务费用	=IF(VLOOKUP(总页!$E$5,$I$6:$T$6,总页!$E$5,1)=总页!$E$5,VLOOKUP("财务费用",$G$7:$T$19,总页!$E$5+2,0),0)
资产减值损失	=IF(VLOOKUP(总页!$E$5,$I$6:$T$6,总页!$E$5,1)=总页!$E$5,VLOOKUP("资产减值损失",$G$7:$T$19,总页!$E$5+2,0),0)
加：投资收益(损失以“-”填列)	=IF(VLOOKUP(总页!$E$5,$I$6:$T$6,总页!$E$5,1)=总页!$E$5,VLOOKUP("投资收益",$G$7:$T$19,总页!$E$5+2,0),0)
二、营业利润(亏损以“-”填列)	=C6-C7-C8-C9-C10-C11-C12+C13
加：营业外收入	=IF(VLOOKUP(总页!$E$5,$I$6:$T$6,总页!$E$5,1)=总页!$E$5,VLOOKUP("营业外收入",$G$7:$T$19,总页!$E$5+2,0),0)
减：营业外支出	=IF(VLOOKUP(总页!$E$5,$I$6:$T$6,总页!$E$5,1)=总页!$E$5,VLOOKUP("营业外支出",$G$7:$T$19,总页!$E$5+2,0),0)
三、利润总额(亏损以“-”填列)	=C14+C15-C16
减：所得税费用	=IF(VLOOKUP(总页!$E$5,$I$6:$T$6,总页!$E$5,1)=总页!$E$5,VLOOKUP("所得税",$G$7:$T$19,总页!$E$5+2,0),0)
四、净利润(净亏损以“-”填列)	=C17-C18

函数与公式

=IF(VLOOKUP(总页!$E$5,$I$6:$T$6,总页!$E$5,1)=总页!$E$5,VLOOKUP("营业税金及附加",$G$7:$T$19,总页!$E$5+2,0),0)

表示如果利润表 I6:T6 有与总页工作表 E5 单元格相同的月份值，则在利润表 G7:T19 中查找“营业税金及附加”科目，并显示与总页工作表 E5 所示月份相同的数值，否则显示 0。例如，如果总页!E5=1，则在利润表 G7:T19 中显示相应科目 1 月份的值，否则显示 0。

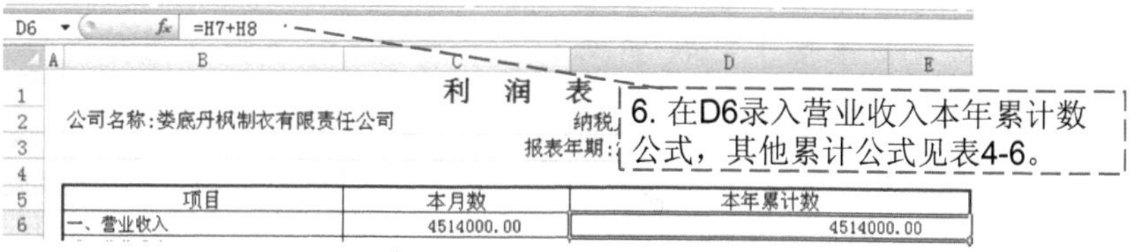

图 4-20　设置利润表取数公式 3

表 4-6　利润表本年累计数公式

项　　目	本年累计数
一、营业收入	=H7+H8
减：营业成本	=H11+H12
营业税金及附加	=H13
销售费用	=H14
管理费用	=H15
财务费用	=H16
资产减值损失	=H18
加：投资收益(损失以“-”填列)	=H10

续表

项　目	本年累计数
二、营业利润(亏损以“-”填列)	=D6-D7-D8-D9-D10-D11-D12+D13
加：营业外收入	=H9
减：营业外支出	=H17
三、利润总额(亏损以“-”填列)	=D14+D15-D16
减：所得税费用	=H19
四、净利润(净亏损以“-”填列)	=D17-D18

Step 04 得到利润表数据，如图 4-21 所示。

利　润　表

公司名称:娄底丹枫制衣有限责任公司　　纳税人识别号:140102244212428　　表2

报表年期:2014年1月　　单位:元

项目	本月数	本年累计数
一、营业收入	4514000.00	4514000.00
减：营业成本	3079579.60	3079579.60
营业税金及附加	66492.70	66492.70
销售费用	5250.00	5250.00
管理费用	570885.94	570885.94
财务费用	121848.01	121848.01
资产减值损失	13986.72	13986.72
加：投资收益(损失以“-”填列)	1219060.05	1219060.05
二、营业利润(亏损以“-”填列)	1875017.08	1875017.08
加：营业外收入	932.00	932.00
减：营业外支出	40000.00	40000.00
三、利润总额(亏损以“-”填列)	1835949.08	1835949.08
减：所得税费用	458987.27	458987.27
四、净利润(净亏损以“-”填列)	1376961.81	1376961.81

单位负责人：肖源宏　　财务负责人：李唤诚　　制表人：

图 4-21　利润表数据

模拟实战

根据来凤仪公司 1 月末会计科目余额表及损益类科目发生额表编制资产负债表及利润表。要求利用一定函数直接从表 4-7 中取数。

表 4-7　科目余额表及损益类科目发生额表　　单位：元

序号	科目名称	期初		借方金额	贷方金额	期末	
		借贷	金额			借贷	金额
1	库存现金	借	21140.00	22000.00	130062.56	借	-86922.56
2	银行存款	借	60008.34	164200.00	32760.00	借	191448.34
3	应收账款	借	179948.00	62000.00	62000.00	借	179948.00
4	其他应收款	借	2000.00			借	2000.00
5	周转材料	借	6505.00	10200.00	1525.00	借	15180.00
6	固定资产	借	22958.00			借	22958.00
7	累计折旧	贷	766.00		382.70	贷	1148.70
8	长期待摊费用	借	98963.21		1706.26	借	97256.95
9	应付职工薪酬	贷	24100.00	27590.00	24100.00	贷	20610.00
10	应交税费	贷	560.56	560.56	2931.82	贷	2931.82
11	长期借款	贷				贷	

续表

序号	科目名称	期初		借方金额	贷方金额	期末	
		借贷	金额			借贷	金额
12	实收资本	贷	400000.00			贷	400000.00
13	本年利润	贷		155117.78	186200.00	贷	31082.22
14	利润分配	贷	–33904.01			贷	–33904.01
15	主营业务收入	贷		186200.00	186200.00	贷	
16	主营业务支出	借		137171.00	137171.00	借	
17	营业税金及附加	借		2931.82	2931.82	借	
18	营业费用	借		326.00	326.00	借	
19	管理费用	借		14688.96	14688.96	借	

5
CHAPTER

项目 5 报表分析

项目目标

1．能利用 Excel 建立报表分析系统并能进行比较分析、结构分析、趋势分析、比率分析、杜邦分析、沃尔比重分析。

2．能使用超链接技术，并设置超链接不显示下画线；

3．能利用 CONCATENATE 函数取数；

4．能进行去除网格线设置、0 值不显示设置；

5．能在 Excel 中利用图表功能插入折线图、柱图或饼图等图形，并能进行字体、空单元格显示为 0、数据标签设置及添加数据标签、编辑图例等操作。

项目导入

基于报表的公司管理方法如今已经非常普遍。而报表的主要制作者——财务管理人员责任重大，为了实现快速而又灵活的数据响应，为经营决策提供实时智能的支持，财务管理人员需掌握一些 Excel 在财务报表分析领域的专业使用方法，成为职业岗位的必备技能。

本章主要介绍利用 Excel 进行财务报表分析的方法。通过本章的学习，读者可以“资产负债表”、“利润表”为基础，研究如何利用 Excel 创建财务报表分析模型，掌握三大报表的结构分析、趋势分析及财务报表的相关比率分析和综合分析等。

项目思路

1．在建立财务报表分析系统框架及系统封面的基础上，进行报表比较分析、结构分析、趋势分析、比率分析、杜邦财务分析、沃尔比重分析。

任务一　建立财务报表分析体系

活动一　建立财务报表分析系统框架

建立财务报表分析系统框架是指建立财务报表分析系统工作簿，并在工作簿中建立各工作表，如基本参数及说明、资产负债表、利润表、资产负债表比较分析表、利润表比较分析表、资产负债表结构分析表、利润表结构分析表、资产负债趋势分析表、利润表趋势分析表、财务指标比率分析表、杜邦分析表、沃尔比重分析表等，如图 5-1 所示。

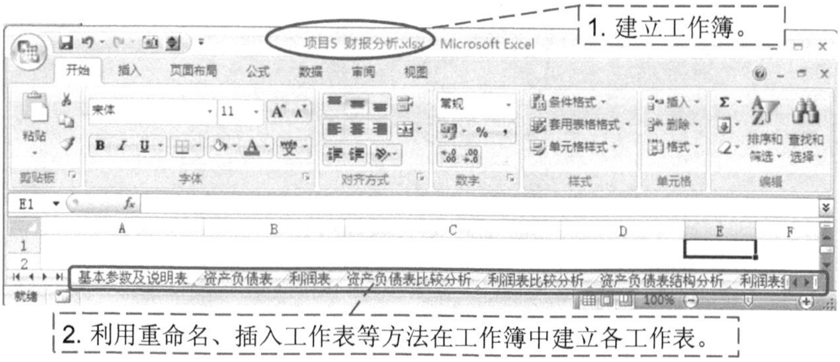

图 5-1　建立报表分析框架

活动二　设置系统封面

为方便在系统中打开各工作表，可以先设置工作簿封面并建立工作表索引以实现与各工作表的链接，将该封面定义为“基本参数及说明表”。

Step 01 设计封面结构，如图 5-2 所示。

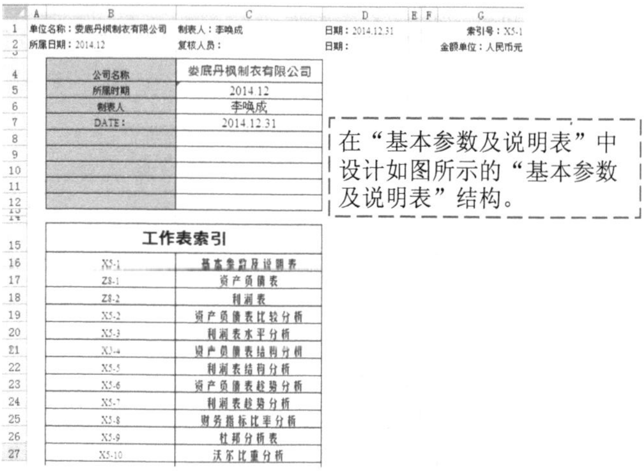

图 5-2　设计封面结构

Step 02 建立超链接。指建立工作表索引中各项目与各工作表的超链接，如图 5-3 和图 5-4 所示。

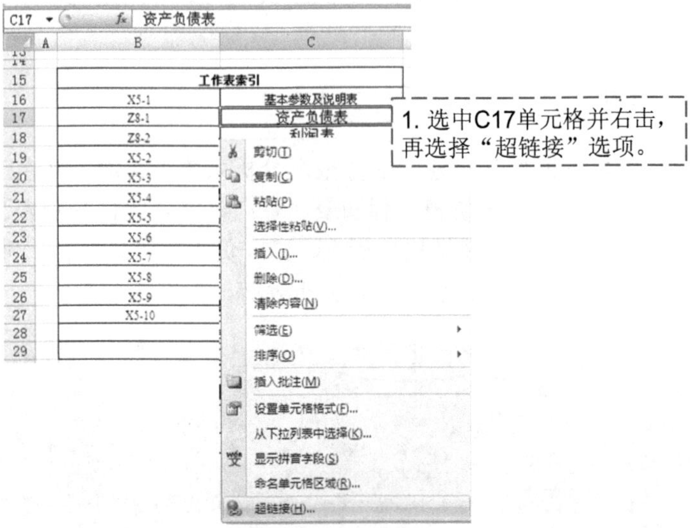

图 5-3　建立超链接 1

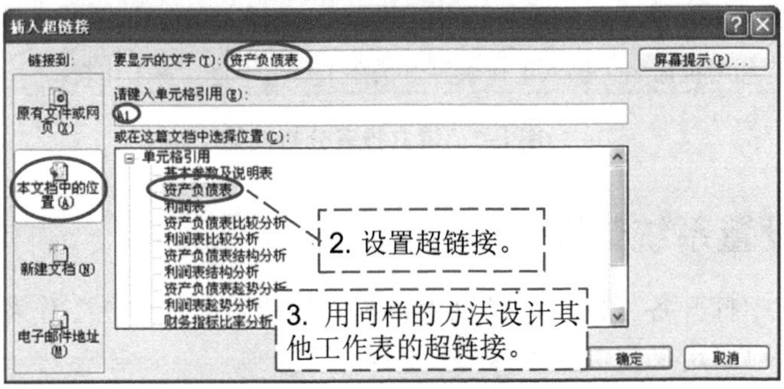

图 5-4　建立超链接 2

Step 03 设置分析单位、期间、制表人、日期等公式，如图 5-5 所示。

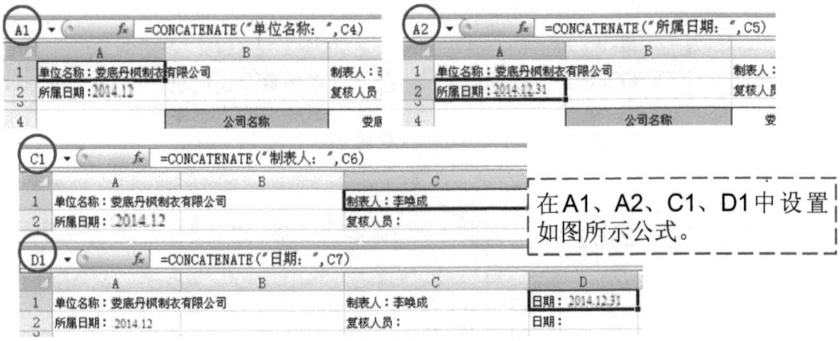

图 5-5　设置相关公式

Step 04 美化封面，效果如图 5-2 所示。

任务二　报表比较分析

活动一　资产负债表比较分析

娄底丹枫制衣有限公司 12 月资产负债表生成后，就可以对资产负债表进行比较分析了，进而可以得出两个时期资产负债表各个项目金额的增减变化情况。

Step 01 引入资产负债表，如图 5-6 和图 5-7 所示。

	A	B	C	D	E	F
1				资产负债表		
2	单位名称：娄底丹枫制衣有限公司			日期：2014.12.31		
3	资　产	上年数	本年数	负债和所有者权益	上年数	本年数
4	流动资产：			流动负债：		
5	货币资金	13,486,476.50	10,102,999.74	短期借款	1400000.00	
6	交易性金融资产			交易性金融负债		
7	应收票据		114,087.96	应付票据		3,081,194.00
8	应收股利			应付账款		2,162,191.60
9	应收利息			预收账款		987,202.97
10	应收账款	4,676,000.00	967,529.64	应付职工薪酬	235,200.00	661,081.76
11	其它应收款	21,000.00	6,598.00	应交税费	396,865.00	713,562.15
12	预付账款		396,587.60	应付利息	6,720.00	
13	存货	6,900,626.60	5,668,763.18	应付股利		
14	一年内到期的非流动资产			其他应付款		
15	其它流动资产			一年内到期的非流动负债		
16				其他流动负债		
17						
18	流动资产合计	25,084,103.10	17,256,566.12	流动负债合计	2,038,785.00	7,605,232.48
19	非流动资产：			非流动负债：		
20	可供出售金融资产		108,432.00	长期借款		5,000,000.00
21	持有至到期投资			应付债券		
22	投资性房地产		7,864,300.00	长期应付款		
23	长期股权投资		1,219,060.05	专项应付款		
24	长期应收款			预计负债		
25	固定资产	8,750,000.00	9,416,950.00	递延所得税负债		
26	减：累计折旧	3,353,000.00	1,485,676.80	其他非流动负债		
27	固定资产净值	5,397,000.00	7,931,273.20	非流动负债合计		5,000,000.00
28	减：固定资产减值准备			负债合计	2,038,785.00	12,605,232.48
29	固定资产净额	5,397,000.00				
30	生产性生物资产			所有者权益（或股东权益）：		
31	工程物资			实收资本（或股本）	21,000,000.00	20,000,000.00
32	在建工程		3,872,666.48	资本公积		181,303.27
33	固定资产清理			减：库存股		
34	无形资产		4,194,000.00	盈余公积		790,504.85
35	商誉			未分配利润	7,442,318.10	8,869,257.25
36	长期待摊费用			所有者权益（或股东权益）合计	28,442,318.10	29,841,065.37
37	递延所得税资产					
38	其他非流动资产					
39	非流动资产合计	5,397,000.00	25,189,731.73			
40	资产总计	30,481,103.10	42,446,297.85	负债和所有者权益（或股东权益）总计	30,481,103.10	42,446,297.85

1. 在本项目工作簿“资产负债表”中引入资产负债表。

图 5-6　引入资产负债表

	A	B	C	D	E	F
1				资产负债表		
2	=CONCATENATE("单位名称："基本参数及说明表!C4)			=CONCATENATE("日期："基本参数及说明表!C7)		=CONCATENATE(基本参数及说明表!G2)

2. 单位名称、日期、金额单位设置公式如图所示。

图 5-7　设置资产负债表表头

Step 02 设置资产负债表比较分析表格式，如图 5-8～图 5-10 所示。

	A	B	C	D	E	F	G	H	I	J
1				资产负债表						
2	单位名称：娄底丹枫制衣有限公司					日期：	2014.12.31	金额单位：人民币元		
3	资　产	上年数	本年数	增加(减少)		负债和所有者权益	上年数	本年数	增加(减少)	
4				金额	百分比				金额	百分比

1. 设置比较分析表表头，单位名称、日期、金额单位的设置采用函数 CONCATENATE，从基本参数及说明表取数（见资产负债表该部分设置）。

图 5-8　设置资产负债表比较分析表表头

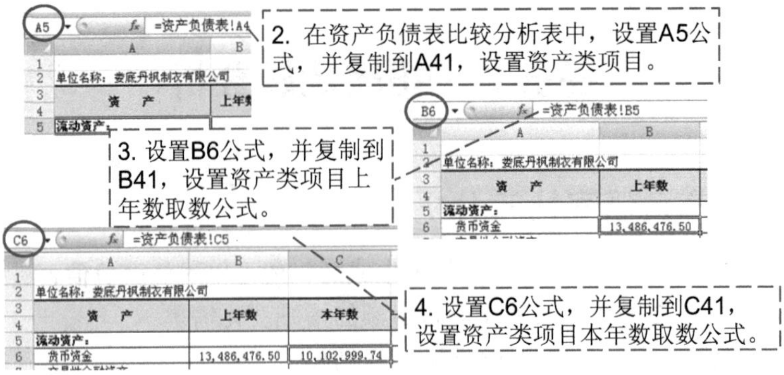

图 5-9　设置资产类项目及取数

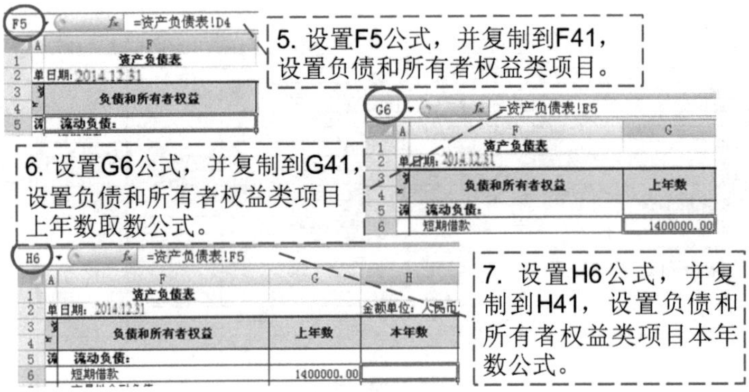

图 5-10　设置负债及所有者权益类项目及取数

Step 03 设置比较公式，如图 5-11 和图 5-12 所示。

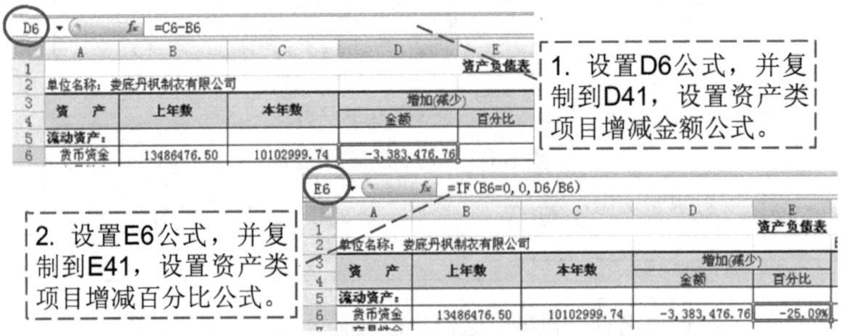

图 5-11　设置资产类项目比较公式

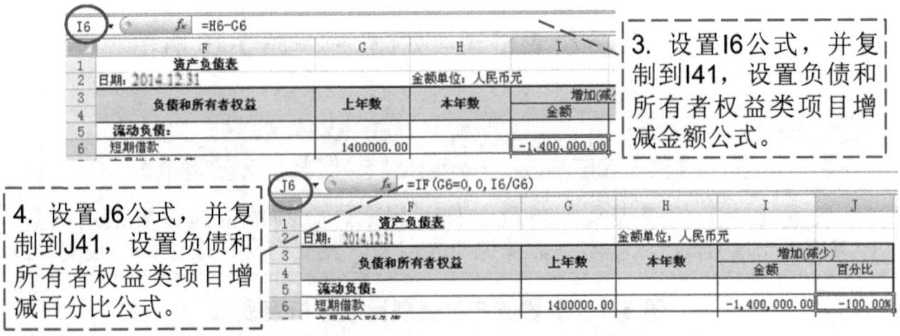

图 5-12　设置负债和所有者权益类项目比较公式

Step 04 数据比较分析，如图 5-13 所示。

资产负债表

单位名称：娄底丹枫制衣有限公司　　日期：2014.12.31　　金额单位：人民币元

资　产	上年数	本年数	增加(减少)		负债和所有者权益	上年数	本年数	增加(减少)	
			金额	百分比				金额	百分比
流动资产：					流动负债：				
货币资金	13486476.50	10102999.74	-3,383,476.76	-25.09%	短期借款	1400000.00		-1,400,000.00	-100.00%
交易性金融资产					交易性金融负债				
应收票据		114087.96	114,087.96		应付票据		3081194.00	3,081,194.00	
应收股利					应付账款		2162191.60	2,162,191.60	
应收利息					预收账款		987202.97	987,202.97	
应收账款	4676000.00	967529.64	-3,708,470.36	-79.31%	应付职工薪酬	235200.00	661081.76	425,881.76	181.07%
其它应收款	21000.00	6598.00	-14,402.00	-68.58%	应交税费	396865.00	713562.15	316,697.15	79.80%
预付账款		396587.60	396,587.60		应付利息	6720.00		-6,720.00	-100.00%
存货	6900626.60	5668763.18	-1,231,863.42	-17.85%	应付股利				
一年内到期的非流动资产					其他应付款				
其它流动资产					一年内到期的非流动负债				
					其他流动负债				
流动资产合计	25084103.10	17256566.12	-7,827,536.98	-31.21%	流动负债合计	2038785.00	7605232.48	5,566,447.48	273.03%
非流动资产：					非流动负债：				
可供出售金融资产		108432.00	108,432.00		长期借款		5000000.00	5,000,000.00	
持有至到期投资					应付债券				
投资性房地产		7864300.00	7,864,300.00		长期应付款				
长期股权投资		1219060.05	1,219,060.05		专项应付款				
长期应收款					预计负债				
固定资产	8750000.00	9416950.00	666,950.00	7.62%	递延所得税负债				
减：累计折旧	3353000.00	1485676.80	-1,867,323.20	-55.69%	其他非流动负债				
固定资产净值	5397000.00	7931273.20	2,534,273.20	46.96%	非流动负债合计		5000000.00	5,000,000.00	
减：固定资产减值准备					负债合计	2038785.00	12605232.48	10,566,447.48	518.27%
固定资产净额	5397000.00	7931273.20	2,534,273.20	46.96%					
生产性生物资产					所有者权益（或股东权益）：				
工程物资					实收资本（或股本）	21000000.00	20000000.00	-1,000,000.00	-4.76%
在建工程		3872666.48	3,872,666.48		资本公积		181303.27	181,303.27	
固定资产清理					减：库存股				
无形资产		4194000.00	4,194,000.00		盈余公积		790504.85	790,504.85	
商誉					未分配利润	7442318.10	8869257.25	1,426,939.15	19.17%
长期待摊费用					所有者权益（或股东权益）合计	28442318.10	29841065.37	1,398,747.27	4.92%
递延所得税资产									
其他非流动资产									
非流动资产合计	5397000.00	25189731.73	19,792,731.73	366.74%					
资产总计	30481103.10	42446297.85	11,965,194.75	39.25%	负债和所有者权益（或股东权益）总计	30481103.10	42446297.85	11,965,194.75	39.25%

图 5-13　资产负债表比较数据结果

通过比较可以发现资产负债表中各项目的增减变化情况，从而进一步分析变化的原因，为管理提供决策依据。本例中，资产总计增加了 39.25%，但流动资产下降了 31.21%，非流动资产增加了 366.74%，说明资产的增加来源于非流动资产的增加，而非流动资产增加的主要原因是可供出售金融资产、投资性房地产、长期股权投资的增加。

活动二　利润表比较分析

娄底丹枫制衣有限公司 12 月利润表生成后，就可以对利润表进行比较分析操作了，进而可以得出两个时期利润表各个项目金额的增减变化情况。

Step 01 引入利润表，如图 5-14 所示。

利　润　表

单位名称：娄底丹枫制衣有限公司　　日期：2014.12.31　　金额单位：人民币元

项　目	上年数	本年数	备注
一、营业收入	16,000,000.00	162,504,000.00	
减：营业成本	8,957,448.00	110,864,865.60	
营业税金及附加	0.00	2,393,737.20	
销售费用	1,136,800.00	189,000.00	
管理费用	1,261,600.00	20,551,893.84	
财务费用	58,220.00	4,474,032.48	（其中利息支124253.68，利息收入2430.67）
资产减值损失	0.00	503,521.92	
加：公允价值变动收益（损失以“-”号填列）	0.00	0.00	
投资收益（损失以“-”号填列）	0.00	43,886,161.80	
其中：对联营企业和合营企业的投资收益	0.00	0.00	
二、营业利润（亏损以“-”号填列）	4,585,932.00	67,413,110.76	
加：营业外收入	0.00	33,552.00	
减：营业外支出	0.00	1,440,000.00	
其中：非流动资产处置损失	0.00	0.00	
三、利润总额（亏损总额以“-”号填列）	4,585,932.00	66,006,662.76	
减：所得税费用	0.00	58,897,598.76	
四、净利润（净亏损以“-”号填列）	4,585,932.00	7,109,064.00	
五、每股收益：			
（一）基本每股收益			
（二）稀释每股收益			

1. 在本项目工作簿“利润表”中引入利润表。

图 5-14　引入利润表

Step 02 设置利润表比较分析表格式，如图 5-15 和图 5-16 所示。

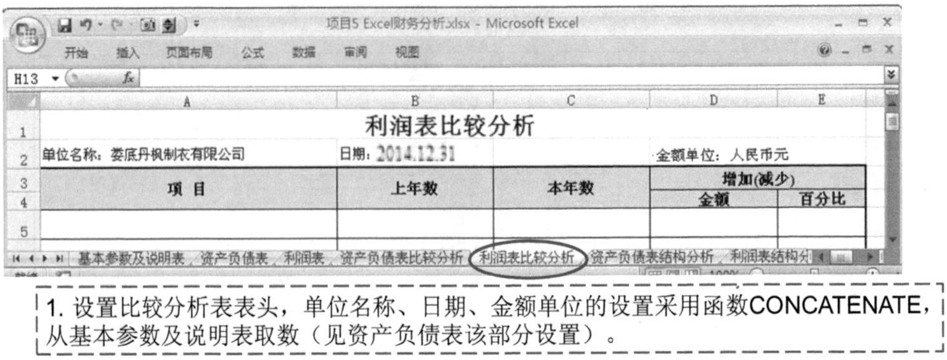

图 5-15　设置利润表比较分析表表头

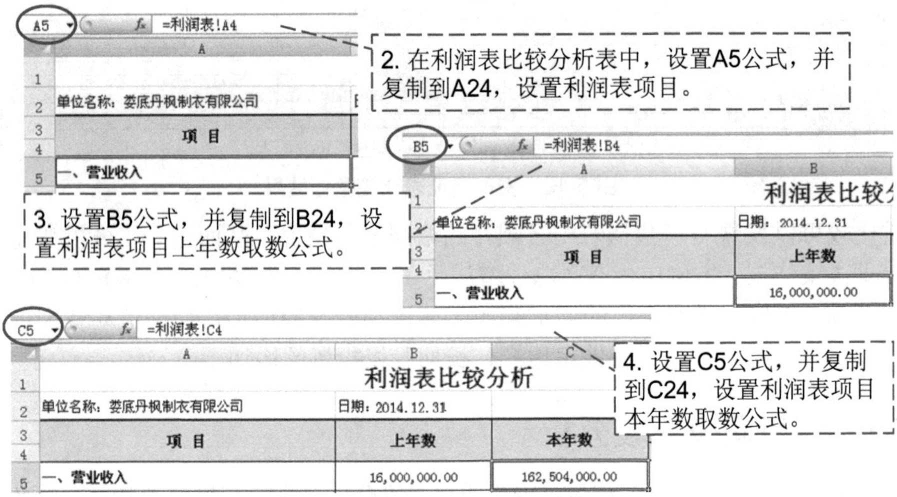

图 5-16　设置利润表项目取数公式

Step 03 设置比较公式，如图 5-17 所示。

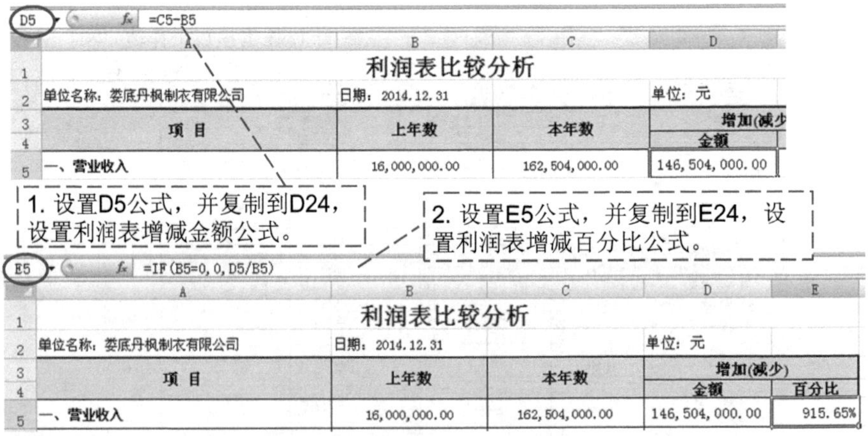

图 5-17　设置利润表项目比较公式

Step 04 数据比较分析。

① 数据比较分析，如图 5-18 所示。

利润表比较分析

单位名称：娄底丹枫制衣有限公司 日期：2014.12.31 单位：元

项 目	上年数	本年数	增加(减少)	
			金额	百分比
一、营业收入	16,000,000.00	162,504,000.00	146,504,000.00	915.65%
减：营业成本	8,957,448.00	110,864,865.60	101,907,417.60	1137.68%
营业税金及附加	0.00	2,393,737.20	2,393,737.20	0.00%
销售费用	1,136,800.00	189,000.00	-947,800.00	-83.37%
管理费用	1,261,600.00	20,551,893.84	19,290,293.84	1529.03%
财务费用	58,220.00	4,474,032.48	4,415,812.48	7584.70%
资产减值损失	0.00	503,521.92	503,521.92	0.00%
加：公允价值变动收益（损失以“-”号填列）	0.00	0.00	0.00	0.00%
投资收益（损失以“-”号填列）	0.00	43,886,161.80	43,886,161.80	0.00%
其中：对联营企业和合营企业的投资收益	0.00	0.00	0.00	0.00%
二、营业利润（亏损以“-”号填列）	4,585,932.00	67,413,110.76	62,827,178.76	1370.00%
加：营业外收入	0.00	33,552.00	33,552.00	0.00%
减：营业外支出	0.00	1,440,000.00	1,440,000.00	0.00%
其中：非流动资产处置损失	0.00	0.00	0.00	0.00%
三、利润总额（亏损总额以“-”号填列）	4,585,932.00	66,006,662.76	61,420,730.76	1339.33%
减：所得税费用	0.00	58,897,598.76	58,897,598.76	0.00%
四、净利润（净亏损以“-”号填列）	4,585,932.00	7,109,064.00	2,523,132.00	55.02%
五、每股收益：				
（一）基本每股收益				
（二）稀释每股收益				

图 5-18 利润表比较数据结果

通过连续几年的数据比较，可以发现收入的变化速度、成本变化速度及利润变化速度，这便于查找利润的变化和收入及成本的关系，以便做好未来成本预算的控制；还可以发现相邻年度费用的变化情况，以便于未来做好费用的控制；还可以了解企业获利能力的变化。

在本例中，净利润比上年增长了 2523132.00 元，增长率为 55.02%，引起该变化的原因：一是收入增长了 190423713.80 元，增长率为 1174.38%，其中主要的增长来源于营业收入的增长，增长金额为 146504000.00 元，增长率为 915.65%；二是成本费用合计增长额为 187900581.80 元，增长率为 1646.22%，其中财务费用增长最快，经与资产负债表比较分析结合起来，原因是长期借款增长所致。

② 图形比较分析。

也可通过 Excel 提供的图表功能来绘制分析图形，直观地反映各项目的变化情况，如图 5-19～图 5-23 所示。

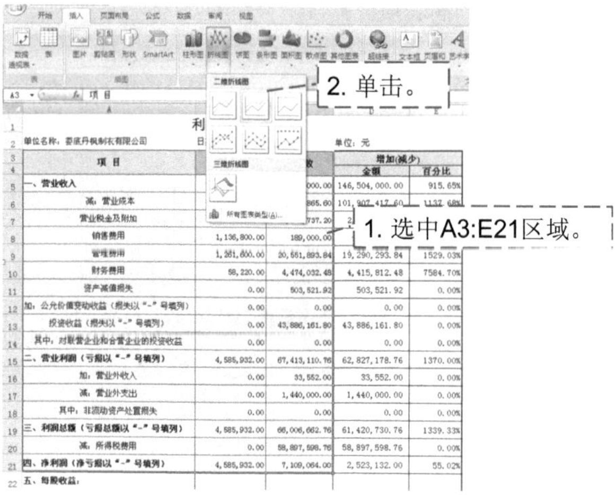

图 5-19 插入折线图

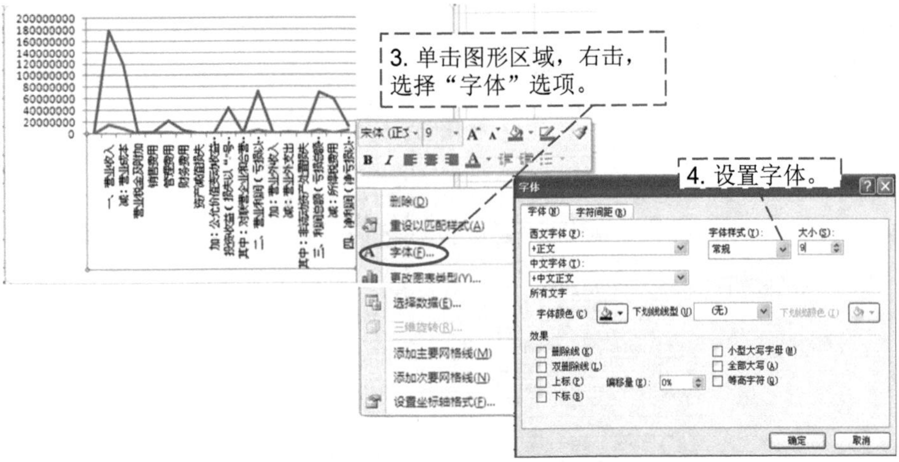

图 5-20　设置折线图字体

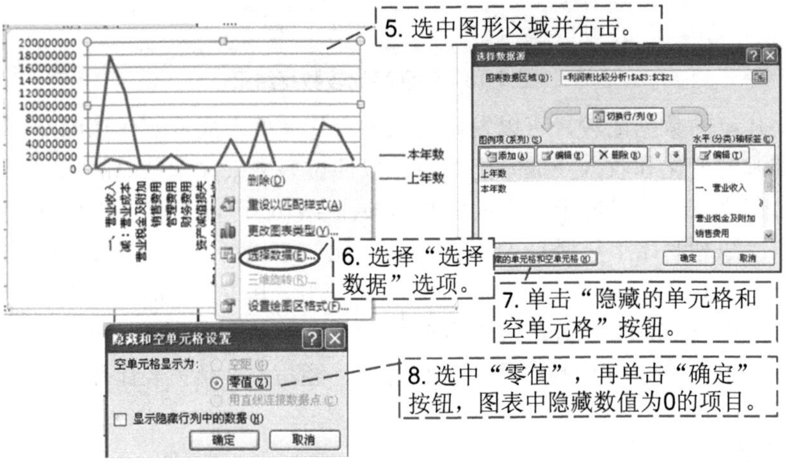

图 5-21　设置折线图空单元格显示为 0

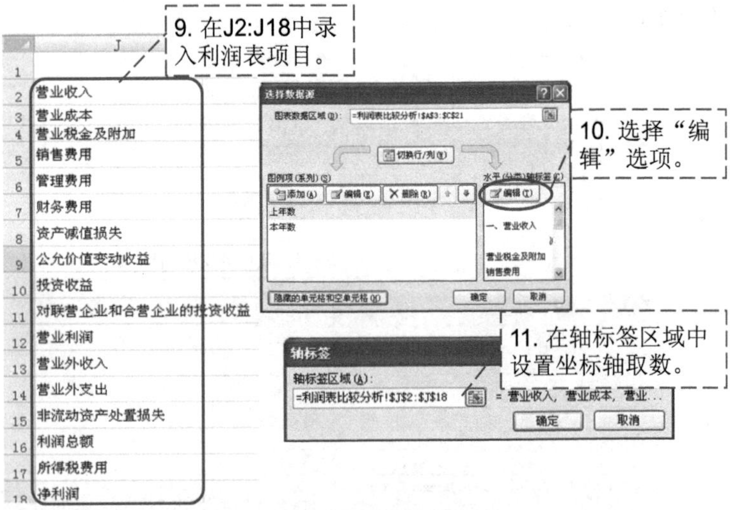

图 5-22　设置折线图横坐标

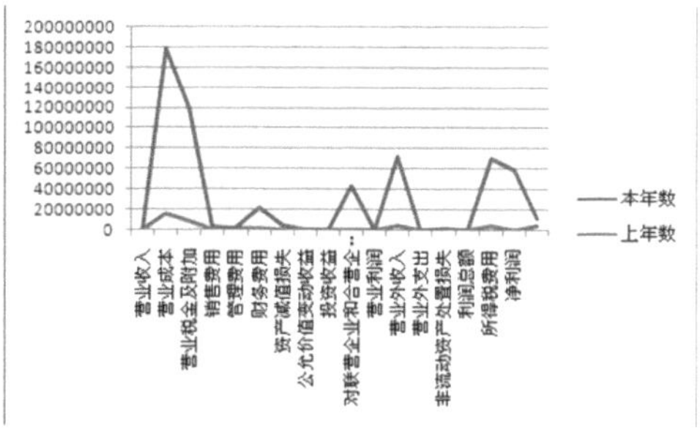

图 5-23　折线图效果

任务三　报表结构分析

活动一　资产负债表结构分析

Step 01 设置资产负债表结构分析表格式，如图 5-24 和图 5-25 所示。

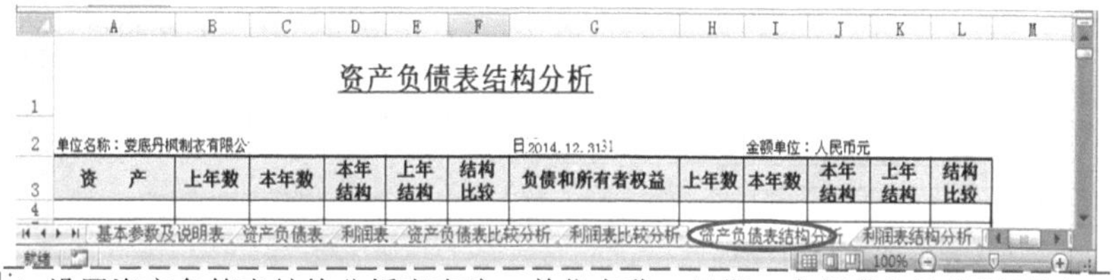

1. 设置资产负债表结构分析表表头，单位名称、日期、金额单位的设置采用函数CONCATENATE，从基本参数及说明表取数（见资产负债表该部分设置）。

图 5-24　设置资产负债表结构分析表表头

资产负债表结构分析

单位名称：娄底丹枫制衣有限公司　　日期：2014.12.31　　金额单位：人民币元

	资　产	上年数	本年数	本年结构	上年结构	结构比较	负债和所有者权益	上年数	本年数	本年结构	上年结构	结构比较
4	流动资产：						流动负债：					
5	货币资金	13,486,476.50	10,102,999.74				短期借款	1,400,000.00				
6	交易性金融资产						交易性金融负债					
7	应收票据		114,087.96				应付票据		3,081,194.00			
8	应收股利						应付账款		2,162,191.60			
9	应收利息						预收账款		987,202.97			
10	应收账款	4,676,000.00	967,529.64				应付职工薪酬	235,200.00	661,081.76			
11	其它应收款	21,000.00	6,598.00				应交税费	396,865.00	713,562.15			
12	预付账款		396,587.60				应付利息	6,720.00				
13	存货	6,900,626.60	5,668,763.18				应付股利					
14	一年内到期的非流动资产						其他应付款					
15	其它流动资产						一年内到期的非流动负债					
16							其他流动负债					
17												
18	流动资产合计	25,084,103.10	17,256,566.12				流动负债合计	2,038,785.00	7,605,232.48			
19	非流动资产：						非流动负债：					
20	可供出售金融资产		108,432.00				长期借款		5,000,000.00			
21	持有至到期投资						应付债券					
22	投资性房地产		7,864,300.00				长期应付款					
23	长期股权投资		1,219,060.05				专项应付款					
24	长期应收款						预计负债					
25	固定资产	8,750,000.00	9,416,950.00				递延所得税负债					
26	减：累计折旧	3,353,000.00	1,485,676.80				其他非流动负债					
27	固定资产净值	5,397,000.00	7,931,273.20				非流动负债合计		5,000,000.00			
28	减：固定资产减值准备						负债合计	2,038,785.00	12,605,232.48			
29	固定资产净额	5,397,000.00										
30	生产性生物资产						所有者权益（或股东权益）：					
31	工程物资						实收资本（或股本）	21,000,000.00	20,000,000.00			
32	在建工程		3,872,666.48				资本公积		181,303.27			
33	固定资产清理						减：库存股					
34	无形资产		4,194,000.00				盈余公积		790,504.85			
35	商誉						未分配利润	7,442,318.10	8,869,257.25			
36	长期待摊费用						所有者权益（或股东权益）合计	28,442,318.10	29,841,065.37			
37	递延所得税资产											
38	其他非流动资产											
39	非流动资产合计	5,397,000.00	25,189,731.73									
40	资产总计	30,481,103.10	42,446,297.85				负债和所有者权益（或股东权益）总计	30,481,103.10	42,446,297.85			

2. 按本项目任务二活动一Step02的方式设置结构分析表中报表项目及上年数、本年数公式。

图 5-25　设置资产负债表结构分析表表体

Step 02 设置结构公式，如图 5-26 和图 5-27 所示。

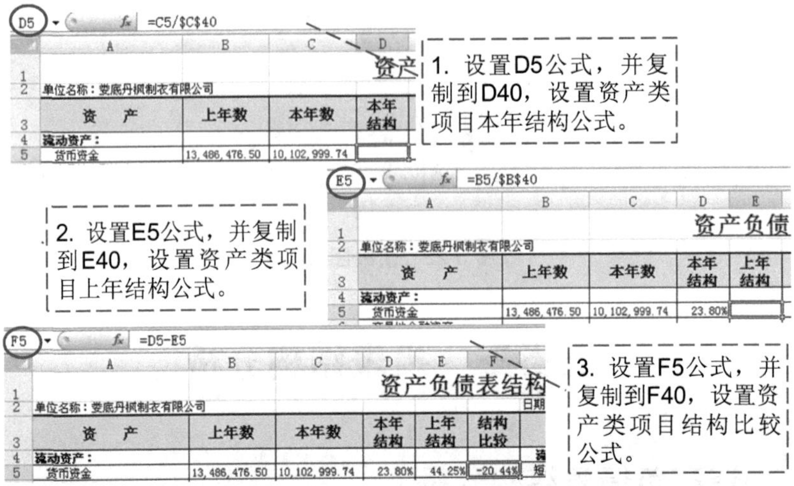

图 5-26　设置资产负债表结构分析表左侧比较公式

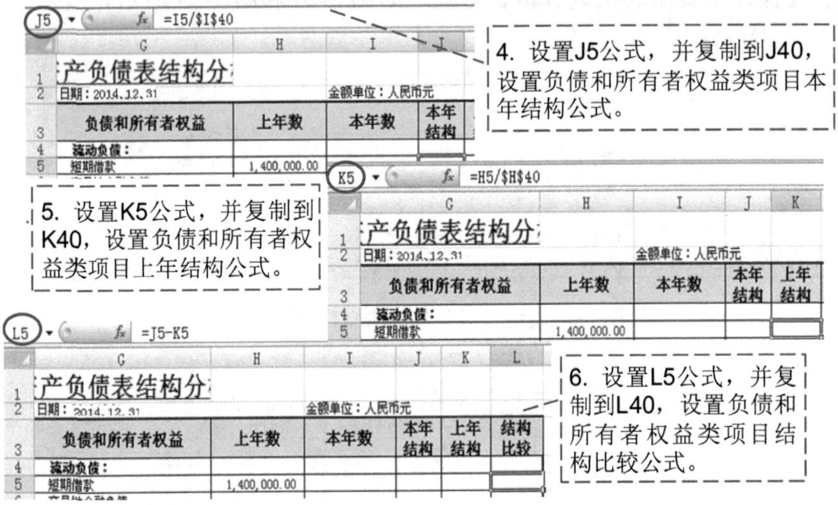

图 5-27　设置资产负债表结构分析表右侧比较公式

Step 03 数据结构分析。

① 数据分析。

根据表中的数据，可以看到上年各资产项目占总资产的比例、本年各资产项目占总资产的比例增减变化的比例值，并可对资产的份额及增减的比例作排序，以便于掌握企业资产的比例；还可以看到流动负债、长期负债和所有者权益的比重，从而可以判断企业的资金来源是长期还是短期、是内部还是外部，以便于掌握企业经营的稳定性。

② 图形分析。

也可通过 Excel 提供的图表功能来绘制图形，直观地反映项目的变化情况。在进行图形分析时，财务人员可根据企业需求来增减或只选择部分数据分析数据。图 5-28～图 5-30 所示的操作步骤为只选择部分数据建立饼图。

资产负债表结构分析

单位名称：娄底丹枫制衣有限公司　　日期：2014.12.31　　金额单位：人民币元

	资　产	上年数	本年数	本年结构	上年结构	结构比较	负债和所有者权益	上年数	本年数	本年结构	上年结构	结构比较
4	流动资产：						流动负债：					
5	货币资金	13,486,476.50	10,102,999.74	23.80%	44.25%	-20.44%	短期借款	1,400,000.00			4.59%	-4.59%
6	交易性金融资产						交易性金融负债					
7	应收票据		114,087.96	0.27%		0.27%	应付票据		3,081,194.00	7.26%		7.26%
8	应收股利						应付账款		2,162,191.60	5.09%		5.09%
9	应收利息						预收账款		987,202.97	2.33%		2.33%
10	应收账款	4,676,000.00	967,529.64	2.28%	15.34%	-13.06%	应付职工薪酬	235,200.00	661,081.76	1.56%	0.77%	0.79%
11	其它应收款	21,000.00	6,598.00	0.02%	0.07%	-0.05%	应交税费	396,865.00	713,582.15	1.68%	1.30%	0.38%
12	预付账款		396,587.60	0.93%		0.93%	应付利息	6,720.00			0.02%	-0.02%
13	存货	6,900,626.60	5,668,763.18	13.36%	22.64%	-9.28%	应付股利					
14	一年内到期的非流动资产						其他应付款					
15	其它流动资产						一年内到期的非流动负债					
16							其他流动负债					
17												
18	流动资产合计	25,084,103.10	17,256,566.12	40.66%	82.29%	-41.64%	流动负债合计	2,038,785.00	7,605,232.48	17.92%	6.69%	11.23%
19	非流动资产：						非流动负债：					
20	可供出售金融资产		108,432.00	0.26%		0.26%	长期借款		5,000,000.00	11.78%		11.78%
21	持有至到期投资						应付债券					
22	投资性房地产		7,864,300.00	18.53%		18.53%	长期应付款					
23	长期股权投资		1,219,060.05	2.87%		2.87%	专项应付款					
24	长期应收款						预计负债					
25	固定资产	8,750,000.00	9,416,950.00	22.19%	28.71%	-6.52%	递延所得税负债					
26	减：累计折旧	3,353,000.00	1,485,676.80	3.50%	11.00%	-7.50%	其他非流动负债					
27	固定资产净值	5,397,000.00	7,931,273.20	18.69%	17.71%	0.98%	非流动负债合计		5,000,000.00	11.78%		11.78%
28	减：固定资产减值准备						负债合计	2,038,785.00	12,605,232.48	29.70%	6.69%	23.01%
29	固定资产净额	5,397,000.00			17.71%	-17.71%						
30	生产性生物资产						所有者权益（或股东权益）：					
31	工程物资						实收资本（或股本）	21,000,000.00	20,000,000.00	47.12%	68.90%	-21.78%
32	在建工程		3,872,666.48	9.12%		9.12%	资本公积		181,303.27	0.43%		0.43%
33	固定资产清理						减：库存股					
34	无形资产		4,194,000.00	9.88%		9.88%	盈余公积		790,504.85	1.86%		1.86%
35	商誉						未分配利润	7,442,318.10	8,869,257.25	20.90%	24.42%	-3.52%
36	长期待摊费用						所有者权益（或股东权益）合计	28,442,318.10	29,841,065.37	70.30%	93.31%	-23.01%
37	递延所得税资产											
38	其他非流动资产											
39	非流动资产合计	5,397,000.00	25,189,731.73	59.34%	17.71%	41.64%						
40	资产总计	30,481,103.10	42,446,297.85	100.00%	100.00%		负债和所有者权益(或股东权益)总计	30,481,103.10	42,446,297.85	100.00%	100.00%	

图 5-28　数据结果

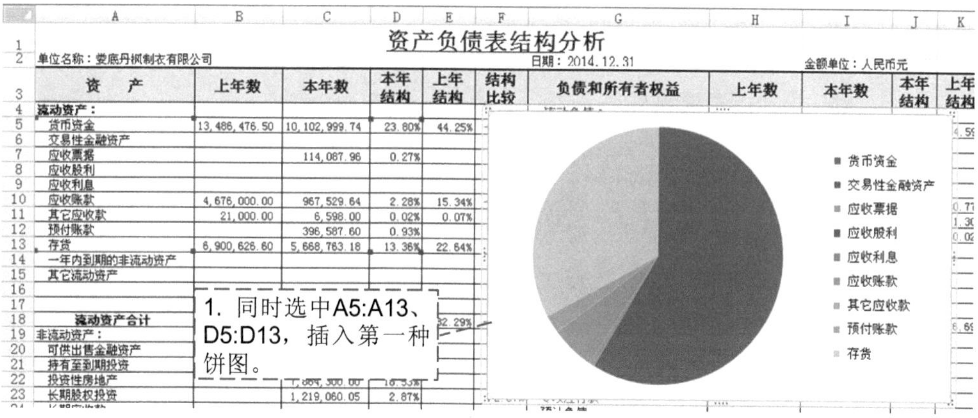

图 5-29　插入饼图

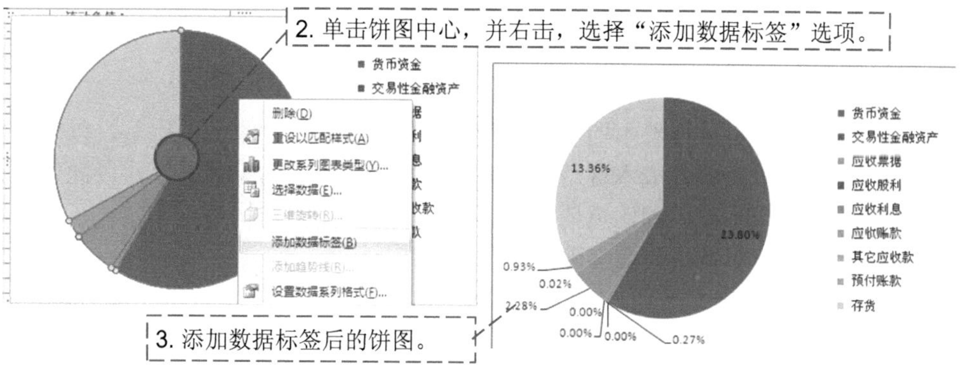

图 5-30　添加饼图数据标签

活动二　利润表的结构分析

利润表的构成比较分析是以主营业务收入为总体指标来考核利润表各项目的比重及比重的增减变动情况，以此来判断成本费用和收入的直接关系，为后期的成本费用控制提供参考依据。

Step 01 设置利润表结构分析表格式，如图 5-31 所示。

利润表结构分析

单位名称：娄底丹枫制衣有限公司　日期：2014.12.31　金额单位：人民币元

项 目	上年数	本年数	上年结构	本年结构	结构比较
一、营业收入	16,000,000.00	162,504,000.00			
减：营业成本	8,957,448.00	110,864,865.60			
营业税金及附加	0.00	2,393,737.20			
销售费用	1,136,800.00	189,000.00			
管理费用	1,261,600.00	20,551,893.84			
财务费用	58,220.00	4,474,032.48			
资产减值损失	0.00	503,521.92			
加：公允价值变动收益（损失以"-"号填列）	0.00	0.00			
投资收益（损失以"-"号填列）	0.00	43,886,161.80			
其中：对联营企业和合营企业的投资收益	0.00	0.00			
二、营业利润（亏损以"-"号填列）	4,585,932.00	67,413,110.76			
加：营业外收入	0.00	33,552.00			
减：营业外支出	0.00	1,440,000.00			
其中：非流动资产处置损失	0.00	0.00			
三、利润总额（亏损总额以"-"号填列）	4,585,932.00	66,006,662.76			
减：所得税费用	0.00	58,897,598.76			
四、净利润（净亏损以"-"号填列）	4,585,932.00	7,109,064.00			
五、每股收益：					
（一）基本每股收益					
（二）稀释每股收益					

图 5-31　设置利润表结构分析表格式

Step 02 设置结构公式，如图 5-32 所示。

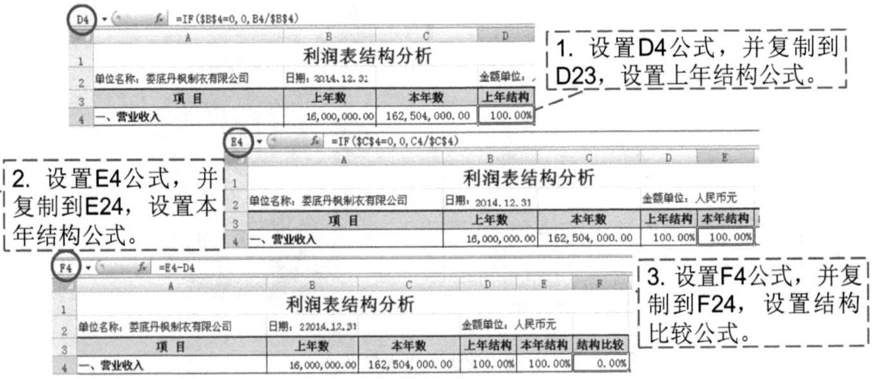

图 5-32　设置结构公式

Step 03 数据结构分析。

① 数据分析。

根据表中的数据，可以查看本期及上期各成本费用项目占总收入的比重，以便未来对成本费用进行控制；可以查看各成本费用不同期间占收入的比重的先后顺序，以此了解企业创造的收入所支付的各成本费用的比重情况，以便对成本费用的结构进行调整；还可以查看结构增减变动的情况，并对增减的幅度进行排序。

② 图形分析。

图形分析方式可以直观地反映各比重的变化情况，如图 5-33 和图 5-34 所示。

	A	B	C	D	E	F
1	利润表结构分析					
2	单位名称：娄底丹枫制衣有限公司	日期：2014.12.31		金额单位：人民币元		
3	项　目	上年数	本年数	上年结构	本年结构	结构比较
4	一、营业收入	16,000,000.00	162,504,000.00	100.00%	100.00%	0.00%
5	减：营业成本	8,957,448.00	110,864,865.60	55.98%	68.22%	12.24%
6	营业税金及附加	0.00	2,393,737.20	0.00%	1.47%	1.47%
7	销售费用	1,136,800.00	189,000.00	7.11%	0.12%	-6.99%
8	管理费用	1,261,600.00	20,551,893.84	7.89%	12.65%	4.76%
9	财务费用	58,220.00	4,474,032.48	0.36%	2.75%	2.39%
10	资产减值损失	0.00	503,521.92	0.00%	0.31%	0.31%
11	加：公允价值变动收益（损失以“-”号填列）	0.00	0.00	0.00%	0.00%	0.00%
12	投资收益（损失以“-”号填列）	0.00	43,886,161.80	0.00%	27.01%	27.01%
13	其中：对联营企业和合营企业的投资收益	0.00	0.00	0.00%	0.00%	0.00%
14	二、营业利润（亏损以“-”号填列）	4,585,932.00	67,413,110.76	28.66%	41.48%	12.82%
15	加：营业外收入	0.00	33,552.00	0.00%	0.02%	0.02%
16	减：营业外支出	0.00	1,440,000.00	0.00%	0.89%	0.89%
17	其中：非流动资产处置损失	0.00	0.00	0.00%	0.00%	0.00%
18	三、利润总额（亏损总额以“-”号填列）	4,585,932.00	66,006,662.76	28.66%	40.62%	11.96%
19	减：所得税费用	0.00	58,897,598.76	0.00%	36.24%	36.24%
20	四、净利润（净亏损以“-”号填列）	4,585,932.00	7,109,064.00	28.66%	4.37%	-24.29%
21	五、每股收益：					
22	（一）基本每股收益					
23	（二）稀释每股收益					

图 5-33　结构分析结果

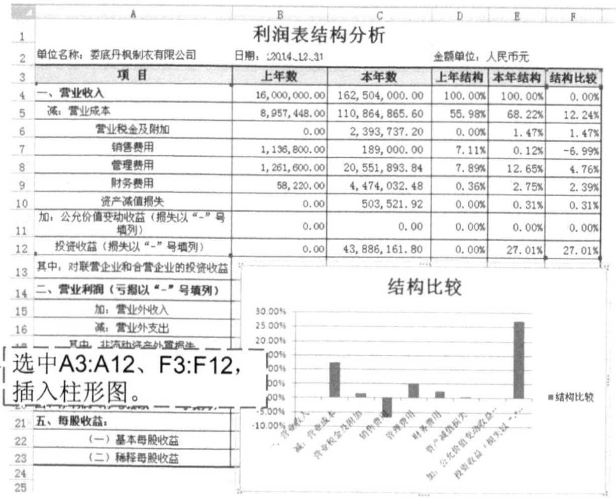

	A	B	C	D	E	F
3	项　目	上年数	本年数	上年结构	本年结构	结构比较
4	一、营业收入	16,000,000.00	162,504,000.00	100.00%	100.00%	0.00%
5	减：营业成本	8,957,448.00	110,864,865.60	55.98%	68.22%	12.24%
6	营业税金及附加	0.00	2,393,737.20	0.00%	1.47%	1.47%
7	销售费用	1,136,800.00	189,000.00	7.11%	0.12%	-6.99%
8	管理费用	1,261,600.00	20,551,893.84	7.89%	12.65%	4.76%
9	财务费用	58,220.00	4,474,032.48	0.36%	2.75%	2.39%
10	资产减值损失	0.00	503,521.92	0.00%	0.31%	0.31%
11	加：公允价值变动收益（损失以“-”号填列）	0.00	0.00	0.00%	0.00%	0.00%
12	投资收益（损失以“-”号填列）	0.00	43,886,161.80	0.00%	27.01%	27.01%
13	其中：对联营企业和合营企业的投资收益					
14	二、营业利润（亏损以“-”号填列）					
15	加：营业外收入					
16	减：营业外支出					
21	五、每股收益：					
22	（一）基本每股收益					
23	（二）稀释每股收益					

图 5-34　利润表结构比较分析柱形图

任务四　报表趋势分析

对企业部分重要的财务指标进行比较，直接观察其增减变动情况及变动幅度，考察其发展趋势，预测其发展前景。对不同时间的指标的比较有两种方法：定基动态比率和环比动态比率。

根据娄底丹枫制衣有限公司 2012 年至 2014 年资产负债表及利润表整理出如表 5-1 和表 5-2 所示的资产负债表和利润表重要指标表。

表 5-1　资产负债表部分重要指标　　单位：元

重要指标项目	分析年度		
	2012 年	2013 年	2014 年
流动资产：	16,935,025.00	25,084,103.10	17,256,566.12
速动资产	12,421,553.00	18,183,476.50	11,587,802.94

续表

重要指标项目	分析年度		
	2012 年	2013 年	2014 年
存货	4,513,472.00	6,900,626.60	5,668,763.18
非流动资产：	4,264,127.00	5,397,000.00	25,189,731.73
固定资产	4,264,127.00	5,397,000.00	7,931,273.20
资产总计	28,137,105.20	30,481,103.10	42,446,297.85
负债：	2,138,125.00	2,038,785.00	12,605,232.48
流动负债	2,138,125.00	2,038,785.00	15,210,464.96
非流动负债	0.00	0.00	5,000,000.00
所有者权益：	23,214,720.20	28,442,318.10	29,841,065.37
实收资本	18,000,000.00	21,000,000.00	20,000,000.00
未分配利润	5,214,720.20	7,442,318.10	8,869,257.25
负债及所有者权益合计	28,137,105.20	30,481,103.10	42,446,297.85

表 5-2 利润表部分重要指标

单位：元

重要指标项目	分析年度		
	2012 年	2013 年	2014 年
营业收入	13,458,151.00	16,000,000.00	162,504,000.00
营业成本及税金	7,412,871.00	8,957,448.00	110,864,865.60
期间费用	1,547,124.00	2,456,620.00	25,214,926.32
利润总额	3,215,412.00	4,585,932.00	66,006,662.76

活动一　资产负债表重要指标趋势分析

Step 01 设置资产负债表重要指标趋势分析表格式，如图 5-35 所示。

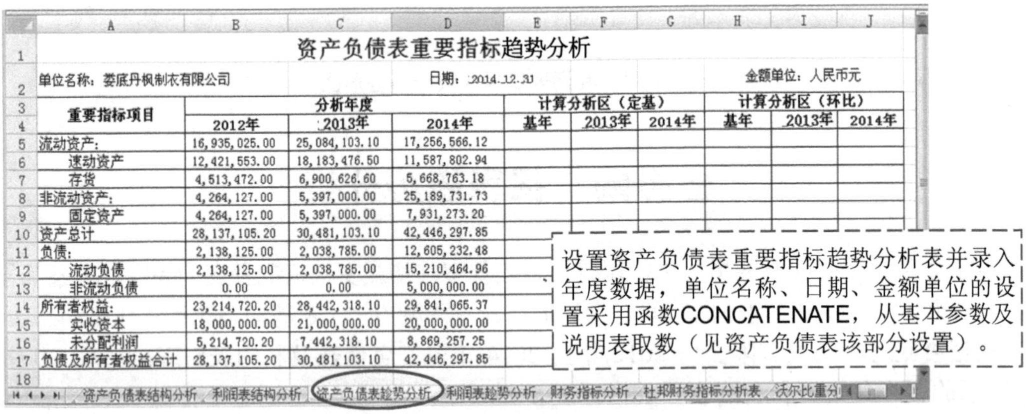

资产负债表重要指标趋势分析

单位名称：娄底丹枫制衣有限公司　日期：2014.12.31　金额单位：人民币元

重要指标项目	分析年度			计算分析区（定基）			计算分析区（环比）		
	2012年	2013年	2014年	基年	2013年	2014年	基年	2013年	2014年
流动资产：	16,935,025.00	25,084,103.10	17,256,566.12						
速动资产	12,421,553.00	18,183,476.50	11,587,802.94						
存货	4,513,472.00	6,900,626.60	5,668,763.18						
非流动资产：	4,264,127.00	5,397,000.00	25,189,731.73						
固定资产	4,264,127.00	5,397,000.00	7,931,273.20						
资产总计	28,137,105.20	30,481,103.10	42,446,297.85						
负债：	2,138,125.00	2,038,785.00	12,605,232.48						
流动负债	2,138,125.00	2,038,785.00	15,210,464.96						
非流动负债	0.00	0.00	5,000,000.00						
所有者权益：	23,214,720.20	28,442,318.10	29,841,065.37						
实收资本	18,000,000.00	21,000,000.00	20,000,000.00						
未分配利润	5,214,720.20	7,442,318.10	8,869,257.25						
负债及所有者权益合计	28,137,105.20	30,481,103.10	42,446,297.85						

图 5-35 资产负债表趋势分析工作表格式

Step 02 设置趋势比较公式，如图 5-36 所示。

趋势比较方式有两种：定基与环比。确定基年为 2011 年，定基与环比的计算公式如下：

定基指数=分析期数据/基期数据，如 F5=C5/B5

环比指数=分析期数据/上年数据，如 J5=D5/C5

	资产负债表重要指标表趋势分要析					
单位名称：娄底丹枫制衣有限公司	日期：2014.12.31				金额单位：人民币元	
重要指标项目	计算分析区（定基）			计算分析区（环比）		
	基年	2013年	2014年	基年	2013年	2014年
流动资产:	=B5/B5	=C5/B5	=D5/B5	=E5/E5	=C5/B5	=D5/C5
速动资产	=B6/B6	=C6/B6	=D6/B6	=E6/E6	=F6/E6	=D6/C6
存货	=B7/B7	=C7/B7	=D7/B7	=E7/E7	=F7/E7	=D7/C7
非流动资产:	=B8/B8	=C8/B8	=D8/B8	=E8/E8	=F8/E8	=D8/C8
固定资产	=B9/B9	=C9/B9	=D9/B9	=E9/E9	=F9/E9	=D9/C9
资产总计	=B10/B10	=C10/B10	=D10/B10	=E10/E10	=F10/E10	=D10/C10
负债:	=B11/B11	=C11/B11	=D11/B11	=E11/E11	=F11/E11	=D11/C11
流动负债	=B12/B12	=C12/B12	=D12/B12	=E12/E12	=F12/E12	=D12/C12
非流动负债	=B13/B13	=C13/B13	=D13/B13	=E13/E13	=F13/E13	=D13/C13
所有者权益:	=B14/B14	=C14/B14	=D14/B14	=E14/E14	=F14/E14	=D14/C14
实收资本	=B15/B15	=C15/B15	=D15/B15	=E15/E15	=F15/E15	=D15/C15
未分配利润	=B16/B16	=C16/B16	=D16/B16	=E16/E16	=F16/E16	=D16/C16
负债及所有者权益合计	=B17/B17	=C17/B17	=D17/B17	=E17/E17	=F17/E17	=D17/C17

设置定基与环比公式。设置E5、F5、G5、H5、I5、J5公式，并复制到E6:J17。

图 5-36 设置趋势比较公式

Step 03 数据趋势分析，如图 5-37 所示。

			资产负债表重要指标表趋势分析						
单位名称：娄底丹枫制衣有限公司			日期：2014.12.31					金额单位：人民币元	
重要指标项目	分析年度			计算分析区（定基）			计算分析区（环比）		
	2012年	2013年	2014年	基年	2013年	2014年	基年	2013年	2014年
流动资产:	16,935,025.00	25,084,103.10	17,256,566.12	100.00%	148.12%	101.90%	100.00%	148.12%	68.79%
速动资产	12,421,553.00	18,183,476.50	11,587,802.94	100.00%	146.39%	93.29%	100.00%	146.39%	63.73%
存货	4,513,472.00	6,900,626.60	5,668,763.18	100.00%	152.89%	125.60%	100.00%	152.89%	82.15%
非流动资产:	4,264,127.00	5,397,000.00	25,189,731.73	100.00%	126.57%	590.74%	100.00%	126.57%	466.74%
固定资产	4,264,127.00	5,397,000.00	7,931,273.20	100.00%	126.57%	186.00%	100.00%	126.57%	146.96%
资产总计	28,137,105.20	30,481,103.10	42,446,297.85	100.00%	108.33%	150.86%	100.00%	108.33%	139.25%
负债:	2,138,125.00	2,038,785.00	12,605,232.48	100.00%	95.35%	589.55%	100.00%	95.35%	618.27%
流动负债	2,138,125.00	2,038,785.00	15,210,464.96	100.00%	95.35%	711.39%	100.00%	95.35%	746.06%
非流动负债	0.00	0.00	5,000,000.00		0.00%	100.00%		0.00%	100.00%
所有者权益:	23,214,720.20	28,442,318.10	29,841,065.37	100.00%	122.52%	128.54%	100.00%	122.52%	104.92%
实收资本	18,000,000.00	21,000,000.00	20,000,000.00	100.00%	116.67%	111.11%	100.00%	116.67%	95.24%
未分配利润	5,214,720.20	7,442,318.10	8,869,257.25	100.00%	142.72%	170.08%	100.00%	142.72%	119.17%
负债及所有者权益合计	28,137,105.20	30,481,103.10	42,446,297.85	100.00%	108.33%	150.86%	100.00%	108.33%	139.25%

图 5-37 资产负债表趋势分析计算结果

① 数据比较分析。

根据表中的数据，可以看到娄底丹枫制衣有限公司资产总额稳步增长；速动资产在 2014 年有所下降，说明能迅速变现的资产减少；存货在 2014 年也有所下降，说明库存管理得到优化；负债 2014 增加速度较快，说明企业融资能力增强，同时应该重视负债带来的风险；权益方面，资本变化不大，利润稳步上升。

② 图形比较分析。

a. 定基分析折线图，如图 5-38～图 5-40 所示。

定基分析			
重要指标项目	计算分析区（定基）		
	基年	2013年	2014年
速动资产	100.00%	146.39%	93.29%
存货	100.00%	152.89%	125.60%
固定资产	100.00%	126.57%	186.00%
流动负债	100.00%	95.35%	711.39%
非流动负债		0.00%	100.00%
实收资本	100.00%	116.67%	111.11%
未分配利润	100.00%	142.72%	170.08%

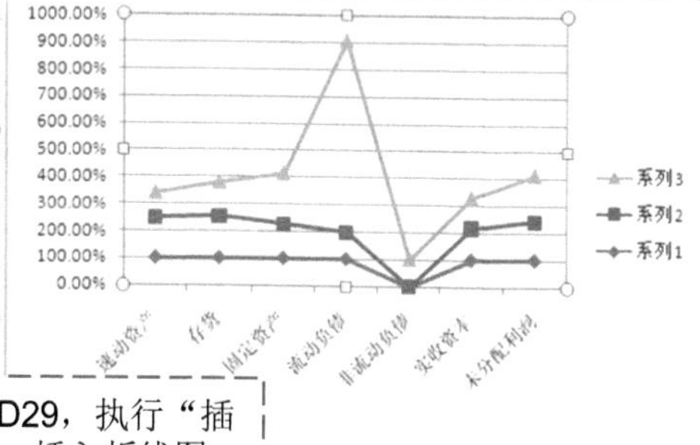

1. 在A19:D29设置好要定基分析的数据。

2. 选择A23:A29、B23:D29，执行“插入”→“折线图”命令，插入折线图。

图 5-38 插入折线图

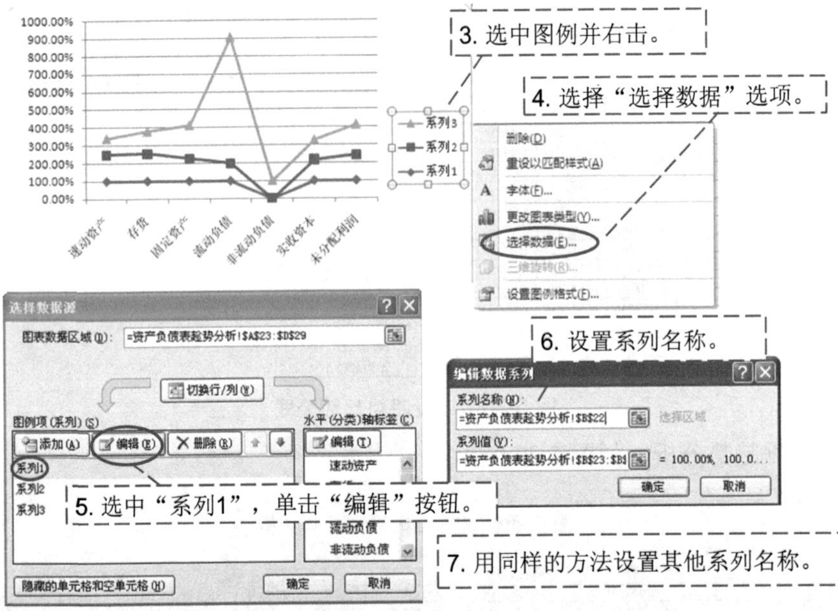

图 5-39　设置折线图图例

定基分析

重要指标项目	计算分析区（定基）		
	基年	2013年	2014年
速动资产	100.00%	146.39%	93.29%
存货	100.00%	152.89%	125.60%
固定资产	100.00%	126.57%	186.00%
流动负债	100.00%	95.35%	711.39%
非流动负债		0.00%	100.00%
实收资本	100.00%	116.67%	111.11%
未分配利润	100.00%	142.72%	170.08%

图 5-40　资产负债表趋势分析定基分析折线图

b. 环比分析折线图，如图 5-41 所示。

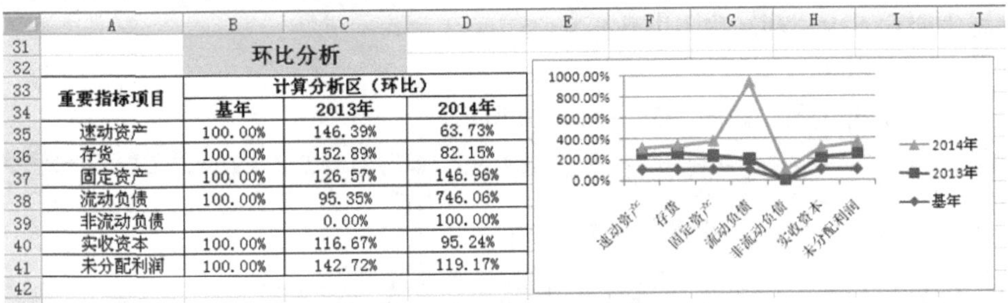

环比分析

重要指标项目	计算分析区（环比）		
	基年	2013年	2014年
速动资产	100.00%	146.39%	63.73%
存货	100.00%	152.89%	82.15%
固定资产	100.00%	126.57%	146.96%
流动负债	100.00%	95.35%	746.06%
非流动负债		0.00%	100.00%
实收资本	100.00%	116.67%	95.24%
未分配利润	100.00%	142.72%	119.17%

图 5-41　资产负债表趋势分析环比分析折线图

活动二　利润表的趋势分析

Step 01 设置利润表趋势分析表格式，如图 5-42 所示。

利润表重要指标表趋势分析

单位名称：娄底丹枫制衣有限公　　日期：2014.12.31　　金额单位：人民币元

重要指标项目	分析年度			计算分析区（定基）			计算分析区（环比）		
	2012年	2013年	2014年	基年	2013年	2014年	基年	2013年	2014年
营业收入	13,458,151.00	16,000,000.00	162,504,000.00						
营业成本及税金	7,412,871.00	8,957,448.00	110,864,865.60						
期间费用	1,547,124.00	2,456,620.00	25,214,926.32						
利润总额	3,215,412.00	4,585,932.00	66,006,662.76						

利润表结构分析　资产负债表趋势分析　利润表趋势分析　财务指标分析

1. 利润表趋势分析工作表格式，单位名称、日期、金额单位的设置采用函数 CONCATENATE，从基本参数及说明表取数（见资产负债表该部分设置）。

图 5-42　利润表趋势分析工作表格式

Step 02 实现利润表指标趋势分析。

① 确定基年为 2012 年，定基与环比的计算公式如下：

定基指数=分析期数据/基期数据，如 F5=C5/B5

环比指数=分析期数据/上年数据，如 J5=D5/C5

② 确定分析年度计算公式，如图 5-43 和图 5-44 所示。

利润表重要指标表趋势分析

单位名称：娄底丹枫制衣有限公司　　日期：2014.12.31　　金额单位：人民币元

重要指标项目	分析年度			计算分析区（定基）			计算分析区（环比）		
	2012年	2013年	2014年	基年	2013年	2014年	基年	2013年	2014年
营业收入	13,458,151.00	16,000,000.00	162,504,000.00	=B5/B5	=C5/B5	=D5/B5	=B5/B5	=C5/B5	=D5/C5
营业成本及税金	7,412,871.00	8,957,448.00	110,864,865.60	=B6/B6	=C6/B6	=D6/B6	=B6/B6	=C6/B6	=D6/C6
期间费用	1,547,124.00	2,456,620.00	25,214,926.32	=B7/B7	=C7/B7	=D7/B7	=B7/B7	=C7/B7	=D7/C7
利润总额	3,215,412.00	4,585,932.00	66,006,662.76	=B8/B8	=C8/B8	=D8/B8	=B8/B8	=C8/B8	=D8/C8

图 5-43　利润表趋势分析公式设置

利润表重要指标表趋势分析

单位名称：娄底丹枫制衣有限公　　日期：2014.12.31　　金额单位：人民币元

重要指标项目	分析年度			计算分析区（定基）			计算分析区（环比）		
	2012年	2013年	2014年	基年	2013年	2014年	基年	2013年	2014年
营业收入	13,458,151.00	16,000,000.00	162,504,000.00	100.00%	118.89%	1207.48%	100.00%	118.89%	1015.65%
营业成本及税金	7,412,871.00	8,957,448.00	110,864,865.60	100.00%	120.84%	1495.57%	100.00%	120.84%	1237.68%
期间费用	1,547,124.00	2,456,620.00	25,214,926.32	100.00%	158.79%	1629.79%	100.00%	158.79%	1026.41%
利润总额	3,215,412.00	4,585,932.00	66,006,662.76	100.00%	142.62%	2052.82%	100.00%	142.62%	1439.33%

图 5-44　利润表趋势分析计算结果

③ 利润表趋势分析

根据表中的数据，可以看到娄底丹枫制衣有限公司收入连年增长，尤其是 2014 年；成本连年增长，2014 年增长幅度大，且增长速度超过收入；期间费用的增加与收入增长速度基本持平；利润 2013 年增长幅度较小，2014 年增加比较大。

任务五　报表财务比率分析

Excel 在财务报表分析中的比率分析法，是通过各种比率指标来确定经济活动程度的分析方法。采用这种方法，可以把某些条件下不可比的指标变为可比较的指标，以利于分析企业的财务状况。

Step 01 设置财务比率分析表格式，如图 5-45 所示。

图 5-45　设置财务比率分析表格式

Step 02 设置比率公式，如表 5-3 所示。

表 5-3　主要财务比率计算公式

指标名称	分子数值	分母数值	比例值
一、短期偿债能力分析			
1、流动比率	=资产负债表!C18	=资产负债表!$F$18	=C5/D5
2、速动比率	=资产负债表!C18-资产负债表!C13	=资产负债表!$F$18	=C6/D6
3、现金比率	=资产负债表!C5+资产负债表!C6	=资产负债表!$F$18	=C7/D7
二、长期偿债能力分析			
1、资产负债率	=资产负债表!F28	=资产负债表!C40	=C9/D9
2、产权比率	=资产负债表!F28	=资产负债表!F36	=C10/D10
3、已获利息倍数	=利润表!C18+124253.68	124253.68	=C11/D11
4、权益比率	=资产负债表!F36	=资产负债表!C40	=C12/D12
5、权益乘数	=资产负债表!C40	=资产负债表!F36	=C13/D13
三、运营能力分析			
1、总资产周转率	=利润表!$C$4	=(资产负债表!B40+资产负债表!C40)/2	=C15/D15
2、固定资产周转率	=利润表!$C$4	=(资产负债表!B27+资产负债表!C27)/2	=C16/D16
3、流动资产周转率	=利润表!$C$4	=(资产负债表!B18+资产负债表!C18)/2	=C17/D17

续表

指标名称	分子数值	分母数值	比例值
4、应收账款周转率	=利润表!$C$4	=(资产负债表!B10+资产负债表!C10)/2	=C18/D18
5、存货周转率	=利润表!C5	=(资产负债表!B13+资产负债表!C13)/2	=C19/D19
6、营业周期			=360/E19+360/E18
四、盈利能力分析			
1、营业利润率	=利润表!C14	=利润表!C4	=C22/D22
2、成本费用利润率	=利润表!C18	=利润表!C5+利润表!C6+利润表!C7+利润表!C8+利润表!C9	=C23/D23
3、资本金收益率	=利润表!C20	=(资产负债表!E31+资产负债表!F31+资产负债表!E32+资产负债表!F32)/2	=C24/D24
4、净资产报酬率	=利润表!C20	=(资产负债表!$E$36+资产负债表!$F$36)	=C25/D25
5、总资产报酬率	=利润表!C18+124253.68-2430.67	=(资产负债表!B40+资产负债表!C40)/2	=C26/D26
6、每股收益			
7、每股股利			
五、发展能力指标			
1、营业收入增长率	=利润表!C4-利润表!B4	=利润表!B4	=C30/D30
2、资本保值增值率	=资产负债表!F36	=资产负债表!E36	=C31/D31
3、资本积累率	=资产负债表!F36-资产负债表!E36	=资产负债表!E36	=C32/D32
4、总资产增长率	=资产负债表!C40-资产负债表!B40	=资产负债表!B40	=C33/D33
5、营业利润增长率	=利润表!C14-利润表!B14	=利润表!B14	=C34/D34

Step 03 比率分析，如表 5-4 所示。

表 5-4　财务指标计算结果　　单位：元

指标名称	指标计算公式	分子数值	分母数值	比例值
一、短期偿债能力分析				
1、流动比率	流动资产/流动负债	17,256,566.12	7,605,232.48	226.90%
2、速动比率	速动资产/流动负债	11,587,802.94	7,605,232.48	152.37%
3、现金比率	（货币资金+交易性金融资产）/流动负债	10,102,999.74	7,605,232.48	132.84%
二、长期偿债能力分析				
1、资产负债率	负债总额/资产总额	12,605,232.48	42,446,297.85	29.70%
2、产权比率	负债总额/所有者权益总额	12,605,232.48	29,841,065.37	42.24%
3、已获利息倍数	（利润总额+利息费用）/利息费用	66,130,916.44	124,253.68	53222.50%
4、权益比率	所有者权益/资产总额	29,841,065.37	42,446,297.85	70.30%

续表

指标名称	指标计算公式	分子数值	分母数值	比例值
5、权益乘数	资产总额/所有者权益	42,446,297.85	29,841,065.37	142.24%
三、运营能力分析				
1、总资产周转率	销售收入净额/平均资产总额	162,504,000.00	36,463,700.48	445.66%
2、固定资产周转率	销售收入净额/固定资产平均净值	162,504,000.00	6,664,136.60	2438.49%
3、流动资产周转率	销售收入净额/流动资产平均占用额	162,504,000.00	21,170,334.61	767.60%
4、应收账款周转率	销售收入净额/应收账款平均余额	162,504,000.00	2,821,764.82	5758.95%
5、存货周转率	销货成本/存货平均余额	110,864,865.60	6,284,694.89	1764.05%
6、营业周期	应收账款周转天数+存货周转天数			2665.88%
四、盈利能力分析				
1、营业利润率	营业利润/营业收入	67,413,110.76	162,504,000.00	41.48%
2、成本费用利润率	利润总额/（营业成本+营业税金及附加+销售费用+管理费用+财务费用）	66,006,662.76	138,473,529.12	47.67%
3、资本金收益率	净利润/（实收资本年初数+实收资本年末数+资本公积年初数+资本公积年末数）/2	7,109,064.00	20,590,651.64	34.53%
4、净资产报酬率	净利润/净资产平均值	7,109,064.00	29,141,691.74	24.39%
5、总资产报酬率	（利润总额+利息总额）/平均资产总值	7,109,064.00	36,463,700.48	19.50%
6、每股收益	净利润/普通股平均股数			
7、每股股利	普通股股利总额/年末普通股股数			
五、发展能力指标				
1、营业收入增长率	年营业收入增长额/上一年营业收入总额	146,504,000.00	16,000,000.00	915.65%
2、资本保值增值率	扣除客观因素后的本年末所有者权益总额/年初所有者权益总额	29,841,065.37	28,442,318.10	104.92%
3、资本积累率	当年所有者权益增长额/年初所有者权益	1,398,747.27	28,442,318.10	4.92%
4、总资产增长率	当年总资产增长额/年初资产总额	11,965,194.75	30,481,103.10	39.25%
5、营业利润增长率	当年营业利润增长额/上一年营业利润总额	62,827,178.76	4,585,932.00	1370.00%

根据表 5-4 的计算结果可作出以下分析：

① 从短期偿债能力指标来看，可以看到企业财务状况稳定可靠，有能力偿还到期债务。

② 从长期偿债能力指标来看，企业的所有者权益是企业负债的 2 倍多，对负债保障能力高，企业偿债能力高。

③ 从运营能力指标来看，企业的收账速度快；存货变现速度快，资产占用低；企业全部资产的使用效率较高；企业固定资产利用充分，结构合理，企业整体运营管理情况良好。

④ 从获利能力来看，企业市场竞争环境良好，销售稳步上升，成本费用与取得利润成正比，控制良好；企业自有资金的获利能力良好。

⑤ 从企业发展能力指标来看，企业收入有增长，资本保值能力强，抵抗风险能力大，企业发展前景广阔。

任务六　财务报表综合分析

了解财务指标后，便可以对企业的现状进行基本了解并对未来作出更好的决策，但单个分析一项财务指标难以全面、准确地评价企业，所以需要从偿债能力指标、运营能力指标、获利能力指标和发展能力指标来全面总结和评价企业的财务状况和经营成果。

综合指标分析方法很多，其中使用比较广泛的有杜邦财务分析体系和沃尔比重分析法。

活动一　杜邦财务分析体系

杜邦分析法利用几种主要的财务比率之间的关系来综合地分析企业的财务状况，这种分析方法最早由美国杜邦公司使用，故名杜邦分析法。杜邦分析法是一种用来评价公司赢利能力和股东权益回报水平，从财务角度评价企业绩效的一种经典方法。其基本思想是将企业净资产收益率逐级分解为多项财务比率乘积，这样有助于深入分析比较企业经营业绩。

Step 01 了解杜邦财务分析体系。

杜邦体系各主要指标的关系如图 5-46 所示。

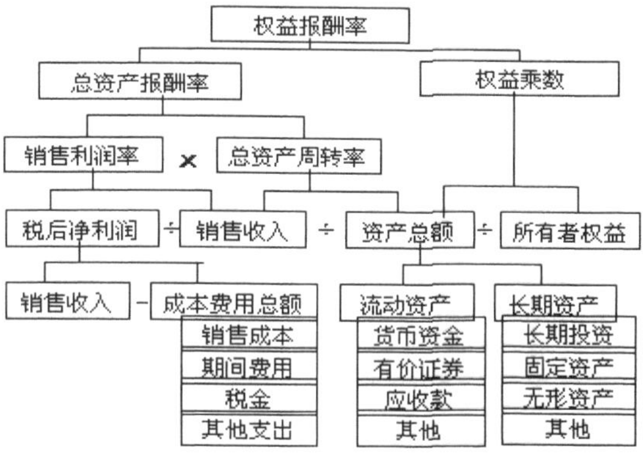

图 5-46　杜邦体系各主要指标的关系

Step 02 设置杜邦财务分析表的格式及公式，如图 5-47 所示。

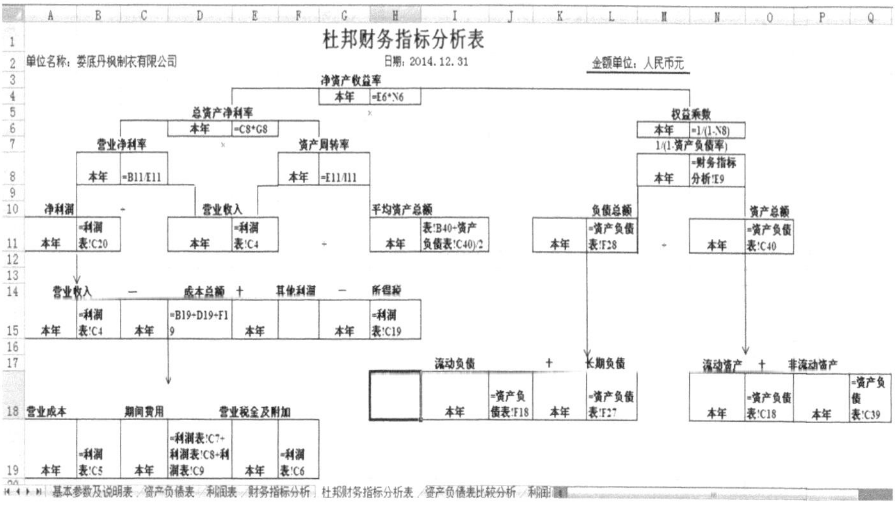

图 5-47　设置杜邦财务分析表的格式及公式

Step 03 计算杜邦分析表中的财务指标。

输入公式后，系统自动生成数据，如图 5-48 所示。

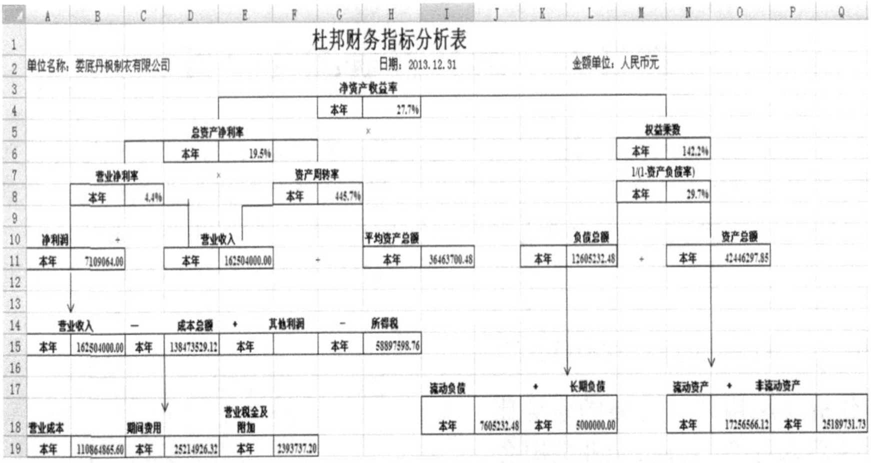

图 5-48 杜邦分析结果

按照同样的方法，可以计算出 2013 年的数据。然后比较 2013 年和 2014 年的指标数据，分析娄底丹枫制衣有限公司的经营现状与发展前景。

活动二 沃尔比重分析法

沃尔比重分析法是指将选定的财务比率用线性关系结合起来，并对选中的财务比率给定其在总评价中的比重（比重总和为 100），然后确定标准比率，并与实际比率相比较，评出每项指标的得分，最后得出总评分，从而对企业的信用水平作出评价的方法。

Step 01 了解沃尔比重分析法体系。

沃尔比重分析法评价指标及分配指标权重与标准值如表 5-5 所示。

表 5-5 为沃尔财务指标分配权重

选择的指标	分配权重	指标标准值
一、偿债能力分析	20	
1、资产负债率	12	60%
2、流动比率	8	3
二、获利能力指标	38	
1、净资产报酬率	25	25%
2、总资产报酬率	13	16%
三、运营能力指标	18	
1、总资产周转率	9	2
2、流动资产周转率	9	5
四、发展能力指标	24	
1、营业收入增长率	12	10%
2、资本积累率	12	15%
综合得分	100	100

Step 02 设置沃尔比重分析表的格式及公式，如图 5-49 所示。

沃尔财务指标分析表				
选择的指标	分配权重①	指标的标准值②	指标的实际值③	际得分④=①×③÷
一、偿债能力分析	20			
1、资产负债率	12	0.6	=财务指标分析!E9	=B4*D4/C4
2、流动比率	8	3	=财务指标分析!E5	=B5*D5/C5
二、获利能力指标	38			
1、净资产报酬率	25	0.25	=财务指标分析!E25	=B7*D7/C7
2、总资产报酬率	13	0.16	=财务指标分析!E26	=B8*D8/C8
三、运营能力指标	18			
1、总资产周转率	9	2	=财务指标分析!E15	=B10*D10/C10
2、流动资产周转率	9	5	=财务指标分析!E17	=B11*D11/C11
四、发展能力指标	24			
1、总资产增长率	12	0.1	=财务指标分析!E33	=B13*D13/C13
2、资本积累率	12	0.15	=财务指标分析!E32	=B14*D14/C14
综合得分		100		=SUM(E3:E14)

利润表趋势分析 财务指标分析 杜邦财务指标分析表 沃尔比重分析 Sheet1

图 5-49 设置沃尔比重分析表的格式及公式

Step 03 沃尔比重分析法分析。

在最终评价时，如果综合得分大于 100 分，说明企业的财务状况比较好；反之，说明企业的财务状况比同行平均水平或者本企业历史先进水平差。娄底丹枫制衣有限公司得分为 137.14，说明本企业的财务状况较好，如图 5-50 所示。

沃尔财务指标分析表				
选择的指标	分配权重①	指标的标准值②	指标的实际值③	实际得分④=①×③÷②
一、偿债能力分析	20			
1、资产负债率	12	60%	29.70%	5.94
2、流动比率	8	3	226.90%	6.05
二、获利能力指标	38			
1、净资产报酬率	25	25%	24.39%	24.39
2、总资产报酬率	13	16%	19.50%	15.84
三、运营能力指标	18			
1、总资产周转率	9	2	4.46	20.05
2、流动资产周转率	9	5	7.68	13.82
四、发展能力指标	24			
1、总资产增长率	12	10%	0.39	47.11
2、资本积累率	12	15%	4.92%	3.93
综合得分		100		137.14

图 5-50 沃尔比重分析法计算结果

模拟实战

利用项目 4 模拟实战中完成的资产负债表、利润表进行比较分析和结构分析及杜邦分析。

6
CHAPTER

项目 6 薪资管理

项目目标

本项目需完成以下薪资管理系统的表格设置：

1．工资管理框架的建立，包括编制员工信息表、编制薪资标准信息表、编制员工考勤信息表、编制固定薪资信息表。

2．工资信息输入与变动操作。

3．工资条的查询与打印。

4．LOOKUP()函数、DATEDIF()函数的基本应用。

项目导入

薪资管理，是在组织发展战略指导下，对员工薪酬支付原则、薪酬策略、薪酬水平、薪酬结构、薪酬构成进行确定、分配和调整的动态管理过程。薪资管理目标是基于人力资源战略设立的，而人力资源战略服从于企业发展战略。薪资管理包括薪酬体系设计、薪酬日常管理两个方面。薪酬体系设计主要是薪酬水平设计、薪酬结构设计和薪酬构成设计；薪酬日常管理是由薪酬预算、薪酬支付、薪酬调整组成的循环，这个循环可以称之为薪酬成本管理循环。薪酬设计是薪资管理最基础的工作，如果薪酬水平、薪酬结构、薪酬构成等方面有问题，企业薪资管理不可能取得预定目标。薪酬预算、薪酬支付、薪酬调整工作是薪酬管理的重点工作，应切实加强薪酬日常管理工作，以便实现薪酬管理的目标。薪酬体系建立起来后，应密切关注薪酬日常管理中存在的问题，及时调整公司薪酬策略，调整薪酬水平、薪酬结构以及薪酬构成以实现效率、公平、合法的薪酬目标，从而保证公司发展战略的实现。

项目思路

本项目介绍利用 Excel 2007 来进行薪资标准体系建立、工资核算、工资发放、工资统计分析和个人所得税核算等，同时对于薪资的档案和调整过程进行及时准确的反映，准确掌握薪资的变动趋势，及时发现部门、项目的薪资变化趋势。

任务一　建立薪资管理框架

活动一　建立薪资管理框架

建立薪资管理框架，如图 6-1 所示。

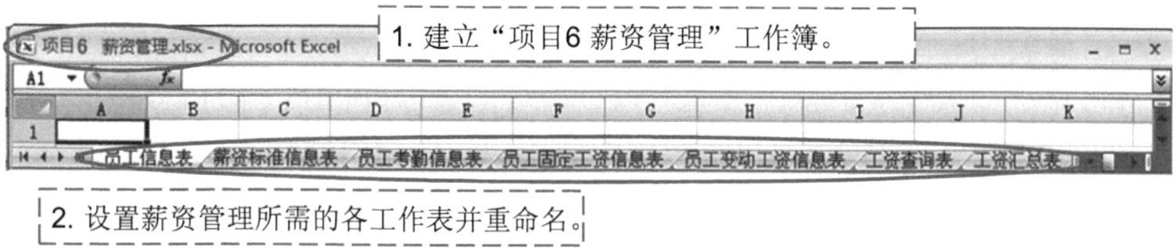

图 6-1　建立薪资管理框架

活动二　编制员工基本信息表

薪资管理系统的基本信息表为员工基本信息表。

Step 01 设置员工基本信息表样式，如图 6-2 所示。

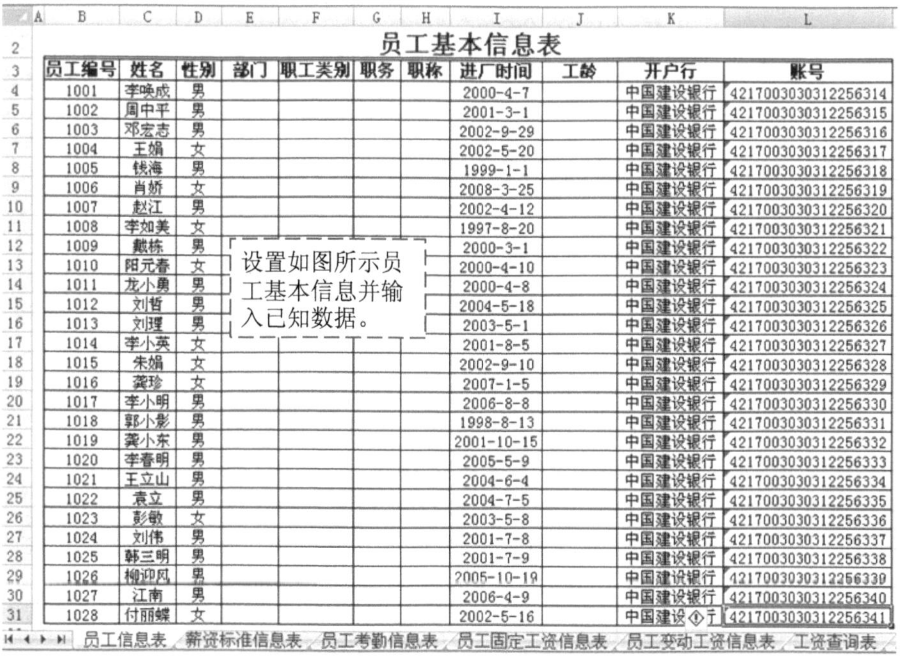

员工基本信息表

员工编号	姓名	性别	部门	职工类别	职务	职称	进厂时间	工龄	开户行	账号
1001	李唤成	男					2000-4-7		中国建设银行	4217003030312256314
1002	周中平	男					2001-3-1		中国建设银行	4217003030312256315
1003	邓宏志	男					2002-9-29		中国建设银行	4217003030312256316
1004	王娟	女					2002-5-20		中国建设银行	4217003030312256317
1005	钱海	男					1999-1-1		中国建设银行	4217003030312256318
1006	肖娇	女					2008-3-25		中国建设银行	4217003030312256319
1007	赵江	男					2002-4-12		中国建设银行	4217003030312256320
1008	李如美	女					1997-8-20		中国建设银行	4217003030312256321
1009	戴栋	男					2000-3-1		中国建设银行	4217003030312256322
1010	阳元春	女					2000-4-10		中国建设银行	4217003030312256323
1011	龙小勇	男					2000-4-8		中国建设银行	4217003030312256324
1012	刘哲	男					2004-5-18		中国建设银行	4217003030312256325
1013	刘理	男					2003-5-1		中国建设银行	4217003030312256326
1014	李小英	女					2001-8-5		中国建设银行	4217003030312256327
1015	朱娟	女					2002-9-10		中国建设银行	4217003030312256328
1016	龚珍	女					2007-1-5		中国建设银行	4217003030312256329
1017	李小明	男					2006-8-8		中国建设银行	4217003030312256330
1018	郭小影	男					1998-8-13		中国建设银行	4217003030312256331
1019	龚小东	男					2001-10-15		中国建设银行	4217003030312256332
1020	李春明	男					2005-5-9		中国建设银行	4217003030312256333
1021	王立山	男					2004-6-4		中国建设银行	4217003030312256334
1022	袁立	男					2004-7-5		中国建设银行	4217003030312256335
1023	彭敏	女					2003-5-8		中国建设银行	4217003030312256336
1024	刘伟	男					2001-7-8		中国建设银行	4217003030312256337
1025	韩三明	男					2001-7-9		中国建设银行	4217003030312256338
1026	柳迎风	男					2005-10-19		中国建设银行	4217003030312256339
1027	江南	男					2006-4-9		中国建设银行	4217003030312256340
1028	付丽蝶	女					2002-5-16		中国建设[illegible]行	4217003030312256341

图 6-2　员工基本信息表样式

Step 02 输入员工信息表信息。

① 设置性别、部门、职工类别、职称、职务的下拉框选项，如图 6-3 所示。

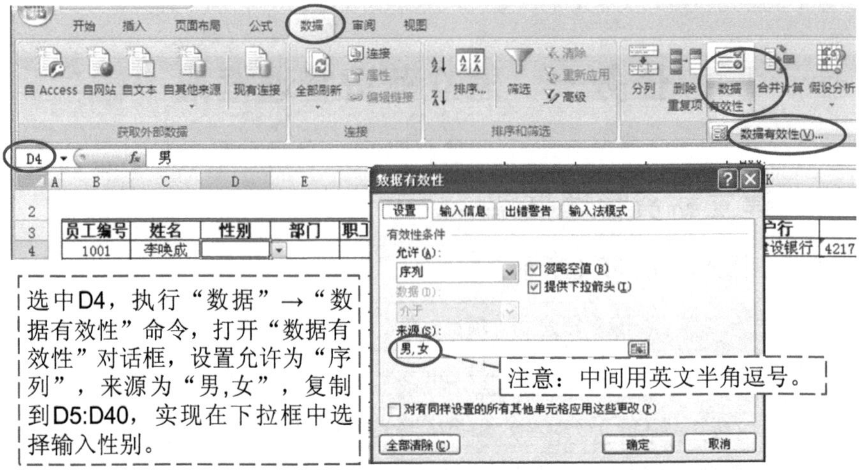

图 6-3　设置性别有效性输入

部门、职工类别、职称、职务的下拉框输入设置内容如表 6-1 所示，设置方法如图 6-3 所示。

表 6-1　设置有效性的单元格及来源

单元格	允许	来　源
E4:E40	序列	财务部,仓管部,销售部,采购部,质检部,办公室,生产车间
F4:F40	序列	管理人员,销售人员,采购人员,质检人员,生产人员
G4:G40	序列	主管,职员
H4:H40	序列	高级经济师,高级工程师,经济师,会计师,工程师,助理工程师,助理会计师

函数与公式

DATEDIF()函数

含义：用于计算两个日期之间的天数、月数或年数。

语法：DATEDIF(start_date,end_date,unit)。

解释：

start_date 为一个日期，代表时间段内的第一个日期或起始日期。

end_date 为一个日期，代表时间段内的最后一个日期或结束日期。

unit 为所需信息的返回类型，如表 6-2 所示。

日期有很多输入方法：带引号的文本串（如“2001/1/30”）、系列数（如果使用 1900 日期系列，则 26921 代表 2001 年 1 月 30 日）或者其他的公式或函数结果（如 TODAY()=2013-12-2）。结束日期必须大于起始日期。

表 6-2　unit的返回类型

unit	返回结果
"Y"	时间段中的整年数
"M"	时间段中的整月数
"D"	时间段中的天数

续表

unit	返回结果
"MD"	start_date 与 end_date 日期中天数的差。忽略日期中的月和年
"YM"	start_date 与 end_date 日期中月数的差。忽略日期中的日和年
"YD"	start_date 与 end_date 日期中天数的差。忽略日期中的年

【例 6-1】DATEDIF 函数案例分析如图 6-4 所示。

公式	说明	结果
=DATEDIF("2001/1/1","2013/12/5","Y")	2001/1/1到2013/12/5时间段镇南关的整年的年数为12。	12

图 6-4　DATEDIF 函数案例分析

② 读取员工基本信息表数据，如图 6-5 所示。

员工基本信息表

员工编号	姓名	性别	部门	职工类别	职务	职称	进厂时间	工龄	开户行	账号
1001	李唤成	男	财务部	管理人员	主管	高级经济师	2000-4-7	14	中国建设银行	4217003030312256314
1002	周中平	男	财务部	管理人员	职员	高级经济师	2001-3-1	13	中国建设银行	4217003030312256315
1003	邓宏志	男	财务部	管理人员	职员	经济师	2002-9-29	12	中国建设银行	4217003030312256316
1004	王娟	女	财务部	管理人员	职员	会计师	2002-5-20	12	中国建设银行	4217003030312256317
1005	钱海	男	仓管部	管理人员	主管	高级工程师	1999-1-1	15	中国建设银行	4217003030312256318
1006	肖娇	女	仓管部	管理人员	职员	助理工程师	2008-3-25	6	中国建设银行	4217003030312256319
1007	赵江	男	仓管部	管理人员	职员	工程师	2002-4-12	12	中国建设银行	4217003030312256320
1008	李如美	女	销售部	销售人员	主管	高级工程师	1997-8-20	17	中国建设银行	4217003030312256321
1009	戴栋	男	销售部	销售人员	职员	会计师	2000-3-1	14	中国建设银行	4217003030312256322
1010	阳元春	女	销售部	销售人员	职员	会计师	2000-4-10	14	中国建设银行	4217003030312256323
1011	龙小勇	男	采购部	采购人员	主管	会计师	2000-4-8	14	中国建设银行	4217003030312256324
1012	刘哲	男	采购部	采购人员	职员	助理会计师	2004-5-18	10	中国建设银行	4217003030312256325
1013	刘理	男	采购部	采购人员	职员	助理会计师	2003-5-1	11	中国建设银行	4217003030312256326
1014	李小英	女	质检部	质检人员	职员	工程师	2001-8-5	13	中国建设银行	4217003030312256327
1015	朱娟	女	质检部	质检人员	职员	工程师	2002-9-10	12	中国建设银行	4217003030312256328
1016	龚珍	女	办公室	管理人员	职员	助理工程师	2007-1-5	7	中国建设银行	4217003030312256329
1017	李小明	男	办公室	管理人员	职员	助理工程师	2006-8-8	8	中国建设银行	4217003030312256330
1018	郭小影	男	生产车间	生产人员	主管	高级工程师	1998-8-13	16	中国建设银行	4217003030312256331
1019	龚小东	男	生产车间	生产人员	职员	工程师	2001-10-15	13	中国建设银行	4217003030312256332
1020	李春明	男	生产车间	生产人员	职员	助理工程师	2005-5-9	9	中国建设银行	4217003030312256333
1021	王立山	男	生产车间	生产人员	职员	助理工程师	2004-6-4	10	中国建设银行	4217003030312256334
1022	袁立	男	生产车间	生产人员	职员	助理工程师	2004-7-5	10	中国建设银行	4217003030312256335
1023	彭敏	女	生产车间	生产人员	职员	助理工程师	2003-5-8	11	中国建设银行	4217003030312256336
1024	刘伟	男	生产车间	生产人员	职员	工程师	2001-7-8	13	中国建设银行	4217003030312256337
1025	韩三明	男	生产车间	生产人员	职员	工程师	2001-7-9	13	中国建设银行	4217003030312256338
1026	柳迎风	男	生产车间	生产人员	职员	助理工程师	2005-10-19	9	中国建设银行	4217003030312256339
1027	江南	男	生产车间	生产人员	职员	助理工程师	2006-4-9	8	中国建设银行	4217003030312256340
1028	付丽蝶	女	生产车间	生产人员	职员	工程师	2002-5-16	12	中国建设银行	4217003030312256341

图 6-5　员工基本信息表数据

活动三　编制薪资标准信息表

如果要准确地进行工资的计算统计，就必须先创建薪资标准信息表。根据人事部和财务部制定相关制度，按规章发放对应薪酬。参考人事部门关于加班工资和税务部门关于工资扣税的标准，制定节假日加班补助计算表和个人工资所得税计算表。对于日常请假和出勤，按公司规定给予相应的奖励和惩罚标准。此表中的数据不需要公式计算。数据和效果如图 6-6 所示。

薪酬标准信息表

奖金计算标准	
出勤情况	每天加/扣款（元）
全勤	200
病假	-15
事假	-30
旷工	-60

职务	职务津贴
总经理	2000
主管	1500
职员	1000

工龄（年）	工龄工资
1	100

职工类别	类别工资
管理人员	800
销售人员	900
生产人员	800
采购人员	600
质检人员	600

节假日加班补助（元/天）	
日常假日加班	200
法定假期加班	400

个人工资所得税计算表			
起征点	3500		
应税所得额	=应发合计-起征点		
序号	应纳税工薪范围	上限范围	扣税百分率
1	不超过1500的部分	0	3%
2	超过1500元至4500元部分	1500	10%
3	超过4500元至9000元部分	4500	20%
4	超过9000元至35000元部分	9000	25%
5	超过35000元至55000元部分	35000	30%
6	超过55000元至80000元部分	55000	35%
7	超过80000部分	80000	45%

职称	职称津贴
高级经济师	1000
高级工程师	1000
经济师	800
会计师	800
工程师	800
助理会计师	500
助理工程师	500
助理经济师	500

员工信息表 / 薪资标准信息表 / 员工考勤信息表 / 员工固定工资信息表 / 员工变动工资信息表 / 工资查询表

设置如图所示薪资标准信息表并输入数据。

图 6-6　薪资标准信息表样式和数据

活动四　编制员工考勤信息表

考勤是对员工当月在岗情况进行加班、病假、事假、旷工天数的统计，考勤信息一般由企业内各部门记录，依据各部门上报人力资源部门核实汇总后，再交给财务部门作为核算员工薪酬的依据。因此，表格内容需要涉及员工姓名、部门、加班天数、请假天数等信息。

Step 01 设置员工考勤信息表样式，如图 6-7 所示。

****年4月员工考勤信息表

职工编号	姓名	部门	请假天数统计			加班	
			病假	事假	旷工	法定假期	日常假日
1001							
1002							
1003							
1004							
1005							
1006							
1007							
1008							
1009							
1010							
1011							
1012							
1013							
1014							
1015							
1016							
1017							
1018							
1019							
1020							
1021							
1022							
1023							
1024							
1025							
1026							
1027							
1028							

员工信息表 / 薪资标准信息表 / 员工考勤信息表 / 员工固定工资信息表 / 员

设置如图所示****年4月员工考勤信息表并输入已知数据。

图 6-7　员工考勤信息表样式

Step 02 输入员工考勤信息表数据。

① 设置姓名、部门取数公式，如图 6-8 和图 6-9 所示。

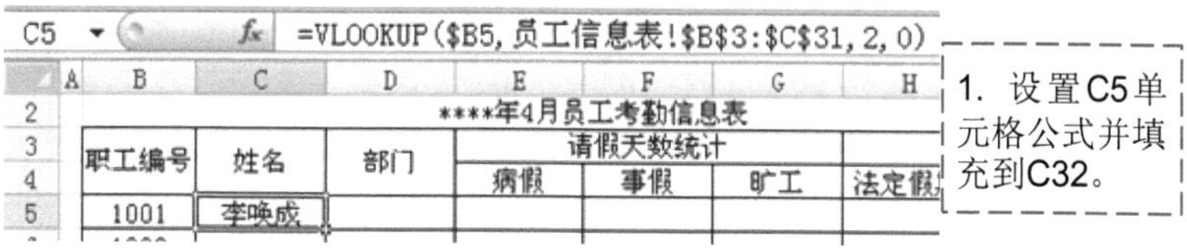

图 6-8　设置姓名取数公式

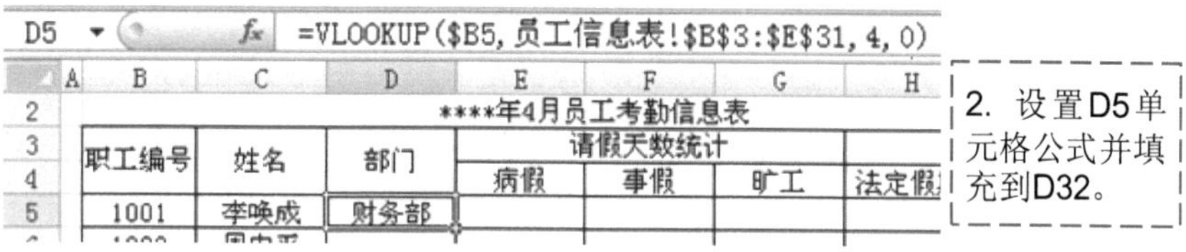

图 6-9　设置部门取数公式

② 读取员工基本数据并输入考勤数据，如图 6-10 所示。

****年4月员工考勤信息表

职工编号	姓名	部门	请假天数统计			加班	
			病假	事假	旷工	法定假期	日常假日
1001	李唤成	财务部	1			1	
1002	周中平	财务部		1			
1003	邓宏志	财务部					1
1004	王娟	财务部					2
1005	钱海	仓管部					
1006	肖娇	仓管部		1			
1007	赵江	仓管部				1	
1008	李如美	销售部				1	
1009	戴栋	销售部	1			1	
1010	阳元春	销售部				1	
1011	龙小勇	采购部		1			1
1012	刘哲	采购部					1
1013	刘理	采购部				1	
1014	李小英	质检部					1
1015	朱娟	质检部				1	
1016	龚珍	办公室					
1017	李小明	办公室					
1018	郭小影	生产车间					2
1019	龚小东	生产车间	1				2
1020	李春明	生产车间					2
1021	王立山	生产车间	1	1		1	1
1022	袁立	生产车间				1	1
1023	彭敏	生产车间				1	1
1024	刘伟	生产车间	1			1	1
1025	韩三明	生产车间				1	1
1026	柳迎风	生产车间					2
1027	江南	生产车间	1				2
1028	付丽蝶	生产车间				1	1

图 6-10　员工考勤信息表数据

活动五　编制固定工资信息表

员工的固定工资是根据员工的基本信息制定的，包含岗位津贴、职务津贴、职称津贴和工龄工资四大项。

Step 01 设置员工固定工资信息表样式，如图 6-11 所示。

图 6-11 员工固定工资信息表样式

Step 02 输入员工固定工资信息表数据。

① 设置姓名取数公式，如图 6-12 所示。

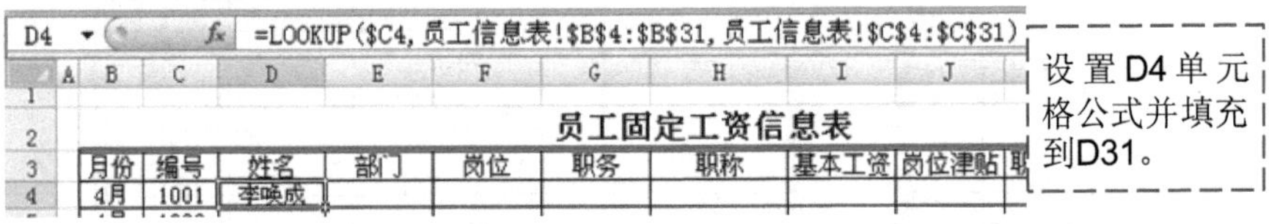

图 6-12 设置姓名取数公式

函数与公式

LOOKUP()函数

含义：用来返回向量或数组中的数值。

语法：LOOKUP(lookup_value,lookup_vector,result_vector)。

解释：

lookup_value 为需要查找的数值，可以为数字、文本、逻辑值或包含数值的名称或引用。

lookup_vector 包含一行或一列的区域，lookup_vector 的数值可以为文本、数字或逻辑值。

result_vector 只包含一行或一列的区域，其大小必须与 lookup_vector 相同。文本不区分大小写。如果函数 LOOKUP()找不到 lookup_value，则查找 array 中小于或等于 lookup_value 的最大数值。如果 lookup_value 小于 array 中的最小值，函数 LOOKUP()返回错误值#N/A。

【例 6-2】LOOKUP()函数案例分析，如图 6-13 所示。

1	10	20			
2	11	21			
3	12	22			
4	13	23			
5	14	24			
6	15	25			
7	16	26			
8	17	27			
	公式		说明		结果
=LOOKUP(3,A1:A8,B1:B8)			在A列中查找3，返回同一行B列的值（12）		12

图 6-13　LOOKUP()函数案例分析

② 设置其他取数公式，如表 6-3 所示。

表 6-3　设置员工固定工资信息表公式

单元格	公　式
E4	=VLOOKUP($C4,员工信息表!$B$3:$E$31,4,0)
F4	=VLOOKUP($C4,员工信息表!$B$3:$F$31,5,0)
G4	=VLOOKUP($C4,员工信息表!$B$3:$G$31,6,0)
H4	=LOOKUP($C4,员工信息表!B4:B31,员工信息表!H4:H31)
I4	=SUM(J4:M4)
J4	=VLOOKUP($F4,薪资标准信息表!$B$20:$C$24,2,0)
K4	=VLOOKUP($G4,薪资标准信息表!$B$12:$C$14,2,0)
L4	=VLOOKUP($H4,薪资标准信息表!$E$17:$F$24,2,0)
M4	=VLOOKUP($C4,员工信息表!$B$4:$J$31,9,0)*薪资标准信息表!$C$17

利用拖曳的方式将公式复制至对应列的单元格区域的第 40 行单元格中，完成对应列单元格内容的填写。

Step 03 读取员工固定工资信息表数据，如图 6-14 所示。

员工固定工资信息表

月份	编号	姓名	部门	岗位	职务	职称	基本工资	岗位津贴	职务津贴	职称津贴	工龄工资
4月	1001	李唤成	财务部	管理人员	主管	高级经济师	4700	800	1500	1000	1400
4月	1002	周中平	财务部	管理人员	职员	高级经济师	4100	800	1000	1000	1300
4月	1003	邓宏志	财务部	管理人员	职员	经济师	3800	800	1000	800	1200
4月	1004	王娟	财务部	管理人员	职员	会计师	3800	800	1000	800	1200
4月	1005	钱海	仓管部	管理人员	主管	高级工程师	4800	800	1500	1000	1500
4月	1006	肖娇	仓管部	管理人员	职员	助理工程师	2900	800	1000	500	600
4月	1007	赵江	仓管部	管理人员	职员	工程师	3800	800	1000	800	1200
4月	1008	李如美	销售部	销售人员	主管	高级工程师	5100	900	1500	1000	1700
4月	1009	戴栋	销售部	销售人员	职员	会计师	4100	900	1000	800	1400
4月	1010	阳元春	销售部	销售人员	职员	会计师	4100	900	1000	800	1400
4月	1011	龙小勇	采购部	采购人员	主管	会计师	4300	600	1500	800	1400
4月	1012	刘哲	采购部	采购人员	职员	助理会计师	3100	600	1000	500	1000
4月	1013	刘理	采购部	采购人员	职员	助理会计师	3200	600	1000	500	1100
4月	1014	李小英	质检部	质检人员	职员	工程师	3700	600	1000	800	1300
4月	1015	朱娟	质检部	质检人员	职员	工程师	3600	600	1000	800	1200
4月	1016	龚珍	办公室	管理人员	职员	助理工程师	3000	800	1000	500	700
4月	1017	李小明	办公室	管理人员	职员	助理工程师	3100	800	1000	500	800
4月	1018	郭小影	生产车间	生产人员	主管	高级工程师	4900	800	1500	1000	1600
4月	1019	龚小东	生产车间	生产人员	职员	工程师	3900	800	1000	800	1300
4月	1020	李春明	生产车间	生产人员	职员	助理工程师	3200	800	1000	500	900
4月	1021	王立山	生产车间	生产人员	职员	助理工程师	3300	800	1000	600	1000
4月	1022	袁立	生产车间	生产人员	职员	助理工程师	3300	800	1000	500	1000
4月	1023	彭敏	生产车间	生产人员	职员	助理工程师	3400	800	1000	500	1100
4月	1024	刘伟	生产车间	生产人员	职员	工程师	3900	800	1000	800	1300
4月	1025	韩三明	生产车间	生产人员	职员	工程师	3900	800	1000	800	1300
4月	1026	柳迎风	生产车间	生产人员	职员	助理工程师	3200	800	1000	500	900
4月	1027	江南	生产车间	生产人员	职员	助理工程师	3100	800	1000	500	800
4月	1028	付丽蝶	生产车间	生产人员	职员	工程师	3800	800	1000	800	1200

图 6-14　员工固定工资信息表数据

任务二　工资信息输入与变动

活动一　编制变动工资信息表

固定工资项目的数据，一般是由人力资源管理部门来提供的。其变动也是由人力资源管理部门根据公司的有关规定来调整。

相比之下，变动工资项目则是由各部门提供考勤、考核记录，人力资源管理部门核实后，再由财务部门根据有关规定进行计算。如奖金是根据各部门的记录和标准计算，加班费根据加班记录和加班费标准计算，扣款是根据考勤记录和扣款标准计算等。员工的变动工资是根据员工部门提供的出勤情况和人力资源部门有关规定计算。

Step 01 设置员工变动工资信息表样式，如图 6-15 所示。

图 6-15　员工变动工资信息表样式

Step 02 输入员工变动工资信息表数据。

① 设置姓名取数公式，如图 6-16 所示。

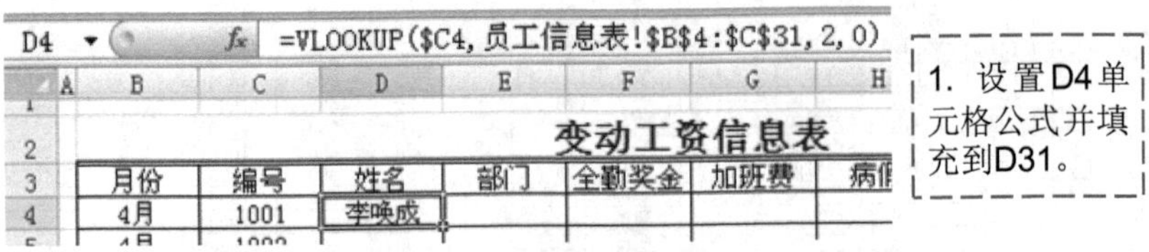

图 6-16　设置姓名取数公式

② 设置其他取数公式，如表 6-4 所示。

表 6-4 设置员工变动工资信息表公式

单元格	公 式
E4	=VLOOKUP($C4,员工信息表!$B$4:$E$31,4,0)
F4	=IF(($H4=0)*($I4=0)*($J4=0),薪资标准信息表!$C$6,0)
G4	=VLOOKUP($C4,员工考勤信息表!$B$5:$I$32,7,0)*薪资标准信息表!$C$28+VLOOKUP($C4,员工考勤信息表!$B$5:$I$32,8,0)
H4	=VLOOKUP($C4,员工考勤信息表!$B$5:$G$32,4,0)*薪资标准信息表!$C$7
I4	=VLOOKUP($C4,员工考勤信息表!$B$5:$G$32,5,0)*薪资标准信息表!$C$8
J4	=VLOOKUP($C4,员工考勤信息表!$B$5:$G$32,6,0)*薪资标准信息表!$C$9

利用拖曳的方式将公式复制至对应列的单元格区域的第 40 行单元格中，完成对应列单元格内容的填写。

③ 输入部门奖金。

在 K 列，根据各部门的奖励制度分别对每位员工发放相应的奖金，如图 6-17 所示。

④ 读取员工变动工资信息表数据，如图 6-18 所示。

变动工资信息表

	E	F	G	H	I	J	K
3	部门	全勤奖金	加班费	病假	事假	旷工	部门奖金
4	财务部	0	400	-15	0	0	800
5	财务部	0	0	0	-30	0	600
6	财务部	200	1	0	0	0	600
7	财务部	200	2	0	0	0	550
8	仓管部	200	0	0	0	0	600
9	仓管部	0	0	0	-30	0	500
10	仓管部	200	400	0	0	0	500
11	销售部	200	400	0	0	0	700
12	销售部	0	400	-15	0	0	500
13	销售部	200	400	0	0	0	500
14	采购部	0	1	0	-30	0	800
15	采购部	200	1	0	0	0	600
16	采购部	200	400	0	0	0	600
17	质检部	200	1	0	0	0	600
18	质检部	200	400	0	0	0	600
19	办公室	200	0	0	0	0	500
20	办公室	200	0	0	0	0	500
21	生产车间	200	2	0	0	0	1000
22	生产车间	0	2	-15	0	0	800
23	生产车间	200	2	0	0	0	800
24	生产车间	0	401	-15	-30	0	600
25	生产车间	200	401	0	0	0	600
26	生产车间	200	401	0	0	0	550
27	生产车间	0	401	-15	0	0	600
28	生产车间	200	401	0	0	0	500
29	生产车间	200	2	0	0	0	500
30	生产车间	0	2	-15	0	0	500
31	生产车间	200	401	0	0	0	600

图 6-17 输入部门奖金

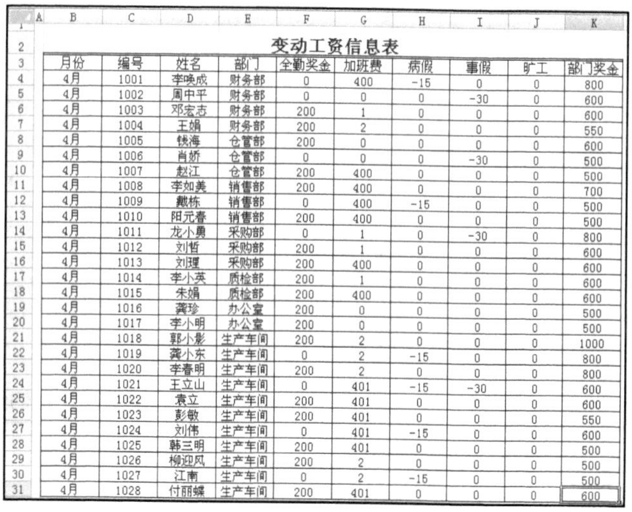

变动工资信息表

	B	C	D	E	F	G	H	I	J	K
3	月份	编号	姓名	部门	全勤奖金	加班费	病假	事假	旷工	部门奖金
4	4月	1001	李唤成	财务部	0	400	-15	0	0	800
5	4月	1002	周中平	财务部	0	0	0	-30	0	600
6	4月	1003	邓宏志	财务部	200	1	0	0	0	600
7	4月	1004	王娟	财务部	200	2	0	0	0	550
8	4月	1005	钱海	仓管部	200	0	0	0	0	600
9	4月	1006	肖娇	仓管部	0	0	0	-30	0	500
10	4月	1007	赵江	仓管部	200	400	0	0	0	500
11	4月	1008	李如美	销售部	200	400	0	0	0	700
12	4月	1009	戴栋	销售部	0	400	-15	0	0	500
13	4月	1010	阳元春	销售部	200	400	0	0	0	500
14	4月	1011	龙小勇	采购部	0	1	0	-30	0	800
15	4月	1012	刘哲	采购部	200	1	0	0	0	600
16	4月	1013	刘理	采购部	200	400	0	0	0	600
17	4月	1014	李小英	质检部	200	1	0	0	0	600
18	4月	1015	朱娟	质检部	200	400	0	0	0	600
19	4月	1016	龚珍	办公室	200	0	0	0	0	500
20	4月	1017	李小明	办公室	200	0	0	0	0	500
21	4月	1018	郭小影	生产车间	200	2	0	0	0	1000
22	4月	1019	龚小东	生产车间	0	2	-15	0	0	800
23	4月	1020	李春明	生产车间	200	2	0	0	0	800
24	4月	1021	王立山	生产车间	0	401	-15	-30	0	600
25	4月	1022	袁立	生产车间	200	401	0	0	0	600
26	4月	1023	彭敏	生产车间	200	401	0	0	0	550
27	4月	1024	刘伟	生产车间	0	401	-15	0	0	600
28	4月	1025	韩三明	生产车间	200	401	0	0	0	500
29	4月	1026	柳迎风	生产车间	200	2	0	0	0	500
30	4月	1027	江南	生产车间	0	2	-15	0	0	500
31	4月	1028	付丽蝶	生产车间	200	401	0	0	0	600

图 6-18 员工变动工资信息表数据

活动二 编制工资汇总表

根据编号、姓名和部门信息，财务部门将之前制定好的固定工资信息表和变动工资信息表里的数据汇总，便于计算总金额。

Step 01 设置工资汇总表样式，如图 6-19 所示。

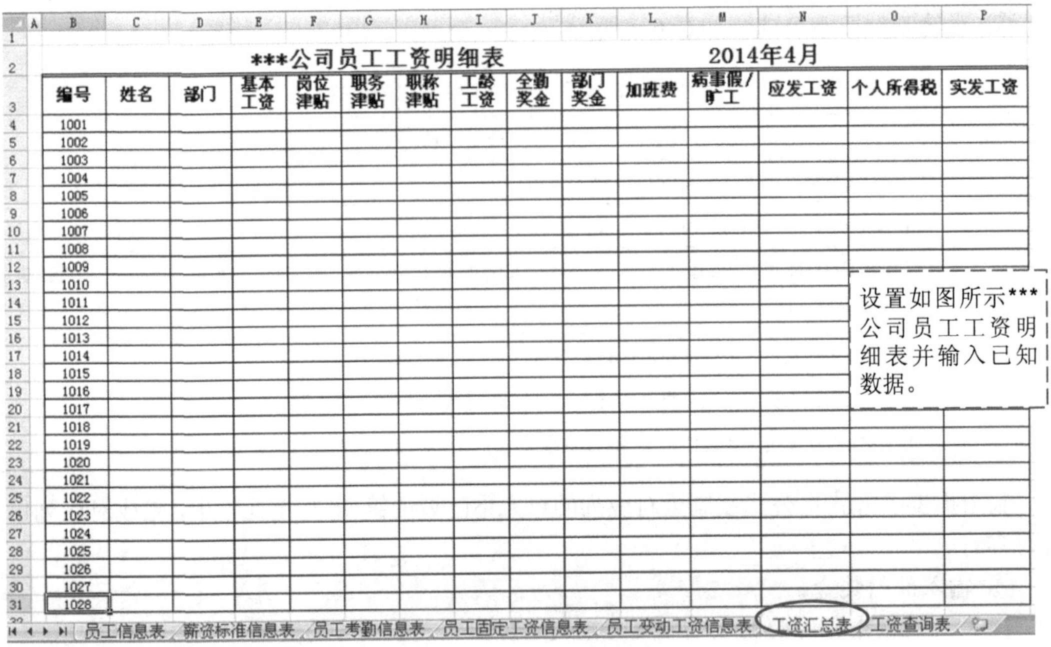

图 6-19　工资汇总表样式

Step 02 输入工资汇总表数据。

① 设置姓名取数公式，如图 6-20 所示。

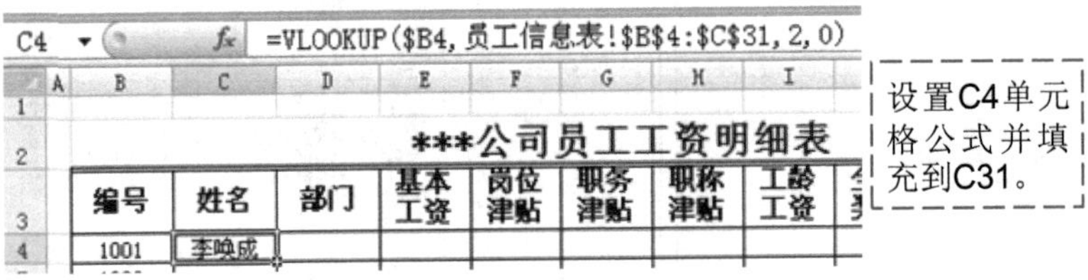

图 6-20　设置员工工资明细表公式

② 设置其他取数公式，如表 6-5 所示。

表 6-5　设置员工工资明细表公式

单元格	公　式
D4	=VLOOKUP($B4,员工信息表!$B$4:$E$31,4,0)
E4	=VLOOKUP($B4,员工固定工资信息表!$C$4:$M$31,7,0)
F4	=VLOOKUP($B4,员工固定工资信息表!$C$4:$M$31,8,0)
G4	=VLOOKUP($B4,员工固定工资信息表!$C$4:$M$31,9,0)
H4	=VLOOKUP($B4,员工固定工资信息表!$C$4:$M$31,10,0)
I4	=VLOOKUP($B4,员工固定工资信息表!$C$4:$M$31,11,0)
J4	=VLOOKUP($B4,员工变动工资信息表!$C$4:$K$31,4,0)
K4	=VLOOKUP($B4,员工变动工资信息表!$C$4:$K$31,9,0)
L4	=VLOOKUP($B4,员工变动工资信息表!$C$4:$K$31,5,0)
M4	=VLOOKUP($B4,员工变动工资信息表!$C$4:$K$31,6,0)+VLOOKUP($B4,员工变动工资信息表!$C$4:$K$31,7,0)+VLOOKUP($B4,员工变动工资信息表!$C$4:$K$31,8,0)

续表

单元格	公　　式
N4	=E4+J4+K4+L4+M4
O4	=IF((N4-3500)<1500,(N4-3500)*3%,IF((N4-3500)<4500,(N4-3500)*10%,IF((N4-3500)<9000,(N4-3500)*20%,IF((N4-3500)<35000,(N4-3500)*25%,IF((N4-3500)<55000,(N4-3500)*30%,IF((N4-3500)<80000,(N4-3500)*35%,(N4-3500)*45%))))))
P4	=N4-O4

利用拖曳的方式将公式复制至对应列的单元格区域的第 40 行单元格中，完成对应列单元格内容的填写。

③ 读取员工工资明细表数据，如图 6-21 所示。

***公司员工工资明细表　　2014年4月

编号	姓名	部门	基本工资	岗位津贴	职务津贴	职称津贴	工龄工资	全勤奖金	部门奖金	加班费	病事假/旷工	应发工资	个人所得税	实发工资
1001	李唤成	财务部	4700	800	1500	1000	1400	0	800	400	-15	5885	238.5	5646.5
1002	周中平	财务部	4100	800	1000	1000	1300	0	600	0	-30	4670	35.1	4634.9
1003	邓宏志	财务部	3800	800	1000	800	1200	200	600	1	0	4601	33.03	4567.97
1004	王娟	财务部	3800	800	1000	800	1200	200	550	2	0	4552	31.56	4520.44
1005	钱海	仓管部	4800	800	1500	1000	1500	200	600	0	0	5600	210	5390
1006	肖娇	仓管部	2900	800	1000	500	600	0	500	0	-30	3370	-3.9	3373.9
1007	赵江	仓管部	3800	800	1000	800	1200	200	500	400	0	4900	42	4858
1008	李如美	销售部	5100	900	1500	1000	1700	200	700	400	0	6400	290	6110
1009	戴栋	销售部	4100	900	1000	800	1400	0	500	400	-15	4985	44.55	4940.45
1010	阳元春	销售部	4100	900	1000	800	1400	200	500	400	0	5200	170	5030
1011	龙小勇	采购部	4300	600	1500	800	1400	0	800	1	-30	5071	157.1	4913.9
1012	刘哲	采购部	3100	600	1000	500	1000	200	600	1	0	3901	12.03	3888.97
1013	刘理	采购部	3200	600	1000	500	1100	200	600	400	0	4400	27	4373
1014	李小英	质检部	3700	600	1000	800	1300	200	600	1	0	4501	30.03	4470.97
1015	朱娟	质检部	3600	600	1000	800	1200	200	600	400	0	4800	39	4761
1016	龚珍	办公室	3000	800	1000	500	700	200	500	0	0	3700	6	3694
1017	李小明	办公室	3100	800	1000	500	800	200	500	0	0	3800	9	3791
1018	郭小影	生产车间	4900	800	1500	1000	1600	200	1000	2	0	6102	260.2	5841.8
1019	龚小东	生产车间	3900	800	1000	800	1300	0	800	2	-15	4687	35.61	4651.39
1020	李春明	生产车间	3200	800	1000	500	900	200	800	2	0	4202	21.06	4180.94
1021	王立山	生产车间	3300	800	1000	500	1000	0	600	401	-45	4256	22.68	4233.32
1022	袁立	生产车间	3300	800	1000	500	1000	200	600	401	0	4501	30.03	4470.97
1023	彭敏	生产车间	3400	800	1000	500	1100	200	550	401	0	4551	31.53	4519.47
1024	刘伟	生产车间	3900	800	1000	800	1300	0	600	401	-15	4886	41.58	4844.42
1025	韩三明	生产车间	3900	800	1000	800	1300	200	500	401	0	5001	150.1	4850.9
1026	柳迎风	生产车间	3200	800	1000	500	900	200	500	2	0	3902	12.06	3889.94
1027	江南	生产车间	3100	800	1000	500	800	0	500	2	-15	3587	2.61	3584.39
1028	付丽蝶	生产车间	3800	800	1000	800	1200	200	600	401	0	5001	150.1	4850.9

图 6-21　员工工资明细表数据

任务三　工资条查询与打印

活动一　设置工资查询表样式

公司员工需要查看个人的工资明细，因此，以员工编号为查询条件，查询的结果均来自工资汇总表中的工资明细情况，如图 6-22 所示。

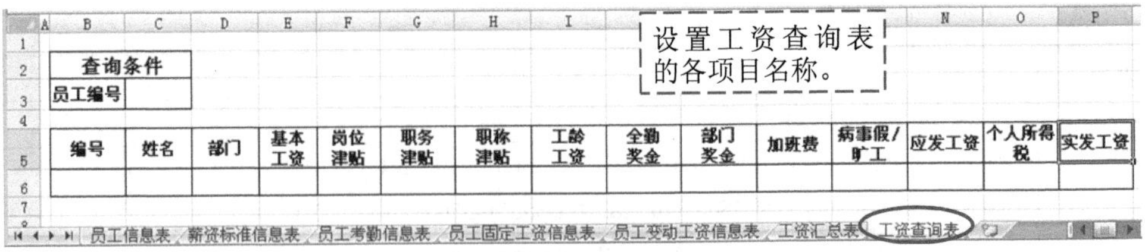

图 6-22　工资查询表样式

活动二　工资查询表公式设置

Step 01 设置 C3 单元格的文本长度，如图 6-23 所示。

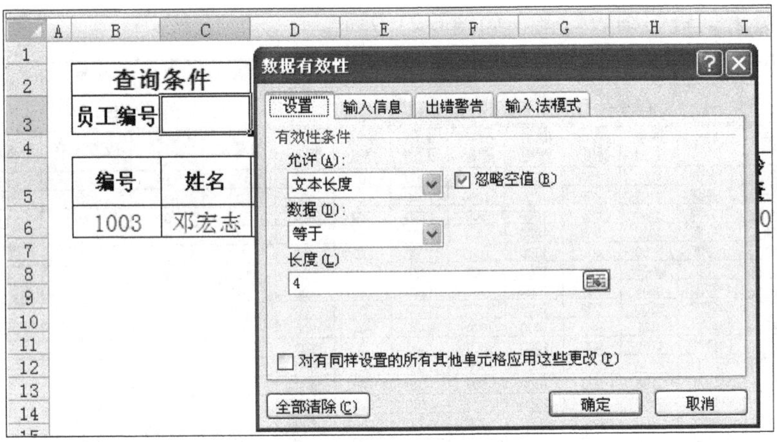

图 6-23　设置 C3 单元格的数据有效性

Step 02 设置查询结果显示区公式。

设置查询结果显示区公式，即第 6 行的相应公式，各单元格公式如表 6-6 所示。

表 6-6　查询结果显示区公式

单元格	公　　式
B6	=IF((C3=""),"",C3)
C6	=IF($B6="","",VLOOKUP($B6,工资汇总表!$B$4:$P$31,2,0))
D6	=IF($B6="","",VLOOKUP($B6,工资汇总表!$B$4:$P$31,3,0))
E6	=IF($B6="","",VLOOKUP($B6,工资汇总表!$B$4:$P$31,4,0))
F6	=IF($B6="","",VLOOKUP($B6,工资汇总表!$B$4:$P$31,5,0))
G6	=IF($B6="","",VLOOKUP($B6,工资汇总表!$B$4:$P$31,6,0))
H6	=IF($B6="","",VLOOKUP($B6,工资汇总表!$B$4:$P$31,7,0))
I6	=IF($B6="","",VLOOKUP($A4,工资汇总表!$B$4:$P$31,8,0))
J6	=IF($B6="","",VLOOKUP($A4,工资汇总表!$B$4:$P$31,9,0))
K6	=IF($B6="","",VLOOKUP($A4,工资汇总表!$B$4:$P$31,10,0))
L6	=IF($B6="","",VLOOKUP($A4,工资汇总表!$B$4:$P$31,11,0))
M6	=IF($B6="","",VLOOKUP($A4,工资汇总表!$B$4:$P$31,12,0))

续表

单元格	公　式
N6	=IF($B6="","",VLOOKUP($A4,工资汇总表!$B$4:$P$31,13,0))
O6	=IF($B6="","",VLOOKUP($A4,工资汇总表!$B$4:$P$31,14,0))
P6	=IF($B6="","",VLOOKUP($B6,工资汇总表!$B$4:$P$31,15,0))

Step 03 查询举例

以员工编号 1003 为例，数据显示如图 6-24 所示。

查询条件	
员工编号	1003

编号	姓名	部门	基本工资	岗位津贴	职务津贴	职称津贴	工龄工资	全勤奖金	部门奖金	加班费	病事假/旷工	应发工资	个人所得税	实发工资
1003	邓宏志	财务部	3800	800	1000	800	1200	200	600	1	0	4601	33.03	4568

图 6-24　员工编号为 1003 的工资查询数据显示

活动三　工资条打印

工作表完成后，如果需要打印则需进行页面设置，通过页面设置可以设置纸张的大小、打印方向、左右上下页边距、页脚页眉、工作表区域及标题等，操作方法参考项目 1 的图 1-29。

模拟实战

1．按展示效果完成薪资管理系统中各表的格式设置和内容输入；

2．利用数据透视表完成各部门的工资查询，并创建数据透视图建立比较模型，效果如图 6-25 所示。

行标签	求和项:实发工资
办公室	6709
财务部	18521.9
采购部	12604.9
仓管部	12395.9
生产车间	48928.2
销售部	13546.45
质检部	9134
总计	121840.35

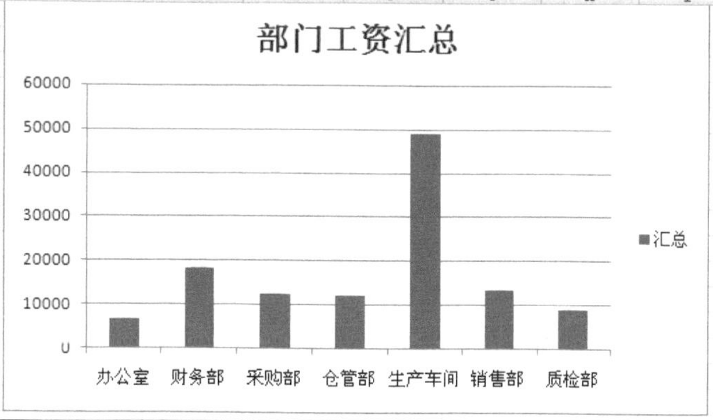

图 6-25　模拟实战效果图

7
CHAPTER

项目 7

固定资产管理

项目目标

1．能通过利用定义名称和数据有效性、IF()函数、VLOOKUP()函数、SUMPRODUCT()函数、YEAR()函数、MONTH()函数建立固定资产管理系统框架，以及计算出固定资产折旧（折旧年限、年折旧率、已计提月份、已计提折旧金额、本月末账面净值的处理）。

2．利用基础数据生成固定资产卡片。

3．能够利用数据透视表和数据透视图进行固定资产分析。

4．学会折旧函数 VDB()、DDB()、SYD()、SLN()。

项目导入

固定资产是指同时具有下列特征的有形资产：（1）为生产商品、提供劳务、出租或经营管理而持有的；（2）使用寿命超过一个会计年度。

固定资产的确认需要两个条件：（1）与该固定资产有关的经济利益很可能流入企业。企业在确认固定资产时，需要判断与该项固定资产有关的经济利益是否可能流入企业。如果与该项固定资产有关的经济利益可能流入企业，并同时满足固定资产确认的其他条件，那么，企业应将其确认为固定资产，否则不应将其确认为固定资产；（2）该固定资产的成本能够可靠地计算。成本能够可靠地计算是资产确认的一项基本条件。企业在确定固定资产成本时必须取得确凿证据。但是，有时需要根据所获得的最新资料，对固定资产的成本进行合理的估计。

固定资产购置管理流程如图 7-1 所示。

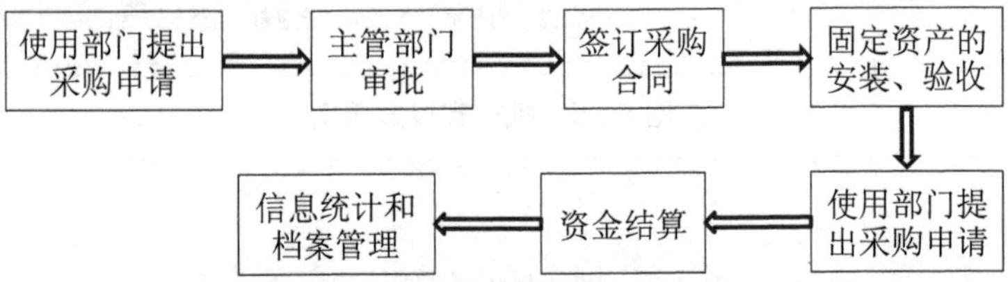

图 7-1　固定资产购置管理流程

项目思路

本项目利用 Excel 2007 进行固定资产管理系统框架的建立，包括基本信息表、分类折旧表，根据固定资产管理系统框架的数据信息完成固定资产台账表以及折旧信息的计算。固定资产卡片的依据是固定资产台账表。资产分析是利用数据透视表和数据透视图根据固定资产台账表里的信息完成的。

任务一　建立固定资产管理系统

活动一　建立固定资产管理系统框架

建立固定资产管理系统框架，如图 7-2 所示。

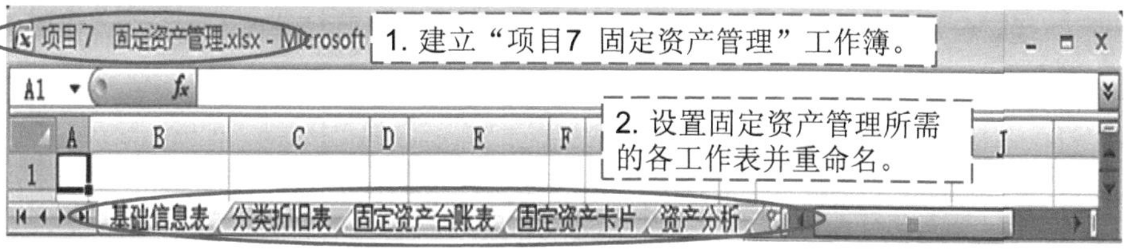

图 7-2　建立固定资产管理框架

活动二　建立固定资产基础信息表

基础信息表的创建可以减轻固定资产清单表中手动输入相关重复项目内容的工作量，有效阻止无效输入，为固定资产清查表中的数据创建数据源列表，从而提升数据的准确性和制表速度。此表的内容简单明了，直接手动输入即可。

1. 建立基础信息表样式（见图 7-3）

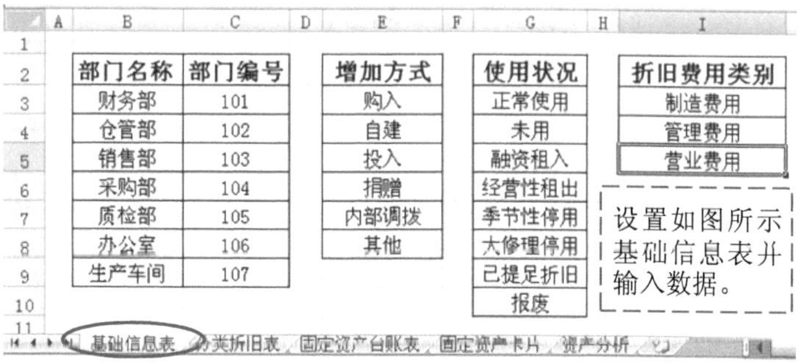

图 7-3　基础信息表样式和数据

2. 建立固定资产分类折旧表样式

固定资产分类折旧表，如图 7-4 所示。

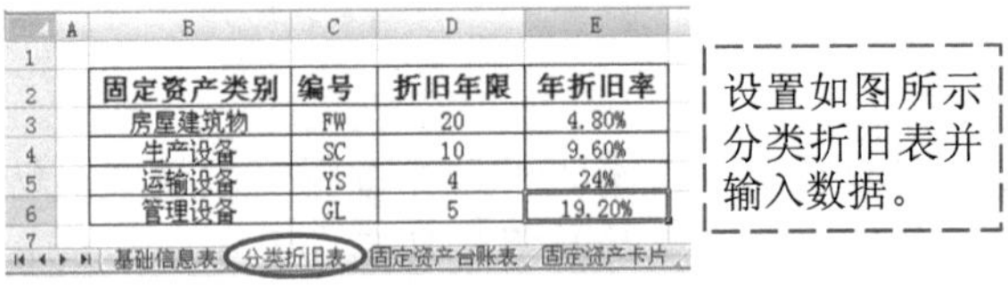

固定资产类别	编号	折旧年限	年折旧率
房屋建筑物	FW	20	4.80%
生产设备	SC	10	9.60%
运输设备	YS	4	24%
管理设备	GL	5	19.20%

图 7-4　分类折旧表样式和数据

3. 建立固定资产汇总信息表样式

各类固定资产的实物管理需要统一编号、建立台账，财务部应负责对各类固定资产的数量、金额的总账及明细账进行统一管理，并按月负责计提折旧，以便主管部门定期或不定期地对资产进行清查，清楚固定资产的使用、变动、报废、处理情况。因此根据需要设置固定资产信息汇总表。

Step 01 在固定资产台账表中设置固定资产汇总信息表样式，如图 7-5 所示。

固定资产信息汇总表

日期　　　　单位：人民币元

资产编号	资产名称	规格型号	计量单位	资产类别	使用部门	增加方式	使用状况	折旧年限	购置日期	折旧方法	资产原值	年折旧率	年折旧额	已计提月份	已计提折旧金额	本月末账面净值	折旧费类别
	办公楼	10万平米	栋						2008-5-22	平均年限法	3,600,000.00						
	厂房	100万平米	栋						2010-6-18	平均年限法	1,150,000.00						
	仓库	60万平米	栋						2012-3-26	平均年限法	800,000.00						
	货车	10吨	辆						2010-10-8	平均年限法	300,000.00						
	笔记本电脑	明基	台						2012-3-21	平均年限法	12,000.00						
	笔记本电脑	联想	台						2012-3-21	平均年限法	12,000.00						
	传真机	惠普	台						2009-2-19	平均年限法	6,000.00						
	机床	JC-GH65	台						2007-10-16	平均年限法	650,000.00						
	机床	JC-GH68	台						2007-10-16	平均年限法	456,000.00						
	机床	JC-GH66	台						2007-6-17	平均年限法	660,000.00						
	复印机	惠普	台						2008-8-15	平均年限法	3,000.00						

图 7-5　固定资产台账表样式

Step 02 定义固定资产汇总信息表名称。

要定义的名称及引用范围如表 7-1 所示。

表 7-1　固定资产汇总信息表名称

名　　称	引用位置	范　　围
资产类别	=分类折旧表!$B$3:$B$6	工作簿
使用部门	=基础信息表!$B$3:$B$9	工作簿
增加方式	=基础信息表!$E$3:$E$8	工作簿
使用状况	=基础信息表!$G$3:$G$10	工作簿
折旧费用类别	=基础信息表!$I$3:$I$5	工作簿

Step 03 输入固定资产汇总信息表的基础信息。

① 设置取日期公式，如图 7-6 所示。

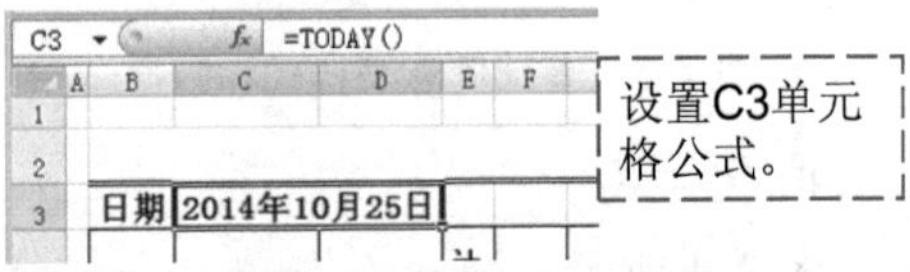

图 7-6　设置取日期公式

函数与公式

TODAY()函数

含义：根据计算机系统设定的日期返回当前的日期。

语法：TODAY()。

解释：返回的日期包括年月日。在具体应用中，设置单元格时钟日期的显示格式可以通过设置单元格格式中“数字”→“日期”选项选择合适的效果。

【例 7-1】TODAY()函数案例分析，如图 7-7 所示。

	A	B	C
1	公式	说明	结果
2	=TODAY()	返回的计算机系统当前日期	2014-6-23

图 7-7　TODAY()函数案例分析

② 设置资产类别、使用部门、增加方式、使用状况、折旧费类别的下拉选项。

在 F5、G5、H5、I5、S5 设置数据有效性并复制到 F6:F15、G6:G15、H6:H15、I6:I15、S6:S15，要设置的单元格及来源如表 7-2 所示。

表 7-2　单元格的数据有效性

单元格	允　许	来　　源	单元格	允　许	来　　源
F5	序列	=资产类别	I5	序列	=使用状况
G5	序列	=使用部门	S5	序列	=折旧费用类别
H5	序列	=增加方式			

③ 设置资产编号取数公式，如图 7-8 所示。

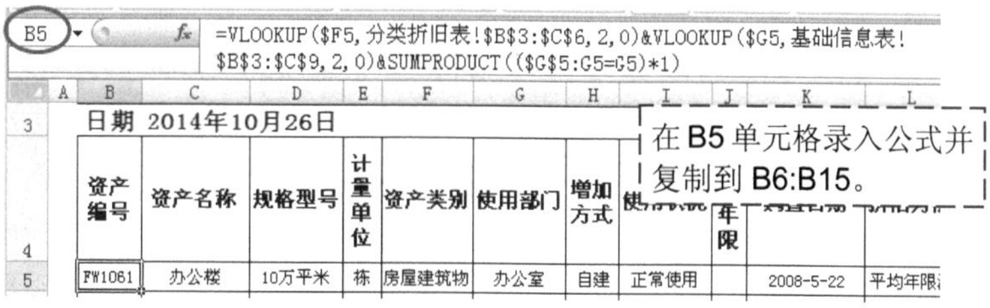

图 7-8　设置资产编号公式

函数与公式

1. SUMPRODUCT()函数

含义：在给定的几组数组中将数组间对应的元素相乘并返回乘积的和。

语法：SUMPRODUCT (array1,array2, array3,…)

解释：

array1,array2, array3,…为 2 到 30 个数组，函数将对相应元素进行相乘并求和。数组参数必须具有相同的维数，否则 SUMPRODUCT()函数将返回错误值#VALUE!。SUMPRODUCT()函数将非数值元素作为 0 处理。

2.=VLOOKUP($E4, 分类折旧表!$B$3:$C$6,2,0)&VLOOKUP($F4, 基础信息表!$B$3:$C$9,2,0)&SUMPRODUCT(($F$4:F4=F4)*1)

表示利用字符连接符“&”将两次 VLOOKUP()函数查找出的值（FW、106）和 SUMPRODUCT()函数返回的值（1）进行连接，产生一个字符数值，为 FW1061。

④ 设置折旧年限公式，如图 7-9 所示。

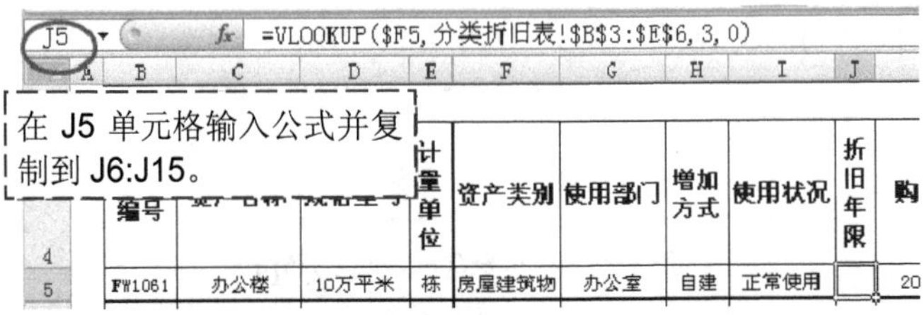

图 7-9　设置折旧年限公式

⑤ 读取固定资产汇总信息表的基础信息数据，如图 7-10 所示。

日期 2014年10月26日　　单位：人民币元

资产编号	资产名称	规格型号	计量单位	资产类别	使用部门	增加方式	使用状况	折旧年限	购置日期	折旧方法	资产原值	年折旧率	年折旧额	已计提月份	已计提折旧金额	本月末账面净值	折旧费类别
FW1061	办公楼	10万平米	栋	房屋建筑物	办公室	自建	正常使用	20	2008-5-22	平均年限法	3,600,000.00						管理费用
FW1071	厂房	100万平米	栋	房屋建筑物	生产车间	自建	正常使用	20	2010-6-18	平均年限法	1,150,000.00						制造费用
FW1021	仓库	60万平米	栋	房屋建筑物	仓管部	自建	正常使用	20	2012-3-26	平均年限法	800,000.00						营业费用
YS1041	货车	10吨	辆	运输设备	采购部	购入	正常使用	4	2010-10-8	平均年限法	300,000.00						营业费用
GL1011	笔记本电脑	明基	台	管理设备	财务部	购入	正常使用	5	2012-3-21	平均年限法	12,000.00						管理费用
GL1012	笔记本电脑	联想	台	管理设备	财务部	购入	正常使用	5	2012-3-21	平均年限法	12,000.00						管理费用
GL1062	传真机	惠普	台	管理设备	办公室	购入	正常使用	5	2009-2-19	平均年限法	6,000.00						管理费用
SC1072	机床	JC-GM65	台	生产设备	生产车间	购入	正常使用	10	2007-10-16	平均年限法	650,000.00						制造费用
SC1073	机床	JC-GM68	台	生产设备	生产车间	购入	正常使用	10	2007-10-16	平均年限法	456,000.00						制造费用
SC1074	机床	JC-GM66	台	生产设备	生产车间	购入	正常使用	10	2007-6-17	平均年限法	660,000.00						制造费用
GL1031	复印机	惠普	台	管理设备	销售部	购入	正常使用	5	2008-8-15	平均年限法	3,000.00						营业费用

图 7-10　固定资产汇总信息表的基础信息数据

任务二　计算固定资产折旧

活动一　利用公式完成固定资产的年折旧额等相关数值的计算

Step 01 设置固定资产折旧额计算公式，如图 7-11 和图 7-12 所示。

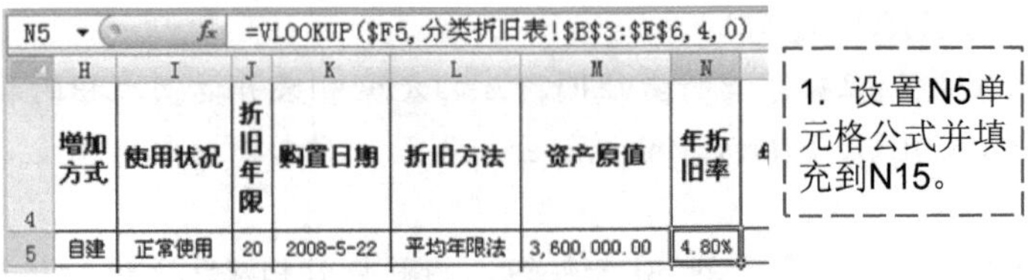

图 7-11　设置计算固定资产折旧额公式

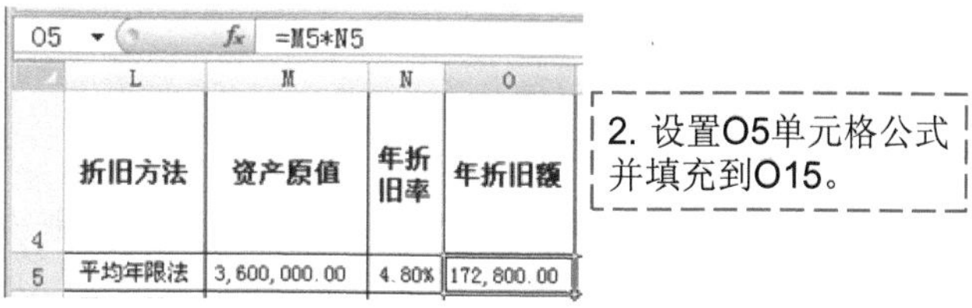

图 7-12　计算年折旧额

小知识

1. 计算折旧额的 Excel 函数有哪些？

（1）VDB()函数（余额递减法）

含义：使用双倍余额递减法或其他指定的方法，返回指定期间内或某一时间段内的资产折旧值。函数 VDB()代表可变余额递减法，可变余额递减法是指以不同倍率的余额递减速率，计算一个时期内折旧额的方法，双倍余额递减法是其中的一个特例。

语法：VDB(cost,salvage,life,start_period,end_period,factor,no_switch)

解释：

cost 为资产原值。

salvage 为资产在折旧期末的价值（也称为资产残值）。

life 为折旧期限（有时也称作资产的使用寿命）。

start_period 为进行折旧计算的起始期间，必须与 life 的单位相同。

end_period 为进行折旧计算的截止期间，必须与 life 的单位相同。

factor 为余额递减速率（折旧因子），如果省略参数 factor，则函数假设 factor 为 2（双倍余额递减法）。如果不想使用双倍余额递减法，可改变参数 factor 的值。有关双倍余额递减法的详细说明，请参阅函数 DDB()。

no_switch 为一个逻辑值，指定当折旧值大于余额递减计算值时，是否转用直线折旧法。如果 no_switch 为 TRUE，即使折旧值大于余额递减计算值，Microsoft Excel 也不转用直线折旧法。如果 no_switch 为 FALSE 或被忽略，且折旧值大于余额递减计算值时，Excel 将转用线性折旧法。除 no_switch 外的所有参数必须为正数。

（2）DDB()函数（双倍余额递减法）

含义：返回某项资产用直线法折旧出的年折旧额。

语法：DDB(cost,salvage,life,period,factor)

解释：参数含义与 VDB()函数中的相同。

（3）SLN()函数（平均年限法）

含义：返回某项资产用直线法折旧出的年折旧额。

语法：SLN(cost,salvage,life)

解释：参数含义与 VDB()函数中的相同。

（4）SYD()函数（年数总和法）

含义：返回一个 Double，返回某项资产在一指定期间用年数总计法计算的折旧值。

语法：SYD(cost,salvage,life,per)

解释：

per 为期间，其单位与 life 相同。

其余参数含义与 VDB()函数的相同。

【例 7-2】某公司有一台机器设备原价为 50000 元，预计使用寿命为 10 年、净残值率为 3%。利用以上函数分别计算折旧额。具体应用如表 7-3 所示。

在 Excel 中输入以下内容，然后分别用 VDB()函数、DDB()函数、SLN()函数、SYD()函数进行折旧额的计算，观察结果，如图 7-13 所示。

	A	B	C
1	资产原值	资产残值	使用年限
2	50000	1500	10

图 7-13 折旧函数计算案例

表 7-3 折旧函数应用

折旧函数	公 式	说明（结果）
VDB	=VDB(A2,B2,C2*365,0,1)	第一天应提的折旧值。Excel 自动假定折旧因子为 2。(27.40)
	=VDB(A2,B2,C2*12, 0,1)	第一个月应提的折旧值（833.33）
	=VDB(A2,B2,C2, 0,1)	第一年应提的折旧额（10000.00）
	=VDB(A2,B2,C2, 1,2)	第二年应提的折旧额（8000.00）
	=VDB(A2,B2,C2,2,3)	第三年应提的折旧额（6400.00）
DDB	=DDB(A2,B2,C2*365,1)	第一天应提的折旧值。Excel 自动假定折旧因子为 2。(27.40)
	=DDB(A2,B2,C2*12,1,2)	第一个月应提的折旧值（833.33）
	=DDB(A2,B2,C2,1,2)	第一年应提的折旧额（10000.00）
	=DDB(A2,B2,C2,2,2)	第二年应提的折旧额（8000.00）
	=DDB(A2,B2,C2,3,2)	第三年应提的折旧额（6400.00）
SLN	=SLN(A2,B2,C2)	每年应提的折旧额（4850.00）
SYD	=SYD(A2,B2,C2,1)	第一年应提的折旧额（8818.18）
	=SYD(A2,B2,C2,2)	第二年应提的折旧额（7936.36）

Step 02 计算已计提月份，如图 7-14 所示。

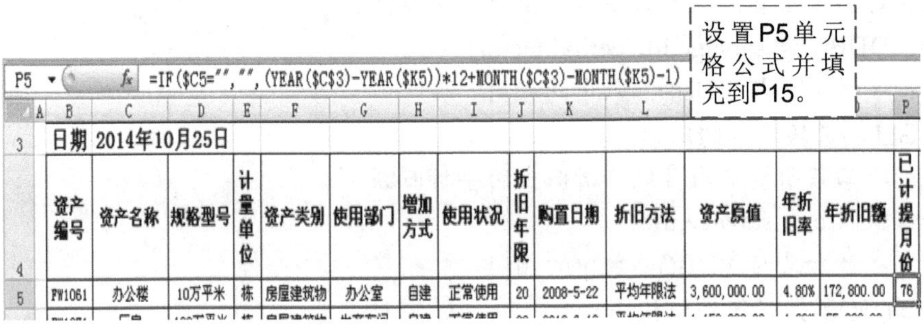

图 7-14 计算已计提月份

函数与公式

1.MONTH()函数

含义：返回一个 Variant (Integer)，其值为 1 到 12 之间的整数，表示一年中的某月。

语法：MONTH(date)

解释：

date 为必要的参数，可以是任何能够表示日期的 Variant、数值表达式、字符串表达式或它们的组合。如果 date 包含 Null，则返回 Null。

【例 7-3】MONTH()函数案例分析，如图 7-15 所示。

	A	B	C
1	公式	说明	结果
2	=MONTH(2014-6-25)	返回指定日期的月份	6

图 7-15　MONTH()函数案例分析

2．YEAR()函数

含义：将系列数转换为年。

语法：YEAR(serial_number)

解释：

serial_number 为一个日期值，其中包含要查找的年份。日期有多种输入方式：带引号的文本串（例如"1998/01/30"）、系列数（例如，如果使用 1900 日期系统，则 35825 表示 1998 年 1 月 30 日）或其他公式或函数的结果（例如，DATEVALUE("1998/1/30")）。

【例 7-4】MONTH()函数案例分析，如图 7-16 所示。

	A	B	C
1	公式	说明	结果
2	=YEAR(TODAY())	返回指定日期的年份	2014

图 7-16　MONTH()函数案例分析

Step 03 计算已计提月份的折旧金额，如图 7-17 所示。

Q5　=IF(($O5/12*$P5)>$M5,"",$O5/12*$P5)

	L	M	N	O	P	Q
4	折旧方法	资产原值	年折旧率	年折旧额	已计提月份	已计提折旧金额
5	平均年限法	3,600,000.00	4.80%	172,800.00	76	1,094,400.00

设置Q5单元格公式并填充到Q15。

图 7-17　计算已计提折旧金额

Step 04 计算本月末的账面净值，如图 7-18 所示。

R5　=IF(Q5="","",M5-Q5)

	M	N	O	P	Q	R
4	资产原值	年折旧率	年折旧额	已计提月份	已计提折旧金额	本月末账面净值
5	3,600,000.00	4.80%	172,800.00	76	1,094,400.00	2,505,600.00

设置R5单元格公式并填充到R15。

图 7-18　计算本月末账面净值

活动二　固定资产折旧数据读取

根据活动一所设置的固定资产折旧公式自动读取固定资产折旧数据，如图 7-19 所示。

日期 2014年10月26日　　单位：　人民币元

资产编号	资产名称	规格型号	计量单位	资产类别	使用部门	增加方式	使用状况	折旧年限	购置日期	折旧方法	资产原值	年折旧率	年折旧额	已计提月份	已计提折旧金额	本月末账面净值	折旧费类别
FW1061	办公楼	10万平米	栋	房屋建筑物	办公室	自建	正常使用	20	2008-5-22	平均年限法	3,600,000.00	4.80%	172,800.00	76	1,094,400.00	2,505,600.00	管理费用
FW1071	厂房	100万平米	栋	房屋建筑物	生产车间	自建	正常使用	20	2010-6-18	平均年限法	1,150,000.00	4.80%	55,200.00	51	234,600.00	915,400.00	制造费用
FW1021	仓库	60万平米	栋	房屋建筑物	仓管部	自建	正常使用	20	2012-3-26	平均年限法	800,000.00	4.80%	38,400.00	30	96,000.00	704,000.00	营业费用
YS1041	货车	10吨	辆	运输设备	采购部	购入	正常使用	4	2010-10-8	平均年限法	300,000.00	24.00%	72,000.00	47	282,000.00	18,000.00	营业费用
GL1011	笔记本电脑	明基	台	管理设备	财务部	购入	正常使用	5	2012-3-21	平均年限法	12,000.00	19.20%	2,304.00	30	5,760.00	6,240.00	管理费用
GL1012	笔记本电脑	联想	台	管理设备	财务部	购入	正常使用	5	2012-3-21	平均年限法	12,000.00	19.20%	2,304.00	30	5,760.00	6,240.00	管理费用
GL1062	传真机	惠普	台	管理设备	办公室	购入	正常使用	5	2009-2-19	平均年限法	6,000.00	19.20%	1,152.00	67			管理费用
SC1072	机床	JC-GH65	台	生产设备	生产车间	购入	正常使用	10	2007-10-16	平均年限法	650,000.00	9.60%	62,400.00	83	431,600.00	218,400.00	制造费用
SC1073	机床	JC-GH68	台	生产设备	生产车间	购入	正常使用	10	2007-10-16	平均年限法	456,000.00	9.60%	43,776.00	83	302,784.00	153,216.00	制造费用
SC1074	机床	JC-GH66	台	生产设备	生产车间	购入	正常使用	10	2007-6-17	平均年限法	660,000.00	9.60%	63,360.00	87	459,360.00	200,640.00	制造费用
GL1031	复印机	惠普	台	管理设备	销售部	购入	正常使用	5	2008-8-15	平均年限法	3,000.00	19.20%	576.00	73			营业费用

基础信息表 / 分类折旧表 / 固定资产台账表 / 固定资产卡片 / 资产分析

图 7-19　固定资产折旧数据

活动三　利用记录单添加新的固定资产

Step 01 添加“记录单”命令按钮，如图 7-20 所示。

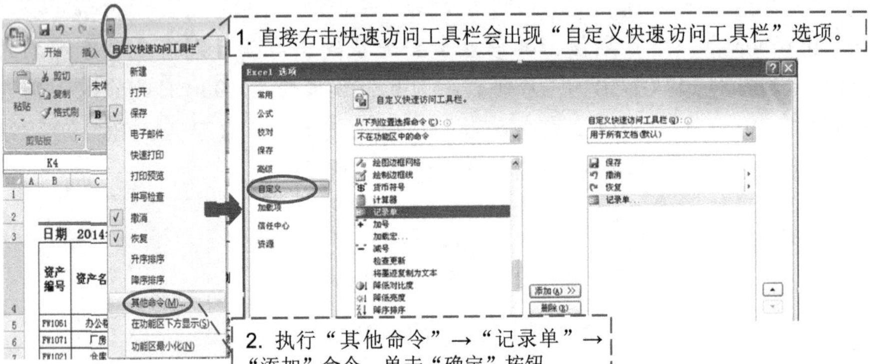

图 7-20　添加“记录单”命令按钮

Step 02 显示固定资产台账表对话框，如图 7-21 所示。

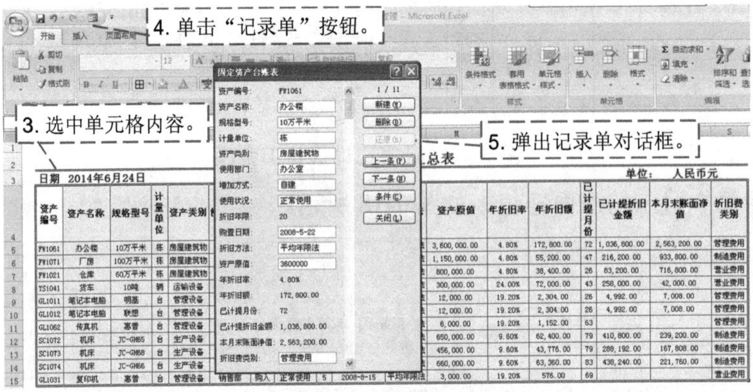

图 7-21　记录单对话框

Step 03 添加新记录，如图 7-22 所示。

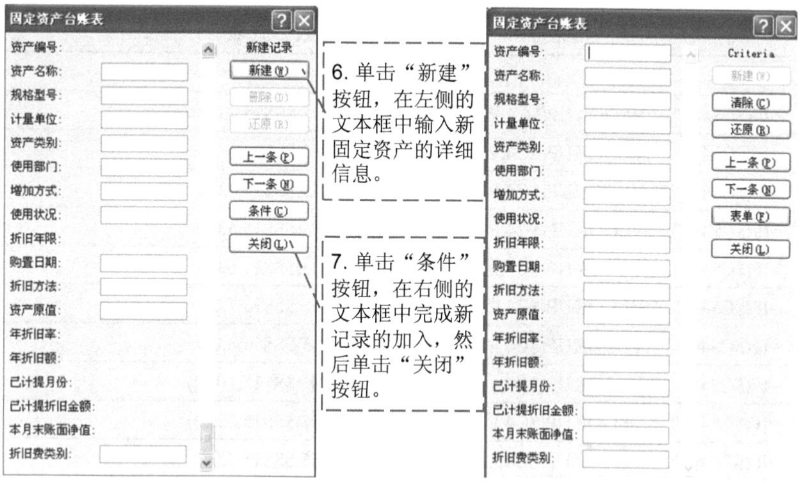

图 7-22　添加新记录

任务三　调用固定资产卡片

活动一　设置固定资产卡片样式

根据固定资产台账表中的基本信息设置固定资产卡片内容，效果如图 7-23 所示。

图 7-23　固定资产卡片样式

活动二　输入固定资产卡片数据

Step 01 设置固定资产卡片公式，如图 7-24 所示。

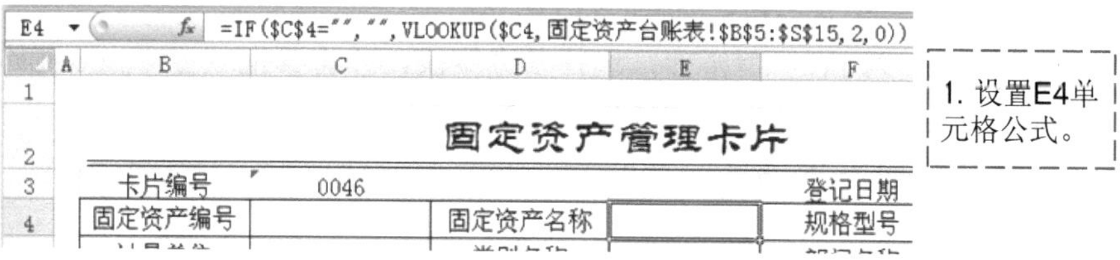

图 7-24　设置固定资产卡片公式

依据表 7-4 输入其他单元格公式。

表 7-4　固定资产卡片取数公式表

单元格	公　式
E4	=IF($C$4="","",VLOOKUP($C4,固定资产台账表!$B$5:$S$15,2,0))
G4	=IF($C$4="","",VLOOKUP($C4,固定资产台账表!$B$5:$S$15,3,0))
C5	=IF($C$4="","",VLOOKUP($C4,固定资产台账表!$B$5:$S$15,4,0))
E5	=IF($C$4="","",VLOOKUP($C4,固定资产台账表!$B$5:$S$15,5,0))
G5	=IF($C$4="","",VLOOKUP($C4,固定资产台账表!$B$5:$S$15,6,0))
C6	=IF($C$4="","",VLOOKUP($C4,固定资产台账表!$B$5:$S$15,7,0))
E6	=IF($C$4="","",VLOOKUP($C4,固定资产台账表!$B$5:$S$15,8,0))
G6	=IF($C$4="","",VLOOKUP($C4,固定资产台账表!$B$5:$S$15,10,0))
C7	=IF($C$4="","",VLOOKUP($C4,固定资产台账表!$B$5:$S$15,12,0))
E7	=IF($C$4="","",VLOOKUP($C4,固定资产台账表!$B$5:$S$15,9,0))
G7	=IF($C$4="","",VLOOKUP($C4,固定资产台账表!$B$5:$S$15,11,0))
C8	=IF($C$4="","",VLOOKUP($C4,固定资产台账表!$B$5:$S$15,13,0))
E8	=IF($C$4="","",VLOOKUP($C4,固定资产台账表!$B$5:$S$15,14,0))
G8	=IF($C$4="","",VLOOKUP($C4,固定资产台账表!$B$5:$S$15,18,0))

Step 02 读取固定资产卡片数据。

输入固定资产编号 FW1061，展示对应的固定资产信息，如图 7-25 所示。

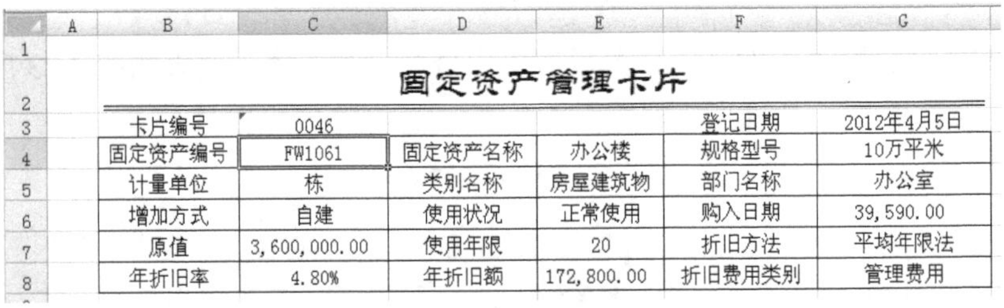

固定资产管理卡片

卡片编号	0046			登记日期	2012年4月5日
固定资产编号	FW1061	固定资产名称	办公楼	规格型号	10万平米
计量单位	栋	类别名称	房屋建筑物	部门名称	办公室
增加方式	自建	使用状况	正常使用	购入日期	39,590.00
原值	3,600,000.00	使用年限	20	折旧方法	平均年限法
年折旧率	4.80%	年折旧额	172,800.00	折旧费用类别	管理费用

图 7-25　固定资产数据读取

任务四　固定资产分析

根据固定资产台账表中的基本信息，利用数据透视表和数据透视图对各部门资产使用情况进行分析。

创建数据透视表及数据透视图，如图 7-26 所示。

在“数据透视表字段列表”窗格中，选择各个字段，并将其拖放至“报表筛选”、“图例字段”、“轴字段”和“数值”这 4 个区域窗格，如图 7-27 所示。

更改图表类型，如图 7-28 所示。

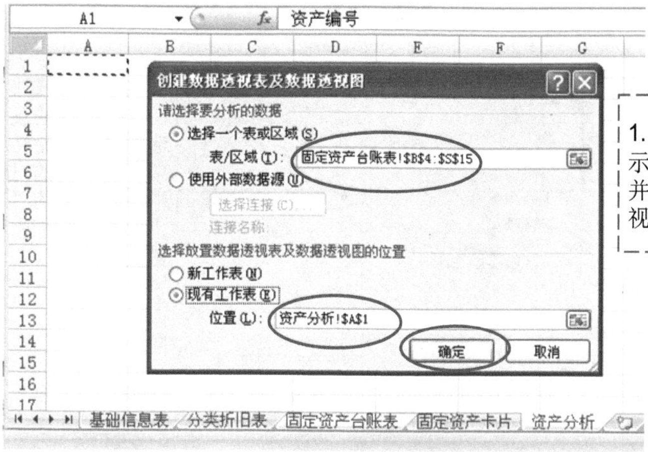

图 7-26　创建数据透视图

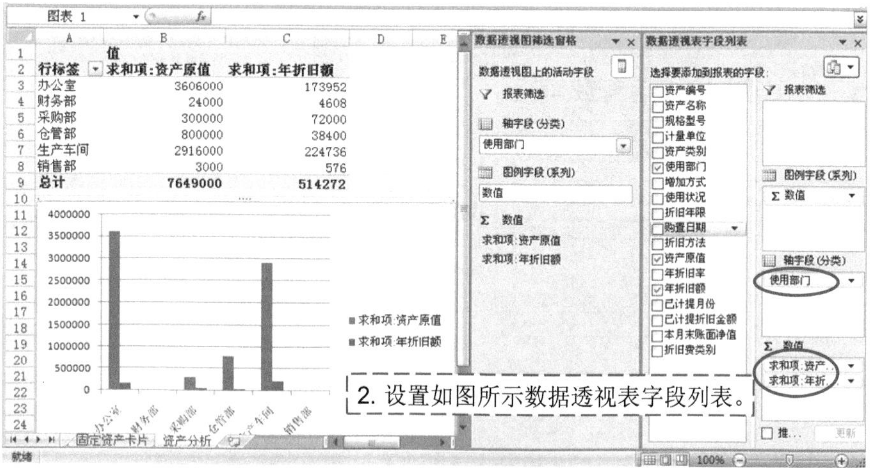

图 7-27　数据透视图效果图

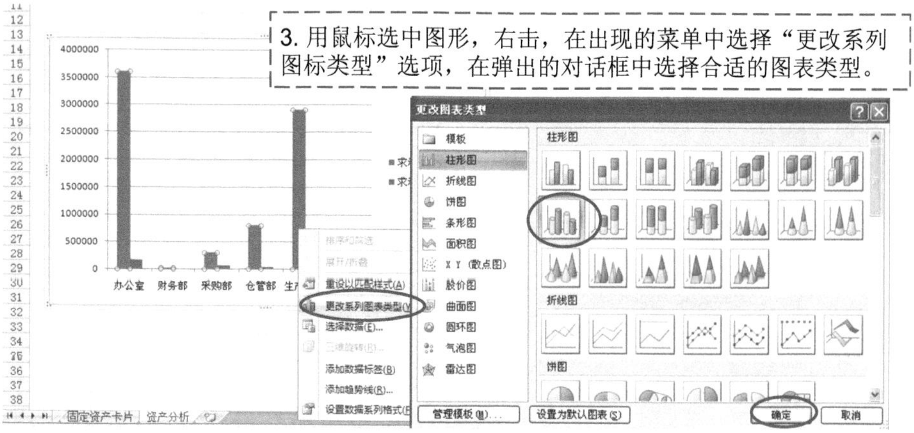

图 7-28　更改图表类型

设置三维旋转效果，如图 7-29 所示。

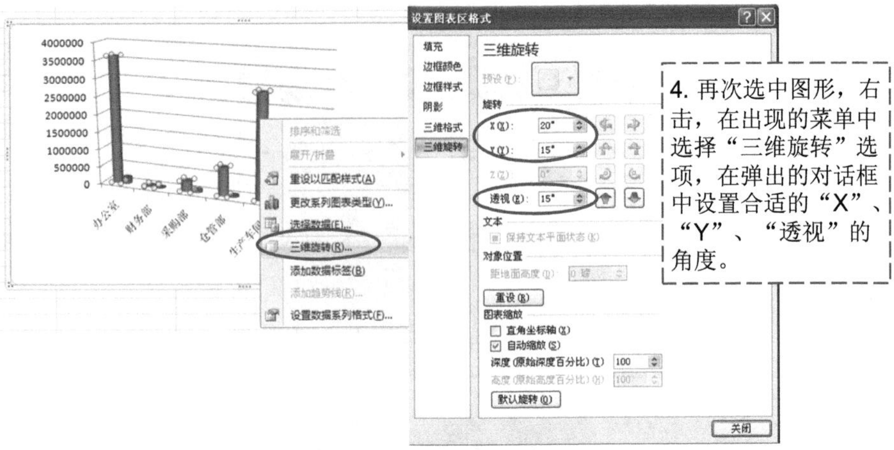

图 7-29　设置三维旋转参数

数据透视表及数据透视图最终效果展示如图 7-30 所示。

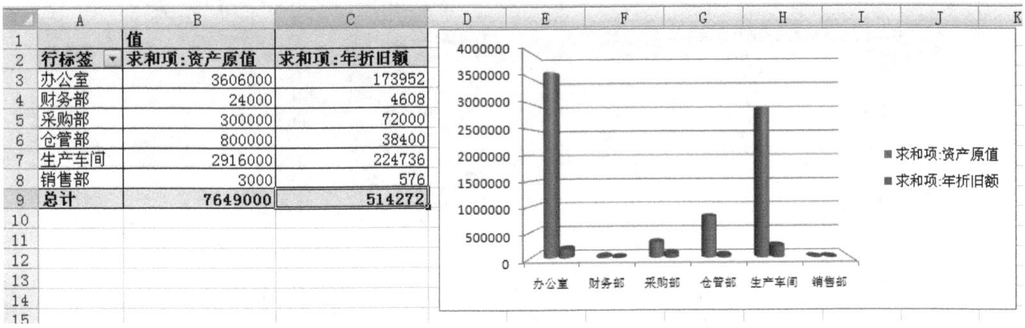

行标签	求和项:资产原值	求和项:年折旧额
办公室	3606000	173952
财务部	24000	4608
采购部	300000	72000
仓管部	800000	38400
生产车间	2916000	224736
销售部	3000	576
总计	7649000	514272

图 7-30　数据透视表及数据透视图效果图

模拟实战

某公司有一台机器设备原价为 10000 元，预计使用寿命为 15 年、净残值率为 8%。在 Excel 中输入以上内容，然后利用折旧函数 VDB()、DDB()、SYD()、SLN()进行折旧额的计算，比较计算结果的不同。

8
CHAPTER

项目 8 购销存管理

项目目标

本项目需完成以下购销存管理系统的表格设置：

1．能利用 Excel 建立收入、费用分类表。

2．能利用 Excel 建立日常费用和收入记录表。

3．能利用 Excel 建立日常费用的收入统计表。

4．能利用 Excel 建立所属部门－时间数据透视表和所属部门－时间数据透视图。

5．SUMIF()函数、LARGE()函数、高级筛选的基本应用。

项目导入

在一个企业的日常管理活动中，经常会发生一些费用支出和收入，为了更好地反映、控制这些日常费用支出和收入，有关管理部门需要通过适当方式将这些费用统计出来。由于 Excel 提供了强大的计算、统计、分析功能，所以在一个企业的日常费用管理中，可以借助 Excel 来提高工作效率。

项目思路

对于中小企业而言，其业务量较少，盈利能力相对薄弱，许多企业无力购买专门的购销存软件，即使购买了软件也往往因业务流程简单使软件功能闲置，造成资源浪费。本章节通过实例介绍了购销存管理系统的构建，不但可以提高财务人员的工作效益，更有利于企业节约管理成本，提高经济效益，不同企业可根据自身特点灵活应用。

在对购销存业务流程进行分析的基础上，尝试把购销存系统分为：① 存货档案数据模块。该模块主要通过存货档案表记录存货名称、计量单位、计划单价等存货基本信息及期初数量、期初金额，存货档案表记录的数据属于公用数据，其他模块都需要从中调取存货的基本信息。② 存货增加数据模块。此模块由成品入库和采购业务表等工作表组成，负责对存货入库业务的处理。③ 存货减少数据模块。该模块主要由销售业务表和车间领用表等工作表组成，专门处理存货出库业务。④ 库存管理数据模块。在此模块中通过建立库存管理表，提供对各存货结存数据的查询服务。⑤ 货款管理模块。由收款业务表和付款业务表组成，负责处理采购业务和销售业务涉及的货款结算数据。各模块之间数据传递流程如图 8-1 所示。

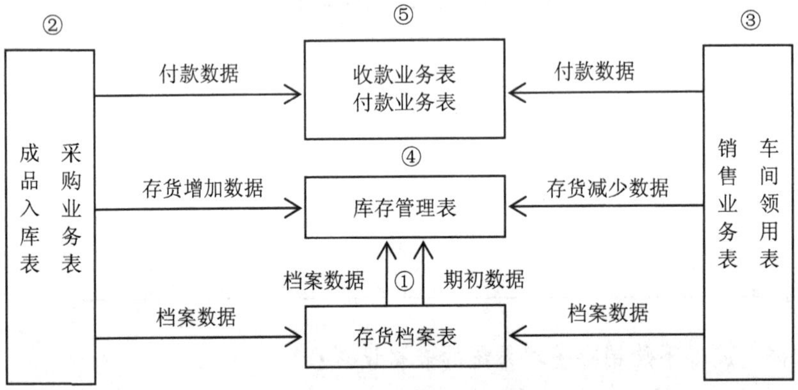

图 8-1 模块数据传递流程

本项目介绍利用 Excel 2007 对娄底丹枫制衣有限责任公司的进销存管理进行一个简单的操作。

任务一 建立购销存管理系统

活动一 建立购销存管理系统框架

建立购销存管理系统框架，如图 8-2 所示。

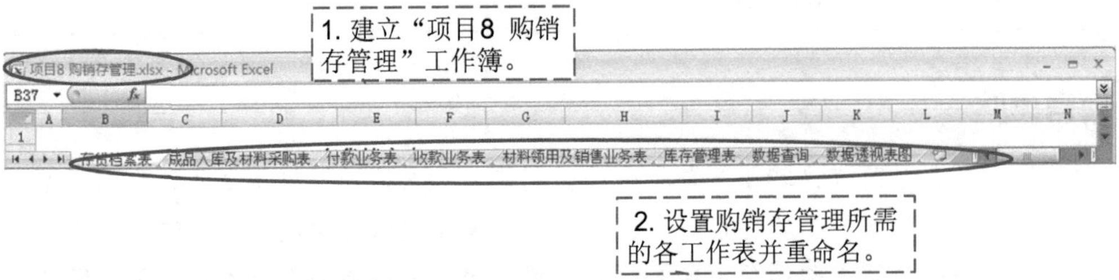

图 8-2 建立购销存管理系统框架

活动二 设置购销存系统基本信息表

购销存系统的基本信息表为存货档案表。存货档案表的设置如图 8-3 和图 8-4 所示。

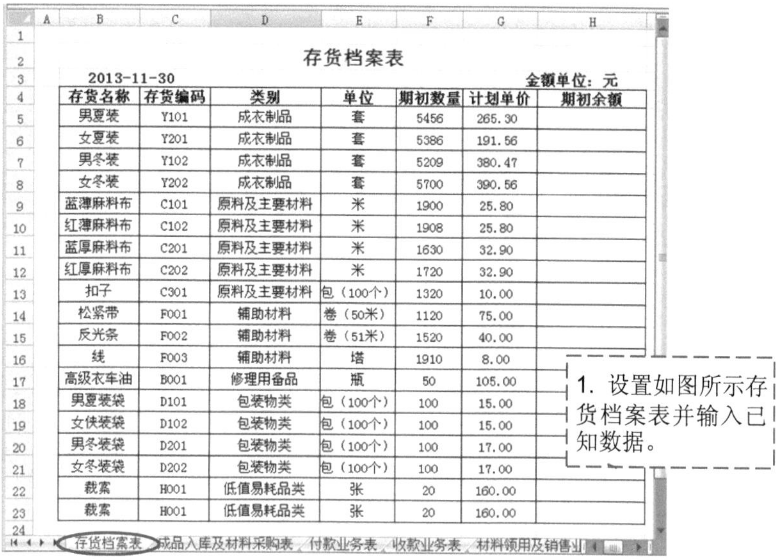

存货档案表

2013-11-30　　　　金额单位：元

存货名称	存货编码	类别	单位	期初数量	计划单价	期初余额
男夏装	Y101	成衣制品	套	5456	265.30	
女夏装	Y201	成衣制品	套	5386	191.56	
男冬装	Y102	成衣制品	套	5209	380.47	
女冬装	Y202	成衣制品	套	5700	390.56	
蓝薄麻料布	C101	原料及主要材料	米	1900	25.80	
红薄麻料布	C102	原料及主要材料	米	1908	25.80	
蓝厚麻料布	C201	原料及主要材料	米	1630	32.90	
红厚麻料布	C202	原料及主要材料	米	1720	32.90	
扣子	C301	原料及主要材料	包（100个）	1320	10.00	
松紧带	F001	辅助材料	卷（50米）	1120	75.00	
反光条	F002	辅助材料	卷（51米）	1520	40.00	
线	F003	辅助材料	塔	1910	8.00	
高级衣车油	B001	修理用备品	瓶	50	105.00	
男夏装袋	D101	包装物类	包（100个）	100	15.00	
女侠装袋	D102	包装物类	包（100个）	100	15.00	
男冬装袋	D201	包装物类	包（100个）	100	17.00	
女冬装袋	D202	包装物类	包（100个）	100	17.00	
裁案	H001	低值易耗品类	张	20	160.00	
裁案	H001	低值易耗品类	张	20	160.00	

图 8-3　存货档案表样式

H5　=F5*G5

存货档案表

2013-11-30　　　　金额单位：元

存货名称	存货编码	类别	单位	期初数量	计划单价	期初余额
男夏装	Y101	成衣制品	套	5456	265.30	
女夏装	Y201	成衣制品	套	5386	191.56	
男冬装	Y102	成衣制品	套	5209	380.47	
女冬装	Y202	成衣制品	套	5700	390.56	

图 8-4　设置档案表公式

任务二　输入出入库信息

活动一　设置出入库信息表样式

Step 01 设置成品入库及材料采购表样式。

成品入库及材料采购表主要由成品入库和采购业务表两部分综合组成，负责对存货入库业务的处理，利用摘要中是购料还是成品来区分是材料采购还是成品入库。当企业发生采购业务或产品入库业务时，存货增加的数量、金额及付款信息需要在记录了成品入库及采购业务表后自动传递到库存管理表和付款管理表，从而更新存货的结存数量、金额及付款数据。

采购项目需要编制采购编码，编码规则是采购的字母“C”+采购月份“201312”+三位数字顺序号码“001”，如图 8-5 所示。

成品入库及材料采购表

2013年12月　　　　金额单位：元

采购编码	业务日期	摘要	存货编码	存货名称	单位	数量	采购单价	金额	税率	税额	应付金额
C201312001	2013-12-1	购料		蓝薄麻料布		4500	25.50		17%		
C201312001	2013-12-1	购料		红薄麻料布		5500	25.50		17%		
C201312001	2013-12-1	购料		蓝厚麻料布		3400	34.00		17%		
C201312001	2013-12-1	购料		红厚麻料布		3600	34.00		17%		
C201312002	2013-12-7	购料		反光条		300	42.00		17%		
C201312002	2013-12-7	购料		线		500	9.00		17%		
C201312002	2013-12-7	购料		松紧带		1500	74.50		17%		
C201312002	2013-12-7	购料		高级衣车油		600	106.00		17%		
C201312002	2013-12-7	购料		扣子		1000	10.50		17%		
	2013-12-31	成品		男夏装		1900	265.30				
	2013-12-31	成品		女夏装		2200	191.56				
	2013-12-31	成品		男冬装		2200	380.47				
	2013-12-31	成品		女冬装		2200	390.56				

设置如图所示成品入库及材料采购表，并输入已知数据。

存货档案表 | 成品入库及材料采购表 | 付款业务表 | 收款业务表 | 材料领用及销售业务表 | 库存管理表 | 数据查询 | 数据透视

图 8-5　成品入库及材料采购表样式

Step 02 设置材料领用及销售业务表样式。

材料领用及销售业务表主要由销售业务和车间领用信息组成，专门记录存货出库业务，对形成应收账款的业务进行管理。每笔销售业务发生时都要及时登记在存货的库存账。利用摘要中是销售还是车间领用区分是销售业务还是材料领用。

当企业发生销售业务或车间领用等出库业务时，存货减少的数量、金额及收款信息同样需要在记录于销售业务及车间领用表后传递到库存管理表和收款管理表中更新相关数据。

销售项目需要编制销售票号，票号编码规则是字母“P”+销售月份“201312”+三位数字顺序号码“001”，如图 8-6 所示。

材料领用及销售业务表

2013年12月

销售票号	业务日期	摘要	存货编码	存货名称	类别	单位	发出数量	单价	金额	税率	税额	应收货款	应收货款余额	客户
P20131213001	2013-12-13	销售		男夏装						17%			0	娄底市劳保用品中心
P20131213001	2013-12-13	销售		女夏装			2600	340		17%			0	娄底市劳保用品中心
P20131213001	2013-12-13	销售		男冬装			2600	480		17%			0	娄底市劳保用品中心
P20131213001	2013-12-13	销售		女冬装			2800	440		17%			0	娄底市劳保用品中心
	2013-12-31	车间领用		蓝薄麻料布			5500	25.8						
	2013-12-31	车间领用		红薄麻料布			6040	25.8						
	2013-12-31	车间领用		蓝厚麻料布			4250	32.9						
	2013-12-31	车间领用		红厚麻料布			4800	32.9						
	2013-12-31	车间领用		扣子			2014	10						
	2013-12-31	车间领用		松紧带			500	75						
	2013-12-31	车间领用		反光条			1064	40						
	2013-12-31	车间领用		线			1006	8						
	2013-12-31	车间领用		高级衣车油			10	105						

设置如图所示材料领用及销售业务表，并输入已知数据。

存货档案表 | 成品入库及材料采购表 | 付款业务表 | 收款业务表 | 材料领用及销售业务表 | 库存管理表 | 数据查询 | 数据透视

图 8-6　材料领用及销售业务表样式

活动二 输入出入库信息

Step 01 输入成品入库及材料采购表信息。

① 设置成品入库及材料采购表公式。

输入存货编码、单位，使用公式如图 8-7 所示。

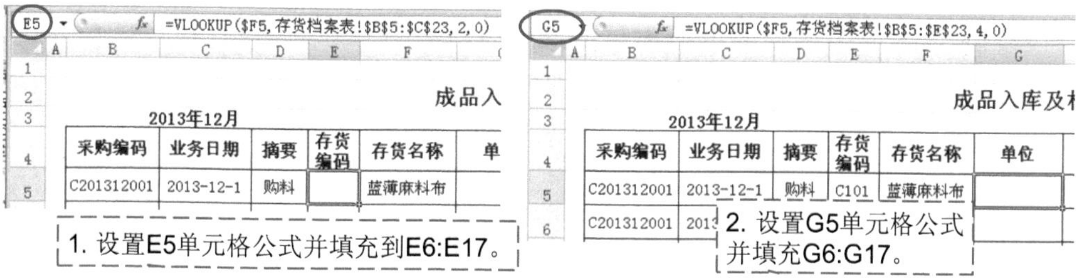

图 8-7 设置成品入库及材料采购表公式 1

输入采购金额公式，如图 8-8 所示。

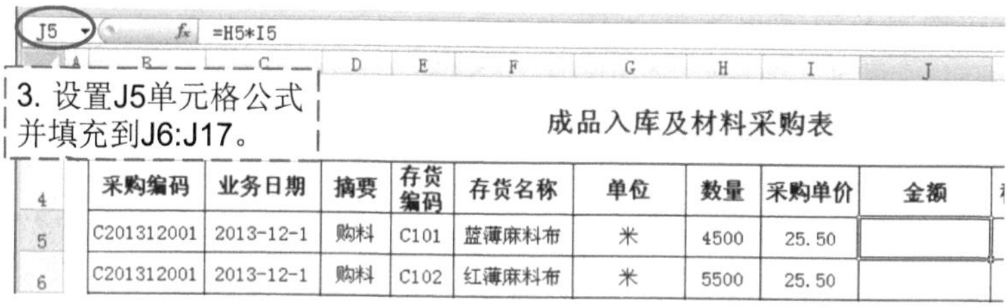

图 8-8 设置成品入库及材料采购表公式 2

输入采购货品需付税额的公式，如图 8-9 所示。

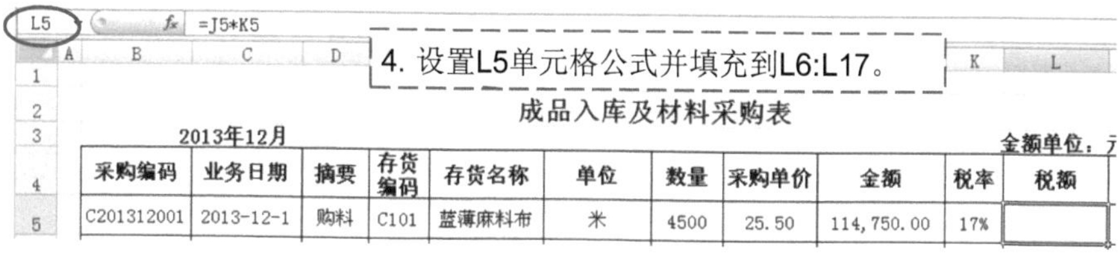

图 8-9 设置成品入库及材料采购表公式 3

输入采购货品应付金额的公式，如图 8-10 所示。

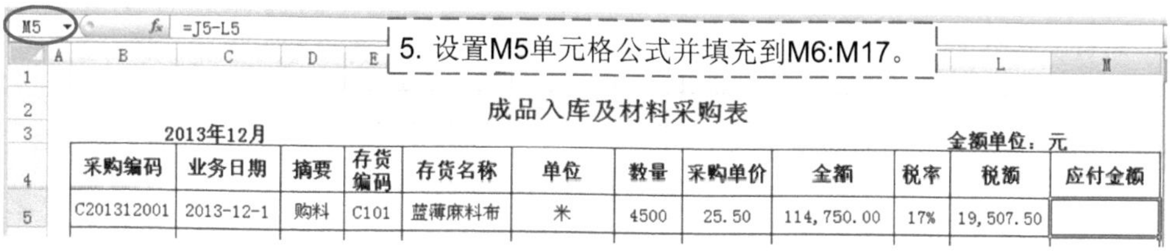

图 8-10 设置成品入库及材料采购表公式 4

② 读取成品入库及材料采购表数据，如图 8-11 所示。

成品入库及材料采购表

2013年12月　　　　金额单位：元

采购编码	业务日期	摘要	存货编码	存货名称	单位	数量	采购单价	金额	税率	税额	应付金额
C201312001	2013-12-1	购料	C101	蓝薄麻料布	米	4500	25.50	114,750.00	17%	19,507.50	95,242.50
C201312001	2013-12-1	购料	C102	红薄麻料布	米	5500	25.50	140,250.00	17%	23,842.50	116,407.50
C201312001	2013-12-1	购料	C201	蓝厚麻料布	米	3400	34.00	115,600.00	17%	19,652.00	95,948.00
C201312001	2013-12-1	购料	C202	红厚麻料布	米	3600	34.00	122,400.00	17%	20,808.00	101,592.00
C201312002	2013-12-7	购料	F002	反光条	卷（51米）	300	42.00	12,600.00	17%	2,142.00	10,458.00
C201312002	2013-12-7	购料	F003	线	塔	500	9.00	4,500.00	17%	765.00	3,735.00
C201312002	2013-12-7	购料	F001	松紧带	卷（50米）	1500	74.50	111,750.00	17%	18,997.50	92,752.50
C201312002	2013-12-7	购料	B001	高级衣车油	瓶	600	106.00	63,600.00	17%	10,812.00	52,788.00
C201312002	2013-12-7	购料	C301	扣子	包（100个）	1000	10.50	10,500.00	17%	1,785.00	8,715.00
	2013-12-31	成品	Y101	男夏装	套	1900	265.30	504,070.00			
	2013-12-31	成品	Y201	女夏装	套	2200	191.56	421,432.00			
	2013-12-31	成品	Y102	男冬装	套	2200	380.47	837,034.00			
	2013-12-31	成品	Y202	女冬装	套	2200	390.56	859,232.00			

图 8-11　成品入库及材料采购表数据

Step 02 输入材料领用及销售业务表信息。

① 设置材料领用及销售业务表公式。

输入存货编码、类别，使用公式如图 8-12 所示。

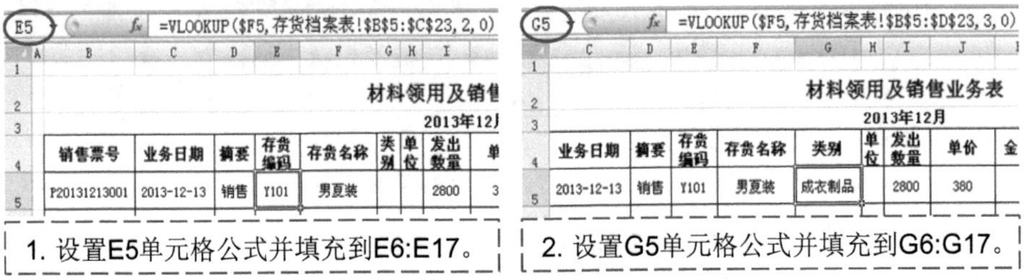

图 8-12　设置材料领用及销售业务表公式 1

输入单位，使用公式如图 8-13 所示。

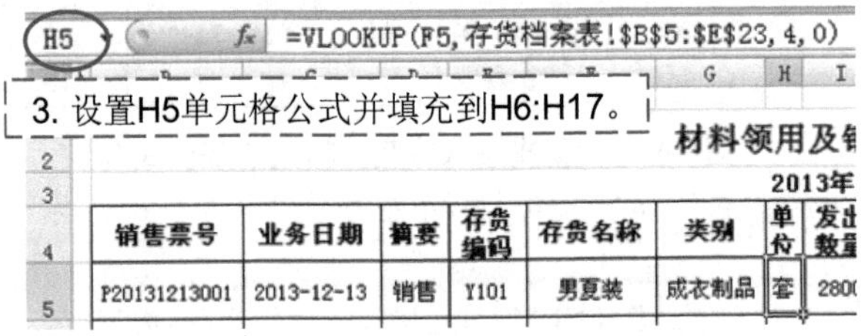

图 8-13　设置材料领用及销售业务表公式 2

输入金额，使用公式如图 8-14 所示。

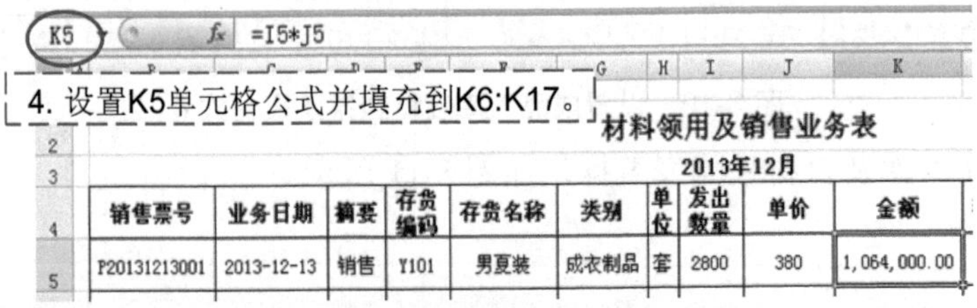

图 8-14　设置材料领用及销售业务表公式 3

输入税额、应收货款，使用公式如图 8-15 所示。

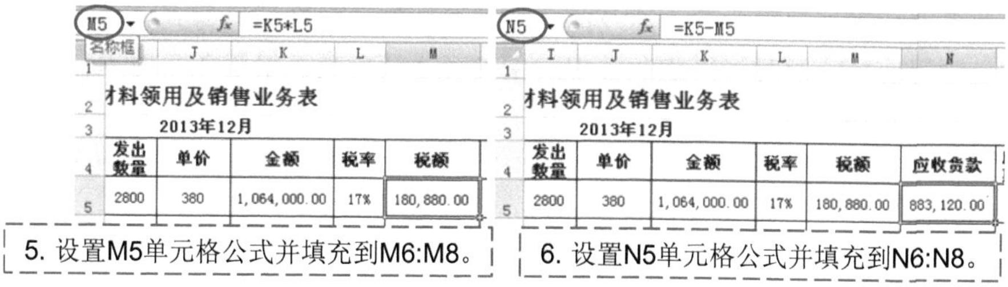

图 8-15　设置材料领用及销售业务表公式 4

② 读取材料领用及销售业务表数据，如图 8-16 所示。

材料领用及销售业务表

2013年12月

销售票号	业务日期	摘要	存货编码	存货名称	类别	单位	发出数量	单价	金额	税率	税额	应收货款	应收货款余额	客户
P20131213001	2013-12-13	销售	Y101	男夏装	成衣制品	套	2800	380	1,064,000.00	17%	180,880.00	883,120.00	0	娄底市劳保用品中心
P20131213001	2013-12-13	销售	Y201	女夏装	成衣制品	套	2600	340	884,000.00	17%	150,280.00	733,720.00	0	娄底市劳保用品中心
P20131213001	2013-12-13	销售	Y102	男冬装	成衣制品	套	2600	480	1,248,000.00	17%	212,160.00	1,035,840.00	0	娄底市劳保用品中心
P20131213001	2013-12-13	销售	Y202	女冬装	成衣制品	套	2800	440	1,232,000.00	17%	209,440.00	1,022,560.00	0	娄底市劳保用品中心
	2013-12-31	车间领用	C101	蓝薄麻料布	原料及主要材料	米	5500	25.8	141,900.00					
	2013-12-31	车间领用	C102	红薄麻料布	原料及主要材料	米	6040	25.8	155,832.00					
	2013-12-31	车间领用	C201	蓝厚麻料布	原料及主要材料	米	4250	32.9	139,825.00					
	2013-12-31	车间领用	C202	红厚麻料布	原料及主要材料	米	4800	32.9	157,920.00					
	2013-12-31	车间领用	C301	扣子	原料及主要材料	包(	2014	10	20,140.00					
	2013-12-31	车间领用	F001	松紧带	辅助材料	卷(	500	75	37,500.00					
	2013-12-31	车间领用	F002	反光条	辅助材料	卷(	1064	40	42,560.00					
	2013-12-31	车间领用	F003	线	辅助材料	塔	1006	8	8,048.00					
	2013-12-31	车间领用	B001	高级衣车油	修理用备品	瓶	10	105	1,050.00					

图 8-16　材料领用及销售业务表数据

任务三　计算应收应付款金额

活动一　设置应收应付款金额表样式

Step 01 设置收款业务表样式。

收款业务表负责处理销售业务涉及的货款结算数据，包括结算方式、客户、应收货款、已收货款等信息，及时将销售业务中发生的交易情况提供给财务，对未收款业务转入未收款处理，如图 8-17 所示。

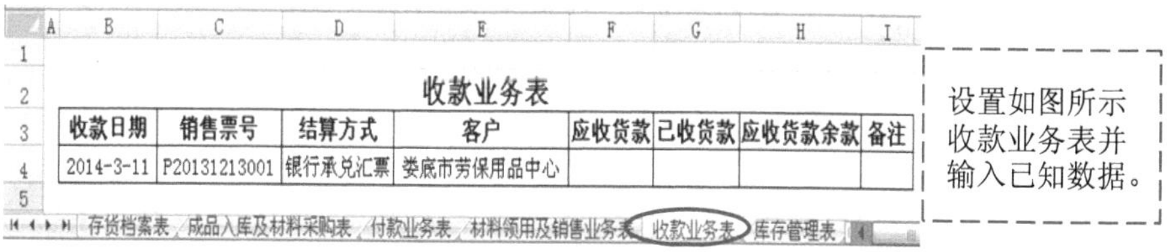
收款业务表

收款日期	销售票号	结算方式	客户	应收货款	已收货款	应收货款余额	备注
2014-3-11	P20131213001	银行承兑汇票	娄底市劳保用品中心				

图 8-17　收款业务表样式

Step 02 设置付款业务表样式。

付款业务表负责处理采购业务涉及的货款结算数据，包括结算方式、支付对象、应付货款、已付金额等信息，及时将采购业务中发生的交易情况提供给财务，对未付款业务转入未付款处理，如图 8-18 所示。

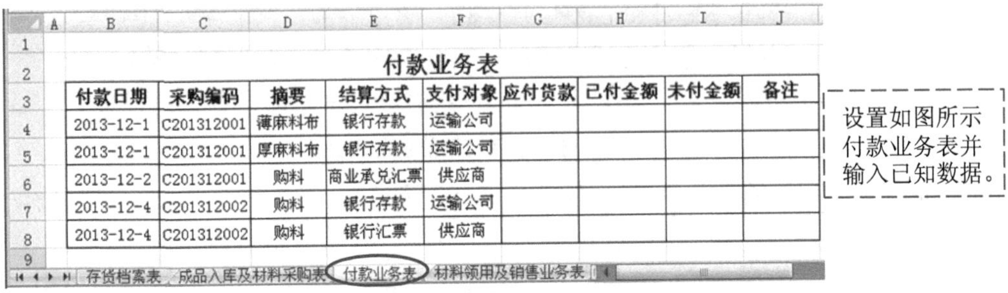

付款业务表

付款日期	采购编码	摘要	结算方式	支付对象	应付货款	已付金额	未付金额	备注
2013-12-1	C201312001	薄麻料布	银行存款	运输公司				
2013-12-1	C201312001	厚麻料布	银行存款	运输公司				
2013-12-2	C201312001	购料	商业承兑汇票	供应商				
2013-12-4	C201312002	购料	银行存款	运输公司				
2013-12-4	C201312002	购料	银行汇票	供应商				

图 8-18　付款业务表样式

活动二　输入应收应付款金额信息

Step 01 输入收款业务表信息。

输入应收货款公式，如图 8-19 所示。

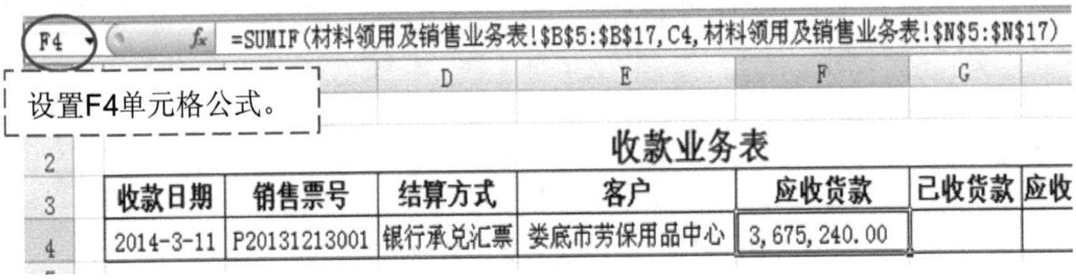

收款业务表

收款日期	销售票号	结算方式	客户	应收货款	已收货款	应收
2014-3-11	P20131213001	银行承兑汇票	娄底市劳保用品中心	3,675,240.00		

图 8-19　设置应收货款公式

函数与公式

1. SUMIF()函数

含义：对满足条件的单元格求和。

语法：SUMIF(range,criteria,sum_range)。

解释：

range 为条件区域，用于条件判断的单元格区域。

Criteria 是以数字、表达式或文本形式定义的条件。例如，条件可以表示为 32、"32"、">32"或"apples"。条件可以使用通配符?、*，? 匹配任意单个字符，*匹配任意一串字符，如“?2*”表示需要求和的条件第二个数字为 2。

sum_range 为需要求和的实际单元格。如果省略，将使用区域中的单元格。

【例 8-1】图 8-20 所示为公司人员、所属工段、工资等信息。现在要统计每个工段所有人员的工资总和。

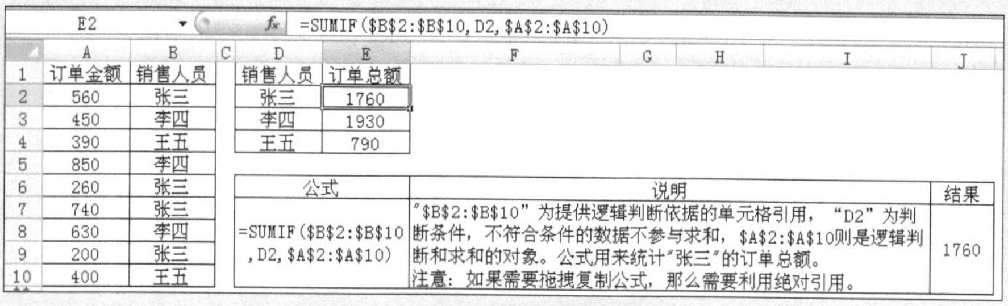

E2　=SUMIF($B$2:$B$10,D2,$A$2:$A$10)

	A	B	C	D	E
1	订单金额	销售人员		销售人员	订单总额
2	560	张三		张三	1760
3	450	李四		李四	1930
4	390	王五		王五	790
5	850	李四			
6	260	张三			
7	740	张三			
8	630	李四			
9	200	张三			
10	400	王五			

公式	说明	结果
=SUMIF($B$2:$B$10,D2,$A$2:$A$10)	"$B$2:$B$10"为提供逻辑判断依据的单元格引用，"D2"为判断条件，不符合条件的数据不参与求和，$A$2:$A$10则是逻辑判断和求和的对象。公式用来统计"张三"的订单总额。注意：如果需要拖拽复制公式，那么需要利用绝对引用。	1760

图 8-20　SUMIF 函数案例分析

2．=SUMIF(材料领用及销售业务表!$B$5:$B$17,C4,材料领用及销售业务表!$N$5:$N$17)

表示收款业务表中销售票号为 P20131213001 在材料领用及销售业务表中对应的应收货款金额的总数。

输入应收货款余款公式，如图 8-21 所示。

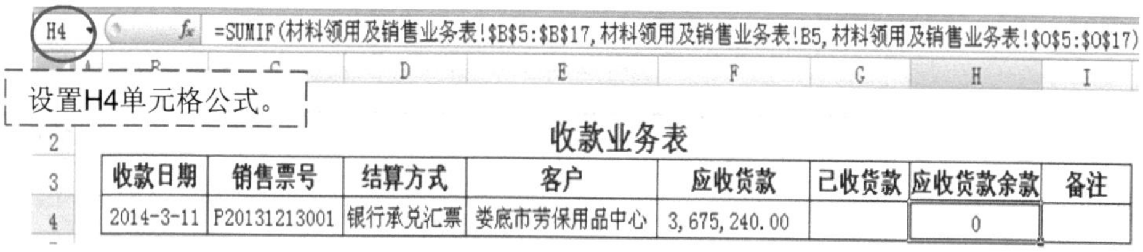

收款日期	销售票号	结算方式	客户	应收货款	已收货款	应收货款余款	备注
2014-3-11	P20131213001	银行承兑汇票	娄底市劳保用品中心	3,675,240.00		0	

图 8-21　设置应收货款余款公式

输入已收货款公式，如图 8-22 所示。

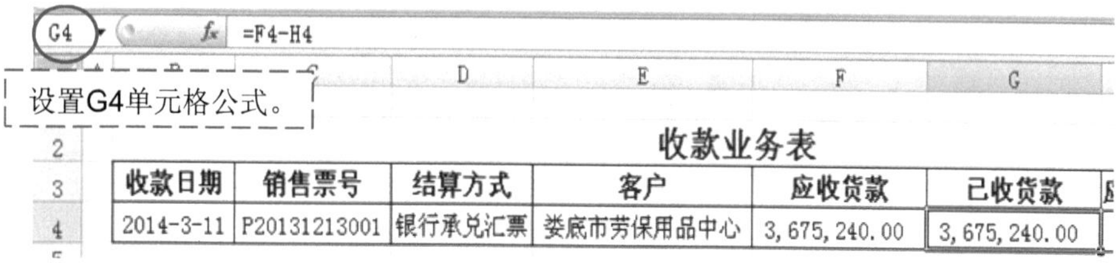

收款日期	销售票号	结算方式	客户	应收货款	已收货款
2014-3-11	P20131213001	银行承兑汇票	娄底市劳保用品中心	3,675,240.00	3,675,240.00

图 8-22　设置已收货款公式

收款业务表效果如图 8-23 所示。

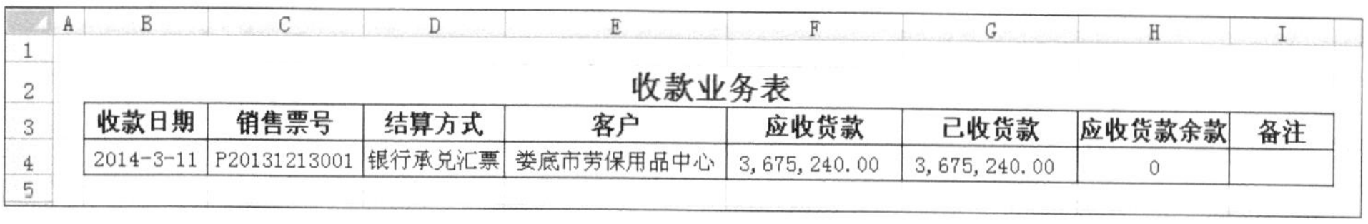

收款业务表

收款日期	销售票号	结算方式	客户	应收货款	已收货款	应收货款余款	备注
2014-3-11	P20131213001	银行承兑汇票	娄底市劳保用品中心	3,675,240.00	3,675,240.00	0	

图 8-23　收款业务表数据

Step 02 输入付款业务表信息。

付款业务表中，例如，支付对象为运输公司、摘要写的薄麻料布，即支付的是购买薄麻布料所需要的运费，运费的金额来自于案例文字。

输入应付货款金额，如图 8-24 和图 8-25 所示。

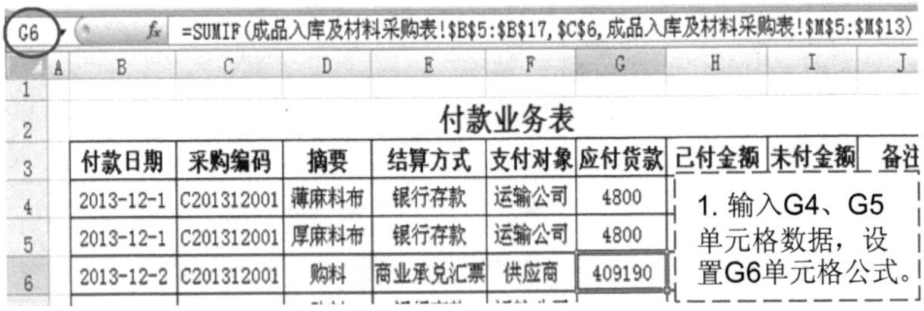

图 8-24　设置应付货款公式 1

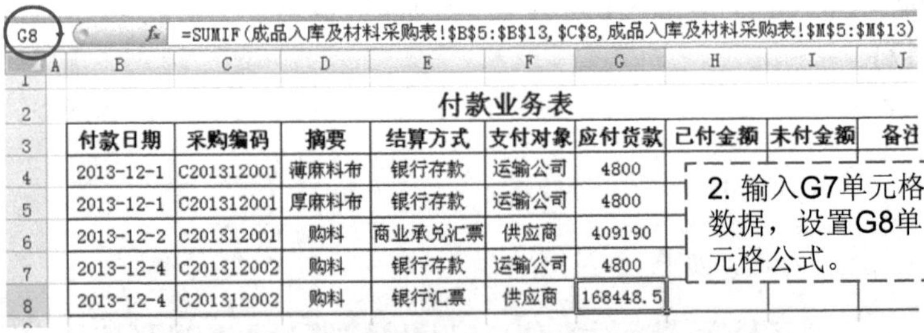

图 8-25　设置应付货款公式 2

付款业务表中所有应付的货款依据案例里的描述都已经按月付清。因此，输入此表信息时已付金额等于应付货款，如图 8-26 和图 8-27 所示。

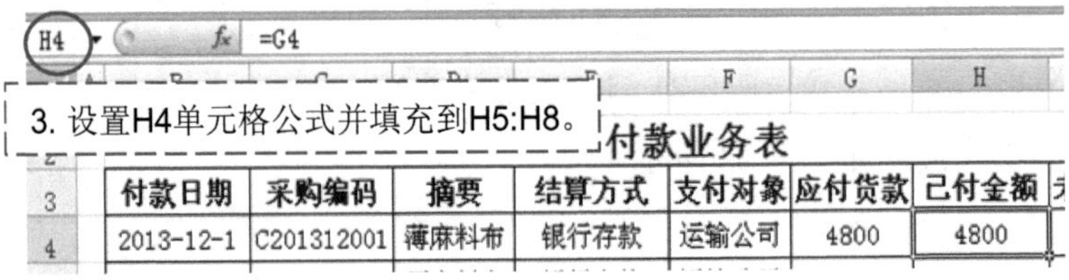

图 8-26　设置已付金额公式

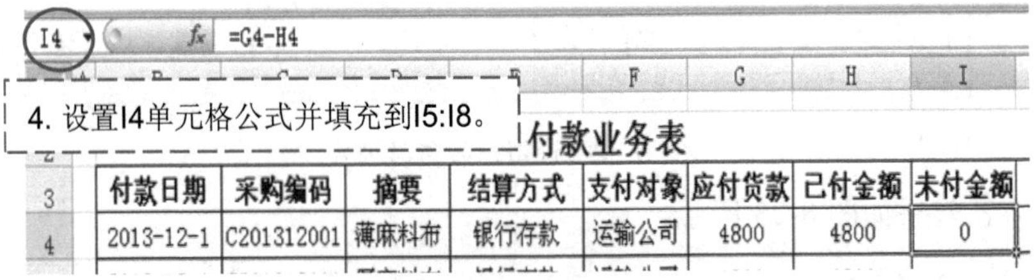

图 8-27　设置未付金额公式

根据未付金额判定是否已付款完全在备注中表明，以便清查，如图 8-28 所示。

付款业务表

付款日期	采购编码	摘要	结算方式	支付对象	应付货款	已付金额	未付金额	备注
2013-12-1	C201312001	薄麻料布	银行存款	运输公司	4800	4800	0	已付清
2013-12-1	C201312001	厚麻料布	银行存款	运输公司	4800	4800	0	已付清
2013-12-2	C201312001	购料	商业承兑汇票	供应商	409190	409190	0	已付清
2013-12-4	C201312002	购料	银行存款	运输公司	4800	4800	0	已付清
2013-12-4	C201312002	购料	银行汇票	供应商	168448.5	168448.5	0	已付清

图 8-28　付款业务表数据

任务四　输入库存信息

活动一　设置库存管理表样式

通过建立库存管理表，提供对各存货结存数据的查询服务。此表负责将前面的成品入库、材料采购、付款情况、材料领用、销售业务、收款情况规整到一起，便于进行数据查询，如图 8-29 所示。

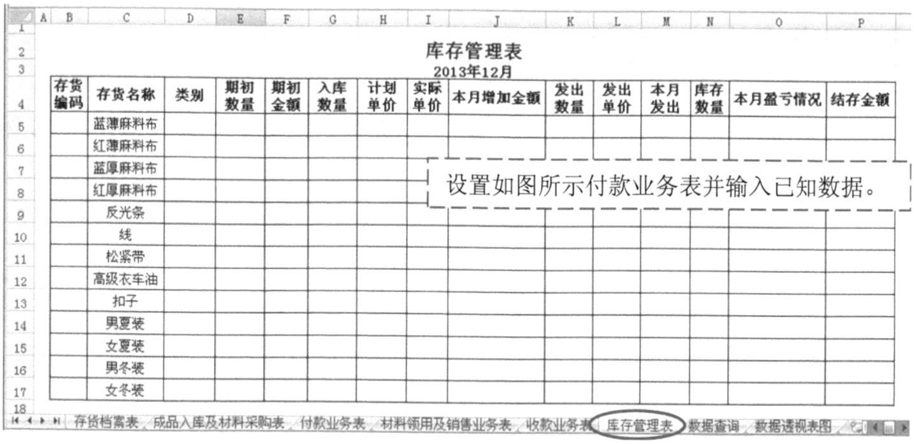

图 8-29　库存管理表样式

活动二　库存管理表公式设置

输入存货编码，公式如图 8-30 所示。

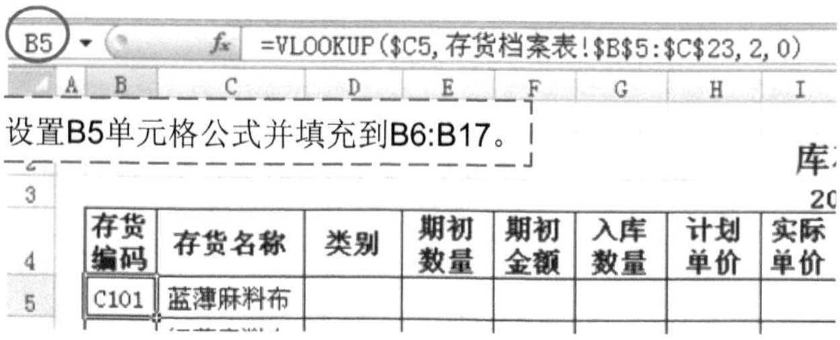

图 8-30　设置库存管理表公式 1

依据表 8-1 所示的公式，将其输入至相应的单元格中。

表 8-1　库存管理表公式清单

单元格	公　式
D5	=VLOOKUP(B4,存货档案表!$B$5:$D$23,3,0)
E5	=VLOOKUP(B4,存货档案表!$B$5:$F$23,5,0)
F5	=VLOOKUP(B4,存货档案表!$B$5:$H$23,7,0)

续表

单元格	公　　式
G5	=VLOOKUP(B4,成品入库及材料采购表!$F$5:$H$17,3,0)
H5	=VLOOKUP(B4,存货档案表!$B$5:$G$23,6,0)
I5	=VLOOKUP(B4,成品入库及材料采购表!F5:I17,4,0)
J5	=F4*H4
K5	=VLOOKUP(B4,材料领用及销售业务表!$F$5:$I$17,4,0)
L5	=VLOOKUP(B4,材料领用及销售业务表!$F$5:$J$17,5,0)
M5	=K4*J4
N5	=D4+F4-J4
O5	=(K4-H4)*J4
P5	=E4+I4+L4+N4

利用拖曳的方式将公式复制至对应列的第 6～17 行单元格中，完成对应列单元格内容的填写。数据效果如图 8-31 所示。

库存管理表

2013年12月　　金额单位:元

存货编码	存货名称	类别	期初数量	期初金额	入库数量	计划单价	实际单价	本月增加金额	发出数量	发出单价	本月发出成本	库存数量	本月盈亏情况	结存金额
C101	蓝薄麻料布	原料及主要材料	1900	49,020.00	4500	25.8	25.5	114,750.00	5500	25.8	141,900.00	900	1,650.00	307,320.00
C102	红薄麻料布	原料及主要材料	1908	49,226.40	5500	25.8	25.5	140,250.00	6040	25.8	155,832.00	1368	1,812.00	347,120.40
C201	蓝厚麻料布	原料及主要材料	1630	53,627.00	3400	32.9	34	115,600.00	4250	32.9	139,825.00	780	-4,675.00	304,377.00
C202	红厚麻料布	原料及主要材料	1720	56,588.00	3600	32.9	34	122,400.00	4800	32.9	157,920.00	520	-5,280.00	331,628.00
F002	反光条	辅助材料	1520	60,800.00	300	40	42	12,600.00	1064	40	42,560.00	756	-2,128.00	113,832.00
F003	线	辅助材料	1910	15,280.00	500	8	9	4,500.00	1006	8	8,048.00	1404	-1,006.00	26,822.00
F001	松紧带	辅助材料	1120	84,000.00	1500	75	74.5	111,750.00	500	75	37,500.00	2120	250.00	233,500.00
B001	高级衣车油	修理用备品	50	5,250.00	600	105	106	63,600.00	10	105	1,050.00	640	-10.00	69,890.00
C301	扣子	原料及主要材料	1320	13,200.00	1000	10	10.5	10,500.00	2014	10	20,140.00	306	-1,007.00	42,833.00
Y101	男夏装	成衣制品	5456	1,447,476.80	1900	265.3	265.3	504,070.00	2800	380	1,064,000.00	4556	321,160.00	3,336,706.80
Y201	女夏装	成衣制品	5386	1,031,742.16	2200	191.56	191.6	421,432.00	2600	340	884,000.00	4986	385,944.00	2,723,118.16
Y102	男冬装	成衣制品	5209	1,981,868.23	2200	380.47	380.5	837,034.00	2600	480	1,248,000.00	4809	258,778.00	4,325,680.23
Y202	女冬装	成衣制品	5700	2,226,192.00	2200	390.56	390.6	859,232.00	2800	440	1,232,000.00	5100	138,432.00	4,455,856.00

图 8-31　库存管理表数据

任务五　存货查询与数据透视

活动一　建立存货查询表并完成存货筛选

Step 01 设置数据查询条件。

通过设置数据筛选条件，提供相应的筛选结果给上级主管查阅，及时了解公司购销存情况。根据不同的筛选条件，筛选结果的项目可以来自于成品入库及材料采购表，也可以来自于材料领用及销售业务表等其他表格的内容，具体依据所需筛选的内容。本案例中以材料领用及销售业务表中的项目内容为筛选内容，要求筛选出存货编码为 Y101 或者为 Y102 的两种货品在材料领用及销售业务表中的领用或销售情况。

小知识

高级筛选

Excel软件中的高级筛选是自动筛选功能的升级。它可以将自动筛选的定制格式改为自定义格式，其功能优于自动筛选。在实际应用中可以设置不同的筛选条件，有不包含单元格引用和包含单元格引用。不包含单元格引用的筛选主要包含三方面的内容：一是两个“与”条件的筛选；二是两个“或”条件的筛选；三是多个条件的综合筛选。若是“与”的多个条件则在同一行并行设置，而如果是“或”的多个条件，则是在不同行设置。而且还可以将筛选结果存放在不同的位置，可以放在原址，也可以复制到本表的其他位置或其他表中。

根据上述高级筛选的使用方式，存货编码为Y101或Y102的两种货品都是筛选对象，那么用到的就是两个“或”条件的筛选，则在不同行设置条件，如图8-32所示。

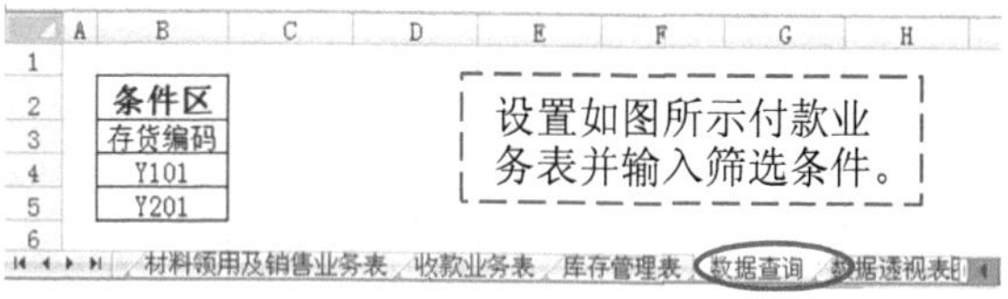

图8-32 设置数据查询表的筛选条件

Step 02 完成数据筛选，如图8-33所示。

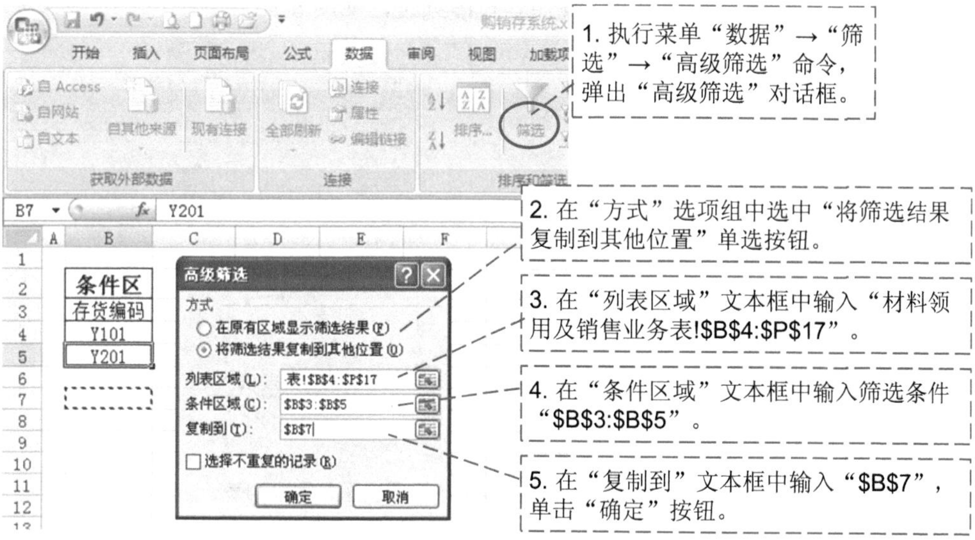

图8-33 使用高级筛选

数据筛选效果如图8-34所示。

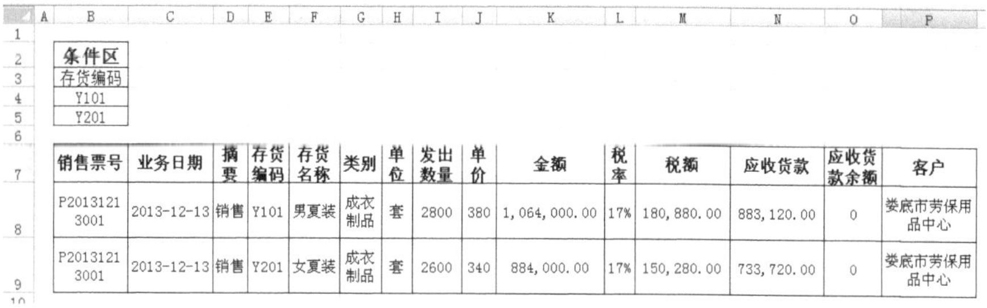

条件区
存货编码
Y101
Y201

销售票号	业务日期	摘要	存货编码	存货名称	类别	单位	发出数量	单价	金额	税率	税额	应收货款	应收货款余额	客户
P20131213001	2013-12-13	销售	Y101	男夏装	成衣制品	套	2800	380	1,064,000.00	17%	180,880.00	883,120.00	0	娄底市劳保用品中心
P20131213001	2013-12-13	销售	Y201	女夏装	成衣制品	套	2600	340	884,000.00	17%	150,280.00	733,720.00	0	娄底市劳保用品中心

图8-34 筛选效果图

活动二　完成数据透视

Step 01 创建数据透视表，如图 8-35 所示。

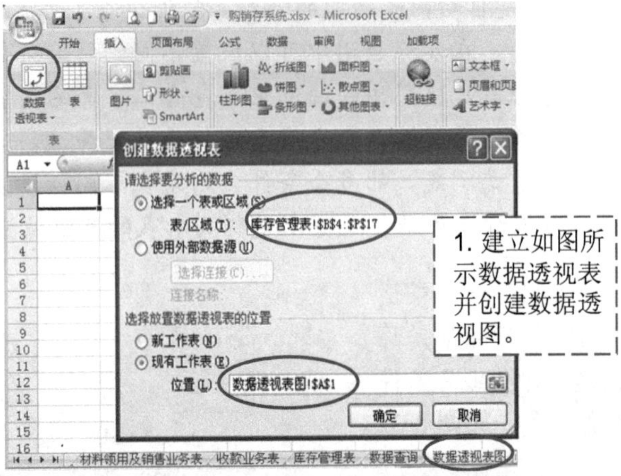

图 8-35　创建数据透视表及数据透视图

Step 02 设置数据透视表及数据透视图各自段列表，如图 8-36 所示。

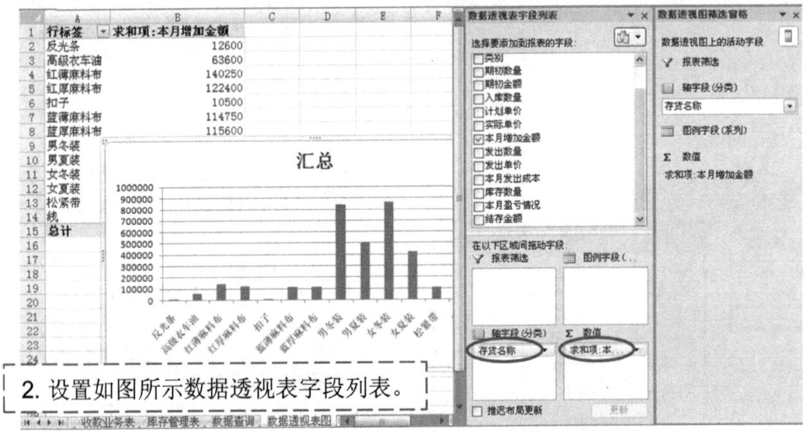

图 8-36　设置数据透视表及数据透视图各字段列表

Step 03 数据透视表及数据透视图效果如图 8-37 所示。

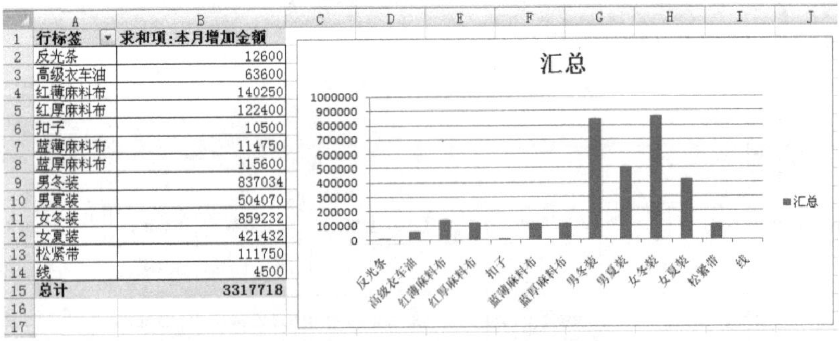

行标签	求和项:本月增加金额
反光条	12600
高级衣车油	63600
红薄麻料布	140250
红厚麻料布	122400
扣子	10500
蓝薄麻料布	114750
蓝厚麻料布	115600
男冬装	837034
男夏装	504070
女冬装	859232
女夏装	421432
松紧带	111750
线	4500
总计	3317718

图 8-37　数据透视表及数据透视图效果

通过图 8-37 可以看出当月哪些原材料或者商品增加金额最多，通过对比上个月的数据，可以适当调整公司的生产计划，对采购和销售也有指向作用，这样就不会造成某种原材料存货太多影响生产，或者存在大量积压商品在仓库中尚未销售的情况。

模拟实战

1．尝试将购销存系统中每处使用 VLOOKUP()函数的地方改成 LOOKUP()函数，看数据是否有变化，比较两种函数的异同，学会灵活使用查询函数。

2．利用数据筛选方式，查询符合以下条件的内容，将筛选结果复制到其他位置。

筛选需求一：在库存管理表中筛选出本月盘盈情况为负数的库存信息表（=库存管理表!O5<0），效果如图 8-38 所示。

存货编码	存货名称	类别	期初数量	期初金额	入库数量	计划单价	实际单价	本月增加金额	发出数量	发出单价	本月发出成本	库存数量	本月盈亏情况	结存金额
C201	蓝厚麻料布	原料及主要材料	1630	53,627.00	3400	32.9	34	115,600.00	4250	32.9	139,825.00	780	-4,675.00	304,377.00
C202	红厚麻料布	原料及主要材料	1720	56,588.00	3600	32.9	34	122,400.00	4800	32.9	157,920.00	520	-5,280.00	331,628.00
F002	反光条	辅助材料	1520	60,800.00	300	40	42	12,600.00	1064	40	42,560.00	756	-2,128.00	113,832.00
F003	线	辅助材料	1910	15,280.00	500	8	9	4,500.00	1006	8	8,048.00	1404	-1,006.00	26,822.00
B001	高级衣车油	修理用备品	50	5,250.00	600	105	106	63,600.00	10	105	1,050.00	640	-10.00	69,890.00
C301	扣子	原料及主要材料	1320	13,200.00	1000	10	10.5	10,500.00	2014	10	20,140.00	306	-1,007.00	42,833.00

图 8-38 数据透视表效果图

筛选需求二：在成品入库及材料采购表中筛选出 2013 年 12 月中采购的蓝薄麻料布的基本信息，效果如图 8-39 和图 8-40 所示。

条件区	条件区	条件区
业务日期	业务日期	存货名称
>=2013-12-1	<=2013-12-31	蓝薄麻料布

图 8-39 数据透视表效果图

采购编码	业务日期	摘要	存货编码	存货名称	单位	数量	采购单价	金额	税率	税额	应付金额
C201312001	2013-12-1	购料	C101	蓝薄麻料布	米	4500	25.50	114,750.00	17%	19,507.50	95,242.50

图 8-40 数据透视表效果图

筛选需求三：在库存管理表中筛选出结存金额排名前 3 名的存货信息（=库存管理表!P5>=LARGE(库存管理表!$P$5:$P$17,3)），效果如图 8-41 所示。

存货编码	存货名称	类别	期初数量	期初金额	入库数量	计划单价	实际单价	本月增加金额	发出数量	发出单价	本月发出成本	库存数量	本月盈亏情况	结存金额
Y101	男夏装	成衣制品	5456	1,447,476.80	1900	265.3	265.3	504,070.00	2800	380	1,064,000.00	4556	331,160.00	3,006,706.00
Y102	男冬装	成衣制品	5209	1,981,868.23	2200	380.5	380.5	837,034.00	2600	480	1,248,000.00	4809	258,778.00	4,325,680.23
Y202	女冬装	成衣制品	5700	2,226,192.00	2200	390.6	390.6	859,232.00	2800	440	1,232,000.00	5100	138,432.00	4,455,856.00

图 8-41 数据透视表效果图

函数与公式

LARGE()函数

含义：返回数据集中的第 k 个最大值。

语法：LARGE(array,k)。

解释：

array 为需要找到第 k 个最大值的数组或数字型数据区域。

k 为返回的数据在数组或数据区域里的位置（从大到小）。LARGE()函数计算最大值时忽略逻辑值 TRUE 和 FALSE 以及文本型数字。

【例 8-2】 如果 A1=24，A2=5，A3=7，A4=15，A5=0，A6=35，A7=2，A8=5，则公式"=LARGE(A1:A8,3)"返回 15，即数组中第 3 个大的数字是 15（A4）。

3．利用数据透视表完成不同类别的结存金额总数，并建立数据透视图比较模型，效果如图 8-42 所示。

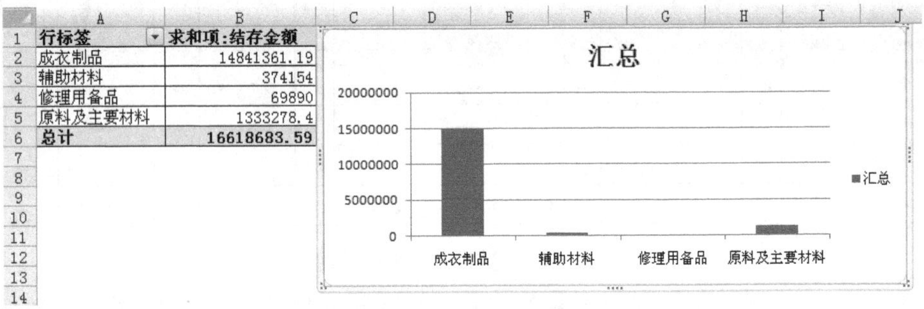

行标签	求和项:结存金额
成衣制品	14841361.19
辅助材料	374154
修理用备品	69890
原料及主要材料	1333278.4
总计	16618683.59

图 8-42　数据透视表及数据透视图效果图

第三篇　Excel 财务管理

9
CHAPTER

项目 9

流动资产管理

项目目标

1．能综合利用规划求解、利用数据表进行单因素和双因素分析、窗体控件的拉取与使用、SQRT()函数及自定义日期格式、排序和分类汇总、零值不显示设置、图表生成及格式设置、数据有效性设置序列、IF()函数嵌套使用、SUM()函数、COUNTIF()函数、HLOOKUP()函数、MIN()函数、NOW()函数、SUMIF()函数完成流动资产管理。

2．了解 Excel 错误值的产生及原因。

3．巩固应收账款成本与信用政策确定、存货成本及最佳经济批量模型、现金持有成本及最佳持有量确定等财务管理知识。

项目导入

流动资产是企业资产必不可少的部分，包括货币资金、应收账款、存货等内容，其流动性强，获利能力低。流动资产管理不善易产生资金链断裂或大量资金占用。流动资产的资金占用状况和周转率既反映了流动资金的利用效率，又反映着企业生产经营管理水平和自我生存、自我发展能力的大小。流动资产管理的关键是合理确定资产数量与应用时间的同步。

项目思路

本项目以流动资产管理业务为主线，分为三大任务：应收账款管理→存货管理→现金管理。应收账款利用 Excel 管理的内容有应收账款统计、应收账款逾期与账龄分析、建立应收账款赊销政策模型。存货管理利用 Excel 管理的内容有建立最优经济批量决策模型、建立 ABC 分类管理模型。现金利用 Excel 管理的内容有建立成本分析模型、建立存货分析模型。

任务一　应收账款管理

活动一　应收账款统计

Step 01 建立应收账款清单。

应收账款的管理，应先设计应收账款清单才可统计各公司应收账款。

① 建立清单，如图 9-1 所示。

图 9-1　建立应收账款清单 1

② 设置“到期日期”格式为“yyyy-mm-dd”。

③ 设置当前日期，如图 9-2 所示。

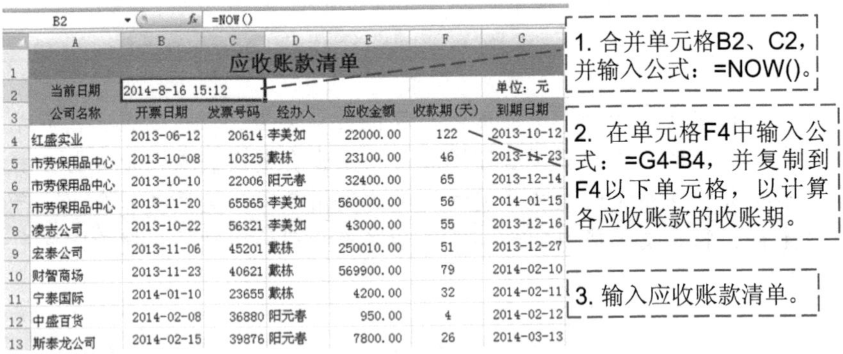

	A	B	C	D	E	F	G
1	应收账款清单						
2	当前日期	2014-8-16 15:12					单位：元
3	公司名称	开票日期	发票号码	经办人	应收金额	收款期(天)	到期日期
4	红盛实业	2013-06-12	20614	李美如	22000.00	122	2013-10-12
5	市劳保用品中心	2013-10-08	10325	戴栋	23100.00	46	2013-11-23
6	市劳保用品中心	2013-10-10	22006	阳元春	32400.00	65	2013-12-14
7	市劳保用品中心	2013-11-20	65565	李美如	560000.00	56	2014-01-15
8	凌志公司	2013-10-22	56321	李美如	43000.00	55	2013-12-16
9	宏泰公司	2013-11-06	45201	戴栋	250010.00	51	2013-12-27
10	财智商场	2013-11-23	40621	戴栋	569900.00	79	2014-02-10
11	宁泰国际	2014-01-10	23655	戴栋	4200.00	32	2014-02-11
12	中盛百货	2014-02-08	36880	阳元春	950.00	4	2014-02-12
13	斯泰龙公司	2014-02-15	39876	阳元春	7800.00	26	2014-03-13

图 9-2　建立应收账款清单 2

Step 02 统计应收账款。

统计应收账款的方法有两种：分类汇总法、SUMIF()函数法。

方法一：利用分类汇总统计，如图 9-3 和图 9-4 所示。

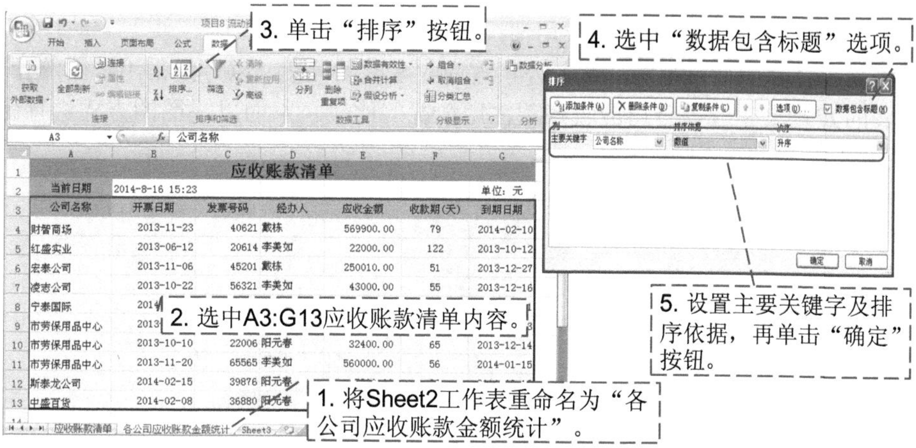

图 9-3 应收账款排序

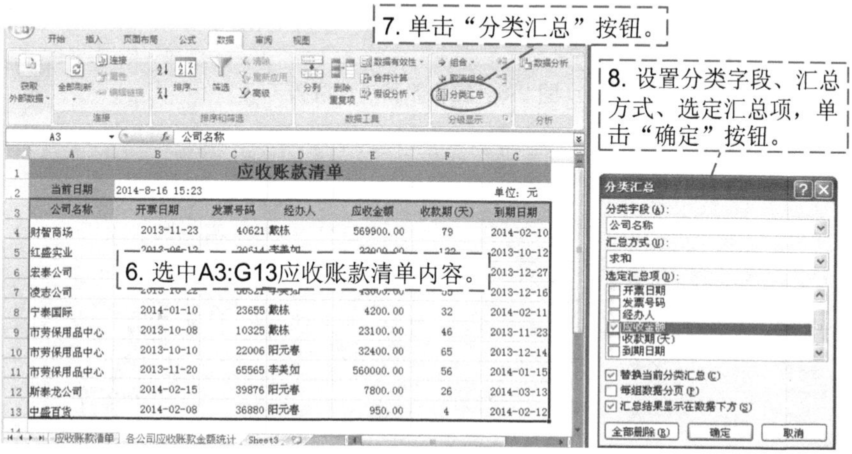

图 9-4 应收账款分类汇总

方法二：利用 SUMIF()函数统计，如图 9-5 所示。

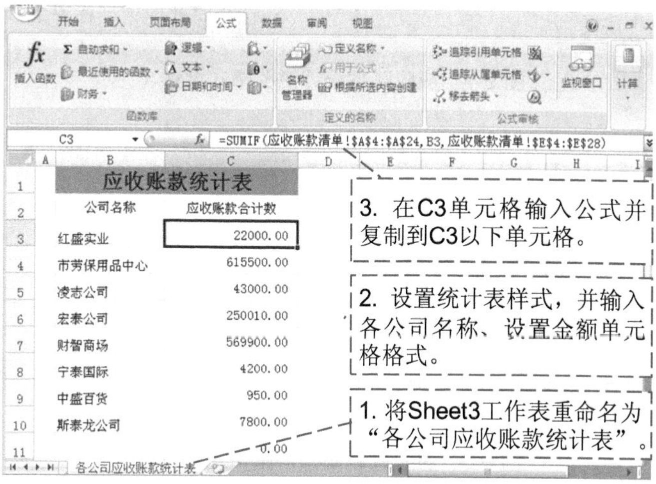

图 9-5 用 SUMIF()函数统计应收账款

Step 03 比较各公司应收账款的占用情况。

应收账款统计完成后，还需了解各公司占应收账款的比重，以方便采用不同的管理政策。可以用图表的方式来完成各公司应收账款占用情况的比较。下面以饼图的方式进行比较，如图 9-6～图 9-8 所示。

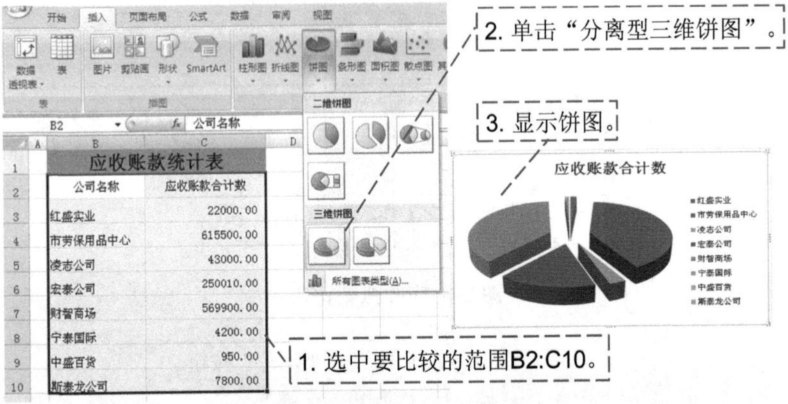

图 9-6　应收账款统计饼图

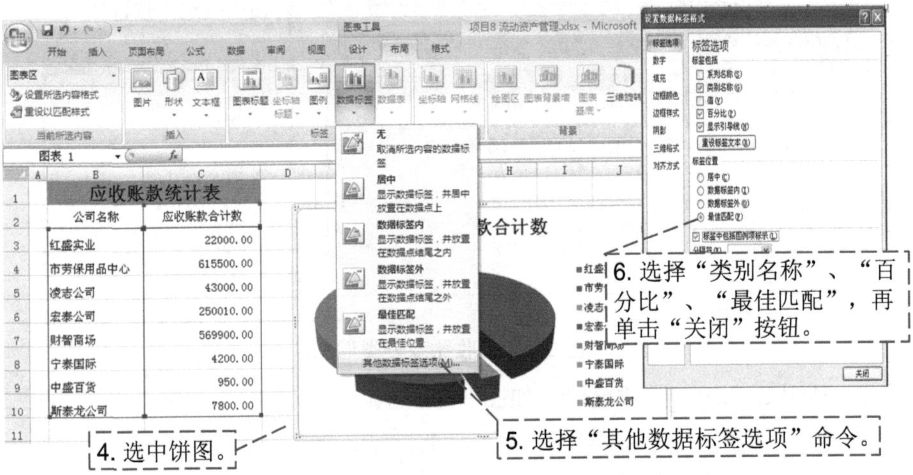

图 9-7　应收账款统计饼图格式设置 1

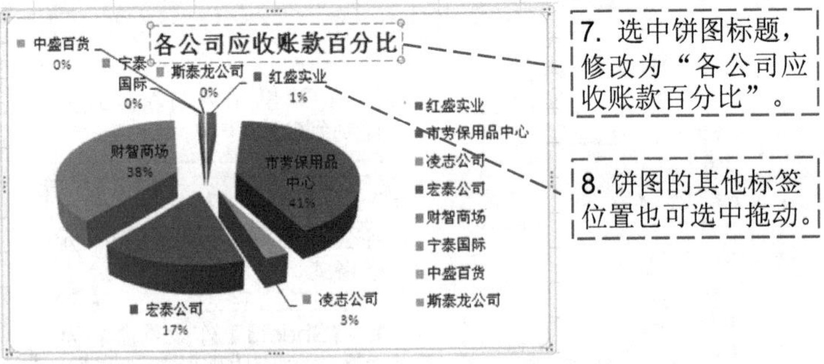

图 9-8　应收账款统计饼图格式设置 2

活动二　应收账款逾期与账龄分析

1. 应收账款逾期分析

企业应该给予客户信用期限，一旦客户未在信用期限内付款或超过信用期限，企业应就应收账款的逾期情况制定不同的收账政策。下面就应收账款进行逾期分析，分析各应收账款的逾期天数、逾期金额及未到期金额，如图 9-9～图 9-13 所示。

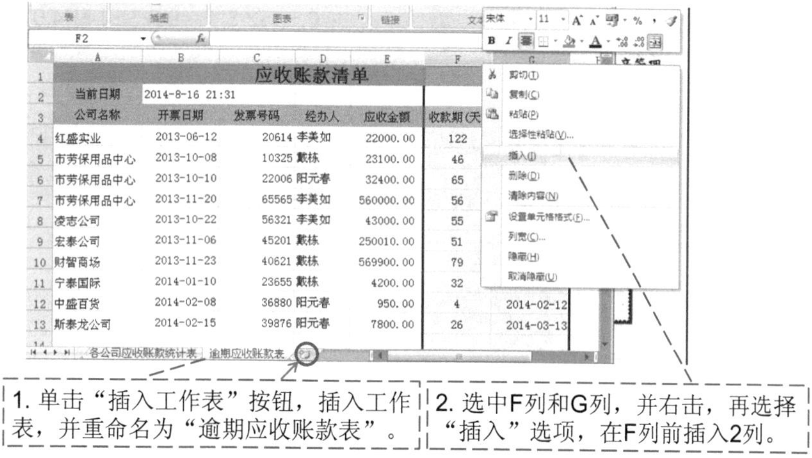

图 9-9　建立逾期应收账款表

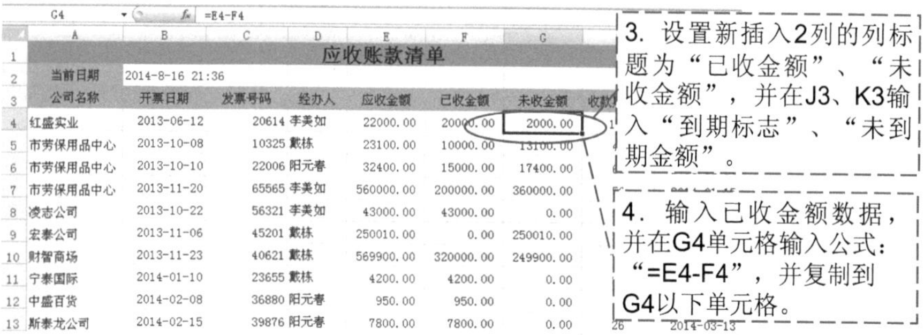

图 9-10　逾期应收账款表公式设置 1

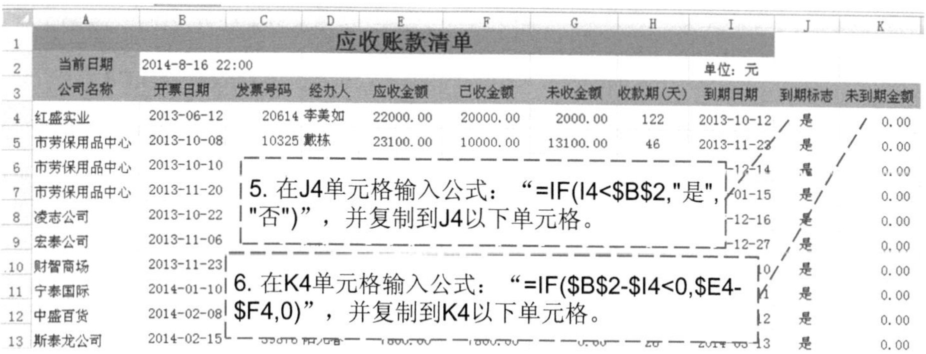

图 9-11　逾期应收账款表公式设置 2

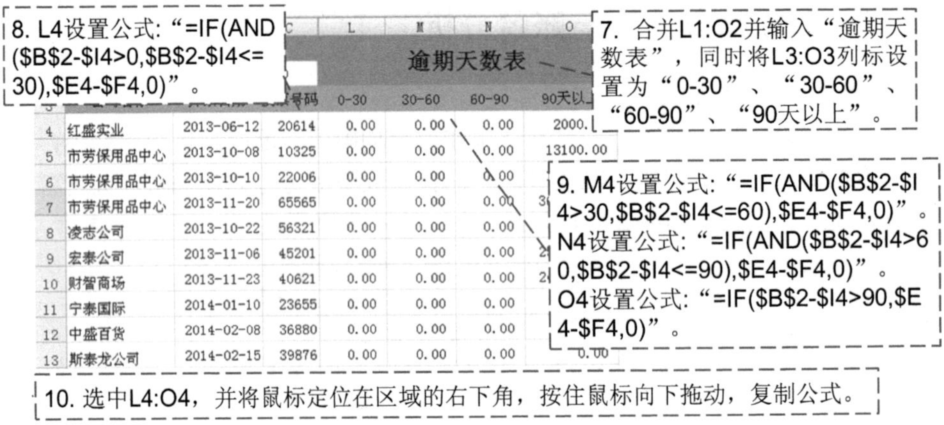

图9-12　逾期应收账款表公式设置3

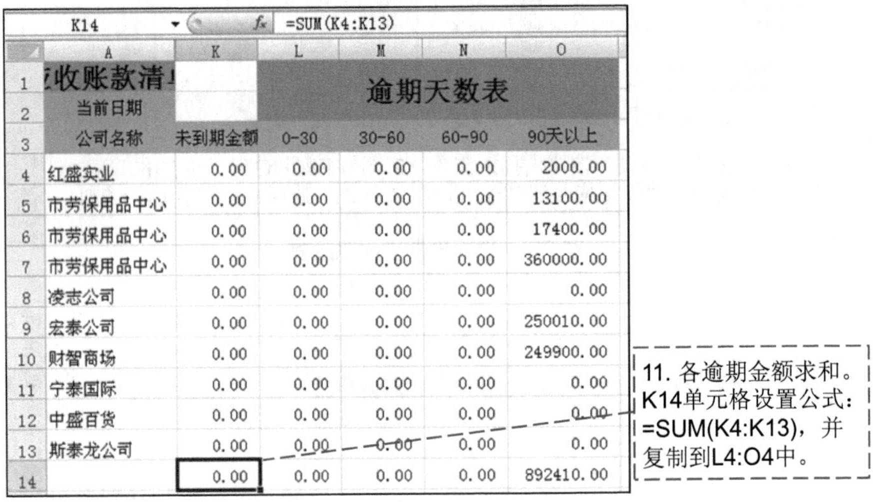

图9-13　逾期应收账款表公式设置4

2. 应收账款账龄分析

Step 01 建立应收账款账龄分析表，方法如图9-14和图9-15所示。

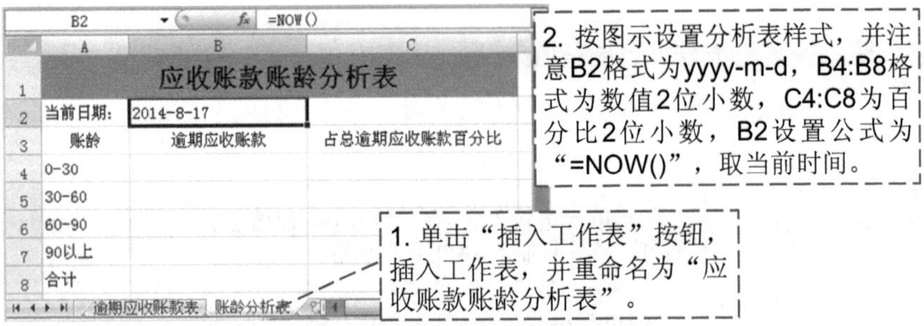

图9-14　建立应收账款账龄分析表

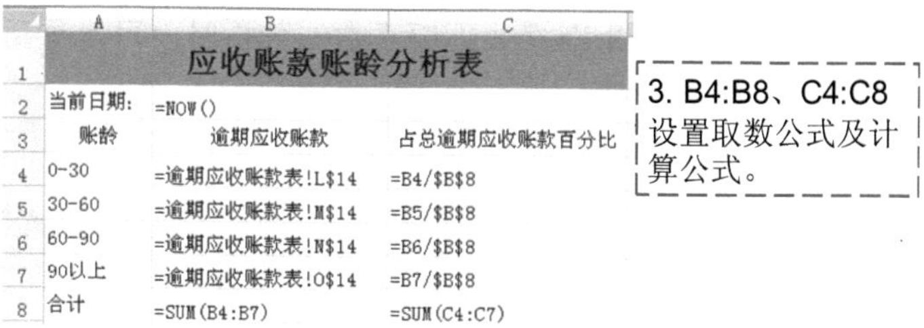

	A	B	C
1	应收账款账龄分析表		
2	当前日期:	=NOW()	
3	账龄	逾期应收账款	占总逾期应收账款百分比
4	0-30	=逾期应收账款表!L$14	=B4/$B$8
5	30-60	=逾期应收账款表!M$14	=B5/$B$8
6	60-90	=逾期应收账款表!N$14	=B6/$B$8
7	90以上	=逾期应收账款表!O$14	=B7/$B$8
8	合计	=SUM(B4:B7)	=SUM(C4:C7)

图 9-15　应收账款账龄分析公式设置

Step 02 插入分析图及变更分析图，具体操作如图 9-16～图 9-18 所示。

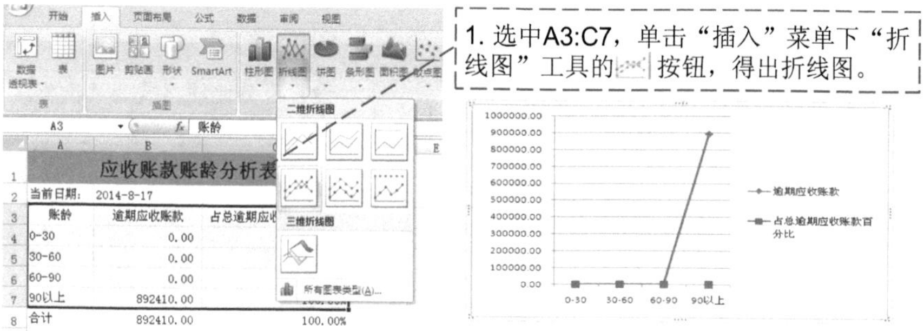

图 9-16　应收账款账龄分析折线图

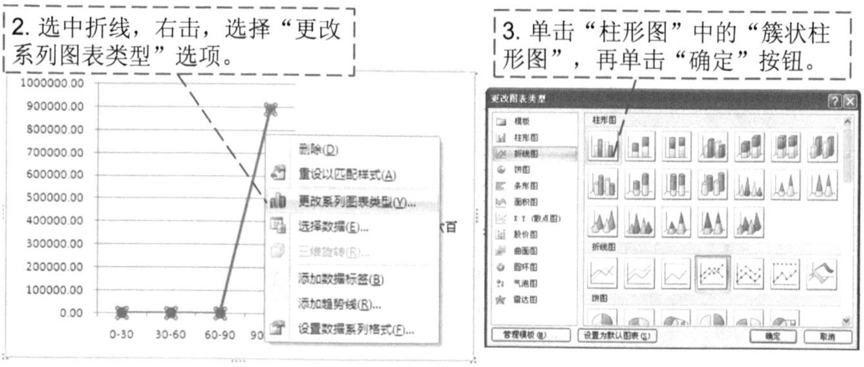

图 9-17　应收账款账龄分析折线图改柱形图

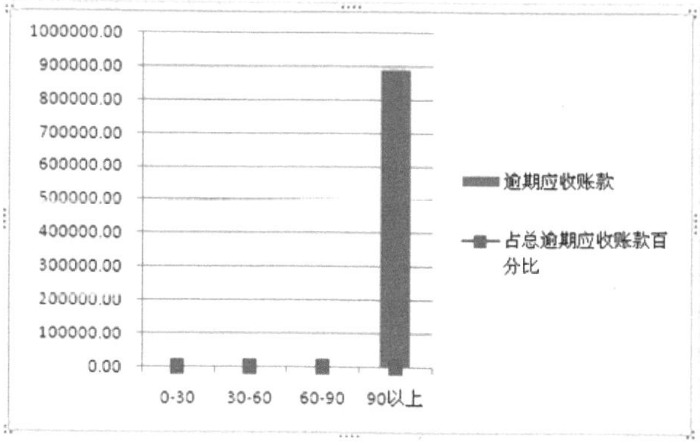

图 9-18　应收账款账龄分析柱形图

Step 03 分析图格式设置。当分析图格式不便于数据分析时，可以重新设置分析图格式，如图 9-19～图 9-21 所示。

① 设置坐标轴格式。

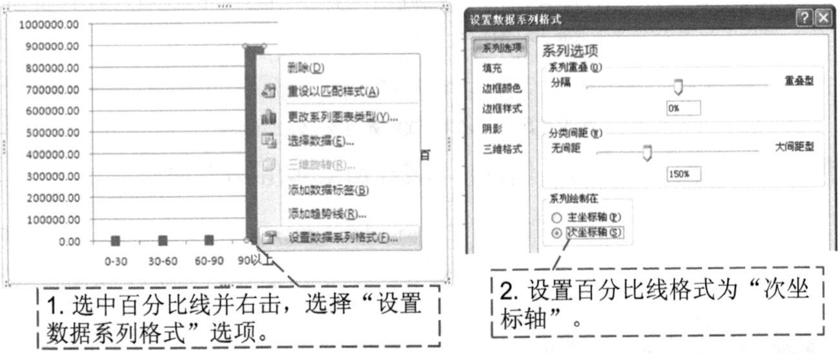

图 9-19　柱状图次坐标轴设置

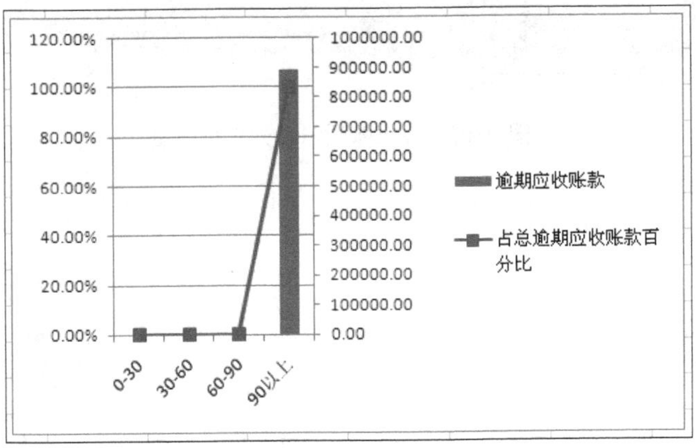

图 9-20　设置了主次坐标轴的柱状图

② 设置图表标题。

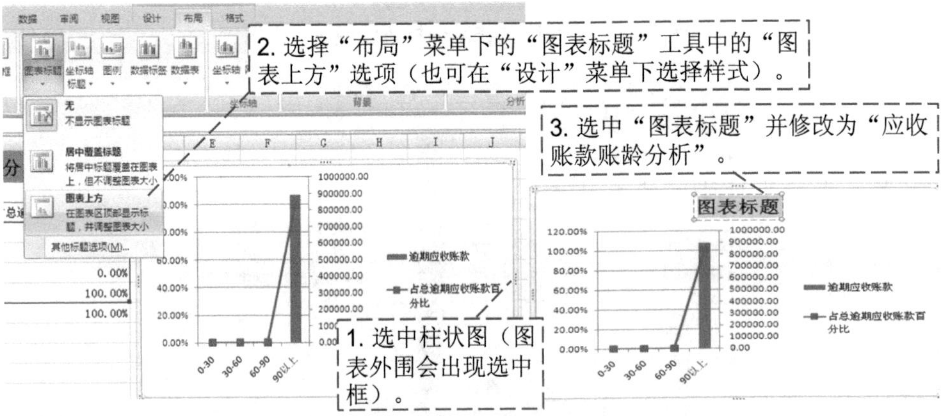

图 9-21　柱状图格式设置

活动三　建立应收账款赊销政策模型

影响赊销策略的四个因素：信用期间、信用标准、现金折扣、收账方法。应收账款赊销政策分析的方法有两种：增量分析、直接计算分析。应收账款信用政策评价标准各方案所带来的净收益最大。本活动以增量分析模型的建立分析为例。

Step 01 建立应收账款赊销策略分析模型表。计算公式：

（1）信用标准（信用额度）对利润的影响＝销售额增减量×销售利润率

（2）信用期间变化对应收账款机会成本的影响

＝［（新方案平均收账期－原方案平均收账期）/360×原方案销售额＋新方案平均收账期/360×新方案增减销售量］×应收账款机会成本

（分解为收账期增加而增加的应收账款和增加销售额而增加的应收账款两部分）

（3）现金折扣变化对利润的影响

＝（原方案销售额＋新方案销售额）×平均折扣成本的变化对坏账成本的影响率×新方案的现金折扣率

（4）信用变化对坏账损失的影响

＝新方案销售额增减量×新方案增加销售额的坏账损失率

【例 9-1】利用增量分析法确定政策丹枫采用哪种应收账款信用政策。资料如表 9-1 所示。

表 9-1　信用政策方案

	原方案(n/45)	方案 A（n/60）	方案 B（2/20，n/40）
销售额	100000	120000	130000
销售利润率	20%	20%	20%
坏账损失率	6%	11%	10%
现金折扣率	0	0	2%
享受折扣比	0	0	50%

增量分析法模型表建立方法如图 9-22 所示。

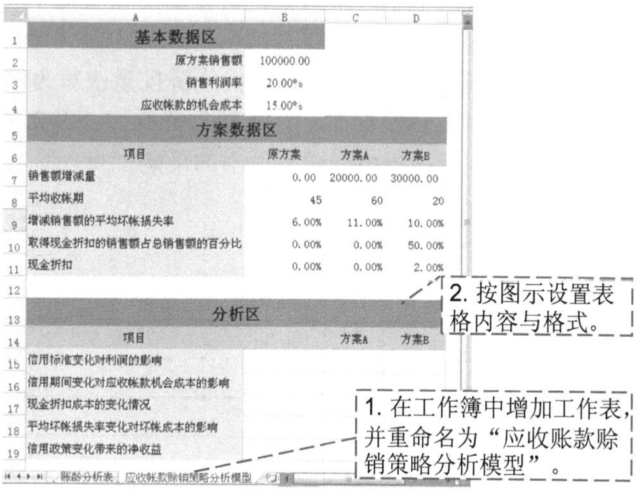

图 9-22　建立应收账款赊销策略分析模型

Step 02 应收账款赊销策略分析。

应收账款赊销策略分析如图 9-23 和图 9-24 所示。

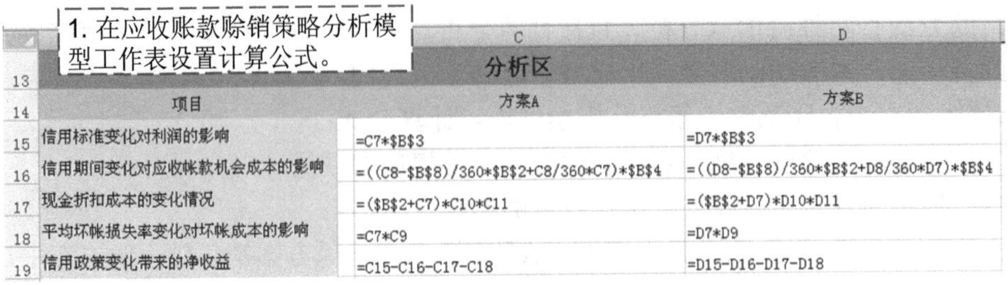

13	分析区		
14	项目	方案A	方案B
15	信用标准变化对利润的影响	=C7*$B$3	=D7*$B$3
16	信用期间变化对应收帐款机会成本的影响	=((C8-$B$8)/360*$B$2+C8/360*C7)*$B$4	=((D8-$B$8)/360*$B$2+D8/360*D7)*$B$4
17	现金折扣成本的变化情况	=($B$2+C7)*C10*C11	=($B$2+D7)*D10*D11
18	平均坏帐损失率变化对坏帐成本的影响	=C7*C9	=D7*D9
19	信用政策变化带来的净收益	=C15-C16-C17-C18	=D15-D16-D17-D18

图 9-23　赊销策略分析模型增量计算公式设置

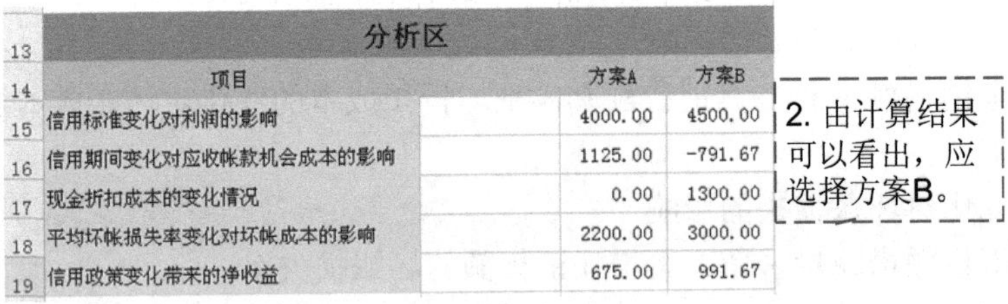

13	分析区		
14	项目	方案A	方案B
15	信用标准变化对利润的影响	4000.00	4500.00
16	信用期间变化对应收帐款机会成本的影响	1125.00	-791.67
17	现金折扣成本的变化情况	0.00	1300.00
18	平均坏帐损失率变化对坏帐成本的影响	2200.00	3000.00
19	信用政策变化带来的净收益	675.00	991.67

图 9-24　赊销策略分析增量计算结果

由上述分析可以看出，采用方案 A 信用政策，带来的增量净收益为 675，采用方案 B 带来的增量净收益为 991.67，所以应选用 B 方案信用政策。

任务二　存货管理

活动一　建立最优经济批量决策模型

对于存货而言，不同的采购条件下不同采购批量所付出的成本是不相同的。存货成本包括进货成本、储存成本、缺货成本。使采购总成本最小的批量为最优经济批量。企业存货管理可分为多品种和单品种管理。下面以单品种存货最优经济批量决策为例。

【例 9-2】丹枫公司拟采购一种材料红棉布，存货基本资料如表 9-2 所示，要求确定分别在基本假设前提、陆续到货、存在商业折扣下成本最小的采购批量。

表 9-2　存货资料

存货名称	红棉布
材料年需要量 D	36000.00
一次订货成本 K	100.00
单位储存成本 C	3.00
每日送货量 P	200.00
每日耗用量 d	40.00
单价 A	10.00

Step 01 设置表格基本内容与样式，如图 9-25 所示。

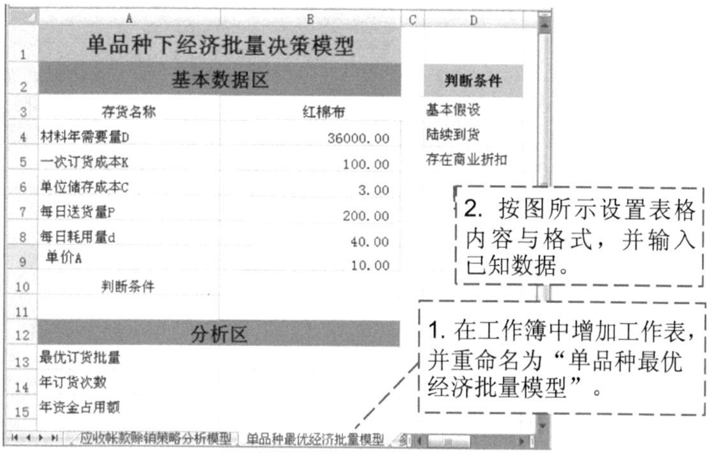

图 9-25　建立单品种存货最优经济批量表

Step 02 利用窗体控件设置判断条件，如图 9-26～图 9-29 所示。

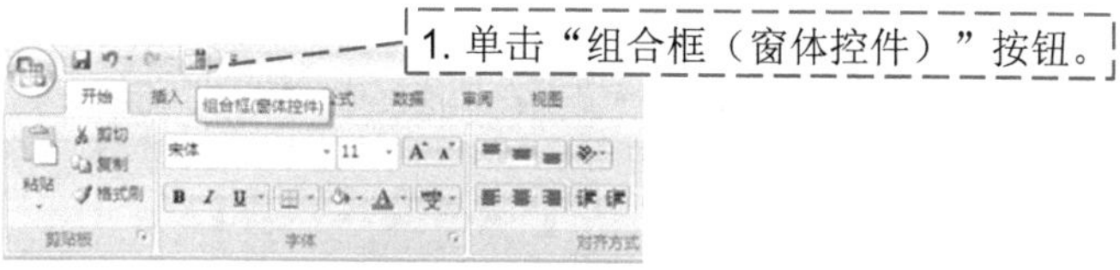

图 9-26　判断条件设置图 1

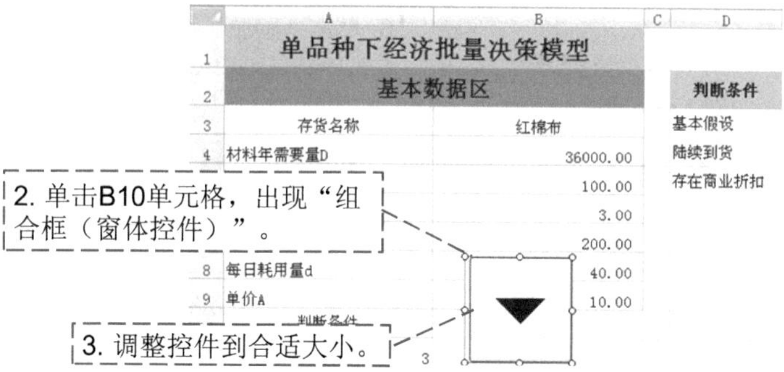

图 9-27　判断条件设置图 2

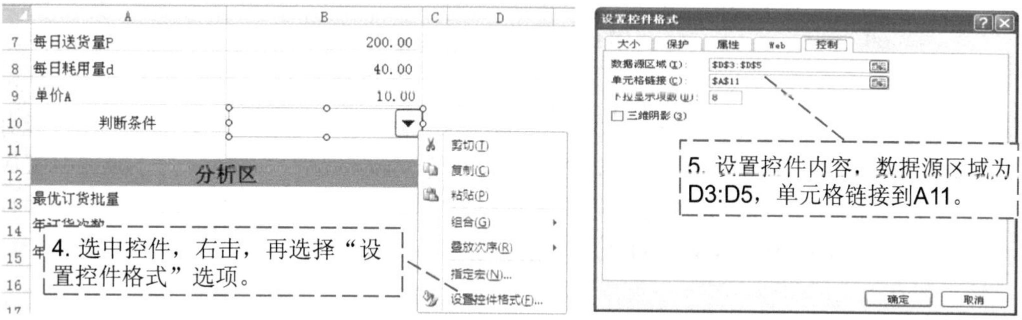

图 9-28　判断条件设置图 3

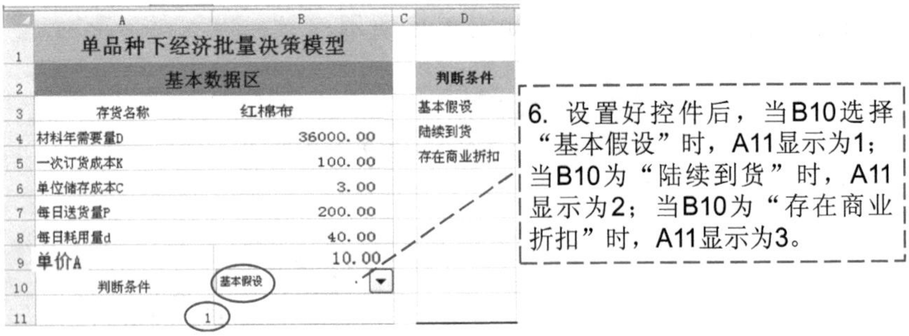

图9-29　判断条件设置图4

小知识

1.如何拉取控件窗口？

应用Office过程中会用到诸如按钮、组合框、复选框、单选按钮等工具，这些称之为窗体按钮。设置窗体控件按钮的方法如图9-30和图9-31所示，以组合框按钮为例。

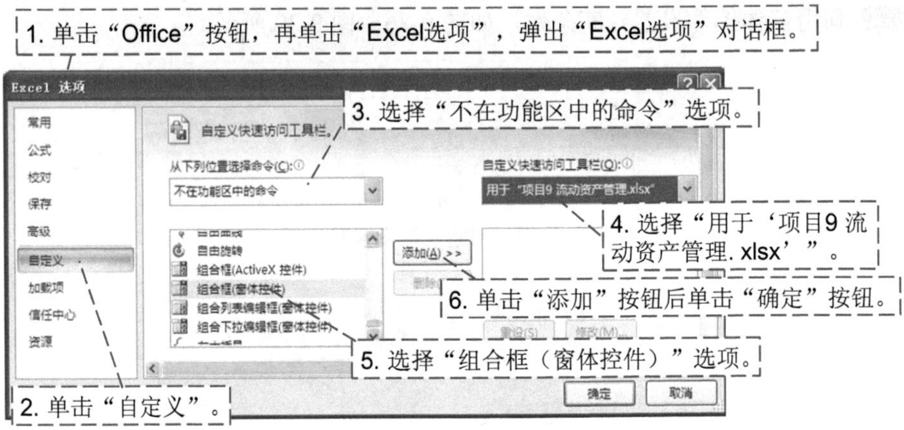

图9-30　调用窗体控件

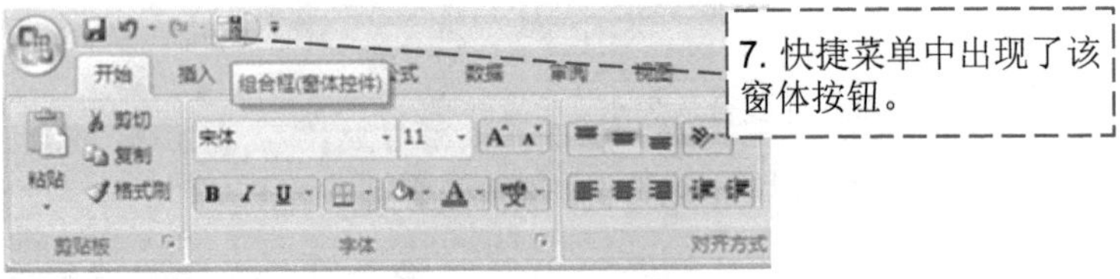

图9-31　窗体控件位置

2．如何设置控件格式？

设置控件格式时，有大小、保护、属性、Web、控制5个选项。“大小”用于设置控件的大小、转角及高宽比例。“保护”用于设置工作表的锁定和保护。“属性”用于设置位置是否固定。“Web”用于设置当加载的图片等丢失时可以代替的文字。“控制”用于设置控件的数据源、链接、下拉显示项数及控件样式。

Step 03 设置商业折扣分析表，如图 9-32 所示。

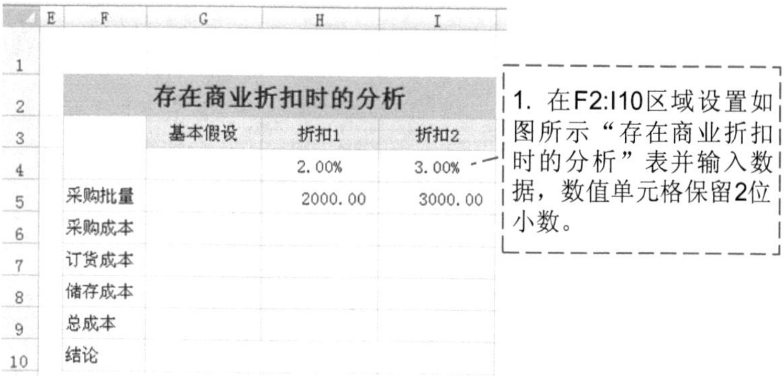

图 9-32　商业折扣分析表

Step 04 设置分析区公式，如图 9-33～图 9-35 所示。

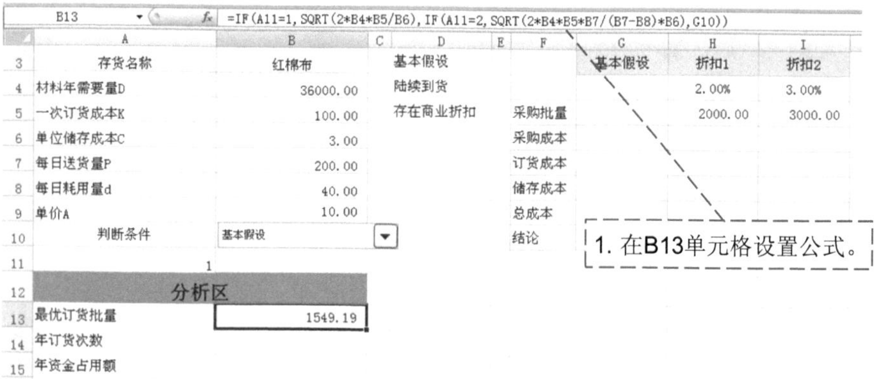

图 9-33　公式设置图 1

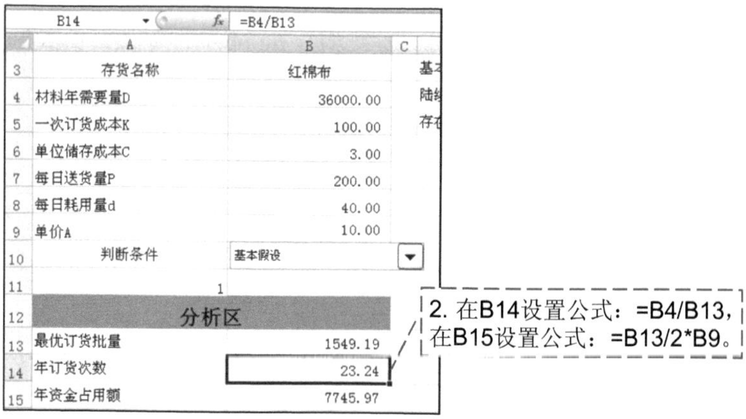

图 9-34　公式设置图 2

Step 05 存在商业折扣时最优经济批量确定，如图 9-36 所示。

	F	G	H	I
1				
2	存在商业折扣时的分析			
3		基本假设	折扣1	折扣2
4			0.02	0.03
5	采购批量	1549.19	2000	3000
6	采购成本	=$B$4*$B$9	=$B$4*$B$9*(1-H4)	=$B$4*$B$9*(1-I4)
7	订货成本	=$B$4/G5*$B$5	=$B$4/H5*$B$5	=$B$4/I5*$B$5
8	储存成本	=G5/2*$B$6	=H5/2*$B$6	=I5/2*$B$6
9	总成本	=SUM(G6:G8)	=SUM(H6:H8)	=SUM(I6:I8)
10	结论	=HLOOKUP(MIN(G9,H9,I9),G5:I9,1,1)		

1. 在G5输入判断条件为“基本假设”下的最优经济批量。

2. 在其他单元格输入如图所示公式。

图 9-35　公式设置图 3

	A	B	C	D	E	F	G	H	I
1	单品种下经济批量决策模型								
2	基本数据区			判断条件		存在商业折扣时的分析			
3	存货名称	红棉布		基本假设			基本假设	折扣1	折扣2
4	材料年需要量D	36000.00		陆续到货				2.00%	3.00%
5	一次订货成本K	100.00		存在商业折扣		采购批量	1549.19	2000.00	3000.00
6	单位储存成本C	3.00				采购成本	360000.00	352800.00	349200.00
7	每日送货量P	200.00				订货成本	2323.80	1800.00	1200.00
8	每日耗用量d	40.00				储存成本	2323.79	3000.00	4500.00
9	单价A	10.00				总成本	364647.58	357600.00	354900.00
10	判断条件	存在商业折扣				结论		3000.00	
11	3								
12	分析区								
13	最优订货批量	3000.00							
14	年订货次数	12.00							
15	年资金占用额	15000.00							

图 9-36　商业折扣分析结果

函数与公式

1. SQRT()函数

含义：开平方根。

语法：SQRT(number)

解释：number 为要计算平方根的数。如果参数 number 为负值，函数 SQRT()返回错误值 #NUM!。

【例 9-3】求-16 及 16 的平方根，如图 9-37 所示。

	A	B
1	数据	
2	-16	
3	公式	说明（结果）
4	=SQRT(16)	16 的平方根 (4)
5	=SQRT(A2)	上面数的平方根。因为该数是负数，所以返回一个错误值 (#NUM!)
6	=SQRT(ABS(A2))	上面数的绝对值的平方根 (4)

图 9-37　SQRT()函数运用

2. =IF(A11=1,SQRT(2*B4*B5/B6),IF(A11=2,SQRT(2*B4*B5*B7/(B7-B8)*B6),G10)) 公式

表示如果 A11=1，则计算基本假设下的经济批量，否则判断 A11=2，计算陆续到货假设下的经济批量，如果 A11 不等于 1 或 2，则显示商业折扣下的经济批量（显示在 G10 单元格）。

3. HLOOKUP()函数

使用方法参见项目 4。

4. =HLOOKUP(MIN(G9,H9,I9),G5:I9,1,1)公式

表示先判断 G9、H9、I9 中谁最小，然后在 G5:I9 中查找该最小值所对应的第一行的数值，并显示。

小知识

“#DIV/O!”：表示公式中除数为 0 或空格，一旦除数不再为 0 或空格，错误值将消除。公式中常见的错误值还有以下几种。

（1）#REF!：表示引用的单元格无效。

（2）#name!：表示输入的函数名错误，可能是名字错、引号不配对等。

（3）#VALUE!：表示参数错误、公式自动更正功能不能更正公式、运算对象类型错误。

（4）#N/A：表示在函数或公式中没有可用数值。

（5）#NUM!：表示公式或函数中某个数字有问题。如在需要数字参数的函数中使用了不能接受的参数、由公式产生的数字太大或太小，Excel 不能表示。

多品种存货批量决策一般利用规划求解工具进行。

小知识

规划求解工具

（1）规划求解工具的概念。

是一种假设分析工具。通过“规划求解”可将对直接或间接与目标单元格中公式相关联的一组单元格中的数值进行调整，最终在目标单元格公式中求得期望的结果。

规划求解的基本要素：目标单元格、等于值、可变单元格、约束。即通过设置目标值大小、增加约束条件来计算可变单元格的值。

（2）安装并导出规划求解工具，如图 9-38～图 9-40 所示。

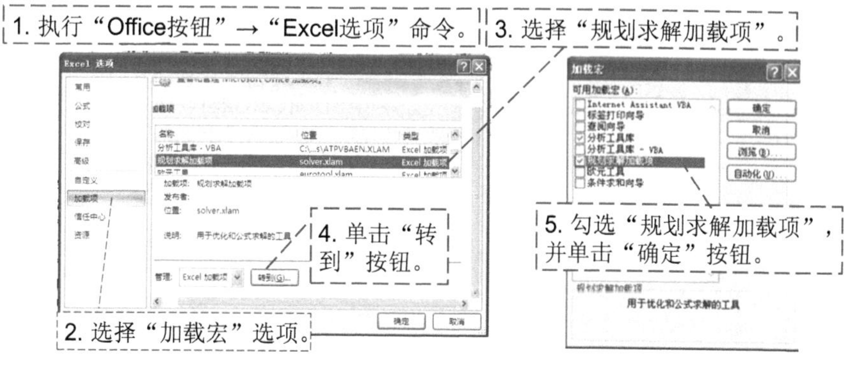

图 9-38　安装规划求解工具图 1

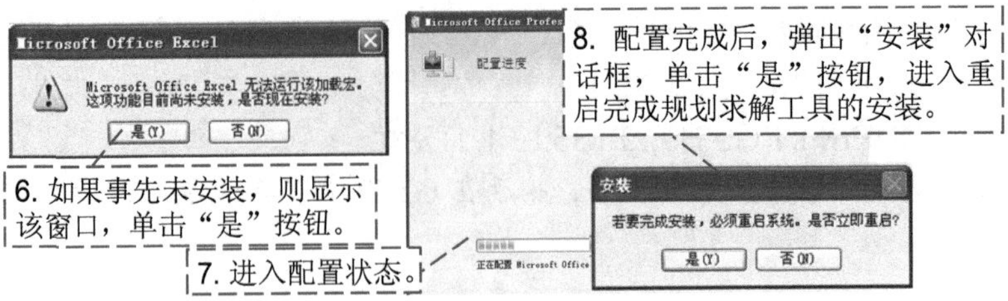

图 9-39　安装规划求解工具图 2

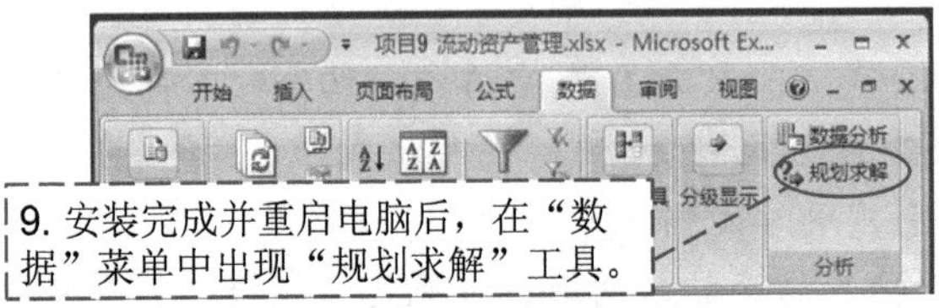

图 9-40　规划求解工具位置

活动二　建立 ABC 分类管理模型

ABC 分类管理是指将存货按成本比重、数量高低分为 A、B、C 三类，并对不同类别采用不同的控制方法。分类标准如表 9-3 所示。

表 9-3　ABC分类标准

类别	划分标准			
	占储存成本比重	实物量比重	控制方法	特　点
A 类	70%左右	<=20%	重点	品种少，单位价值高
B 类	20%左右	<=30%	一般	介于两者之间
C 类	10%左右	<=50%	简单	品种多，单位价值低

【例 9-4】 要求对丹枫公司存货进行 ABC 分类管理。

（1）建立 ABC 分类管理模型工作表，如图 9-41 和图 9-42 所示。

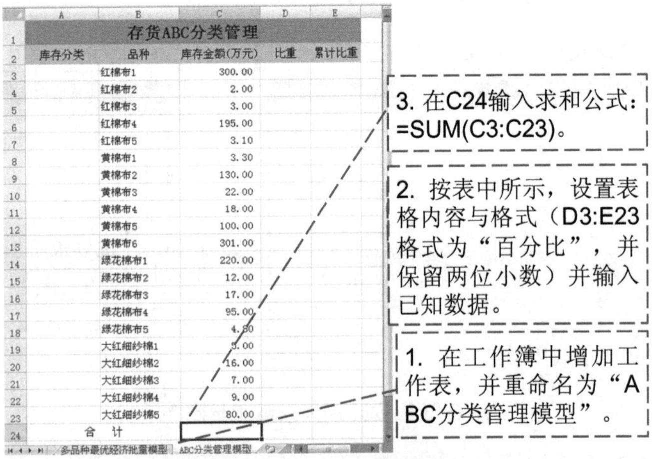

图 9-41　ABC 分类管理模型表

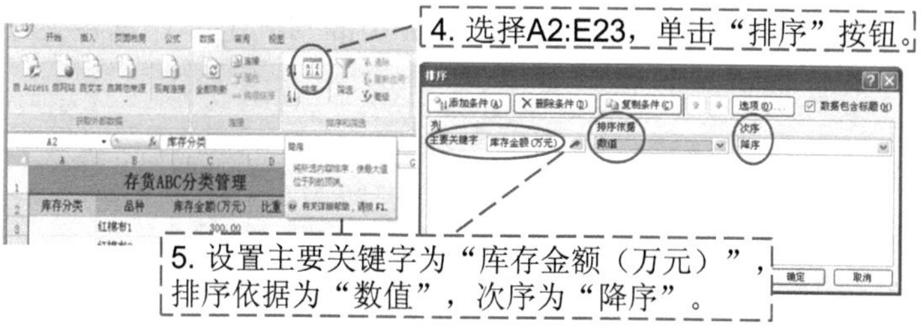

图 9-42 存货按金额排序

（2）计算各库存金额比重，如图 9-43 所示。

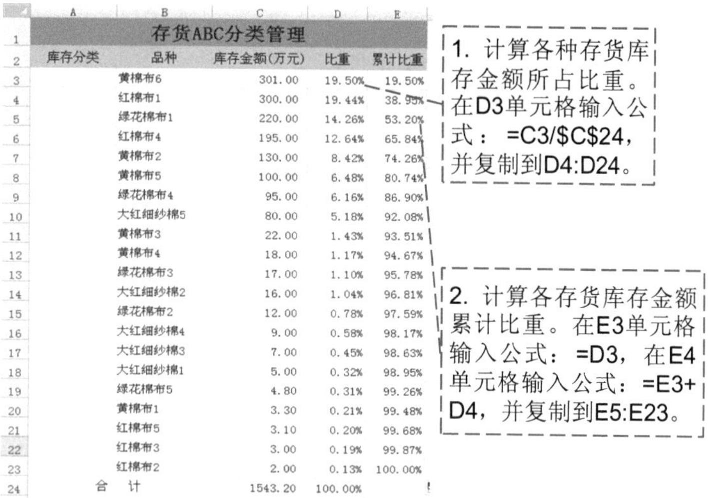

	A	B	C	D	E
1	存货ABC分类管理				
2	库存分类	品种	库存金额(万元)	比重	累计比重
3		黄棉布6	301.00	19.50%	19.50%
4		红棉布1	300.00	19.44%	38.95%
5		绿花棉布1	220.00	14.26%	53.20%
6		红棉布4	195.00	12.64%	65.84%
7		黄棉布2	130.00	8.42%	74.26%
8		黄棉布5	100.00	6.48%	80.74%
9		绿花棉布4	95.00	6.16%	86.90%
10		大红细纱棉5	80.00	5.18%	92.08%
11		黄棉布3	22.00	1.43%	93.51%
12		黄棉布4	18.00	1.17%	94.67%
13		绿花棉布3	17.00	1.10%	95.78%
14		大红细纱棉2	16.00	1.04%	96.81%
15		绿花棉布2	12.00	0.78%	97.59%
16		大红细纱棉4	9.00	0.58%	98.17%
17		大红细纱棉3	7.00	0.45%	98.63%
18		大红细纱棉1	5.00	0.32%	98.95%
19		绿花棉布5	4.80	0.31%	99.26%
20		黄棉布1	3.30	0.21%	99.48%
21		红棉布5	3.10	0.20%	99.68%
22		红棉布3	3.00	0.19%	99.87%
23		红棉布2	2.00	0.13%	100.00%
24	合　计		1543.20	100.00%	

图 9-43 ABC 分类管理模型比重公式设置

（3）库存分类。根据分类标准对存货进行 ABC 分类，如图 9-44 所示。

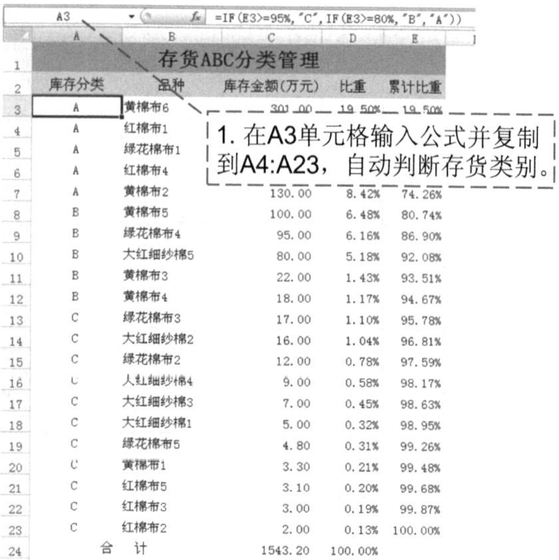

A3　=IF(E3>=95%,"C",IF(E3>=80%,"B","A"))

	A	B	C	D	E
1	存货ABC分类管理				
2	库存分类	品种	库存金额(万元)	比重	累计比重
3	A	黄棉布6	301.00	19.50%	19.50%
4	A	红棉布1			
5	A	绿花棉布1			
6	A	红棉布4			
7	A	黄棉布2	130.00	8.42%	74.26%
8	B	黄棉布5	100.00	6.48%	80.74%
9	B	绿花棉布4	95.00	6.16%	86.90%
10	B	大红细纱棉5	80.00	5.18%	92.08%
11	B	黄棉布3	22.00	1.43%	93.51%
12	B	黄棉布4	18.00	1.17%	94.67%
13	C	绿花棉布3	17.00	1.10%	95.78%
14	C	大红细纱棉2	16.00	1.04%	96.81%
15	C	绿花棉布2	12.00	0.78%	97.59%
16	C	大红细纱棉4	9.00	0.58%	98.17%
17	C	大红细纱棉3	7.00	0.45%	98.63%
18	C	大红细纱棉1	5.00	0.32%	98.95%
19	C	绿花棉布5	4.80	0.31%	99.26%
20	C	黄棉布1	3.30	0.21%	99.48%
21	C	红棉布5	3.10	0.20%	99.68%
22	C	红棉布3	3.00	0.19%	99.87%
23	C	红棉布2	2.00	0.13%	100.00%
24	合　计		1543.20	100.00%	

图 9-44 ABC 分类管理模型分类公式设置

（4）品种分析。在图 9-44 对存货进行 ABC 分类的基础上，计算各类存货总额的比重，如图 9-45 所示。

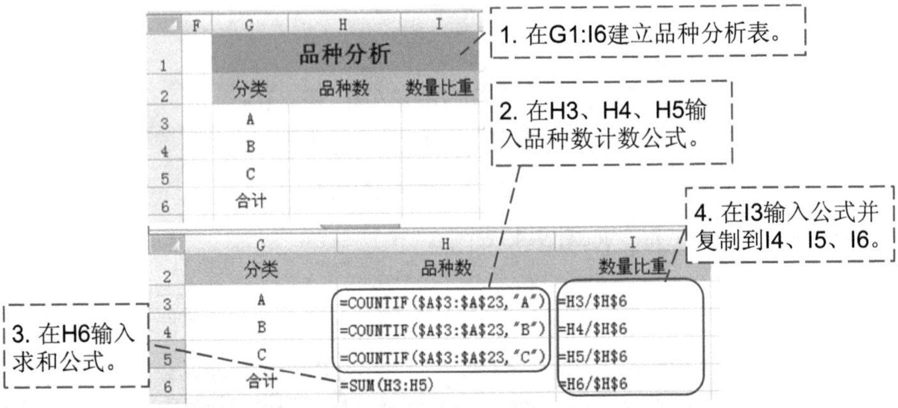

图 9-45　ABC 分类管理模型品种分析

函数与公式

=COUNTIF($A$3:$A$23,"A")公式

表示在 A3:A23 中查找“A”的个数并显示。

任务三　现金管理

持有现金的成本有：持有成本、转换成本、短缺成本。既能满足生产经营需要又能尽量减少闲置的现金持有量称为最佳现金持有量。其确定方式有两种：成本分析模式、存货分析模式。成本分析模型下，总成本=机会成本+短缺成本。存货分析模型下，总成本=机会成本+转换成本。

活动一　建立成本分析模型

【例 9-5】已知丹枫公司有 A、B、C、D 四种现金持有方案，有关成本资料如表 9-4 所示。要求利用成本分析模型确定最佳现金持有量。

表 9-4　现金持有量备选方案　　金额单位：万元

项目	方案 A	方案 B	方案 C	方案 D
现金持有量	100	200	300	400
机会成本率	10%	10%	10%	10%
短缺成本	40	25	10	0

操作步骤如图 9-46 和图 9-47 所示。

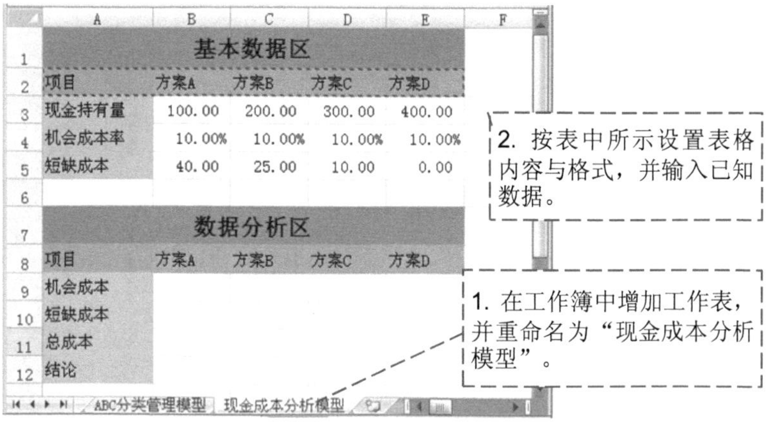

图 9-46　建立现金成本分析模型

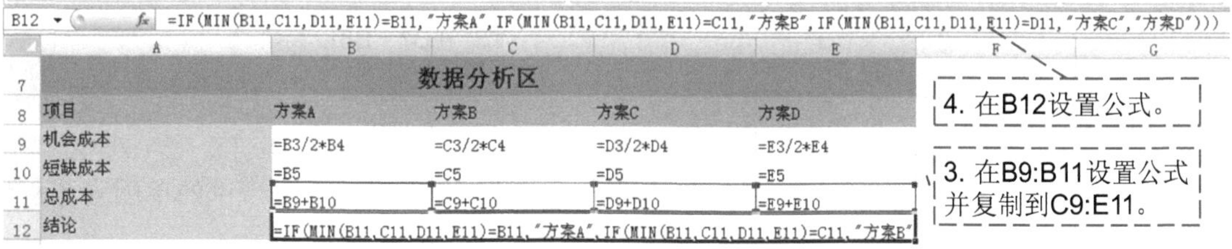

图 9-47　设置现金成本分析模型公式

完成上述公式设置以后，将自动计算出各现金持有方案的总成本，并自动分析出最佳持有方案。

函数与公式

=IF(MIN(B11,C11,D11,E11)=B11,"方案 A",IF(MIN(B11,C11,D11,E11)=C11,"方案 B",IF(MIN(B11, C11,D11,E11)=D11,"方案 C","方案 D")))公式

表示如果 B11、C11、D11、E11 中的最小值为 B11 的值，则显示“方案 A”，否则判断是否等于 C11，如果是，显示“方案 B”，否则判断是否等于 D11，如果是，显示“方案 C”，都不是的话，显示“方案 D”。

活动二　建立存货分析模型

【例 9-6】丹枫公司全年现金需要量为 100 万元，有价证券收益率为 10%，每次转换成本为 80 元，利用存货分析模式确定最佳现金持有量。当全年现金需要量有多个方案时，该如何确定最佳持有量？当有多个全年需要量选择，同时有价证券收益率随着持有量变化时，如何利用存货模式确定最佳现金持有量？

（1）当需要量和收益率固定时，利用存货分析模型确定最佳持有量，如图 9-48 和图 9-49 所示。

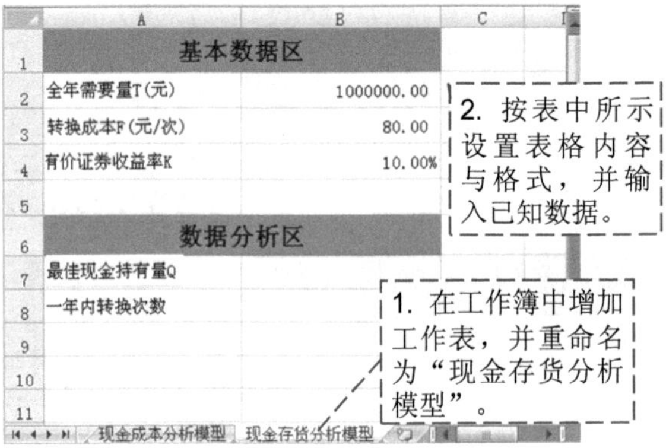

图 9-48　建立现金存货分析模型

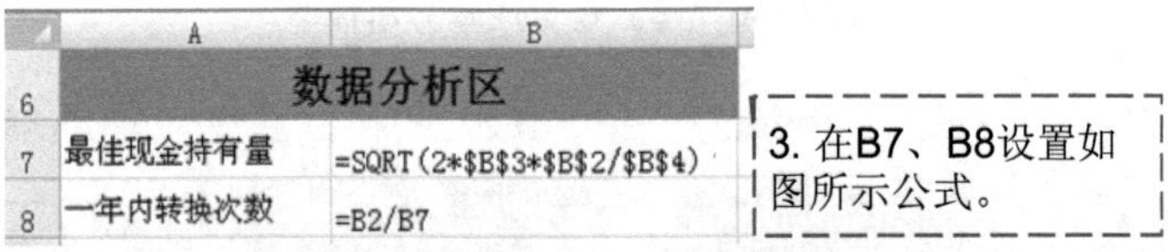

图 9-49　设置现金存货分析模型公式

（2）当其他条件固定，全年需要量变动时，利用数据有效性或数据表中的单因素分析模型确定最佳持有量。

方法一：利用数据有效性确定最佳持有量，如图 9-50 所示。

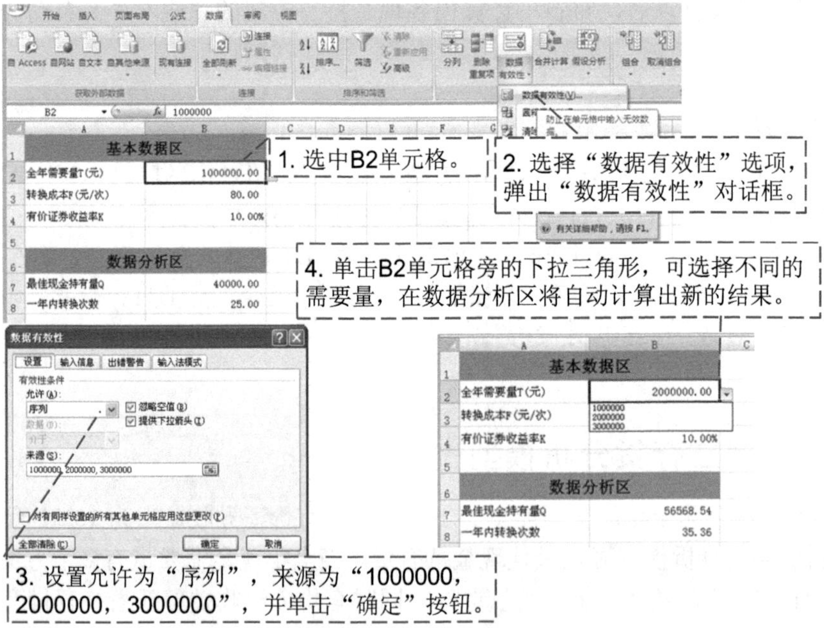

图 9-50　利用数据有效性计算的最佳持有量

根据分析可以看出，资金成本率（有价证券收益率）一定时，当全年需要量 B2 为 1000000 时，最佳持有量 B7 为 40000；当 B2 为 2000000 时，B7 为 56568.54。

方法二：运用单因素分析模型工具，如图 9-51 和图 9-52 所示。

图 9-51　利用单因素分析工具计算最佳持有量

	A	B	C	D	E	F
1	基本数据区				单因素分析模型	
2	全年需要量T(元)	1000000.00				40000.00
3	转换成本F(元/次)	80.00			2000000.00	56568.54
4	有价证券收益率K	10.00%			3000000.00	69282.03
5					4000000.00	80000.00
6	数据分析区				5000000.00	89442.72
7	最佳现金持有量Q	40000.00			6000000.00	97979.59
8	一年内转换次数	25.00				

图 9-52　单因素分析工具计算结果

根据分析可以看出，资金成本率（有价证券收益率）一定时，当全年需要量 B2 为 1000000 时，最佳持有量 F2 为 40000；当全年需要量 E3 为 2000000 时，F3 为 56568.54；当全年需要量 E4 为 3000000 时，F4 为 69282.03；当全年需要量 E5 为 4000000 时，F5 为 80000，依次类推。

（3）当其他条件固定，全年需要量及有价证券收益率变动时，利用数据表中的双因素分析模型确定最佳持有量，如图 9-53 和图 9-54 所示。

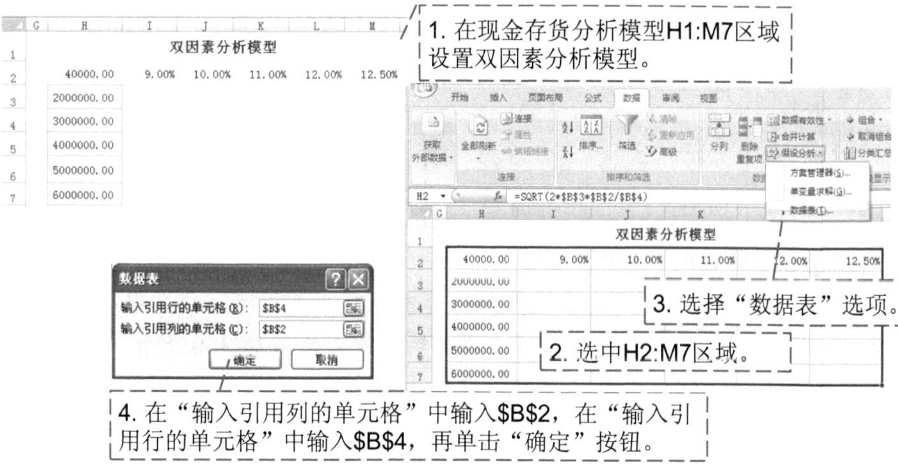

图 9-53　利用双因素分析计算最佳持有量

	G	H	I	J	K	L	M
1		双因素分析模型					
2		40000.00	9.00%	10.00%	11.00%	12.00%	12.50%
3		2000000.00	59628.48	56568.54	53935.99	51639.78	50596.44
4		3000000.00	73029.67	69282.03	66057.83	63245.55	61967.73
5		4000000.00	84327.40	80000.00	76277.01	73029.67	71554.18
6		5000000.00	94280.90	89442.72	85280.29	81649.66	80000.00
7		6000000.00	103279.56	97979.59	93419.87	89442.72	87635.61

图 9-54 双因素分析计算结果

根据分析可以看出，在资金成本率（有价证券收益率）为 9%的情况下，当全年需要量 H3 为 2000000 时，最佳持有量 I3 为 59628.48；当全年需要量 H4 为 3000000 时，I4 为 73029.67；当全年需要量 H5 为 4000000 时，I5 为 84327.4；当全年需要量 H6 为 5000000 时，I6 为 94280.9，依次类推。

小知识

单因素分析和双因素分析

都属于数据表的内容，是假设分析下的一种分析工具。利用数据表工具，可以一次求出在一定条件下某一变量或两个变量变化时，另一变量的值。已知一个变量的值的变化求另一个变量值的，称单因素分析；已知两个变量的值的变化，求另一个变量值的称为双因素分析。

模拟实战

1．某企业有五种现金持有量方案，有关成本资料如表 9-5 所示，要求利用相应模型确定最佳现金持有量和最低总成本。

表 9-5 现金持有量资料

项　目	基本数据				
全年现金需要量	3000000				
每次转换成本	120				
有价证券收益率	12%				
持有方案	A	B	C	D	E
现金持有量	320000	350000	380000	410000	430000

2．丹枫公司 2013 年的信用政策是：n/30，年销售收入为 15000000 元，销售利润率为 30%，机会成本率为 12%。2014 年为扩大销售，欲改变信用政策，现在有两个方案。

方案一：信用条件为“3/10，n/20”，预计销售收入将增加 300 万元，坏账损失率为 3%，60%的客户在折扣期内付款，平均收现期为 14 天。

方案二：信用条件为“2/20，n/30”，预计销售收入将增加 500 万元，坏账损失率为 4%，70%的客户在折扣期内付款，平均收现期为 23 天。

2014 年机会成本率为 13%。利用所学模型确定最优信用政策。

10 CHAPTER

项目10 成本分析

项目目标

1．能利用 Excel 建立成本分析系统。
2．能利用 Excel 进行要素费用的归集与汇总。
3．能利用 Excel 进行产品成本表的分析。
4．能利用 Excel 的回归分析工具进行成本预测。
5．能利用 Excel 建立成本的加权平均预测模型进行成本预测。

项目导入

成本分析是经营管理中的一个重要分支，也是会计核算人员的重要工作职责，但成本核算相对较复杂且涉及要素步骤繁多，因此成本分析工作任务繁重，需要借助相应工具来简化并提高工作效率。运用 Excel 表格把烦琐、主观的核算与分析内容简单化、客观化、图表化无疑是一种较好的方法。掌握了这种方法就是掌握了一门新的技术，它可以使你的工作更加便利、快捷，并能有效减少错误发生的概率和返工率。

本章介绍利用 Excel 2007 以品种法为例从月生产成本汇总及分析、各项要素费用分析以及生产成本预测等方面来构建成本核算与分析模型。通过实例介绍，希望读者举一反三，达到能利用 Excel 建立各种成本核算方法与成本分析所需表格。

项目思路

利用 Excel 进行成本分析，首先要建立成本分析系统，并建立成本分析所需的各表格，然后在此基础上利用成本分析方法进行分析。在内容上，成本分析成本核算的基本思路，即要先有成本核算资料才能进行成本分析。基于此，本项目在安排思路上，既遵循了 Excel 系统建立的原则，又遵循了成本核算的思路：先建系统，再逐一进行成本要素的归集汇总与分配，然后进行全部产品、主要产品成本分析，并建立预测模型，方便下一期成本核算与分析。

任务一　建立成本分析系统

利用 Excel 进行成本分析，需建立相应的账套系统。以方便将各成本要素费用进行归集汇总和分析。

产品成本处理过程如图 10-1 所示，根据产品成本处理过程、成本费用内容及成本分析的需要，下面以娄底丹枫制衣有限公司品种法计算产品生产成本为例，运用 Excel 实现构建成本汇总与分析模型。本案例成本分析系统所需的工作表有：产品产量月报表、作业工时统计月报、材料费用分配表、外购动力费用分配表、职工薪酬费用分配表、折旧费用分配表、其他费用分配表、制造费用明细账与分配表、完工与未完工产品成本分配表、产品成本计算汇总表、产品生产成本表、生产费用构成比率分析表、产品成本分析表、女冬装成本分析表、制造费用明细表分析、产量与成本资料、回归分析模型、加权平均预测模型等工作表。

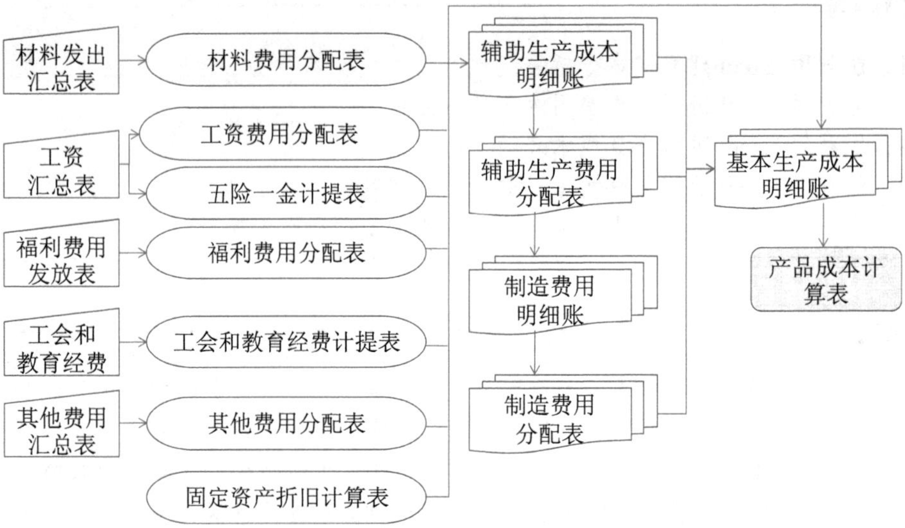

图 10-1　产品成本处理流程图

Step 01 建立成本分析系统框架，如图 10-2 所示。

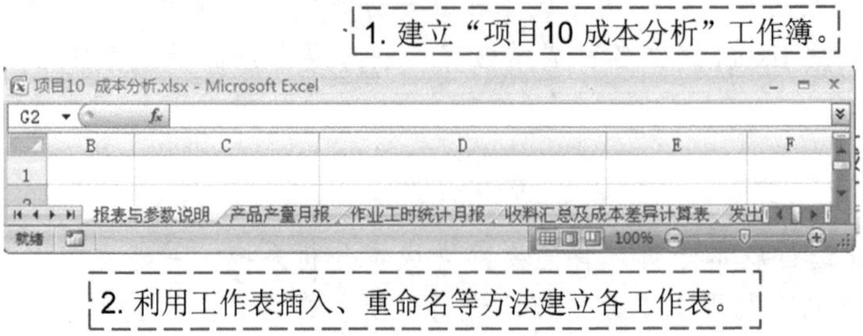

图 10-2　建立成本分析系统

Step 02 设置系统封面，如图 10-3 所示。

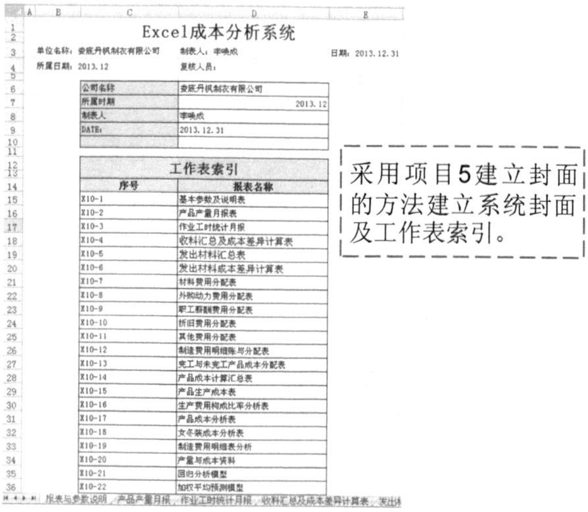

Excel成本分析系统

单位名称：娄底丹枫制衣有限公司　制表人：李唤成　日期：2013.12.31

所属日期：2013.12　复核人员：

公司名称	娄底丹枫制衣有限公司
所属时期	2013.12
制表人	李唤成
DATE：	2013.12.31

工作表索引

序号	报表名称
X10-1	基本参数及说明表
X10-2	产品产量月报表
X10-3	作业工时统计月报
X10-4	收料汇总及成本差异计算表
X10-5	发出材料汇总表
X10-6	发出材料成本差异计算表
X10-7	材料费用分配表
X10-8	外购动力费用分配表
X10-9	职工薪酬费用分配表
X10-10	折旧费用分配表
X10-11	其他费用分配表
X10-12	制造费用明细账与分配表
X10-13	完工与未完工产品成本分配表
X10-14	产品成本计算汇总表
X10-15	产品生产成本表
X10-16	生产费用构成比率分析表
X10-17	产品成本分析表
X10-18	女冬装成本分析表
X10-19	制造费用明细表分析
X10-20	产量与成本资料
X10-21	回归分析模型
X10-22	加权平均预测模型

图 10-3　建立系统封面

小知识

成本分析方法

成本分析方法包括对比分析法、因素分析法、差额计算法、比率法。

对比分析法是将实际成本指标与不同时期的指标进行对比，揭示差异并分析差异产生原因的一种方法。对比分析法按比较内容（比什么）分为：比较会计要素的总量、比较结构百分比、比较财务比率。

因素分析法是将某一综合性指标分解为各个相互关联的因素，来测定这些因素对综合性指标差异额的影响程度的一种分析方法。

差额计算法是因素分析法的一种简化形式，它利用各个因素的目标值与实际值的差额来计算其对成本的影响程度。

比率法是指用两个以上的指标的比例进行分析的方法。它的基本特点是：先把对比分析的数值变成相对数，再观察其相互之间的关系。常用的比率法有以下几种。

相关指标比率=某项经济指标的数值/相关项经济指标的数值

某项结构比率=某项经济指标的部分数值/该指标的全部数值

动态比率：包括定基和环比指数。定基指数是报告期发展水平/某固定基期水平，环比指数是指报告期发展水平/上期水平。

任务二　月生产成本汇总

活动一　月生产成本材料费用归集与分配

1. 建立月生产成本汇总基础数据表

Step 01 在工作表“产品产量月报”中建立产品产量月报表，如图 10-4 所示。

产品产量月报(表一)

车间	产品	序号	完工产成品入库	月末在产品			返回
				产量	完工程度	约当产品	
生产车间	男夏装	1	1900				
	女夏装	2	2200				
	男冬装	3	2200				
	女冬装	4	2200	260		108	

2. 在H2输入“返回”，并设置超链接，链接到“报表与参数说明”表，并复制到以后各表相应单元。

1. 设置产品产量月报表样式。

图 10-4 产品产量月报

Step 02 在工作表“作业工时统计月报”中设置如图 10-5 所示作业工时及提供劳务统计月报表。

作业工时及提供劳务统计月报(表二)

车间	产品	序号	分配工时
生产车间	男夏装	1	3250
	女夏装	2	3550
	男冬装	3	2800
	女冬装	4	2900
	合计		12500

图 10-5 作业工时及提供劳务统计月报表

Step 03 在工作表“收料汇总及成本差异计算表”中设置如图 10-6 所示收料凭证汇总表及入库材料成本差异计算表。

收料凭证汇总表

2013年12月31日　金额单位：元

材料名称	入库数量	计划单价	计划总成本
蓝薄麻料布	4500	25.80	116100.00
红薄麻料布	5500	25.80	141900.00
蓝厚麻料布	4000	32.90	131600.00
蓝厚麻料布	3600	32.90	118440.00
反光条	300	40.00	12000.00
线	500	8.00	4000.00
松紧带	1500	75.00	112500.00
高级衣车油	600	105.00	63000.00
扣子	1000	10.00	10000.00
合 计			709540.00

入库材料成本差异计算表

2013年12月31日　金额单位：元

材料名称	入库数量	计划单价	计划总成本	实际总成本	材料成本差异
蓝薄麻料布	4500	25.80	116100.00	116758.80	658.80
红薄麻料布	5500	25.80	141900.00	142705.20	805.20
蓝厚麻料布	4000	32.90	131600.00	117813.40	-13786.60
蓝厚麻料布	3600	32.90	118440.00	124743.60	6303.60
反光条	300	40.00	12000.00	12850.38	850.38
线	500	8.00	4000.00	4917.31	917.31
松紧带	1500	75.00	112500.00	113001.92	501.92
高级衣车油	600	105.00	63000.00	64100.77	1100.77
扣子	1000	10.00	10000.00	11334.62	1334.62
合 计			709540.00	708226.00	-1314.00

图 10-6 设置收料凭证汇总表及入库材料成本差异计算表

Step 04 在工作表“发出材料汇总表”中设置如图 10-7 所示发出材料汇总表。

发出材料汇总表

2013年12月31日

基本信息			生产产品耗用										车间一般耗用	
			男夏装		女夏装		男冬装		女冬装		产品共同耗用			
品名	单位	计划单价	数量	金额	数量	金额	数量	金额	数量	金额	数量	金额	数量	金额
蓝薄麻料布	米	25.8	7500	193500.00										
红薄麻料布	米	25.8			8040	207432.00								
蓝厚麻料布	米	32.9					9250	304325.00						
红厚麻料布	米	32.9							9900	325710.00				
扣子	包	10									2014	20140.00		
松紧带	卷	75									500	37500.00		
反光条	圈	40									1064	42560.00		
线	塔	8									1006	8048.00		
高级衣车油	瓶	105											10	1050.00
合计			7500	193500.00	8040	207432.00	9250	304325.00	9900	325710.00	4584	108248.00	10	1050.00

图 10-7 发出材料汇总表

Step 05 在工作表“发出材料成本差异计算表”中设置如图 10-8 所示材料成本差异率计算表及发出材料成本差异计算表。

材料成本差异率计算表					
2013年12月31日					金额：元
材料成本差异		原材料计划成本		材料成本差异率（%）	
期初结存	本期增加	期初结存	本期增加		
-3782.97	-1314.00	386991.40	709540.00	-0.4648%	

发出材料成本差异计算表				
2013年12月日			金额单位：元	
车间名称	产品名称	计划成本	材料成本差异率	材料成本差异额
生产车间	男夏装	222435.70	-0.4648%	-1033.94
	女夏装	242849.29	-0.4648%	-1128.83
	男冬装	322624.40	-0.4648%	-1499.64
	女冬装	351305.61	-0.4648%	-1632.96
	小计	1139215.00	-0.4648%	-5295.37
制造费用		1050.00	-0.4648%	-4.88
合　计		1050.00	-0.4648%	-5300.25

图 10-8　设置材料成本差异率计算表及发出材料成本差异计算表

2. 月生产成本材料费用归集

Step 01 设置材料费用分配表格式，如图 10-9 所示。

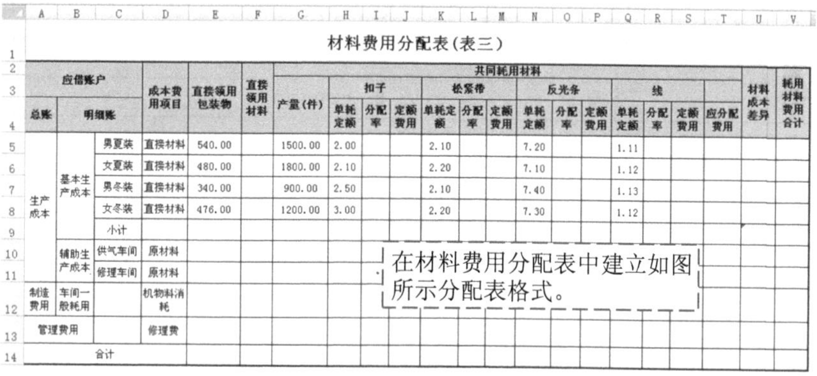

材料费用分配表（表三）

应借账户			成本费用项目	直接领用包装物	直接领用材料	共同耗用材料														材料成本差异	耗用材料费用合计
						产量（件）	扣子			松紧带			反光条			线					
总账	明细账						单耗定额	分配率	定额费用	单耗定额	分配率	定额费用	单耗定额	分配率	定额费用	单耗定额	分配率	定额费用	应分配费用		
生产成本	基本生产成本	男夏装	直接材料	540.00		1500.00	2.00			2.10			7.20			1.11					
		女夏装	直接材料	480.00		1800.00	2.10			2.20			7.10			1.12					
		男冬装	直接材料	340.00		900.00	2.50			2.10			7.40			1.13					
		女冬装	直接材料	476.00		1200.00	3.00			2.20			7.30			1.12					
		小计																			
	辅助生产成本	供气车间	原材料																		
		修理车间	原材料																		
制造费用	车间一般耗用		机物料消耗																		
管理费用			修理费																		
合计																					

图 10-9　设置材料费用分配表格式

Step 02 设置材料费用分配表公式。单元格及其对应公式如表 10-1 所示。

表 10-1　材料费用分配表单元格及其对应公式

单元格	对应公式	单元格	对应公式
E9	=SUM(E5:E8)	I5、I6、I7、I8	=$J$14/($G$5*$H$5+$G$6*$H$6+$G$7*$H$7+$G$8*$H$8)
E14	=SUM(E9:E13)	L5、L6、L7、L8	=$M$9/($G$5*$K$5+$G$6*$K$6+$G$7*$K$7+$G$8*$K$8)
F5	=发出材料汇总表!F15	R5、R6、R7、R8	=$S$9/($G$5*$Q$5+$G$6*$Q$6+$G$7*$Q$7+$G$8*$Q$8)
F6	=发出材料汇总表!H15	O5、O6、O7、O8	=$P$9/($G$5*$N$5+$G$6*$N$6+$G$7*$N$7+$G$8*$N$8)
F7	=发出材料汇总表!J15	S5	=$G5*Q5*R5
F8	=发出材料汇总表!L15	S6	=$G6*Q6*R6
F12	=发出材料汇总表!P15	S7	=$G7*Q7*R7
F14	=SUM(F9:F13)	S8	=$G8*Q8*R8
J5	=$G5*H5*I5	S9	=发出材料汇总表!N13
J6	=$G6*H6*I6	S14	=SUM(S9:S13)
J7	=$G7*H7*I7	T5	=J5+M5+P5+S5
J8	=$G8*H8*I8	T6	=J6+M6+P6+S6
J9	=发出材料汇总表!N10	T7	=J7+M7+P7+S7

续表

单元格	对应公式	单元格	对应公式
M5	=$G5*K5*L5	T8	=J8+M8+P8+S8
M6	=$G6*K6*L6	T9	=SUM(T5:T8)
M7	=$G7*K7*L7	T14	=SUM(T9:T13)
M8	=$G8*K8*L8	U5	=发料成本差异计算表!F11
M9	=发出材料汇总表!N11	U6	=发料成本差异计算表!F12
P5	=$G5*N5*O5	U7	=发料成本差异计算表!F13
P6	=$G6*N6*O6	U8	=发料成本差异计算表!F14
P7	=$G7*N7*O7	U9	=发料成本差异计算表!F15
P8	=$G8*N8*O8	U12	=发料成本差异计算表!F16
P9	=发出材料汇总表!N12	U14	=SUM(U9:U13)
P14	=SUM(P9:P13)	V8	=F8+T8+U8+E8
V5	=F5+T5+U5+E5	V9	=SUM(V5:V8)
V6	=F6+T6+U6+E6	V12	=E12+F12+T12+U12
V7	=F7+T7+U7+E7	V14	=SUM(V9:V13)

Step 03 计算结果如图 10-10 所示。

材料费用分配表（表三）

应借账户			成本费用项目	直接领用包装物	直接领用材料	共同耗用材料														材料成本差异	耗用材料费用合计
						产量（件）	扣子			松紧带			反光条			线					
总账	明细账						单耗定额	分配率	定额费用	单耗定额	分配率	定额费用	单耗定额	分配率	定额费用	单耗定额	分配率	定额费用	应分配费用		
生产成本	基本生产成本	男夏装	直接材料	540.00	193500.00	1500.00	2.00	1.59	4783.85	2.10	3.22	10148.20	7.20	1.09	11785.85	1.11	1.33	2217.80	28935.69	-1033.94	221941.75
		女夏装	直接材料	480.00	207432.00	1800.00	2.10	1.59	6027.65	2.20	3.22	12757.73	7.10	1.09	13946.58	1.12	1.33	2685.33	35417.30	-1128.83	242200.47
		男冬装	直接材料	340.00	304325.00	900.00	2.50	1.59	3587.89	2.10	3.22	6088.92	7.40	1.09	7267.94	1.13	1.33	1354.65	18299.40	-1499.64	321464.75
		女冬装	直接材料	476.00	325710.00	1200.00	3.00	1.59	5740.62	2.20	3.22	8505.15	7.30	1.09	9559.63	1.12	1.33	1790.22	25595.62	-1632.96	350148.66
		小计		1836.00	1030967.00				20140.00			37500.00			42560.00			8048.00	108248.00	-5295.37	1135755.63
	辅助生产成本	供气车间	原材料																		
		修理车间	原材料																		
制造费用	车间一般耗用		机物料消耗		1050.00															-4.88	1045.12
管理费用			修理费																		
合计				1836.00	1032017.00				20140.00			37500.00			42560.00			8048.00	108248.00	-5300.26	1136800.74

图 10-10　材料费用分配计算结果

活动二　月生产成本直接人工费用归集与分配

Step 01 在工作表“职工薪酬费用分配表”中设置职工薪酬费用分配表并输入已知数据，如图 10-11 所示。

职工薪酬费用分配表（表五）

应借账户			成本费用项目	工资			福利费	合计
总账	明细账			生产工时	分配率	分配金额		
生产成本	基本生产成本	男夏装	直接人工				5,000.00	
		女夏装	直接人工				5,000.00	
		男冬装	直接人工				5,000.00	
		女冬装	直接人工				5,000.00	
		小计					20,000.00	
	辅助生产成本	供气车间	职工薪酬费用					
		修理车间	职工薪酬费用					
制造费用	车间一般耗用		职工薪酬费用			17,357.81	6,200.00	23,557.81
管理费用			职工薪酬费用			211,796.13	6,000.00	217,796.13
合计								

图 10-11　设置职工薪酬费用分配表

Step 02 设置职工薪酬费用分配表计算公式，如图 10-12 所示。

职工薪酬费用分配表（表五）

应借账户			成本费用项目	工资			福利费	合计
总账	明细账			生产工时	分配率	分配金额		
生产成本	基本生产成本	男夏装	直接人工	=作业工时统计月报!D4	=$G$8/$E$8	=E4*F4	5,000.00	=G4+H4
		女夏装	直接人工	=作业工时统计月报!D5	=$G$8/$E$8	=E5*F5	5,000.00	=G5+H5
		男冬装	直接人工	=作业工时统计月报!D6	=$G$8/$E$8	=E6*F6	5,000.00	=G6+H6
		女冬装	直接人工	=作业工时统计月报!D7	=$G$8/$E$8	=E7*F7	5,000.00	=G7+H7
		小计		=作业工时统计月报!D8		358,511.26	20,000.00	=SUM(I4:I7)
	辅助生产成本	供气车间	职工薪酬费用					
		修理车间	职工薪酬费用					
制造费用	车间一般耗用		职工薪酬费用			17,357.81	6,200.00	23,557.81
管理费用			职工薪酬费用			211,796.13	6,000.00	217,796.13
合计						587,665.20	32,200.00	241,353.94

图 10-12　职工薪酬费用分配表计算公式

Step 03 计算结果如图 10-13 所示。

职工薪酬费用分配表（表五）

应借账户			成本费用项目	工资			福利费	合计
总账	明细账			生产工时	分配率	分配金额		
生产成本	基本生产成本	男夏装	直接人工	3250	28.6809	93,212.93	5,000.00	98,212.93
		女夏装	直接人工	3550	28.6809	101,817.20	5,000.00	106,817.20
		男冬装	直接人工	2800	28.6809	80,306.52	5,000.00	85,306.52
		女冬装	直接人工	2900	28.6809	83,174.61	5,000.00	88,174.61
		小计		12500		358,511.26	20,000.00	378,511.26
	辅助生产成本	供气车间	职工薪酬费用					
		修理车间	职工薪酬费用					
制造费用	车间一般耗用		职工薪酬费用			17,357.81	6,200.00	23,557.81
管理费用			职工薪酬费用			211,796.13	6,000.00	217,796.13
合计						587,665.20	32,200.00	619,865.20

图 10-13　职工薪酬费用分配表计算结果

活动三　月生产成本外购动力、折旧费用及其他费用归集与分配

Step 01 在工作表“外购动力费用分配表”中设置外购动力费用分配表，并输入已知数据，如图 10-14 所示。

外购动力费用分配表（表四）

应借账户			成本费用项目	直接领用	动力费用分配					
总账	明细账				生产工时	分配率	分配金额	用水量	用电量	分配金额
生产成本	基本生产成本	男夏装	燃料和动力		3250					
		女夏装	燃料和动力		3550					
		男冬装	燃料和动力		2800					
		女冬装	燃料和动力		2900					
	辅助生产成本	供气车间	燃料和动力							
		修理车间	燃料和动力							
制造费用	车间一般耗用		水费						600.00	2520.00
	车间一般耗用		电费					7000.00		5600.00
管理费用			水费						200.00	840.00
			电费					1120.00		896.00
合计								8120.00	800.00	9856.00

图 10-14　外购动力费用分配表

Step 02 在工作表“折旧费用分配表”中建立折旧费用分配表，并输入已知数据，如图 10-15 所示。

折旧费用分配表（表六）			
项目	生产车间	管理部门	合计
计提折旧费用	26760.00	48943.20	75703.20

图 10-15　折旧费用分配表

Step 03 在工作表“其他日常费用分配表”中设置其他日常费用分配表，并输入已知数据，如图 10-16 所示。

其他日常费用分配表（表七）						
应借账户		成本费用项目	应贷户		金额	备注
总账	明细账		总账	明细账		
制造费用	车间	办公费	库存现金		548.09	支付购办公用品费
合计					548.09	

图 10-16　其他日常费用分配表

活动四　月生产成本制造费用归集与分配

Step 01 在工作表“制造费用明细账与分配表”中设置制造费用明细账表，如图 10-17 所示。

制造费用明细账（表八）										
2013年		摘要	职工薪酬	折旧费用	水电费用	低值易耗品摊销	机物料消耗	修理费	其他	合计
12月	日									
	31	材料费								
	31	外购动力								
	31	职工薪酬								
	31	折旧费								
	31	低值易耗品摊销								
	31	办公费用								
	31	修理劳务								
		本月合计								

图 10-17　设置制造费用明细账表

Step 02 设置制造费用明细账公式，如图 10-18 所示。

制造费用明细账（表八）										
2013年		摘要	职工薪酬	折旧费用	水电费用	低值易耗品摊销	机物料消耗	修理费	其他	合计
12月	日									
	31	材料费					=材料费用分配表!V12			=SUM(D4:J4)
	31	外购动力			=外购动力费用分配表!K10+外购动力费用分配表!K11					=SUM(D5:J5)
	31	职工薪酬	=职工薪酬费用分配表!I11							=SUM(D6:J6)
	31	折旧费		=折旧费用分配表!B3						=SUM(D7:J7)
	31	低值易耗品摊销								=SUM(D8:J8)
	31	办公费用							=其他日常费用分配表!F4	=SUM(D9:J9)
	31	修理劳务								=SUM(D10:J10)
		本月合计	=SUM(D4:D10)	=SUM(E4:E10)	=SUM(F4:F10)	=SUM(G4:G10)	=SUM(H4:H10)	=SUM(I4:I10)	=SUM(J4:J10)	=SUM(K4:K10)

图 10-18　制造费用明细账公式

Step 03 制造费用明细账计算结果如图 10-19 所示。

	A	B	C	D	E	F	G	H	I	J	K
1	制造费用明细账（表八）										
2	2013年		摘要	职工薪酬	折旧费用	水电费用	低值易耗品摊销	机物料消耗	修理费	其他	合计
3	12月	日									
4		31	材料费					1045.12			1045.12
5		31	外购动力			8120.00					8120.00
6		31	职工薪酬	23557.81							23557.81
7		31	折旧费		26760.00						26760.00
8		31	低值易耗品摊销								0.00
9		31	办公费用							548.09	548.09
10		31	修理劳务								0.00
11			本月合计	23557.81	26760.00	8120.00	0.00	1045.12	0.00	548.09	60031.02

图 10-19 制造费用明细账计算结果

Step 04 设置制造费用分配表格式并输入公式，如图 10-20 所示。

制造费用分配表（表九）

产品名称	分配工时	分配率	分配金额
男夏装	=作业工时统计月报!D4		=D16*$E$20
女夏装	=作业工时统计月报!D5		=D17*$E$20
男冬装	=作业工时统计月报!D6		=D18*$E$20
女冬装	=作业工时统计月报!D7		=D19*$E$20
合计	=SUM(D16:D19)	=$F$20/$D$20	=K11

图 10-20 制造费用分配计算公式

Step 05 制造费用分配计算结果如图 10-21 所示。

制造费用分配表（表九）

产品名称	分配工时	分配率	分配金额
男夏装	3250		15608.07
女夏装	3550		17048.81
男冬装	2800		13446.95
女冬装	2900		13927.20
合计	12500	4.8025	60031.02

图 10-21 制造费用分配计算结果

活动五 月生产成本在完工产品与未完工产品之间归集与分配

本活动以娄底丹枫制衣有限公司女冬装为例进行完工产品成本与未完工产品生产成本的归集与分配。

Step 01 在工作表“完工与未完工产品成本分配”产品成本计算单中输入已知数据，如图 10-22 所示。

产品成本计算单

产品：女冬装　　2013年12月31日　　完工产品：2200

成本项目	月初在产品成本	本月发生费用	本月生产费用合计	期末在产品约当产量	完工产品数量	完工产品总成本	单位成本	期末在产品成本
直接材料				260.00	2200.00			
直接人工				108.00	2200.00			
制造费用				108.00	2200.00			
合计								

图 10-22　设置产品成本计算单样式

Step 02 设置计算单公式，如图 10-23 所示。

产品成本计算单

产品：女　　完工产品：

成本项目	月初在产品成本	本月发生费用	本月生产费用合计	期末在产品约当产量	完工产品数量	完工产品总成本	单位成本	期末在产品成本
直接材料		=材料费用分配表!V8	=C4+D4			=G4*I4	=E4/(F4+G4)	=F4*I4
直接人工		=职工薪酬费用分配表!I7	=C5+D5			=G5*I5	=E5/(F5+G5)	=F5*I5
制造费用		=制造费用明细账与分配表!F19	=C6+D6			=G6*I6	=E6/(F6+G6)	=F6*I6
合计		=SUM(D4:D6)	=C7+D7			=SUM(H4:H6)	=SUM(I4:I6)	=SUM(J4:J6)

图 10-23　完工与未完工产品成本分配计算公式

Step 03 计算结果如图 10-24 所示。

产品成本计算单

产品：女冬装　　2013年12月31日　　完工产品：2200

成本项目	月初在产品成本	本月发生费用	本月生产费用合计	期末在产品约当产量	完工产品数量	完工产品总成本	单位成本	期末在产品成本
直接材料		350148.66	350148.66	260.00	2200.00	313141.08	142.34	37007.58
直接人工		88174.61	88174.61	108.00	2200.00	84048.59	38.20	4126.02
制造费用		13927.20	13927.20	108.00	2200.00	13275.49	6.03	651.71
合计		452250.47	452250.47			410465.16	186.58	41785.31

图 10-24　完工与未完工产品成本分配计算结果

活动六　月生产成本汇总

Step 01 在工作表“产品成本计算表（汇总）”中设置产品成本计算汇总表样式，如图 10-25 所示。

产品成本计算表(汇总)　　返回

车间		产品	序号	作业工时	直接材料	直接人工	制造费用	合计	数量
期初在产品	生产车间	男夏装	1						
		女夏装	2						
		男冬装	3		252213.50	125250.00	18668.50	396132.00	1100.00
		女冬装	4						
	合计		5						
本期投入	生产车间	男夏装	6						
		女夏装	7						
		男冬装	8						
		女冬装	9						
	合计		10						
本期完工	生产车间	男夏装	11		221941.72	98212.93	15608.07	335762.71	1900.00
		女夏装	12		242200.42	106817.20	17048.81	366066.43	2200.00
		男冬装	13						2200.00
		女冬装	14						
	合计		15						
期末在产品	生产车间	男夏装	16						
		女夏装	17						
		男冬装	18						
		女冬装	19						
	合计		20						

图 10-25　产品成本计算汇总表样式

Step 02 设计产品成本计算汇总表公式，如图 10-26 所示。

	A	B	C	D	E	F	G	H	I	J
1	产品成本计算表(汇总)									
2	车间		产品	序号	作业工时	直接材料	直接人工	制造费用	合计	数量
3	期初在产品	生产车间	男夏装	1						
4			女夏装	2						
5			男冬装	3		252213.5	125250	18668.5	396132	1100
6			女冬装	4						
7		合计		5						
8	本期投入	生产车间	男夏装	6	=作业工时统计月报!D4	=材料费用分配表!V5	=职工薪酬费用分配表!I4	=制造费用明细账与分配表!F16	=SUM(F8:H8)	
9			女夏装	7	=作业工时统计月报!D5	=材料费用分配表!V6	=职工薪酬费用分配表!I5	=制造费用明细账与分配表!F17	=SUM(F9:H9)	
10			男冬装	8	=作业工时统计月报!D6	=材料费用分配表!V7	=职工薪酬费用分配表!I6	=制造费用明细账与分配表!F18	=SUM(F10:H10)	
11			女冬装	9	=作业工时统计月报!D7	=材料费用分配表!V8	=职工薪酬费用分配表!I7	=制造费用明细账与分配表!F19	=SUM(F11:H11)	
12		合计		10	=SUM(E8:E11)	=SUM(F8:F11)	=SUM(G8:G11)	=SUM(H8:H11)	=SUM(F12:H12)	
13	本期完工	生产车间	男夏装	11		221941.72	98212.9276	15608.0652	335762.7128	1900
14			女夏装	12		242200.42	106817.19784	17048.80968	366066.42752	2200
15			男冬装	13		=F5+F10	=G5+G10	=H5+H10	=I5+I10	2200
16			女冬装	14		=完工与未完工产品成本分配!H4	=完工与未完工产品成本分配!H5	=完工与未完工产品成本分配!H6	=SUM(F16:H16)	=完工与未完工产品成本分配!J2
17		合计		15		=SUM(F13:F16)	=SUM(G13:G16)	=SUM(H13:H16)	=SUM(I13:I16)	=SUM(J13:J16)
18	期末在产品	生产车间	男夏装	16						0
19			女夏装	17						0
20			男冬装	18						0
21			女冬装	19		=完工与未完工产品成本分	=完工与未完工产品成本分	=完工与未完工产品成本分配!J6	=SUM(F21:H21)	
22		合计		20		=SUM(F18:F21)	=SUM(G18:G21)	=SUM(H18:H21)	=SUM(I18:I21)	

图 10-26 产品成本计算汇总表公式

注意：本案例中，“期初在产品”数据、“本期完工”中“男夏装”、“女夏装”数据需手动录入，其他数据可以从各报表取数或计算。

Step 03 计算结果如图 10-27 所示。

车间		产品	序号	作业工时	直接材料	直接人工	制造费用	合计	数量
期初在产品	生产车间	男夏装	1						
		女夏装	2						
		男冬装	3		252213.50	125250.00	18668.50	396132.00	1100.00
		女冬装	4						
	合计		5						
本期投入	生产车间	男夏装	6	3250.00	221941.75	98212.93	15608.07	335762.74	
		女夏装	7	3550.00	242200.47	106817.20	17048.81	366066.47	
		男冬装	8	2800.00	321464.75	85306.52	13446.95	420218.22	
		女冬装	9	2900.00	350148.66	88174.61	13927.20	452250.47	
	合计		10	12500.00	1135755.63	378511.26	60031.02	1574297.90	
本期完工	生产车间	男夏装	11		221941.72	98212.93	15608.07	335762.71	1900.00
		女夏装	12		242200.42	106817.20	17048.81	366066.43	2200.00
		男冬装	13		573678.25	210556.52	32115.46	816350.22	2200.00
		女冬装	14		313141.08	84048.59	13275.49	410465.16	2200.00
	合计		15		1350961.47	499635.24	78047.81	1928644.52	8500.00
期末在产品	生产车间	男夏装	16						0.00
		女夏装	17						0.00
		男冬装	18						0.00
		女冬装	19		37007.58	4126.02	651.71	41785.31	
	合计		20		37007.58	4126.02	651.71	41785.31	

图 10-27 产品成本计算汇总表计算结果

任务三　月产品生产成本分析

活动一　全部产品生产成本表的分析

在完成 12 月娄底丹枫制衣有限公司产品成本计算汇总表的基础上，便可对本月产品成本的总成本、主要产品及各成本要素进行分析。

按产品品种反映的产品生产成本表是反映企业在报告期内生产的全部产品总成本和各种主要商品总成本及单位成本的报表。它可以揭示企业生产一定数量产品所付出的成本是否达到了预期的要求，可以考核和分析企业产品生产成本计划的执行情况以及可比商品成本降低计划的执行情况，对企业的成本管理工作作出评价。

Step 01 整理各年产品生产成本表。

整理娄底丹枫制衣有限公司 2012—2013 年产品生产成本表（按产品品种反映）及产品生产成本表（按成本项目反映），并在“产品生产成本表”工作表中设置好这两个表，如图 10-28 和图 10-29 所示。

产品生产成本表（按产品品种）

企业名称：娄底丹枫制衣有限公司　　2013.12.31　　单位：元

产品名称	计量单位	产量			单位成本				本月总成本			本年累计总成本		
		本年（月）计划	本月实际	本年累计实际	上年实际平均	本年计划	本月实际	本年实际平均	按上年实际平均单位成本计算	按本年计划单位成本计算	本月实际	按上年实际平均单位成本计算	按本年计划单位成本计算	本年实际
男夏装	件	24000	1900	24500	197.93	180.00	176.72	150.75	376060.16	342000.00	335762.71	4849196.80	4410000.00	3693389.84
女夏装	件	28000	2200	27000	186.36	165.00	166.39	176.25	409984.96	363000.00	366066.43	5031633.60	4455000.00	4758863.56
男冬装	件	28000	2200	28050	415.60	372.00	371.07	291.03	914316.48	818400.00	816350.21	11657535.12	10434600.00	8163502.07
女冬装	件	28000	2200	28000	205.24	180.00	186.58	168.58	451523.60	396000.00	410465.12	5746664.00	5040000.00	4720348.92
产品生产成本合计										1919400.00	1928644.47	27285029.52	24339600.00	21336104.39

图 10-28　产品生产成本表（按产品品种反映）

产品生产成本表（按成本项目反映）

企业名称：娄底丹枫制衣有限公司　　2013.12.31　　单位：元

成本项目	上年实际	本年计划	本月实际	本年实际
直接材料	19112398.75	22049207.9	1350961.42	14912343.37
直接人工	7068468.26	5205424.37	499635.24	5227337.86
制造费用	1104162.51	984967.73	78047.81	1196423.16
产品生产成本	27285029.52	24339600	1928644.47	21336104.39

图 10-29　产品生产成本表（按成本项目反映）

Step 02 按成本项目反映的产品生产成本表分析。

对按成本项目反映的产品生产成本表的分析常采用对比分析法、构成比率分析法和相关指标比率分析法。本例按生产费用构成比率进行分析，如图 10-30～图 10-32 所示。

生产费用构成比率分析表

企业名称：娄底丹枫制衣有限公司　　2013.12.31　　单位：元

成本项目		上年实际	本年计划	本月实际	本年实际	本年实际比上年实际	本年实际比本年计划
成本资料	直接材料	19112398.75	22049207.90	1350961.42	14912343.37		
	直接人工	7068468.26	5205424.37	499635.24	5227337.86		
	制造费用	1104162.51	984967.73	78047.81	1196423.16		
	产品生产成本	27285029.52	24339600.00	1928644.47	21336104.39		
构成比率%	直接材料						
	直接人工						
	制造费用						
	产品生产成本						

产品生产成本表 / 生产费用构成比率分析表 / 产品成本分析表 / 女冬装成本分析表 / 制造费用明细

1. 建立“生产费用构成比率分析表”并输入已知数据。

图 10-30　生产费用构成比率分析表格式

生产费用构成比率分析表

2. 设置构成比率分析公式。

企业名称：娄底丹枫制衣有限公司　　2013.12.31　　单位：元

成本项目		上年实际	本年计划	本月实际	本年实际	本年实际比上年实际	本年实际比本年计划
成本资料	直接材料					=G4-D4	=G4-E4
	直接人工					=G5-D5	=G5-E5
	制造费用					=G6-D6	=G6-E6
	产品生产成本					=G7-D7	=G7-E7
构成比率%	直接材料	=D4/$D$7	=E4/$E$7	=F4/$F$7	=G4/$G$7	=G8-D8	=G8-E8
	直接人工	=D5/$D$7	=E5/$E$7	=F5/$F$7	=G5/$G$7	=G9-D9	=G9-E9
	制造费用	=D6/$D$7	=E6/$E$7	=F6/$F$7	=G6/$G$7	=G10-D10	=G10-E10
	产品生产成本	=D7/$D$7	=E7/$E$7	=F7/$F$7	=G7/$G$7	=G11-D11	=G11-E11

图 10-31　设置构成比率分析公式

生产费用构成比率分析表

企业名称：娄底丹枫制衣有限公司　　2013.12.31　　单位：元

成本项目		上年实际	本年计划	本月实际	本年实际	本年实际比上年实际	本年实际比本年计划
成本资料	直接材料	19112398.75	22049207.90	1350961.42	14912343.37	-4200055.39	-7136864.53
	直接人工	7068468.26	5205424.37	499635.24	5227337.86	-1841130.40	21913.49
	制造费用	1104162.51	984967.73	78047.81	1196423.16	92260.66	211455.43
	产品生产成本	27285029.52	24339600.00	1928644.47	21336104.39	-5948925.13	-3003495.61
构成比率%	直接材料	70.05%	90.59%	70.05%	69.89%	-0.15%	-20.70%
	直接人工	25.91%	21.39%	25.91%	24.50%	-1.41%	3.11%
	制造费用	4.05%	4.05%	4.05%	5.61%	1.56%	1.56%
	产品生产成本	100.00%	100.00%	100.00%	100.00%	0.00%	0.00%

图 10-32　生产费用构成比率分析表数据

Step 03 按产品品种反映的产品生产成本表分析，如图 10-33～图 10-35 所示。

① 建立按产品品种反映的产品生产成本分析表。

要求：按产品品种分析全部产品成本计划完成情况。

全部产品生产成本分析表（本期比计划）

单位：元

项目	本年累计计划总成本	本年累计实际总成本	成本降低额	成本降低率
男夏装	4410000.00	3693389.84		
女夏装	4455000.00	4758863.56		
男冬装	10434600.00	8163502.07		
女冬装	5040000.00	4720348.92		
全部产品生产成本				

1. 建立“全部产品成本分析表”并输入已知数据。

生产费用构成比率分析表　产品成本分析表　女冬装成本分析

图 10-33　产品生产成本分析表格式

全部产品生产成本分析表（本期比计划）

单位：元

项目	本年累计计划总成本	本年累计实际总成本	成本降低额	成本降低率
男夏装			=B4-C4	=D4/B4
女夏装			=B5-C5	=D5/B5
男冬装			=B6-C6	=D6/B6
女冬装			=B7-C7	=D7/B7
全部产品生产成本	=SUM(B4:B7)	=SUM(C4:C7)	=SUM(D4:D7)	=SUM(E4:E7)

2. 设置成本分析公式。

图 10-34　产品生产成本分析表计算公式设置

全部产品生产成本分析表（本期比计划）

单位：元

项目	本年累计计划总成本	本年累计实际总成本	成本降低额	成本降低率
男夏装	4410000.00	3693389.84	716610.16	16.25%
女夏装	4455000.00	4758863.56	-303863.56	-6.82%
男冬装	10434600.00	8163502.07	2271097.93	21.77%
女冬装	5040000.00	4720348.92	319651.08	6.34%
全部产品生产成本	24339600.00	21336104.39	3003495.61	37.54%

图 10-35　产品生产成本分析表计算公式结果

② 产品生产成本数据比较分析。

通过计划与实际数据比较，可以发现该企业产品生产成本降低任务总体完成得很好，实际成本比计划节约 3003495.61 元，成本降低率为 37.54%，特别是男夏装、男冬装成本降低幅度大，但女夏装成本超支，比计划高 6.82%，应查明原因。

活动二　主要产品单位成本表的分析

企业对全部产品成本降低情况进行分析的基础上，对企业主要产品单位成本进行具体的分析，以便找出主要产品单位成本升降的原因，寻求降低成本的途径。

主要产品单位成本分析包括两个方面的内容：一是分析主要产品单位成本计划完成情况；二是按成本项目进行逐项分析。

本案例按产品品种分析女冬装产品成本计划完成情况。

Step 01 整理各产品单位生产成本表，如表 10-2 所示。

表 10-2 女冬装单位成本表

成本项目	历史先进水平	上年实际水平	本年计划	本月实际	本年实际平均
直接材料	142.00	152.00	148.00	142.34	141.65
直接人工	38.10	40.60	43.00	38.20	38.90
制造费用	6.00	8.90	7.40	6.03	6.39
合计	186.10	201.50	198.40	186.58	186.94

Step 02 产品生产成本计划完成情况分析，如图 10-36～图 10-38 所示。

① 建立女冬装成本分析表。

女冬装成本分析表

产品：女冬装　2013年12月31日　完工产品：2200

成本项目	上年实际水平	本年计划	本年实际平均	本年实际比上年实际		本年实际比本年计划	
				升降额	升降率%	升降额	升降率%
直接材料	152.00	148.00	141.65				
直接人工	40.60	43.00	38.90				
制造费用	8.90	7.40	6.39				
合计	201.50	198.40	186.94				

图 10-36 女冬装成本分析表格式

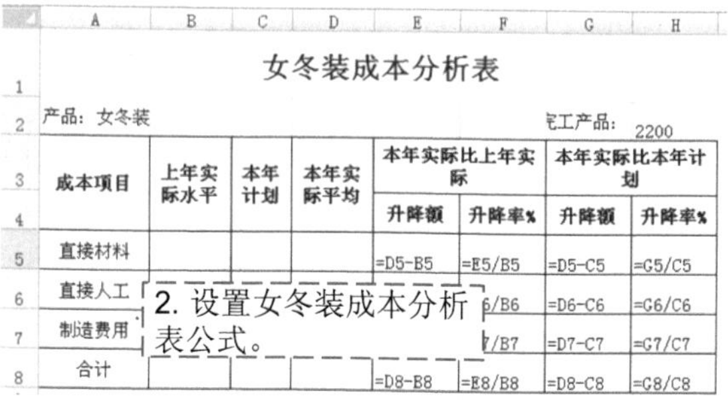

女冬装成本分析表

产品：女冬装　完工产品：2200

成本项目	上年实际水平	本年计划	本年实际平均	本年实际比上年实际		本年实际比本年计划	
				升降额	升降率%	升降额	升降率%
直接材料				=D5-B5	=E5/B5	=D5-C5	=G5/C5
直接人工					6/B6	=D6-C6	=G6/C6
制造费用					/B7	=D7-C7	=G7/C7
合计				=D8-B8	=E8/B8	=D8-C8	=G8/C8

图 10-37 女冬装成本分析表计算公式设置

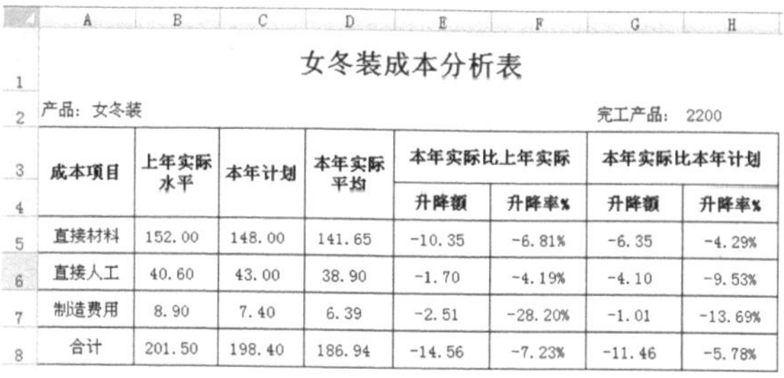

女冬装成本分析表

产品：女冬装　完工产品：2200

成本项目	上年实际水平	本年计划	本年实际平均	本年实际比上年实际		本年实际比本年计划	
				升降额	升降率%	升降额	升降率%
直接材料	152.00	148.00	141.65	-10.35	-6.81%	-6.35	-4.29%
直接人工	40.60	43.00	38.90	-1.70	-4.19%	-4.10	-9.53%
制造费用	8.90	7.40	6.39	-2.51	-28.20%	-1.01	-13.69%
合计	201.50	198.40	186.94	-14.56	-7.23%	-11.46	-5.78%

图 10-38 女冬装成本分析表计算数据

② 女冬装生产成本数据分析。

通过计划与实际数据比较，可以发现该产品生产成本降低任务总体完成得很好，本年实际单位成本比上年实际节约 14.56 元，成本降低率为 7.23%；实际单位成本比计划节约 11.46 元，成本降低率为 5.78%。

活动三　制造费用明细表的分析

企业对制造费用的分析主要采用对比分析法。通常先将本月实际与上年同期实际数进行对比，揭示本月与上月同期实际数之间的增减变化。为了具体分析制造费用增减变动和计划执行情况的好坏与原因，对比分析按照费用项目进行。由于制造费用项目很多，可以选择变化较大、差异较大或费用比重较大的项目，有重点地进行分析。

Step 01 建立制造费用明细表，如图 10-39 和图 10-40 所示。

制造费用明细表分析

2013年12月31日

费用项目	职工薪酬	折旧费用	水电费用	低值易耗品摊销	机物料消耗	修理费	其他	合计
本年累计实际数	282693.72	321120.00	97440.00	2342.00	12541.44	3000.00	6577.08	
本年计划数	300000.00	313000.00	89000.00	3000.00	15000.00	6000.00	8000.00	
差异额								
差异率								

生产费用构成比率分析表 / 产品成本分析表 / 女冬装成本分析表 / 制造费用明细表分析 / 产量与成本资料

1. 建立“制造费用明细表分析”表并输入已知数据。

图 10-39　制造费用明细表分析格式

制造费用明细表分析

41639

费用项目	职工薪酬	折旧费用	水电费用	低值易耗品摊销	机物料消耗	修理费	其他	合计
本年累计实际数								=SUM(C4:I4)
本年计划数								=SUM(C5:I5)
差异额	=C4-C5	=D4-D5	=E4-E5	=F4-F5	=G4-G5	=H4-H5	=I4-I5	=SUM(C6:I6)
差异率	=C6/C5	=D6/D5	=E6/E5	=F6/F5	=G6/G5	=H6/H5	=I6/I5	=J6/J5

2. 设置分析表公式。

图 10-40　设置制造费用明细表计算公式

Step 02 制造费用明细表数据分析结果如图 10-41 所示。

制造费用明细表分析

2013年12月31日

费用项目	职工薪酬	折旧费用	水电费用	低值易耗品摊销	机物料消耗	修理费	其他	合计
本年累计实际数	282693.72	321120.00	97440.00	2342.00	12541.44	3000.00	6577.08	725714.24
本年计划数	300000.00	313000.00	89000.00	3000.00	15000.00	6000.00	8000.00	734000.00
差异额	-17306.28	8120.00	8440.00	-658.00	-2458.56	-3000.00	-1422.92	-8285.76
差异率	-5.77%	2.59%	9.48%	-21.93%	-16.39%	-50.00%	-17.79%	-1.13%

图 10-41　制造费用明细表数据分析结果

通过计划与实际数据比较，可以发现制造费用总体控制较好，本年实际比本年计划节约 8285.76 元，降低率为 1.13%。

任务四　生产成本预测

成本预测的方法很多，下面以回归分析法与加权平均模型法两种常用的成本预测的定量方法为例来介绍 Excel 成本预测的实现。假设以女冬装为例。

小知识

1．回归分析法

回归分析法包括定量、定性法两种方法。定量法有趋势、因果、高低点等预测方法。

回归分析法属于因素分析法的一种，在掌握大量观察数据的基础上，利用数理统计方法建立因变量与自变量之间的回归关系函数表达式（称回归方程式）。成本预测里运用最小平方计算固定成本与单位变动成本，通过建立直线回归方程而进行成本预测的方法。

用回归直线方程确定参数预测产品总成本的方法，其预测模型如下：

$$Y_t = a + bx_t$$

式中：Y_t——总成本；

a——固定成本；

b——单位业务量所需的变动成本；

x_t——产量。

运用预测模型，在利用历史资料确定 a、b 数值的条件下，即可预测一定产量 x 所需发生的总成本 Y。

2．加权平均模型法

加权平均模型法，是指通过对不同时期的成本资料给予不同的权数，然后直接对各期的成本资料加权平均求得 a、b 值，以期实现对总成本预测的方法。

加权平均模型法与回归分析法的成本预测方法一样，需要建立总成本 $Y_t = a + bx_t$ 方程。但与回归分析法也有不同：一是该方法占有的预测资料是各个时期固定成本和单位变动成本，而不是总成本；二是求解 a、b 的方法不同。使用加权平均法求解 a、b 值的两个加权平均数的公式如下：

$$a = \sum a_i w_i / \sum w_i \qquad b = \sum b_i w_i / \sum w_i$$

式中：a——固定成本；

b——单位业务量所需的变动成本；

w_i——权数。

公式中的权数，一般按“近大远小”原则确定，即靠近预测期的资料权数大，远离预测期的资料权数小。

活动一　Excel 回归分析法

Step 01 建立产量与成本资料表，如图 10-42 所示。

图 10-42　建立产量与成本资料表

Step 02 回归分析，如图 10-43～图 10-46 所示。

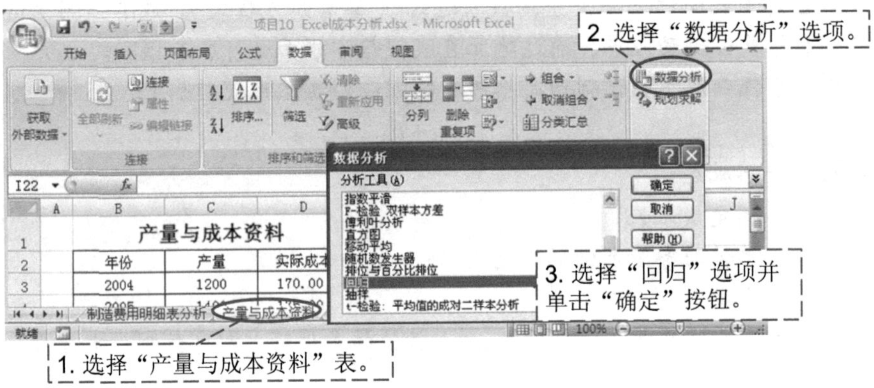

图 10-43　回归分析 1

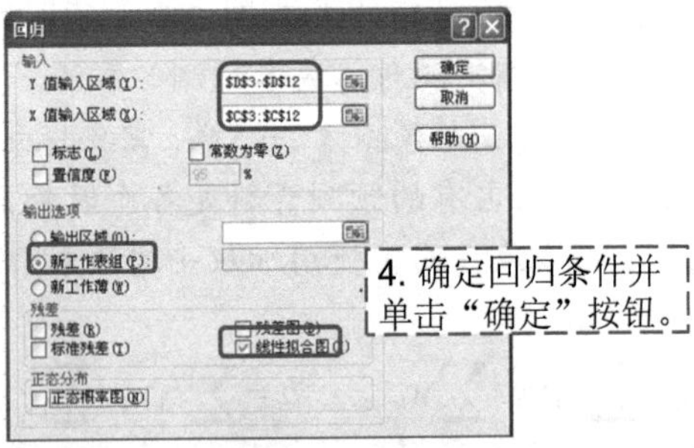

图 10-44　回归分析 2

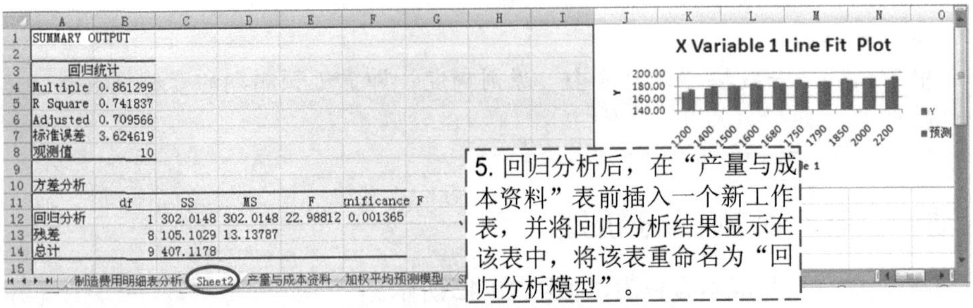

图 10-45　回归分析结果

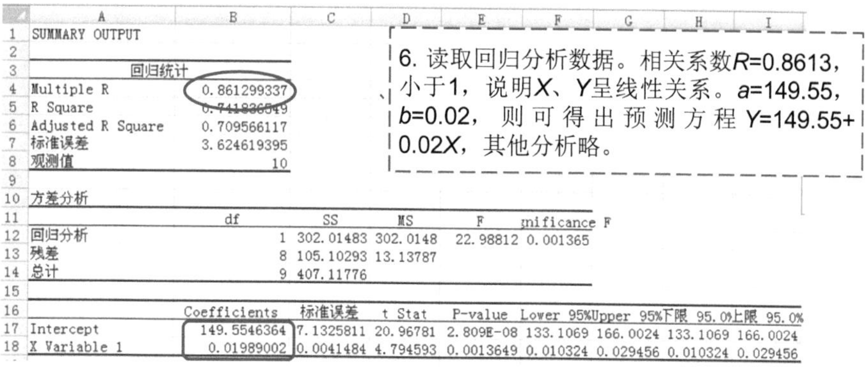

图 10-46　读取回归分析结果

根据回归分析结果可得出回归方程 Y=149.55+0.02X。

由上述回归方程可求出生产女冬装的固定成本为 149.55 千元，单位产品变动成本为 0.02 千元。因此，2014 年生产 3000 件女冬装的总成本为 149.55+0.02×3000=209.55 千元。

小知识

Excel 中没有回归分析，怎么办？

使用线性回归分析，软件中需有“数据分析”工具。如果没有则需先安装。安装方法是：在“Excel 选项”中选中左侧栏的“加载项”，再单击右侧栏最下面的“转到”按钮，在弹出的“加载宏”窗口中选中“分析工具库”选项，单击“确定”按钮。按系统提示自动安装。安装完成后，重启 Excel 系统，再打开，则在“数据”菜单下出现“数据分析”工具。

活动二　加权平均模型法

Step 01 整理成本资料并确定权数。

假设以女冬装历史资料为例，如表 10-3 所示。

表 10-3　历史数据

单位：元

		历史数据			
年份	固定成本 a	单位变动成本 b	权数 w	固定成本 a×权数 w	单位变动成本 b×权数 w
2011	300000	180	1	300000	180
2012	380000	190	1.5	570000	285
2013	420000	200	2	840000	400
合计			4.5	1710000	865

Step 02 建立加权平均预测模型，如图 10-47 和图 10-48 所示。

Step 03 数据预测结果如图 10-49 所示。

输入预测期的产量，即可得到预测期的总成本及单位产品生产成本。

同理，输入其他产品的历史数据便可得出其他产品的直线回归方程，即可利用该方程进行成本费用的预测。

图 10-47　建立加权平均模型表样式

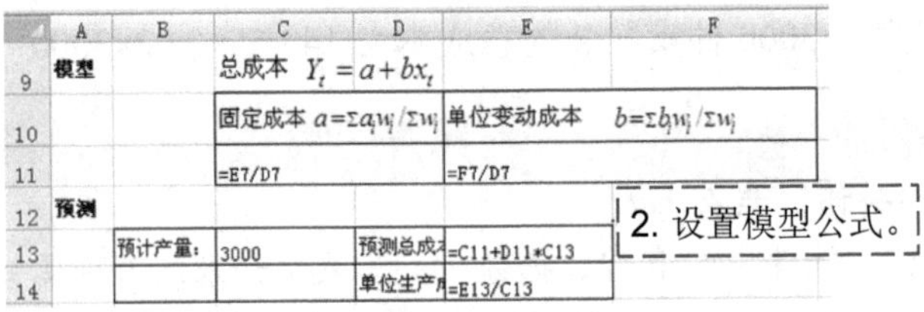

图 10-48　设置模型公式

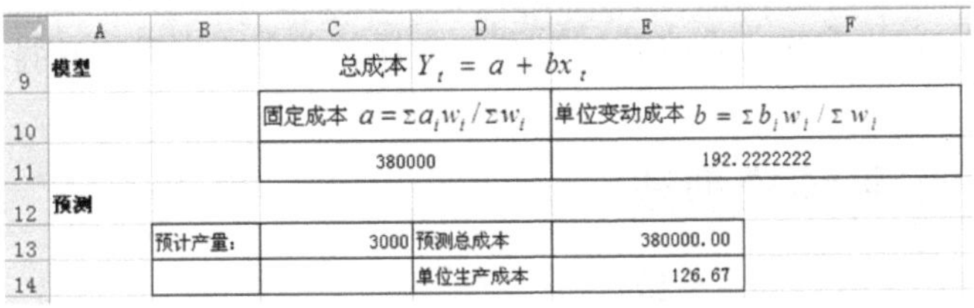

图 10-49　加权平均预测结果

模拟实战

建立娄底市纱线公司成本分析系统。资料如下，要求利用 Excel 建立其成本核算系统。时间为 2013 年 6 月 30 日，金额单位：元。

（1）在产品盘存数量 21 支纱期初 60 吨，期末 12 吨，原材料平均单价 8800 元；32 支纱期初 8.6 吨，期末 31 吨，原材料平均单价 8366 元。

摘　要	直接材料	直接人工	制造费用	合　计
21 支纱期初在产品成本	528000.00			528000.00
32 支纱期初在产品成本	71947.60			71947.60

（2）定额工时资料：21 支纱单位定额工时为 12 小时，32 支纱单位定额工时为 15 小时。

（3）本月各部门耗用水电：水价为 2 元/吨，电为 0.5 元/度。

部门		水（吨）	电（度）
纺纱车间	生产耗用		801 063
	一般耗用	20 300	
维修车间		5 000	5 012
行政管理部门		3 092	4 500
合计		28 392	810 575

（4）耗用包装料汇总表。

名　称	21 支纱	32 支纱	共同耗用	合　计
塑料袋	2000.00		2000.00	4000.00
打包扣	1360.00		1360.00	2720.00
打包带	1540.00		60.80	1600.80
纺织袋	555.00	610.50	111.00	1276.50
3 度纸管		825.00		825.00
5 度纸管	1508.00			1508.00
合计	8963.00	635.50	3531.80	44916.50

（5）本月完工产品数量：21 支纱 218 吨，32 支纱 198 吨。

（6）本月耗用材料汇总分配表。

产品及部门		原　棉	包装料	配件及辅料	合计
产品	21 支纱	1213070.00	8963.00		1222033.00
	32 支纱	1839200.00	635.50		1839835.50
	小计	3052270.00	9598.50		3061868.50
车间	纺纱车间	—	—	737.22	737.22
	维修车间	—	—	11099.35	11099.35
行政管理部门		—	—	162.90	162.90
合　计		3052270.00	9598.50	11999.47	3073867.97

（7）本月工资表。

部门		应付工资	补贴款项	代扣款项	实发金额
纺纱车间	生产工人	569568.30	2545.00	13192.30	558921.00
	管理人员	99574.46	435.00	1339.34	98671.12
	小计	669142.76	2980.00		657592.12
维修车间		49637.42	255.00	5963.82	43928.60
行政管理部门		99658.90	386.00	10292.2	89752.00
合　计		1487581.84	6601.00	16256.02	1448864.84

（8）固定资产折旧计提。

固定资产类别		期初原值	本月增加原值	本月减少原值	应提折旧原值	月折旧率	本月折旧额
生产设备	纺纱车间	1 869 000	21 000		1 890 000	0.6%	11340
	维修车间	630 000		50 000	630 000	0.6%	3780
房屋及建筑物	纺纱车间	1 520 000			1 520 000	0.2%	3040
	维修车间	110 000			110 000	0.2%	220
	行政管理部门	2 100 000			2 100 000	0.2%	4200
运输部门	运输设备	350 000			350 000	0.8%	2800
合　计		6 579 000			6 600 000		25380

（9）其他支付的费用。

本月用现金支付的费用有：纺纱车间统计资料购置费 360 元，纺纱车间以现金购买文具 120 元，采购出差报销差旅费 759 元，支付纺纱车间电话费 2865.73 元。

11
CHAPTER

项目 11 财务预算管理

项目目标

1．能利用 Excel 建立财务预算体系。
2．能进行数据公式的输入。
3．能进行条件格式设置。

项目导入

财务预算是指反映企业预算期内各项现金收支、经营成果和财务状况的预算，是企业全面预算的一部分，与其他预算紧密联系。财务预算也是企业预算期内各项收支的比较、控制基础。本项目根据附录 C 预算案例资料编写。

项目思路

企业财务预算需在各业务预算及专门预算的基础上进行。因此在设计 Excel 财务预算体系时，需遵循预算顺序，同时遵循 Excel 体系建立的顺序。

本项目在设计上，先进行体系框架设计，在此基础上以预算顺序为主线进行。

任务一　建立财务预算体系

财务预算体系所需的工作表包括：定额资料表、销售预算表、生产预算表、直接材料采购预算表、直接人工预算表、制造费用预算表、产品成本预算表、销售管理费用预算表、现金收支预算表、预计利润表、预计资产负债表。

Step 01 建立财务预算体系框架，如图 11-1 所示。

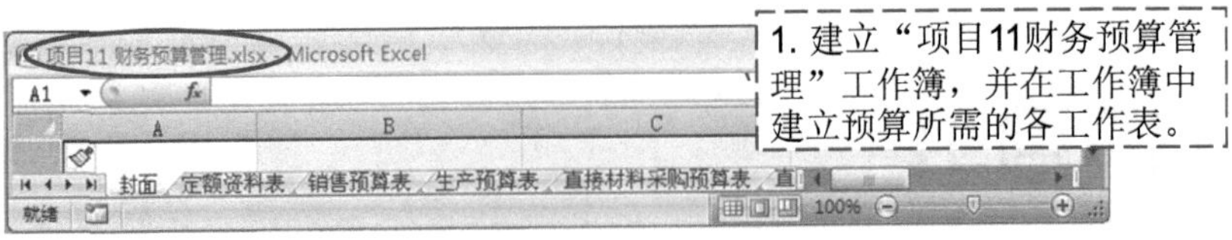

图 11-1　建立系统框架

Step 02 建立封面。

① 设置封面内容，如图 11-2 所示。

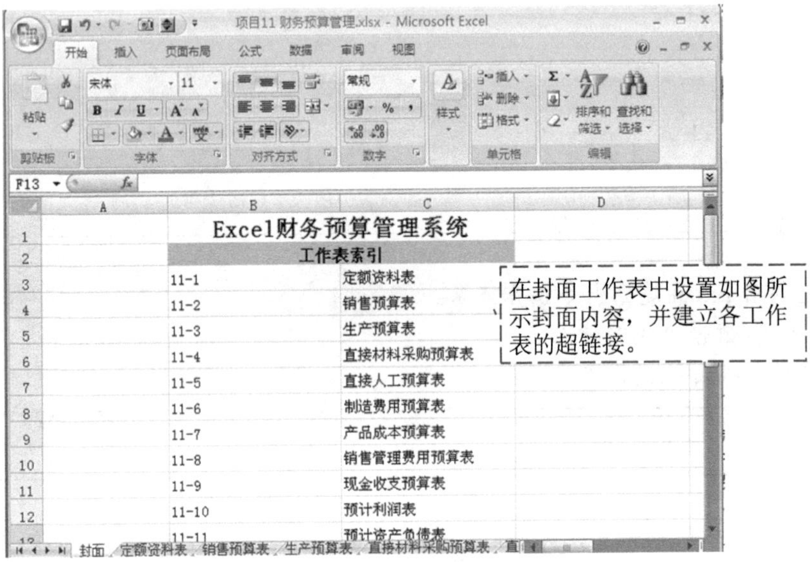

图 11-2　设置封面内容

② 设置工作表索引条件格式，如图 11-3～图 11-6 所示。

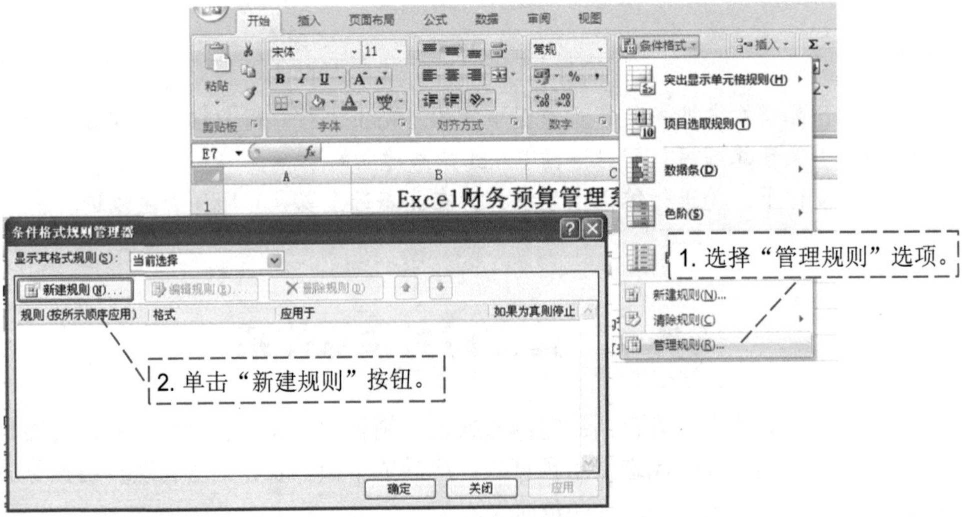

图 11-3　设置工作表索引条件格式 1

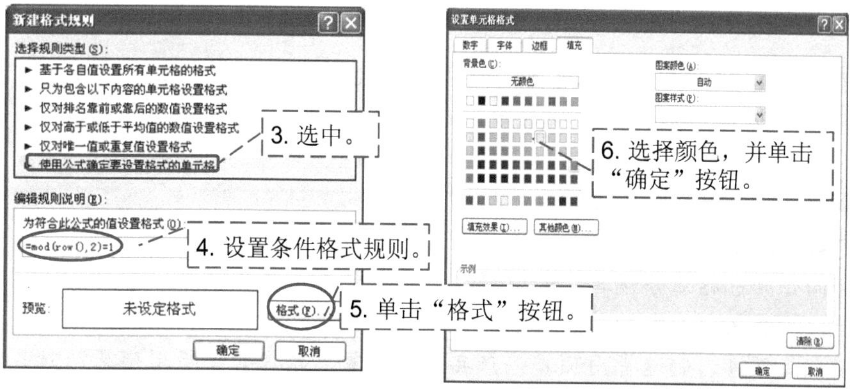

图 11-4 设置工作表索引条件格式 2

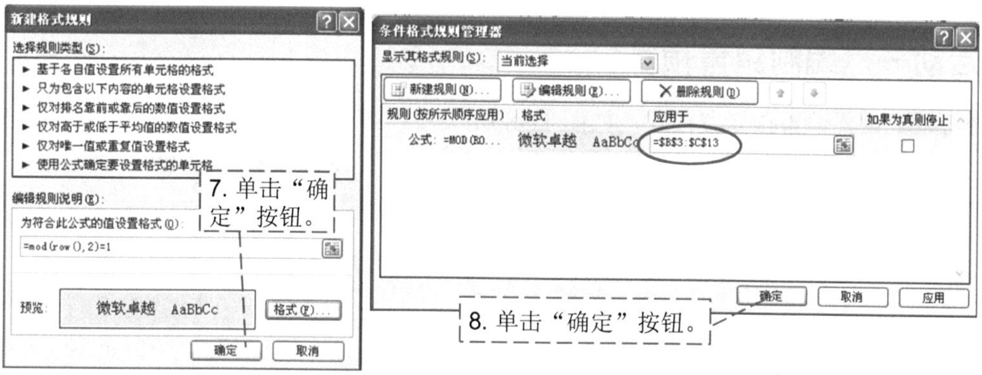

图 11-5 设置工作表索引条件格式 3

Step 03 建立定额资料表，如图 11-7 所示。

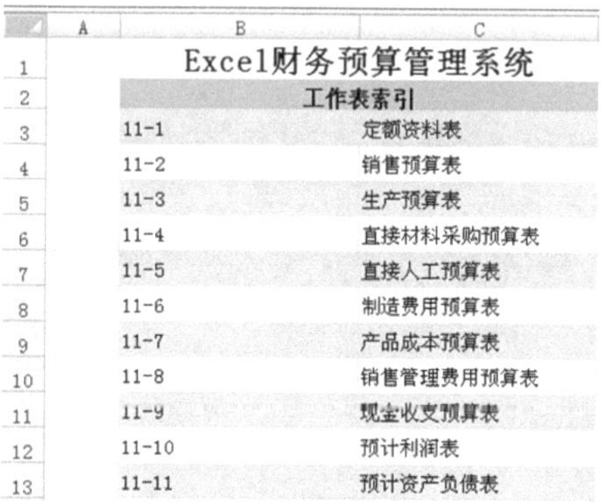

图 11-6 设置效果

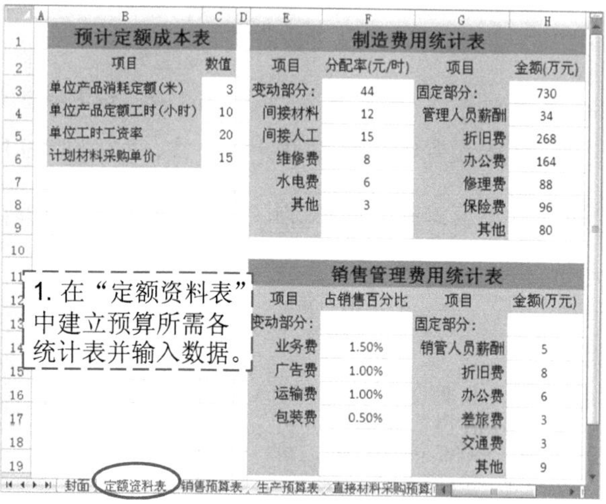

图 11-7 定额资料表

任务二　业务预算

小知识

预算内容及基本顺序

企业全面预算包括业务预算、专门预算、财务预算。业务预算、专门预算是财务预算的基础，而专门预算又以业务预算为基础。业务预算包括销售预算、生产预算、直接材料采购预算、直接人工预算、制造费用预算、产品成本预算、销售管理费用预算。财务预算包括现金收支预算、利润表及资产负债表等报表预算。专门预算包括投资预算、筹资预算等。

活动一　编制销售预算

Step 01 设置销售预算表样式，如图 11-8 所示。

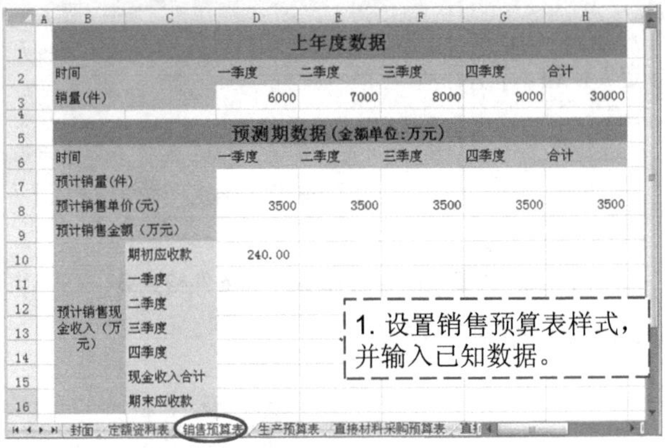

图 11-8　设置销售预算表样式

Step 02 设置销售预算表计算公式，如图 11-9 所示。

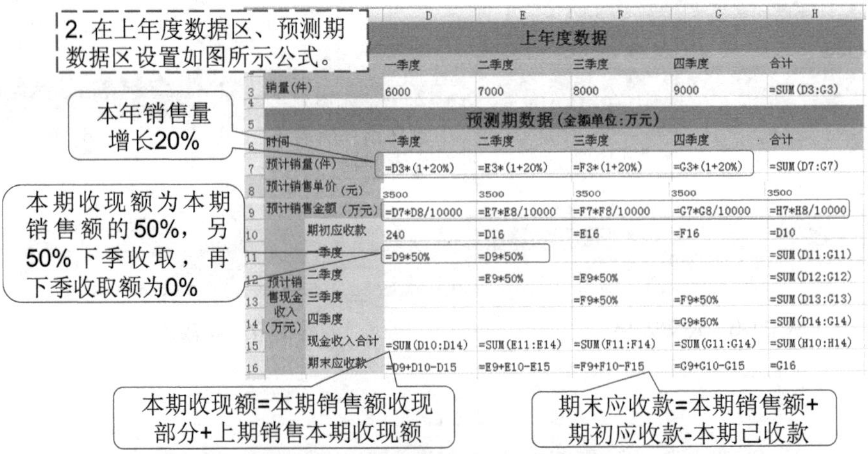

图 11-9　设置销售预算表计算公式

Step 03 预算结果如图 11-10 所示。

上年度数据						
时间		一季度	二季度	三季度	四季度	合计
销量(件)		6000	7000	8000	9000	30000
预测期数据(金额单位:万元)						
时间		一季度	二季度	三季度	四季度	合计
预计销量(件)		7200	8400	9600	10800	36000
预计销售单价		3500	3500	3500	3500	3500
预计销售金额		2520.00	2940.00	3360.00	3780.00	12600.00
预计销售现金收入	期初应收款	240.00	1260.00	1470.00	1680.00	240.00
	一季度	1260.00	1260.00			2520.00
	二季度		1470.00	1470.00		2940.00
	三季度			1680.00	1680.00	3360.00
	四季度				1890.00	1890.00
	现金收入合计	1500.00	2730.00	3150.00	3570.00	10950.00
	期末应收款	1260.00	1470.00	1680.00	1890.00	1890.00

图 11-10　预算结果

活动二　编制生产预算

1. 编制生产预算表

Step 01 设置生产预算表样式，如图 11-11 所示。

生产预算表(单位:件)					
项目	一季度	二季度	三季度	四季度	全年
预计销售量					
加:预计期末存货量				2400	
预计需要量					
减:期初存货量	2400				
预计生产量					

设置如图所示生产预算表并输入已知数据。

图 11-11　生产预算表样式

Step 02 设置预算公式，如图 11-12 所示。

期末存货为下期销售的40%。

预计销售量数据来源于销售预算表。

生产预算表(单位:件)					
项目	一季度	二季度	三季度	四季度	全年
预计销售量	=销售预算表!D7	=销售预算表!E7	=销售预算表!F7	=销售预算表!G7	=销售预算表!H7
加:预计期末存货量	=D3*40%	=E3*40%	=F3*40%	2400	=F4
预计需要量	=C3+C4	=D3+D4	=E3+E4	=F3+F4	=SUM(C5:F5)
减:期初存货量	2400	=C4	=D4	=E4	=C6
预计生产量	=C5-C6	=D5-D6	=E5-E6	=F5-F6	=SUM(C7:F7)

设置如图所示公式。

图 11-12　生产预算表公式

Step 03 计算结果如图 11-13 所示。

生产预算表(单位:件)					
项目	一季度	二季度	三季度	四季度	全年
预计销售量	7200	8400	9600	10800	36000
加:预计期末存货量	3360	3840	4320	2400	2400
预计需要量	10560	12240	13920	13200	49920
减:期初存货量	2400	3360	3840	4320	2400
预计生产量	8160	8880	10080	8880	36000

图 11-13　生产预算结果

2. 编制直接材料采购预算表

Step 01 设置直接材料采购预算表格式，如图 11-14 所示。

直接材料预算表(金额单位:万元)						
项目		一季度	二季度	三季度	四季度	全年
预计生产量(件)						
单位产品材料消耗定额(米)		3.00	3.00	3.00	3.00	3.00
预计生产需要量合计(米)						
加:期末存货量(米)					7200.00	
减:期初存货量(米)		7200.00				
预计采购量(米)						
计划采购单价(元)						
预计购货金额(万元)						
预计采购现金支出	期初应付款	310.00				
	一季度支付额					
	二季度支付额					
	三季度支付额					
	四季度支付额					
	现金支出合计					
	期末应付款					

设置如图所示直接材料预算表并输入已知数据。

封面 定额资料表 销售预算表 生产预算表 直接材料采购预算表 直接人工预算

图 11-14 直接材料采购预算表样式

Step 02 设置预算公式，如图 11-15 所示。

期末存货为下季生产需要量的40%。

预计生产量数据来源于生产预算表。

复制D3单元格公式。

直接材料预算表(金额单位:万元)						
项目		一季度	二季度	三季度	四季度	全年
预计生产量(件)		=生产预算表!C7	=生产预算表!D7	=生产预算表!E7	=生产预算表!F7	=SUM(D3:G3)
单位产品材料消耗定额(米)		3	3	3	3	3
预计生产需要量合计(米)		=D3*D4	=E3*E4	=F3*F4	=G3*G4	=H3*H4
加:期末存货量(米)		=E5*40%	=F5*40%	=G5*40%	7200	=G6
减:期初存货量(米)		7200	=D6	=E6	=F6	=D7
预计采购量(米)		=D5+D6-D7	=E5+E6-E7	=F5+F6-F7	=G5+G6-G7	=SUM(D8:G8)
计划采购单价(元)		=定额资料表!$C$6	=定额资料表!$C$6	=定额资料表!$C$6	=定额资料表!$C$6	=定额资料表!$C$6
预计购货金额(万元)		=D8*D9/10000	=E8*E9/10000	=F8*F9/10000	=G8*G9/10000	=H8*H9/10000
预计采购现金支出	期初应付款	310	=D17	=E17	=F10-F14	=D11
	一季度支付额	=D10*50%	=D10*40%	=D10*10%		=SUM(D12:G12)
	二季度支付额		=E10*50%	=E10*40%	=E10*10%	=SUM(D13:G13)
	三季度支付额			=F10*50%	=F10*40%	=SUM(D14:G14)
	四季度支付额				=G10*50%	=SUM(D15:G15)
	现金支出合计	=SUM(D11:D15)	=SUM(E12:E15)	=SUM(F12:F15)	=SUM(G12:G15)	=SUM(D16:G16)
	期末应付款	=D10-D12	=E10+E11-E16	=F10+F11-F16	=G10+G11-G16	=G17

计量单位换算为万元。

付款政策为采购当季支付采购款的50%，下季度支付40%，再下季度支付10%。

期末应付款=当季采购款+期初余额-当季已付款。

图 11-15 直接材料采购预算公式

Step 03 预算结果如图 11-16 所示。

直接材料预算表(金额单位:万元)						
项目		一季度	二季度	三季度	四季度	全年
预计生产量(件)		8160.00	8880.00	10080.00	8880.00	36000.00
单位产品材料消耗定额(米)		3.00	3.00	3.00	3.00	3.00
预计生产需要量合计(米)		24480.00	26640.00	30240.00	26640.00	108000.00
加:期末存货量(米)		10656.00	12096.00	10656.00	7200.00	7200.00
减:期初存货量(米)		7200.00	10656.00	12096.00	10656.00	7200.00
预计采购量(米)		27936.00	28080.00	28800.00	23184.00	108000.00
计划采购单价(元)		15.00	15.00	15.00	15.00	15.00
预计购货金额(万元)		41.90	42.12	43.20	34.78	162.00
预计采购现金支出	期初应付款	310.00	20.95	25.25	21.60	310.00
	一季度支付额	20.95	16.76	4.19		41.90
	二季度支付额		21.06	16.85	4.21	42.12
	三季度支付额			21.60	17.28	38.88
	四季度支付额				17.39	17.39
	现金支出合计	330.95	37.82	42.64	38.88	450.29
	期末应付款	20.95	25.25	25.81	17.50	17.50

图 11-16 直接材料采购预算结果

3. 编制直接人工预算表

Step 01 设置直接人工预算表样式，如图 11-17 所示。

直接人工预算表(金额单位:万元)					
项目	一季度	二季度	三季度	四季度	全年
预计生产量(件)					
单位产品定额工时(小时)					
直接人工工时总额(小时)					
单位工时工资率(元/小时)					
直接人工成本总额					

设置如图所示“直接人工预算表”样式。

直接材料采购预算表　直接人工预算表

图 11-17 直接人工预算表样式

Step 02 设置计算公式，如图 11-18 所示。

直接人工预算表(金额单位:万元)					
项目	一季度	二季度	三季度	四季度	全年
预计生产量(件)	=生产预算表!C7	=生产预算表!D7	=生产预算表!E7	=生产预算表!F7	=生产预算表!G7
单位产品定额工时(小时)	=定额资料表!C4				
直接人工工时总额(小时)	=D3*$D$4	=E3*$D$4	=F3*$D$4	=G3*$D$4	=H3*$D$4
单位工时工资率(元/小时)	=定额资料表!C5				
直接人工成本总额	=D5*$D$6/10000	=E5*$D$6/10000	=F5*$D$6/10000	=G5*$D$6/10000	=H5*$D$6/10000

计量单位换算为万元。

图 11-18 直接人工预算公式

Step 03 预算结果如图 11-19 所示。

直接人工预算表(金额单位:万元)					
项目	一季度	二季度	三季度	四季度	全年
预计生产量(件)	8160	8880	10080	8880	36000
单位产品定额工时(小时)	10				
直接人工工时总额(小时)	81600	88800	100800	88800	360000
单位工时工资率(元/小时)	20				
直接人工成本总额	163.20	177.60	201.60	177.60	720.00

图 11-19　直接人工预算结果

4. 编制制造费用预算表

Step 01 设置制造费用预算表样式，如图 11-20 所示。

制造费用预算表(金额单位:万元)						
变动制造费用	一季度	二季度	三季度	四季度	全年	费用分配率(元/时)
间接材料						
间接人工						
维修费						
水电费						
其他						
合计						
固定制造费用						
管理人员薪酬						
折旧费						
办公费						
修理费						
保险费						
其他						
合计						
制造费用合计						
减：非付现费用						
折旧费						
非付现费用合计						
现金支出合计						

按图示设置制造费用预算表内容及格式。

直接人工预算表　制造费用预算表

图 11-20　制造费用预算表样式

Step 02 设置预算公式，如图 11-21 和图 11-22 所示。

变动制造费用=工时×费用分配率，并折算为万元。

制造费用预算表(金额单位:万元)			
变动制造费用	一季度	二季度	三季度
间接材料	=直接人工预算表!D5*制造费用预算表!$I$3/10000	=直接人工预算表!E5*制造费用预算表!$I$3/10000	=直接人工预算表!F5*制造费用预算表!$I$3/10000
间接人工	=直接人工预算表!D5*制造费用预算表!$I$4/10000	=直接人工预算表!E5*制造费用预算表!$I$4/10000	=直接人工预算表!F5*制造费用预算表!$I$4/10000
维修费	=直接人工预算表!D5*制造费用预算表!$I$5/10000	=直接人工预算表!E5*制造费用预算表!$I$5/10000	=直接人工预算表!F5*制造费用预算表!$I$5/10000
水电费	=直接人工预算表!D5*制造费用预算表!$I$6/10000	=直接人工预算表!E5*制造费用预算表!$I$6/10000	=直接人工预算表!F5*制造费用预算表!$I$6/10000
其他	=直接人工预算表!D5*制造费用预算表!$I$7/10000	=直接人工预算表!E5*制造费用预算表!$I$7/10000	=直接人工预算表!F5*制造费用预算表!$I$7/10000
合计	=SUM(D3:D7)	=SUM(E3:E7)	=SUM(F3:F7)
固定制造费用			
管理人员薪酬	=$H$10/4	=$H$10/4	=$H$10/4
折旧费	=$H$11/4	=$H$11/4	=$H$11/4
办公费	=$H$12/4	=$H$12/4	=$H$12/4
修理费	=$H$13/4	=$H$13/4	=$H$13/4
保险费	=$H$14/4	=$H$14/4	=$H$14/4
其他	=$H$15/4	=$H$15/4	=$H$15/4
合计	=$H$16/4	=$H$16/4	=$H$16/4
制造费用合计			
减：非付现费用			
折旧费	=D11	=E11	=F11
非付现费用合计	=D19	=E19	=F19
现金支出合计	=D8+D16-D20	=E8+E16-E20	=F8+F16-F20

各季度固定制造费用为全年平均值，即1/4。

图 11-21　制造费用预算公式 1

制造费用预算表(金额单位:万元)			
变动制造费用	四季度	全年	费用分配率(元/时)
间接材料	=直接人工预算表!G5*制造费用预算表!$I$3/10000	=直接人工预算表!H5*制造费用预算表!$I$3/10000	=定额资料表!F4
间接人工	=直接人工预算表!G5*制造费用预算表!$I$4/10000	=直接人工预算表!H5*制造费用预算表!$I$4/10000	=定额资料表!F5
维修费	=直接人工预算表!G5*制造费用预算表!$I$5/10000	=直接人工预算表!H5*制造费用预算表!$I$5/10000	=定额资料表!F6
水电费	=直接人工预算表!G5*制造费用预算表!$I$6/10000	=直接人工预算表!H5*制造费用预算表!$I$6/10000	=定额资料表!F7
其他	=直接人工预算表!G5*制造费用预算表!$I$7/10000	=直接人工预算表!H5*制造费用预算表!$I$7/10000	=定额资料表!F8
合计	=SUM(G3:G7)	=SUM(H3:H7)	=SUM(I3:I7)
固定制造费用			
管理人员薪酬	=$H$10/4	=定额资料表!H4	
折旧费	=$H$11/4	=定额资料表!H5	
办公费	=$H$12/4	=定额资料表!H6	
修理费	=$H$13/4	=定额资料表!H7	
保险费	=$H$14/4	=定额资料表!H8	
其他	=$H$15/4	=定额资料表!H9	
合计	=$H$16/4	=SUM(H10:H15)	=10000*H16/直接人工预算表!H5
制造费用合计			
减：非付现费用			
折旧费	=G11	=H11	
非付现费用合计	=G19	=H19	
现金支出合计	=G8+G16-G20	=H8+H16-H20	

费用分配率、固定制造费用全年数从“定额资料表”的“制造费用统计表”取数。

固定制造费用分配率=固定制造费用总额/总工时，同时需将费用总额“万元”转换为“元”。

图 11-22 制造费用预算公式 2

Step 03 预算结果如图 11-23 所示。

制造费用预算表(金额单位:万元)						
变动制造费用	一季度	二季度	三季度	四季度	全年	费用分配率(元/时)
间接材料	97.92	106.56	120.96	106.56	432.00	12
间接人工	122.40	133.20	151.20	133.20	540.00	15
维修费	65.28	71.04	80.64	71.04	288.00	8
水电费	48.96	53.28	60.48	53.28	216.00	6
其他	24.48	26.64	30.24	26.64	108.00	3
合计	359.04	390.72	443.52	390.72	1584.00	44
固定制造费用						
管理人员薪酬	8.50	8.50	8.50	8.50	34.00	
折旧费	67.00	67.00	67.00	67.00	268.00	
办公费	41.00	41.00	41.00	41.00	164.00	
修理费	22.00	22.00	22.00	22.00	88.00	
保险费	24.00	24.00	24.00	24.00	96.00	
其他	20.00	20.00	20.00	20.00	80.00	
合计	182.50	182.50	182.50	182.50	730.00	20.28
制造费用合计						
减：非付现费用						
折旧费	67.00	67.00	67.00	67.00	268.00	
非付现费用合计	67.00	67.00	67.00	67.00	268.00	
现金支出合计	474.54	506.22	559.02	506.22	2046.00	

图 11-23 制造费用预算结果

活动三 编制产品成本预算

1. 产品成本预算表

Step 01 设置产品成本预算表样式，如图 11-24 所示。

产品成本预算表（金额单位：万元）					
期初产品量（件）：		期末产品量（件）：		本年生产量（件）：	
项目			单位成本 单位用量（米或小时）	单价（元）	生产成本（元/件）
直接材料					
直接人工					
变动制造费用					
固定制造费用					
合　计					
加：期初在产品成本					
减：期末在产品成本					
预计产品生产成本					
加：期初库存产品成本				2950.00	
减：期末库存产品成本					
预计产品销售成本					

设置“产品成本预算表”工作表样式并输入已知数。

图 11-24　产品成本预算表样式

Step 02 设置计算公式，如图 11-25 所示。

产品成本预算表（金额单位：万元）					
期初产品量（件）：	=生产预算表!$C$6	期末产品量（件）：	=生产预算表!$C$4	本年生产量（件）：	=生产预算表!$C$7
项目			单位成本 单位用量（米或小时）	单价（元）	生产成本（元/件）
直接材料			=定额资料表!$C$3	=定额资料表!$C$6	=E5*F5
直接人工			=定额资料表!$C$4	=定额资料表!$C$5	=E6*F6
变动制造费用			=定额资料表!$C$4	=制造费用预算表!$I$8	=E7*F7
固定制造费用			=定额资料表!$C$4	=制造费用预算表!$I$16	=E8*F8
合　计					=SUM(G5:G8)
加：期初在产品成本					0
减：期末在产品成本					0
预计产品生产成本					=G9*$G$2/10000
加：期初库存产品成本					=$C$2*F13/10000
减：期末库存产品成本				=G9	=F14*$E$2/10000
预计产品销售成本				=G15*10000/销售预算表!$H$7	=G12+G13-G14

产品成本=数量×单位产品成本，并折算为万元。

单位产品销售成本=销售成本总额/销售量，并折算为元。

产品销售成本=生产成本+期初成本-期末成本。

图 11-25　产品成本预算公式

Step 03 产品成本预算结果，如图 11-26 所示。

产品成本预算表（金额单位：万元）					
期初产品量（件）：	2400	期末产品量（件）：	2400	本年生产量（件）：	36000
项目			单位成本 单位用量（米或小时）	单价（元）	生产成本（元/件）
直接材料			3.00	15.00	45.00
直接人工			10.00	20.00	200.00
变动制造费用			10.00	44.00	440.00
固定制造费用			10.00	20.28	202.78
合　计					887.78
加：期初在产品成本					0.00
减：期末在产品成本					0.00
预计产品生产成本					3196.00
加：期初库存产品成本				2950.00	708.00
减：期末库存产品成本				887.78	213.07
预计产品销售成本				1025.26	3690.93

图 11-26　产品成本预算结果

2. 季度产品销售成本预算

Step 01 设置季度产品销售成本计算表样式，如图 11-27 所示。

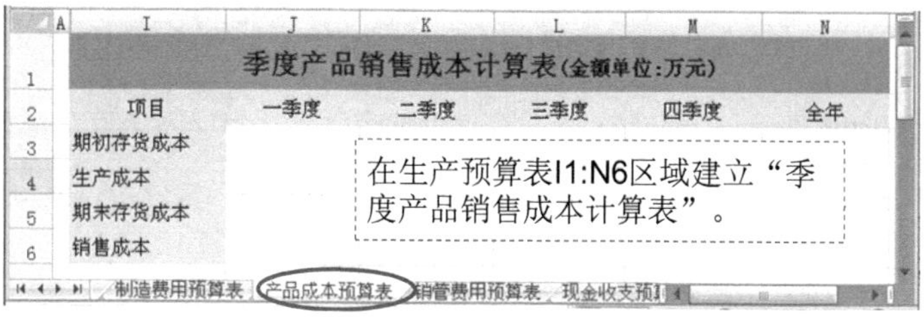

图 11-27　季度产品销售成本计算表样式

Step 02 设置季度产品销售成本计算表计算公式，如图 11-28 所示。

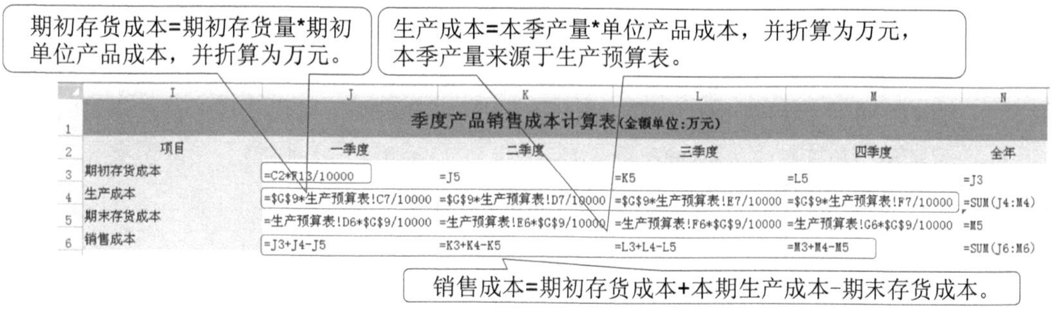

图 11-28　季度产品销售成本计算公式

Step 03 季度产品销售成本计算结果，如图 11-29 所示。

季度产品销售成本计算表(金额单位:万元)

项目	一季度	二季度	三季度	四季度	全年
期初存货成本	708.00	298.29	340.91	383.52	708.00
生产成本	724.43	788.35	894.88	788.35	3196.00
期末存货成本	298.29	340.91	383.52	213.07	213.07
销售成本	1134.13	745.73	852.27	958.80	3690.93

图 11-29　季度产品销售成本计算结果

3. 季度销售税金及附加预算

Step 01 建立季度销售税金及附加计算表，如图 11-30 所示。

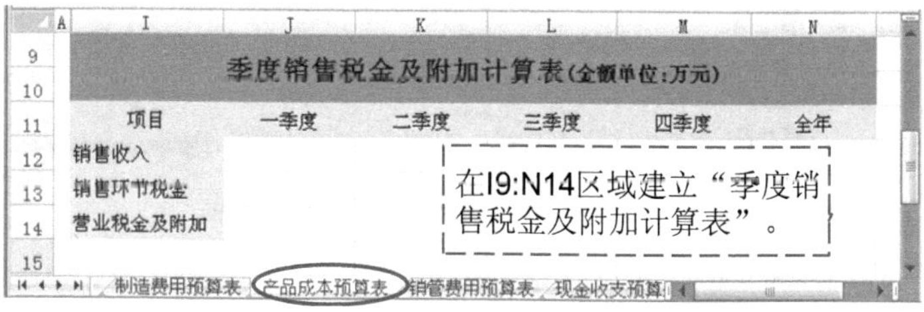

图 11-30　季度销售税金及附加计算表样式

Step 02 设置季度销售税金及附加计算表计算公式，如图 11-31 所示。

销售环节税金=销售收入*12%=增值税+城建税+教育费附加。

项目	一季度	二季度	三季度	四季度	全年
季度销售税金及附加计算表(金额单位:万元)					
销售收入	=销售预算表!D9	=销售预算表!E9	=销售预算表!F9	=销售预算表!G9	=销售预算表!H9
销售环节税金	=J12*12%	=K12*12%	=L12*12%	=M12*12%	=N12*12%
营业税金及附加	=J13-(J13/(1+7%+3%))	=K13-(K13/(1+7%+3%))	=L13-(L13/(1+7%+3%))	=M13-(M13/(1+7%+3%))	=N13-(N13/(1+7%+3%))

营业税金及附加=销售环节税金-(销售环节税金/(1+7%+3%))。

图 11-31　季度销售税金及附加计算公式

Step 03 计算季度销售税金及附加结果，如图 11-32 所示。

项目	一季度	二季度	三季度	四季度	全年
季度销售税金及附加计算表(金额单位:万元)					
销售收入	2520.00	2940.00	3360.00	3780.00	12600.00
销售环节税金	302.40	352.80	403.20	453.60	1512.00
营业税金及附加	27.49	32.07	36.65	41.24	137.45

图 11-32　季度销售税金及附加结果

活动四　编制销售管理费用预算

Step 01 建立销售管理费用预算表样式，如图 11-33 所示。

销售管理费用预算表(金额单位:万元)						
变动销管费用	一季度	二季度	三季度	四季度	全年	占销售百分比
业务费						
广告费						
运输费						
包装费						
其他						
合　计						
固定销管费用						
销管人员薪酬						
折旧费						
办公费						
差旅费						
交通费						
其他						
合　计						
销管费用合计						
减：非付现费用						
折旧费						
非付现费用合计						
现金支出合计						

建立“销售管理费用预算表”。

制造费用预算表　产品成本预算表　销管费用预算表　现金收支预算表

图 11-33　销售管理费用预算表样式

Step 02 设置计算公式，如图 11-34 所示。

变动销管费用=销售收入×占销售百分比。

	A	B	C	D	E	F	G	H	I
1		销售管理费用预算表(金额单位:万元)							
2		变动销管费用		一季度	二季度	三季度	四季度	全年	占销售百分比
3			业务费	=销售预算表!D9*$I$3	=销售预算表!E9*$I$3	=销售预算表!F9*$I$3	=销售预算表!G9*$I$3	=SUM(D3:G3)	=定额资料表!$F$14
4			广告费	=销售预算表!D9*$I$4	=销售预算表!E9*$I$4	=销售预算表!F9*$I$4	=销售预算表!G9*$I$4	=SUM(D4:G4)	=定额资料表!$F$15
5			运输费	=销售预算表!D9*$I$5	=销售预算表!E9*$I$5	=销售预算表!F9*$I$5	=销售预算表!G9*$I$5	=SUM(D5:G5)	=定额资料表!$F$16
6			包装费	=销售预算表!D9*$I$6	=销售预算表!E9*$I$6	=销售预算表!F9*$I$6	=销售预算表!G9*$I$6	=SUM(D6:G6)	=定额资料表!$F$17
7			其他	=销售预算表!D9*$I$7	=销售预算表!E9*$I$7	=销售预算表!F9*$I$7	=销售预算表!G9*$I$7	=SUM(D7:G7)	
8			合 计	=SUM(D3:D7)	=SUM(E3:E7)	=SUM(F3:F7)	=SUM(G3:G7)	=SUM(D8:G8)	=SUM(I3:I7)
9		固定销管费用							
10			销管人员薪酬	=$H$10/4	=$H$10/4	=$H$10/4	=$H$10/4	=定额资料表!$H$14	
11			折旧费	=$H$11/4	=$H$11/4	=$H$11/4	=$H$11/4	=定额资料表!$H$15	
12			办公费	=$H$12/4	=$H$12/4	=$H$12/4	=$H$12/4	=定额资料表!$H$16	
13			差旅费	=$H$13/4	=$H$13/4	=$H$13/4	=$H$13/4	=定额资料表!$H$17	
14			交通费	=$H$14/4	=$H$14/4	=$H$14/4	=$H$14/4	=定额资料表!$H$18	
15			其他	=$H$15/4	=$H$15/4	=$H$15/4	=$H$15/4	=定额资料表!$H$19	
16			合 计	=SUM(D10:D15)	=SUM(E10:E15)	=SUM(F10:F15)	=SUM(G10:G15)	=SUM(H10:H15)	
17		销管费用合计		=D8+D16	=E8+E16	=F8+F16	=G8+G16	=H8+H16	
18		减：非付现费用							
19			折旧费	=D11	=E11	=F11	=G11	=SUM(D19:G19)	
20		非付现费用合计		=D19	=E19	=F19	=G19	=H19	
21		现金支出合计		=D17-D20	=E17-E20	=F17-F20	=G17-G20	=SUM(D21:G21)	

图 11-34　销售管理费用预算公式

Step 03 预算结果，如图 11-35 所示。

	A	B	C	D	E	F	G	H	I
1		销售管理费用预算表(金额单位:万元)							
2		变动销管费用		一季度	二季度	三季度	四季度	全年	占销售百分比
3			业务费	37.80	44.10	50.40	56.70	189.00	1.50%
4			广告费	25.20	29.40	33.60	37.80	126.00	1.00%
5			运输费	25.20	29.40	33.60	37.80	126.00	1.00%
6			包装费	12.60	14.70	16.80	18.90	63.00	0.50%
7			其他	0.00	0.00	0.00	0.00	0.00	
8			合 计	100.80	117.60	134.40	151.20	504.00	4.00%
9		固定销管费用							
10			销管人员薪酬	1.25	1.25	1.25	1.25	5.00	
11			折旧费	2.00	2.00	2.00	2.00	8.00	
12			办公费	1.50	1.50	1.50	1.50	6.00	
13			差旅费	0.75	0.75	0.75	0.75	3.00	
14			交通费	0.75	0.75	0.75	0.75	3.00	
15			其他	2.25	2.25	2.25	2.25	9.00	
16			合 计	8.50	8.50	8.50	8.50	34.00	
17		销管费用合计		109.30	126.10	142.90	159.70	538.00	
18		减：非付现费用							
19			折旧费	2.00	2.00	2.00	2.00	8.00	
20		非付现费用合计		2.00	2.00	2.00	2.00	8.00	
21		现金支出合计		107.30	124.10	140.90	157.70	530.00	

图 11-35　销售管理费用预算结果

任务三　编制现金收支预算

Step 01 设置现金收支预算表样式，如图 11-36 所示。

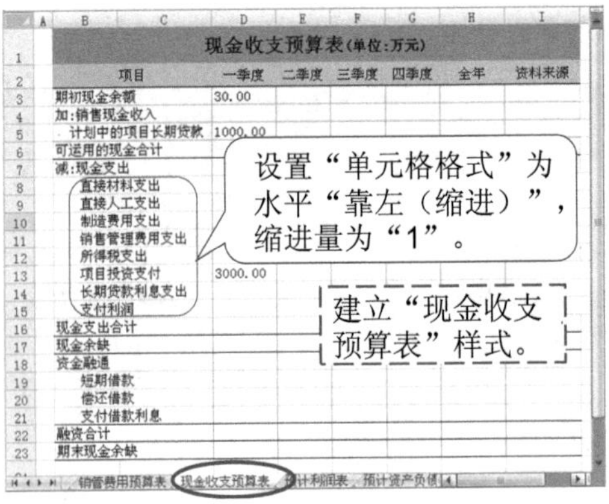

	现金收支预算表(单位:万元)					
项目	一季度	二季度	三季度	四季度	全年	资料来源
期初现金余额	30.00					
加:销售现金收入						
计划中的项目长期贷款	1000.00					
可运用的现金合计						
减:现金支出						
直接材料支出						
直接人工支出						
制造费用支出						
销售管理费用支出						
所得税支出						
项目投资支付	3000.00					
长期贷款利息支出						
支付利润						
现金支出合计						
现金余缺						
资金融通						
短期借款						
偿还借款						
支付借款利息						
融资合计						
期末现金余缺						

图 11-36　现金收支预算表样式

Step 02 设置计算公式，如图 11-37 和图 11-38 所示。

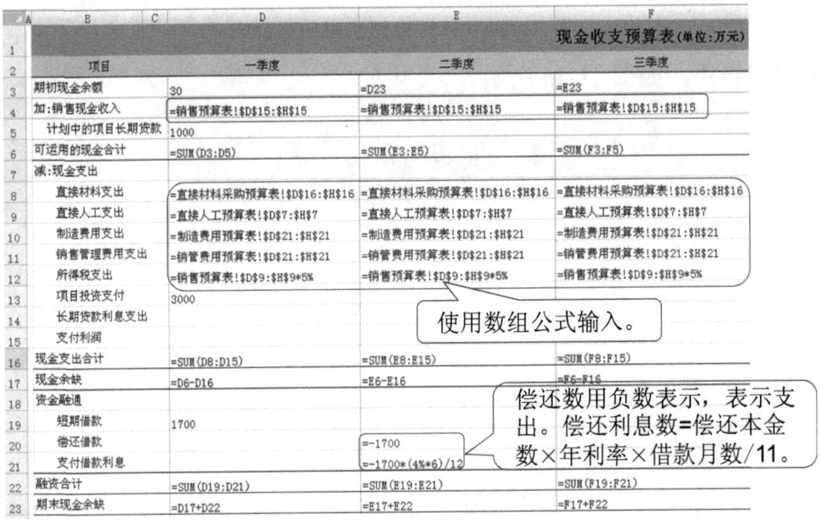

			现金收支预算表(单位:万元)
项目	一季度	二季度	三季度
期初现金余额	30	=D23	=E23
加:销售现金收入	=销售预算表!$D$15:$H$15	=销售预算表!$D$15:$H$15	=销售预算表!$D$15:$H$15
计划中的项目长期贷款	1000		
可运用的现金合计	=SUM(D3:D5)	=SUM(E3:E5)	=SUM(F3:F5)
减:现金支出			
直接材料支出	=直接材料采购预算表!$D$16:$H$16	=直接材料采购预算表!$D$16:$H$16	=直接材料采购预算表!$D$16:$H$16
直接人工支出	=直接人工预算表!$D$7:$H$7	=直接人工预算表!$D$7:$H$7	=直接人工预算表!$D$7:$H$7
制造费用支出	=制造费用预算表!$D$21:$H$21	=制造费用预算表!$D$21:$H$21	=制造费用预算表!$D$21:$H$21
销售管理费用支出	=销管费用预算表!$D$21:$H$21	=销管费用预算表!$D$21:$H$21	=销管费用预算表!$D$21:$H$21
所得税支出	=销售预算表!$D$9:$H$9*5%	=销售预算表!$D$9:$H$9*5%	=销售预算表!$D$9:$H$9*5%
项目投资支付	3000		
长期贷款利息支出			
支付利润			
现金支出合计	=SUM(D8:D15)	=SUM(E8:E15)	=SUM(F8:F15)
现金余缺	=D6-D16	=E6-E16	=F6-F16
资金融通			
短期借款	1700		
偿还借款		=-1700	
支付借款利息		=-1700*(4%*6)/12	
融资合计	=SUM(D19:D21)	=SUM(E19:E21)	=SUM(F19:F21)
期末现金余缺	=D17+D22	=E17+E22	=F17+F22

图 11-37　现金收支预算公式 1

	现金收支预算表(单位:万元)		
项目	四季度	全年	资料来源
期初现金余额	=F23	=D3	
加:销售现金收入	=销售预算表!$D$15:$H$15	=销售预算表!$D$15:$H$15	销售预算表
计划中的项目长期贷款		=SUM(D5:G5)	专门决策预算
可运用的现金合计	=SUM(G3:G5)	=SUM(H3:H5)	
减:现金支出			
直接材料支出	=直接材料采购预算表!$D$16:$H$16	=直接材料采购预算表!$D$16:$H$16	直接材料采购预算表
直接人工支出	=直接人工预算表!$D$7:$H$7	=直接人工预算表!$D$7:$H$7	直接人工预算表
制造费用支出	=制造费用预算表!$D$21:$H$21	=制造费用预算表!$D$21:$H$21	制造费用预算表
销售管理费用支出	=销管费用预算表!$D$21:$H$21	=销管费用预算表!$D$21:$H$21	销管费用预算表
所得税支出	=销售预算表!$D$9:$H$9*5%	=销售预算表!$D$9:$H$9*5%	销售预算表
项目投资支付		=D13+E13+F13+G13	项目投资决策分析
长期贷款利息支出			可单独做财务费用预算
支付利润			利润分配计划
现金支出合计	=SUM(G8:G15)	=SUM(H8:H15)	
现金余缺	=G6-G16	=H6-H16	
资金融通			
短期借款			
偿还借款			
支付借款利息			
融资合计	=SUM(G19:G21)	=SUM(H19:H21)	
期末现金余缺	=G17+G22	=H17+H22	

图 11-38　现金收支预算公式 2

小知识

1．数组和数组公式

数组就是单元的集合或是一组处理的值集合。

按组成数组的内容分为数组常量和数组公式。按组成数组的行数和列数的不同，分为一维数组和二维数组。

例如：

“=SUM(B2:B4*C2:C4)”是数组公式且为二维数组，由“B2:B4”和“C2:C4”二维数组组成。

“{10,20,30,40,50}”是数组常量，且为一维数组。

维与维之间用“;”隔开（或称纵向数字，由分号“;”隔开），同一维内部各数之间用“,”隔开（或称横向数字，由“,”隔开），如“{10,20,30,40,50}”、“{100;200;300;400;500;600}”、“{100,200,300,400; 130,230,330,440}”。

在公式或函数中使用数组维数应相同，否则，必要时，Excel 会将运算对象扩展，以符合操作需要的维数。

例如：

“=SUM({1,2,3}+4)”自动扩展为“=SUM({1,2,3}+{4,4,4})”。

“={1,2;3,4}*2”自动扩展为“={1,2;3,4}*{2,2;2,2}”。

“={1,2;3,4}*{2,3}”自动扩展为“={1,2;3,4}*{2,3;2,3}”。

引用了数组（可以是一个或多个数值，或是一组或多组数值），并在编辑栏可以看到以“{}”括起来的公式就是数组公式。而数组公式的作用就是对一组（单个数据可以看成一组）、多组数据进行处理，然后得到想要的结果。

2．数组公式的输入方式（见图 11-39）

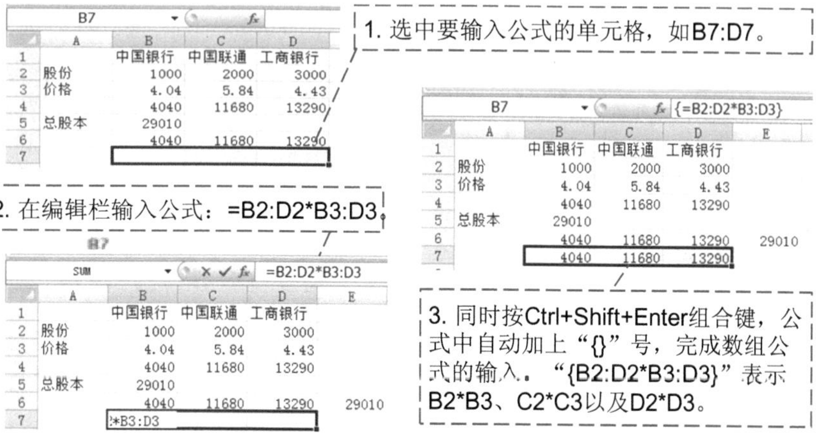

图 11-39 数组公式的输入方式

Step 03 预算数据如图 11-40 所示。

现金收支预算表(单位:万元)						
项目	一季度	二季度	三季度	四季度	全年	资料来源
期初现金余额	30.00	28.01	31.27	2069.11	30.00	
加:销售现金收入	1500.00	2730.00	3150.00	3570.00	10950.00	销售预算表
计划中的项目长期贷款	1000.00				1000.00	专门决策预算
可运用的现金合计	2530.00	2758.01	3181.27	5639.11	11980.00	
减:现金支出						
直接材料支出	330.95	37.82	42.64	38.88	450.29	直接材料采购预算表
直接人工支出	163.20	177.60	201.60	177.60	720.00	直接人工预算表
制造费用支出	474.54	506.22	559.02	506.22	2046.00	制造费用预算表
销售管理费用支出	107.30	124.10	140.90	157.70	530.00	销管费用预算表
所得税支出	126.00	147.00	168.00	189.00	630.00	销售预算表
项目投资支付	3000.00				3000.00	项目投资决策分析
长期贷款利息支出						可单独做财务费用预算
支付利润						利润分配计划
现金支出合计	4201.99	992.74	1112.16	1069.40	7376.29	
现金余缺	-1671.99	1765.27	2069.11	4569.71	4603.71	
资金融通						
短期借款	1700.00					
偿还借款		-1700.00				
支付借款利息		-34.00				
融资合计	1700.00	-1734.00	0.00	0.00	0.00	
期末现金余缺	28.01	31.27	2069.11	4569.71	4603.71	

偿还借款栏金额根据现金余额及借款金额、期末量确定。

图 11-40　现金收支预算数据

任务四　编制预计财务报表

活动一　预计利润表

Step 01 设置预计利润表样式，如图 11-41 所示。

预计利润表（金额单位：万元）						
项目	一季度	二季度	三季度	四季度	全年	资料来源
销售收入						
减：销售成本						
销售税金及附加						
销售毛利						
减：销售管理费用						
财务费用						
利润总额						
减：所得税						
净利润						

设置“预计利润表”样式。

销管费用预算表　现金收支预算表　预计利润表　预计资产负债

图 11-41　预计利润表样式

Step 02 设置计算公式，如图 11-42 所示。

	B	D	E	F	G	H	I
1	预计利润表（金额单位：万元）						
2	项目	一季度	二季度	三季度	四季度	全年	资料来源
3	销售收入	=销售预算表!$D$9:$H$9	=销售预算表!$D$9:$H$9	=销售预算表!$D$9:$H$9	=销售预算表!$D$9:$H$9	=销售预算表!$D$9:$H$9	销售预算表
4	减：销售成本	=产品成本预算表!J6	=产品成本预算表!K6	=产品成本预算表!L6	=产品成本预算表!M6	=产品成本预算表!N6	产品成本预算表
5	销售税金及附加	=产品成本预算表!J14	=产品成本预算表!K14	=产品成本预算表!L14	=产品成本预算表!M14	=产品成本预算表!N14	产品成本预算表
6	销售毛利	=D3-D4-D5	=E3-E4-E5	=F3-F4-F5	=G3-G4-G5	=H3-H4-H5	
7	减：销售管理费用	=销管费用预算表!D17	=销管费用预算表!E17	=销管费用预算表!F17	=销管费用预算表!G17	=销管费用预算表!H17	销管费用预算表
8	财务费用	=现金收支预算表!D21	=现金收支预算表!E21	=现金收支预算表!F21	=现金收支预算表!G21	=SUM(D8:G8)	财务费用预算表
9	利润总额	=D6-D7-D8	=E6-E7-E8	=F6-F7-F8	=G6-G7-G8	=H6-H7-H8	
10	减：所得税	=D9*25%	=E9*25%	=F9*25%	=G9*25%	=H9*25%	
11	净利润	=D9-D10	=E9-E10	=F9-F10	=G9-G10	=H9-H10	

采用数组公式方式输入。

图 11-42 预计利润表公式

Step 03 计算结果如图 11-43 所示。

	B	D	E	F	G	H	I
1	预计利润表（金额单位：万元）						
2	项目	一季度	二季度	三季度	四季度	全年	资料来源
3	销售收入	2520.00	2940.00	3360.00	3780.00	12600.00	销售预算表
4	减：销售成本	1134.13	745.73	852.27	958.80	3690.93	产品成本预算表
5	销售税金及附加	27.49	32.07	36.65	41.24	137.45	产品成本预算表
6	销售毛利	1358.38	2162.19	2471.08	2779.96	8771.61	
7	减：销售管理费用	109.30	126.10	142.90	159.70	538.00	销管费用预算表
8	财务费用	0.00	-34.00	0.00	0.00	-34.00	财务费用预算表
9	利润总额	1249.08	2070.09	2328.18	2620.26	8267.61	
10	减：所得税	312.27	517.52	582.04	655.07	2066.90	
11	净利润	936.81	1552.57	1746.13	1965.20	6200.71	

图 11-43 预计利润表结果

活动二 预计资产负债表

Step 01 设置预计资产负债表样式，如图 11-44 所示。

	B	C	D	E	F	G	H	I
1	预计资产负债表							单位:万元
2	资产	年初数	年末数	数据来源	负债	年初数	年末数	数据来源
3	货币资金	30.00			短期借款	0.00		
4	应收账款	240.00			应付账款	310.00		
5	库存商品	708.00			应交税费	0.00		
6	原材料	10.80			**流动负债合计**	310.00		
7	**流动资产合计**	988.80			长期借款	0.00		
8					**长期负债合计**	0.00		
9	固定资产原价	5000.00			所有者权益			
10	减:累计折旧	1500.00			实收资本	4000.00		
11	固定资产净值	3500.00			盈余公积	150.00		
12					未分配利润	28.80		
13					**所有者权益合计**	4178.80		
14	**资产合计**	4488.80			**负债与所有者权益合计**	4488.80		

现金收支预算表 / 预计利润表 / 预计资产负债表

设置“预计资产负债表”内容与格式。

图 11-44 预计资产负债表样式

Step 02 设置计算公式，如图 11-45 所示。

	A	B	C	D	E	F	G	H	I
1		预计资产负债表							单位:万元
2		资产	年初数	年末数	数据来源	负债	年初数	年末数	数据来源
3		货币资金	30	=现金收支预算表!G23	现金收支预算表	短期借款	0	=G3	
4		应收账款	240	=销售预算表!G16	销售预算表	应付账款	310	=直接材料采购预算表!G17	直接材料采购预算表
5		库存商品	708	=产品成本预算表!G14	产品成本预算表	应交税费	0	=产品成本预算表!N13	产品成本预算表
6		原材料	=7200*15/10000	=直接材料采购预算表!G6*H1215/10000	直接材料采购预算	流动负债合计	=G3+G4+G5	=SUM(H3:H5)	
7		流动资产合计	=C3+C4+C5+C6	=D3+D4+D5+D6		长期借款	0	=现金收支预算表!H5	现金收支预算表
8						长期负债合计	=G7	=H7	
9		固定资产原价	5000	=C9+现金收支预算表!H13	现金收支预算表	所有者权益			
10		减:累计折旧	1500	=C10+销管费用预算表!H11+制造费用预算表!H11	销管费用、制造费用预算表	实收资本	4000	=G10	
11		固定资产净值	=C9-C10	=D9-D10		盈余公积	150	=G11+预计利润表!H11*10%	预计利润表
12						未分配利润	28.8	=G12+预计利润表!H11*(1-10%)	预计利润表
13						所有者权益合计	=G10+G11+G12	=SUM(H10:H12)	
14		资产合计	=C7+C11	=D7+D11		负债与所有者权益	=G6+G8+G13	=H6+H8+H13	

图 11- 45　预计资产负债表公式

Step 03 预计数据，如图 11-46 所示。

	A	B	C	D	E	F	G	H	I
1		预计资产负债表							单位:万元
2		资产	年初数	年末数	数据来源	负债	年初数	年末数	数据来源
3		货币资金	30.00	4569.71	现金收支预算表	短期借款	0.00	0.00	
4		应收账款	240.00	1890.00	销售预算表	应付账款	310.00	17.50	直接材料采购预算表
5		库存商品	708.00	213.07	产品成本预算表	应交税费	0.00	1512.00	产品成本预算表
6		原材料	10.80	10.80	直接材料采购预算表	流动负债合计	310.00	1529.50	
7		流动资产合计	988.80	6683.57		长期借款	0.00	1000.00	现金收支预算表
8						长期负债合计	0.00	1000.00	
9		固定资产原价	5000.00	8000.00	现金收支预算表	所有者权益			
10		减:累计折旧	1500.00	1776.00	销管费用、制造费用预算表	实收资本	4000.00	4000.00	
11		固定资产净值	3500.00	6224.00		盈余公积	150.00	770.07	预计利润表
12						未分配利润	28.80	5608.00	预计利润表
13						所有者权益合计	4178.80	10378.07	
14		资产合计	4488.80	12907.57		负债与所有者权益合计	4488.80	12907.57	

图 11-46　预计资产负债表数据

模拟实战

1．编制如图 11-47 所示人力需求预算表。

	A	B	C	D	E	F	G	H	I	J	K	L	M	N	O
1	人力需求预算表														
2															
3	人力类别：行政+管理														
4	部门代号：商场筹备小组												年度:	2014	
5															
6	职别	职等	1月	2月	3月	4月	5月	6月	7月	8月	9月	10月	11月	12月	合计
7	总经理														0
8	副总						1								1
9	协理				1		1								2
10	处长														0
11	经理				2		3				1				6
12	副理														0
13	主任														0
14	课长				3		3		7						13
15	组长				2		3		8		6		5		24
16	职员				8		12		12		28		160		220
17	秘书				1		2								3
18	司机				1		1								2
19															0
20	临时人员														0
21															0
22	合计		0	0	18	0	26	0	27	0	35	0	165	0	271
23	累计		0	0	18	18	44	44	71	71	106	106	271	271	
24		核准:					审核:					制表:			

图 11-47　人力需求预算表

2．已知华泰公司预算相关资料，利用本项目所学知识编制该公司 4～6 月相关预算表。

（1）预计公司 3～7 月的销售收入分别为 4 万元、5 万元、6 万元、7 万元、8 万元。每月销售收入中当月收到现金 30%，下月收到 70%。

（2）预计各月直接材料采购成本按下一个月销售收入的 60%计算，所购材料款当月支付 50%，下月支付 50%。

（3）预计公司 4～6 月制造费用分别为 0.4 万元、0.45 万元、0.42 万元，每月制造费用中包括折旧费 0.2 万元，直接人工费分别为：0.2 万元、0.35 万元、0.28 万元，其他付现费用分别为 0.1 万元、0.15 万元、0.1 万元，6 月预付所得税 1 万元。

（4）预计公司 4 月购置固定资产需现金 3 万元。

（5）公司现金日常余额不低于 0.6 万元，不足时可向银行贷款，多余时可归还贷款，借还款均以 0.1 万元为单位。3 月末现金余额为 0.75 万元。

12
CHAPTER

项目 12 投资决策管理

项目目标

1．能利用 Excel 建立不同折旧政策的固定资产更新决策模型。

2．能利用 Excel 建立项目投资决策模型。

3．能利用 Excel 建立各种还贷模型。

4．能熟练运用 SLN()、SYD()、DDB()、VDB()等折旧函数计算固定资产折旧。

5．能熟练运用 PV()、FV()、NPV()、PPMT()、CUMPRINC()、IRR()、MIRR()函数进行项目投资决策。

项目导入

投资一般是指经济主体为获取经济效益而投入资金或资源，用以转化为金融资产或实物资产的过程。主要有项目投资和证券投资。项目投资是指以扩大生产能力和改善生产条件为目的的资本性支出，包括用于机器、设备、厂房等的购建与更新投资。如更换设备或购入新设备、投入新的生产线或新的项目等。本项目中的投资是指项目投资。

项目思路

本项目分三大任务展开，包括固定资产投资决策、项目投资决策、其他决策。每一种决策行为均为先建立 Excel 模型，再输入各已知数据，由系统自动进行计算并作出决策。

任务一　固定资产更新决策

固定资产更新决策过程中，会遇到新设备经济寿命、旧设备剩余寿命相等和不相等、所产生的收益相等与不相等的情况，需采用不同的方法决策。当寿命相等时，不管产生的收益是否相等，均可采用差额分析方法计算两种设备的现金流量差额，再计算净现值或内含报酬率或年平均净现值，以判断是否更新；对于寿命不相等的决策，当产生的收益相等时可采用年平均成本法。

利用 Excel 作决策，需遵循以下思路：

（1）建立基本数据区。把投资项目的各已知数据输入到 Excel 表中。

（2）建立数据分析区。把需要计算的数据输入到 Excel 表中。

（3）建立计算公式。选择相关函数或输入相关公式，利用 Excel 直接计算结果。

（4）比较并作出决策。

【案例 12-1】 拟用一台新的效率更高的设备代替旧设备，新旧设备的相关数据如表 12-1 所示，计算新旧设备现金流量及净现值、年平均净现值，并据此作出决策（所得税率为 25%，资金成本率为 8%）。

表 12-1　设备更新资料

项　目	旧设备	新设备 1	新设备 2
初始投资（万元）	50000	60000	80000
预计使用年限（年）	10	8	8
已使用年限（年）	5	0	0
年销售收入（万元）	50000	80000	100000
年付现成本（万元）	40000	60000	60000
目前变现收入（万元）	20000	60000	80000
残值（万元）	2000	3000	3000
折旧方法	直线法	双倍余额递减法	年数总和法

活动一　建立固定资产更新决策工作表框架

Step 01 建立固定资产更新决策工作表，如图 12-1 所示。

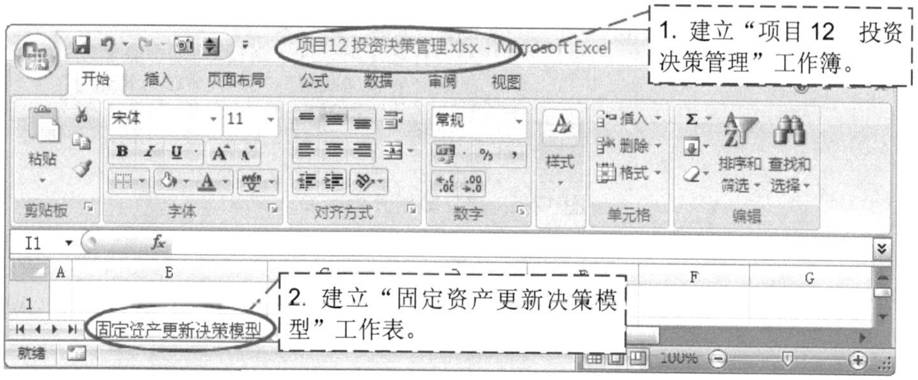

图 12-1　建立固定资产更新决策工作表

Step 02 建立基本数据区及年金现值系数表，如图 12-2 和图 12-3 所示。

	A	B	C	D	E	F	G	H	I	J
1		基本数据区		所得税率	25%	资金成本率	8%			
2		项目	旧设备	新设备1	新设备2		计算结果区			
3		初始投资（万元）	-50000	-60000	-80000		指标	旧设备	新设备1	新设备2
4		预计使用年限（年）	10	8	8		净现值			
5		已使用年限（年）	5	0	0		年平均净现值			
6		目前变现收入（万元）	20000	60000	80000		内含报酬率			
7		残值（万元）	2000	3000	3000					
8		折旧方法	直线法	双倍余额递减法	年数总和法					

1. 在“固定资产更新决策模型”工作表中输入表中数据并设置格式。

图 12-2　建立基本数据区

2. 建立“年金现值系数表”，并将C12:K12保留4位小数，同时美化数据表。

	A	B	C	D	E	F	G	H	I	J	K
10		年金现值系数表									
11		年限	0	1	2	3	4	5	6	7	8
12		年金现值系数									

图 12-3　建立年金现值系数表

Step 03 建立数据分析区，如图 12-4～图 12-6 所示。

	A	B	C	D	E	F	G	H	I	J	K
14		旧设备现金流量表（直线折旧法）									
15		旧设备\剩余使用年限	0	1	2	3	4	5	6	7	8
16		初始投资									
17		销售收入									
18		付现成本									
19		折旧额									
20		税前利润									
21		所得税									
22		税后净利									
23		营业净现金流量									
24		终结现金流量									
25		现金流量									

1. 设计如图所示的“旧设备现金流量表（直线折旧法）”，设置C16:K25为数值型并保留2位小数。

图 12-4　建立数据分析区 1

	A	B	C	D	E	F	G	H	I	J	K
27		新设备1现金流量表（双倍余额递减法）									
28		新设备1\剩余使用年限	0	1	2	3	4	5	6	7	8
29		初始投资									
30		销售收入									
31		付现成本									
32		折旧额									
33		税前利润									
34		所得税									
35		税后净利									
36		营业净现金流量									
37		终结现金流量									
38		现金流量									

2. 设计如图所示的“新设备1现金流量表（双倍余额递减法）”，设置C29:K38为数值型并保留2位小数。

图 12-5　建立数据分析区 2

	A	B	C	D	E	F	G	H	I	J	K
40		新设备2现金流量表（年数总和法）									
41		新设备2\剩余使用年限	0	1	2	3	4	5	6	7	8
42		初始投资									
43		销售收入									
44		付现成本									
45		折旧额									
46		税前利润									
47		所得税									
48		税后净利									
49		营业净现金流量									
50		终结现金流量									
51		现金流量									

3. 设计如图所示的“新设备2现金流量表（年数总和法）”，设置C42:K51为数值型并保留2位小数。

图 12-6　建立数据分析区 3

Step 04 冻结窗口，以方便查看数据，如图 12-7 所示。

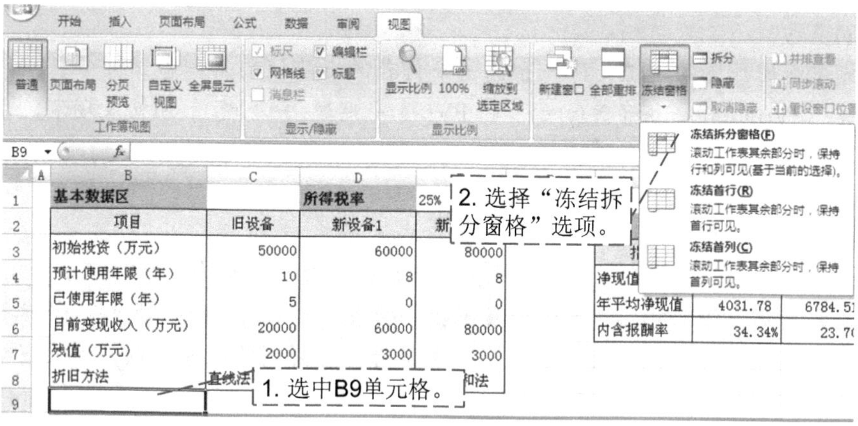

图 12-7 冻结窗口

活动二 编制旧设备现金流量表（直线折旧法）

Step 01 在“年金现值系数表”中计算年金现值系数，如图 12-8 和图 12-9 所示。

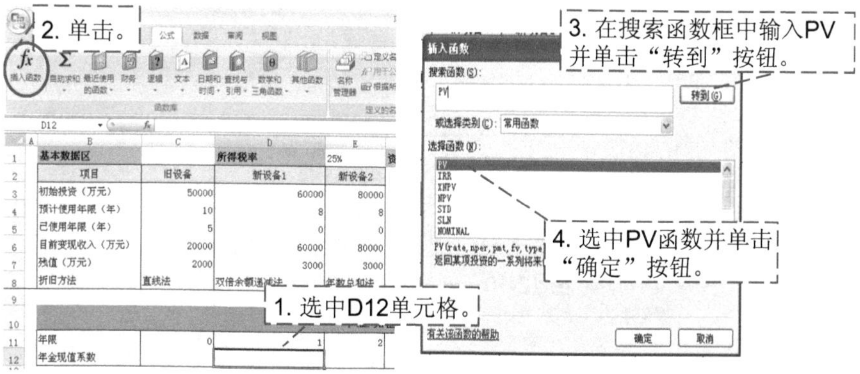

图 12-8 设置年金现值系数公式 1

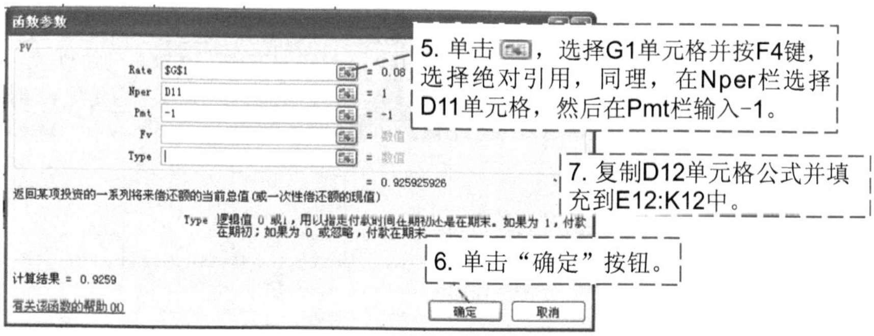

图 12-9 设置年金现值系数公式 2

函数与公式

PV()函数

含义：返回投资的现值，即一系列未来付款的当前值的累积和。

语法：PV(rate,nper,pmt,fv,type)，即 PV(利率,期数,年金,终值,期初或期末)

解释：

rate 为各期利率。

nper 为总投资期，即该项投资的付款期总数。

pmt 为各期所应支付的金额，即年金，其数值在整个年金期间保持不变。通常，pmt 包括本金和利息，但不包括其他费用或税款。如果忽略 pmt，则必须包含 fv 参数。

fv 为未来值，即终值，或在最后一次支付后希望得到的现金余额，如果省略 fv，则假设其值为零（例如，一笔贷款的未来值为零）。如果忽略 fv，则必须包含 pmt 参数。

type 为数字 0 或 1，用以指定各期的付款时间是在期初还是期末。为 1，表示付款在期初，为 0 或忽略，表示付款在期末。

可用于计算复利现值、普通年金现值、预付年金现值、递延年金现值。

例如，某企业 5 年期分期付款购买设备，每年年初付 500000 元，银行实际年利率为 6%，问该项业务分期付款总额相当于现在一次性支付多少价款？如图 12-10 所示。（求预付年金现值。）

	A	B	C
88	1	数据	说明
89	2	6%	年利率
90	3	5	付款期限（年）
91	4	-50000	各期期初支付额
92		公式	说明（结果）
93		=PV(B89, B90, B91, 0, 1)	预付年金现值（223255.81）

图 12-10　计算预付年金现值

Step 02 填写"旧设备现金流量表（直线折旧法）"已知数据并进行数据计算，如图 12-11 所示。计算结果如图 12-12 所示。

在D19、D20、D21、D22、D23、C25输入如图所示公式，并将D19:D25填充到E19:E25、F19:F25、G19:G25、H19:H25中，并输入已知数据。

	A	B	C	D	E	F	G	H	I	J	K
14		旧设备现金流量表（直线折旧法）									
15		旧设备\剩余使用年限	0	1	2	3	4	5	6	7	8
16		初始投资	-20000								
17		销售收入		50000	50000	50000	50000	50000			
18		付现成本		40000	40000	40000	40000	40000			
19		折旧额		=SLN($C$3, $C$7, $C$4)	=SLN($C$3, C	=SLN($C$3, $C$7	=SLN($C$3, $C$7	=SLN($C$3, C			
20		税前利润		=D17-D18-D19	=E17-E18-E19	=F17-F18-F19	=G17-G18-G19	=H17-H18-H19			
21		所得税		=D20*$E$1	=E20*$E$1	=F20*$E$1	=G20*$E$1	=H20*$E$1			
22		税后净利		=D20-D21	=E20-E21	=F20-F21	=G20-G21	=H20-H21			
23		营业净现金流量		=D22+D19	=E22+E19	=F22+F19	=G22+G19	=H22+H19			
24		终结现金流量						2000			
25		现金流量	=C16+C23+C24	=D16+D23+D24	=E16+E23+E24	=F16+F23+F24	=G16+G23+G24	=H16+H23+H24			

图 12-11　设置旧设备计算公式

旧设备现金流量表（直线折旧法）						
旧设备\剩余使用年限	0	1	2	3	4	5
初始投资	-20000.00					
销售收入		50000.00	50000.00	50000.00	50000.00	50000.00
付现成本		40000.00	40000.00	40000.00	40000.00	40000.00
折旧额		4800.00	4800.00	4800.00	4800.00	4800.00
税前利润		5200.00	5200.00	5200.00	5200.00	5200.00
所得税		1300.00	1300.00	1300.00	1300.00	1300.00
税后净利		3900.00	3900.00	3900.00	3900.00	3900.00
营业净现金流量		8700.00	8700.00	8700.00	8700.00	8700.00
终结现金流量						2000.00
现金流量	-20000.00	8700.00	8700.00	8700.00	8700.00	10700.00

图 12-12　旧设备计算结果

活动三　编制新设备 1 现金流量表（双倍余额递减法）

Step 01 建立新设备 1 折旧表，如图 12-13 和图 12-14 所示。

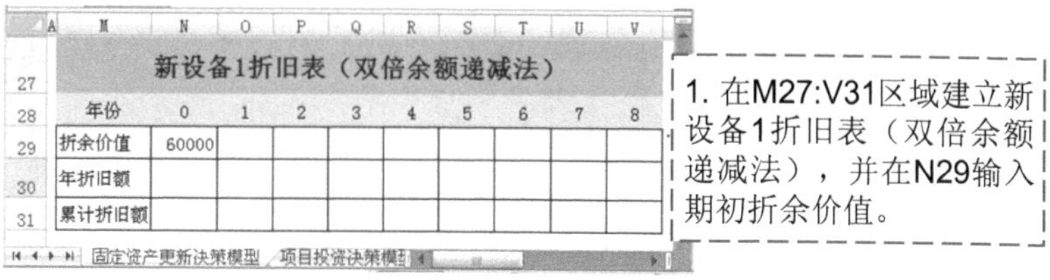

图 12-13　设置新设备 1 折旧表

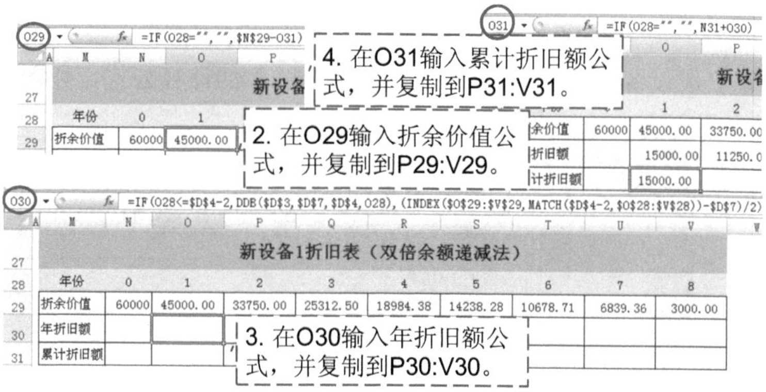

图 12-14　新设备 1 折旧表公式

Step 02 填写“新设备 1 现金流量表（双倍余额递减法）”已知数据并进行数据计算，如图 12-15 所示。计算结果如图 12-16 所示。

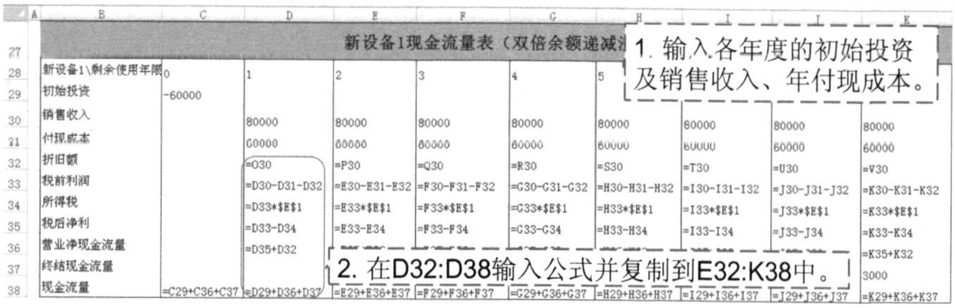

图 12-15　新设备 1 现金流量表基础数据输入及公式设置

新设备1现金流量表（双倍余额递减法）									
新设备1\剩余使用年限	0	1	2	3	4	5	6	7	8
初始投资	-60000								
销售收入		80000.00	80000.00	80000.00	80000.00	80000.00	80000.00	80000.00	80000.00
付现成本		60000.00	60000.00	60000.00	60000.00	60000.00	60000.00	60000.00	60000.00
折旧额		15000.00	11250.00	8437.50	6328.13	4746.09	3559.57	3839.36	3839.36
税前利润		5000.00	8750.00	11562.50	13671.88	15253.91	16440.43	16160.64	16160.64
所得税		1250.00	2187.50	2890.63	3417.97	3813.48	4110.11	4040.16	4040.16
税后净利		3750.00	6562.50	8671.88	10253.91	11440.43	12330.32	12120.48	12120.48
营业净现金流量		18750.00	17812.50	17109.38	16582.03	16186.52	15889.89	15959.84	15959.84
终结现金流量									3000.00
现金流量	-60000	18750.00	17812.50	17109.38	16582.03	16186.52	15889.89	15959.84	18959.84

图 12-16　新设备 1 现金流量结果

活动四　编制新设备 2 现金流量表（年数总和法）

Step 01 填写“新设备 2 现金流量表（年数总和法）”已知数据，如图 12-17 所示。

40	新设备2现金流量表（年数总和法）									
41	新设备2\剩余使用年限	0	1	2	3	4	5	6	7	8
42	初始投资	-80000								
43	销售收入		100000.00	100000.00	100000.00	100000.00	100000.00	100000.00	100000.00	100000.00
44	付现成本		60000.00	60000.00	60000.00	60000.00	60000.00	60000.00	60000.00	60000.00
45	折旧额									
46	税前利润									
47	所得税									
48	税后净利									
49	营业净现金流量									
50	终结现金流量									3000.00
51	现金流量									

输入初始投资及销售收入、付现成本、终结现金流量数据。

图 12-17　输入新设备 2 现金流量表已知数据

Step 02 设置“新设备 2 现金流量表（年数总和法）”的计算公式，如图 12-18 所示。

	B	C	D
40	新设备2现金流量表（年数总和法）		
41	新设备2\剩余使用年限	0	1
42	初始投资	-80000	
43	销售收入		100000
44	付现成本		60000
45	折旧额		=SYD($E$3, $E$7, $E$4, D41)
46	税前利润		=D43-D44-D45
47	所得税		=D46*$E$1
48	税后净利		=D46-D47
49	营业净现金流量		=D48+D45
50	终结现金流量		
51	现金流量	=C42+C49+C50	=D42+D49+D50

设置D45:D49公式，并将D45:D49公式复制到E45:K49，设置C51公式并复制到D51:K51。

图 12-18　设置新设备 2 现金流量表公式

Step 03 “新设备 2 现金流量表（年数总和法）”计算，如图 12-19 所示。

新设备2现金流量表（年数总和法）									
新设备2\剩余使用年限	0	1	2	3	4	5	6	7	8
初始投资	-80000								
销售收入		100000.00	100000.00	100000.00	100000.00	100000.00	100000.00	100000.00	100000.00
付现成本		60000.00	60000.00	60000.00	60000.00	60000.00	60000.00	60000.00	60000.00
折旧额		17111.11	14972.22	12833.33	10694.44	8555.56	6416.67	4277.78	2138.89
税前利润		22888.89	25027.78	27166.67	29305.56	31444.44	33583.33	35722.22	37861.11
所得税		5722.22	6256.94	6791.67	7326.39	7861.11	8395.83	8930.56	9465.28
税后净利		17166.67	18770.83	20375.00	21979.17	23583.33	25187.50	26791.67	28395.83
营业净现金流量		34277.78	33743.06	33208.33	32673.61	32138.89	31604.17	31069.44	30534.72
终结现金流量									3000.00
现金流量	-80000	34277.78	33743.06	33208.33	32673.61	32138.89	31604.17	31069.44	33534.72

图 12-19　设置新设备 2 现金流量表数据

活动五　固定资产更新决策

Step 01 设置计算区公式，如图 12-20 所示。

	A	G	H	I	J
1					
2		计算结果区			
3		指标	旧设备	新设备1	新设备2
4		净现值	=NPV($G$1,D25:H25)+C25	=NPV($G$1,D38:K38)+C38	=NPV($G$1,D51:K51)+C51
5		年平均净现值	=H4/H12	=I4/K12	=J4/K12
6		内含报酬率	=IRR(C25:H25)	=IRR(C38:K38)	=IRR(C51:K51)

图 12-20　设置计算区公式

Step 02 更新决策结果，如图 12-21 所示。

计算结果区			
指标	旧设备	新设备1	新设备2
净现值	16097.74	38988.15	109081.50
年平均净现值	4031.78	6784.51	18981.79
内含报酬率	34.34%	23.70%	38.59%

根据计算结果分析：新设备2的年平均净现值最大，同时其内含报酬率也最大，所以选择用新设备2代替旧设备。

图 12-21　固定资产更新决策结果

函数与公式

1. NPV()函数（净现值函数）

含义：通过使用贴现率以及一系列未来支出（负值）和收入（正值），返回一项投资的净现值（计算定期现金流量的净现值）。

语法：NPV(rate,value1,value2, ...)，即 NPV(利率,第一期净流量,第二期净流量,...)。

解释：

rate 为某一期间的贴现率，是一个固定值。

value1,value2,...表示在时间上具有相等间隔，且发生在期末的支出或收入的 1～254 个参数，即按顺序列出的各期现金流入或流出量。

注意：

- 如果 value 参数为数值、空白单元格、逻辑值或数字的文本表达式，则都会计算在内；如果参数是错误值或不能转化为数值的文本，则被忽略。如果是一个数组或引用，则只计算其中的数字。数组或引用中的空白单元格、逻辑值或文本将被忽略。
- 函数 NPV()假定投资开始于 value1 现金流所在日期的前一期，并结束于最后一笔现金流的当期。函数 NPV()依据未来的现金流来进行计算。如果第一笔现金流发生在第一个周期的期初，则第一笔现金必须添加到函数 NPV()的结果中，而不应包含在 values 参数中。

例如，某项目初始投资额为 40000 万元，年初一次投入，预计年收益率为 8%，各年净流量分别为 8000 元、9200 元、10000 元、12000 元、14500 元，求投资项目的净现值。计算结果如图 12-22 所示。

	A	B	C
21	1	数据	说明
22	2	8%	年贴现率
23	3	-40,000	期初投资
24	4	8,000	第一年年末的现金净流量
25	5	9,200	第二年年末的现金净流量
26	6	10,000	第三年年末的现金净流量
27	7	12,000	第四年年末的现金净流量
28	8	14,500	第五年年末的现金净流量
29		公式	说明（结果）
30		=NPV(B22,B24:B28)+B23	该投资的净现值（1,922.06）
31		=NPV(B22,B24,B25:B26,B27,B28)+B23	该投资的净现值（1,922.06）

图 12-22　NPV 计算

2. IRR()函数（内含收益率函数）

含义：返回由数值代表的一组现金流的内部收益率。

语法：IRR(values,guess)

解释：

values 为数组或单元格的引用，包含用来计算返回的内部收益率的一系列现金流。values 必须包含至少一个正值和一个负值，以计算返回的内部收益率。函数 IRR()根据数值的顺序来解释现金流的顺序。故应确定按需要的顺序输入了支付和收入的数值。如果数组或引用包含文本、逻辑值或空白单元格，则这些数值将被忽略。

guess 为对函数 IRR()计算结果的估计值。Excel 使用迭代法计算函数 IRR()。从 guess 开始，函数 IRR()进行循环计算，直至结果的精度达到 0.00001%。如果函数 IRR()经过 20 次迭代，仍未找到结果，则返回错误值#NUM!。大多数情况下，并不需要为函数 IRR()的计算提供 guess 值。如果省略 guess，假设它为 0.1（10%）。如果函数 IRR()返回错误值#NUM!，或结果没有靠近期望值，可用另一个 guess 值再试一次。

例如，某项目初始投资额为 68000 万元，各年现金净流量如图 12-23 所示，计算：如果该项目有效期为 4 年时的 IRR；为 5 年时的 IRR；为 2 年时的 IRR。

	A	B	C
173	1	数据	说明
174	2	-68,000	某项业务的初期投资额
175	3	11,000	第一年的净流量
176	4	14,000	第二年的净流量
177	5	18,000	第三年的净流量
178	6	22,000	第四年的净流量
179	7	28,000	第五年的净流量
180		公式	说明（结果）
181	1	=IRR(B174:B178)	投资四年后的内部收益率(-2%)
182	2	=IRR(B174:AB179)	五年后的内部收益率(10%)
183	3	=IRR(B174:B176,-10%)	若要计算两年后的内部收益率，需包含一个估计值(-46%)
184	4	=NPV(IRR(B174:B178),B174:B178)	验证：以四年后的内部收益率为利率，求得NPV=0
185	5	=NPV(IRR(B174:B179),B174:B179)	验证：以五年后的内部收益率为利率，求得NPV=0

图 12-23　内含收益率计算

任务二　项目投资决策

【案例 12-2】已知某项长期投资项目，现在有 A、B 两套方案，各方案各年现金流量如表 12-2 所示，贴现率为 10%，再投资报酬率为 12%，资金成本为 10%，请分别计算各方案的净现值、内含报酬率、修正内含报酬率、现值指数，并作出投资决策。

表 12-2　项目投资资料

年　份	A 方案（万元）			B 方案（万元）		
	投　　资	收　　入	付现成本	投　　资	收　　入	付现成本
0	3000			3000		
1	1000			2000		
2	1000					
3		2500	1000		3000	1000
4	1000	4000	1100		4000	1150
5		5500	1500	1000	5000	1350
6		4000	1200		4000	1200
7		3000	1150		3000	1200

活动一　建立项目投资决策模型框架

Step 01 建立“项目投资决策模型”工作表，如图 12-24 所示。

图 12-24　建立项目投资决策模型工作表

Step 02 建立基本数据区并设置数据有效性，如图 12-25 和图 12-26 所示。

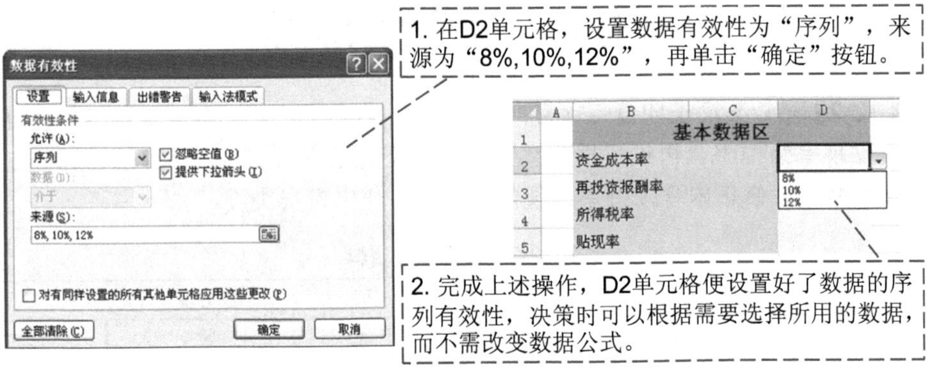

图 12-25 设置数据有效性

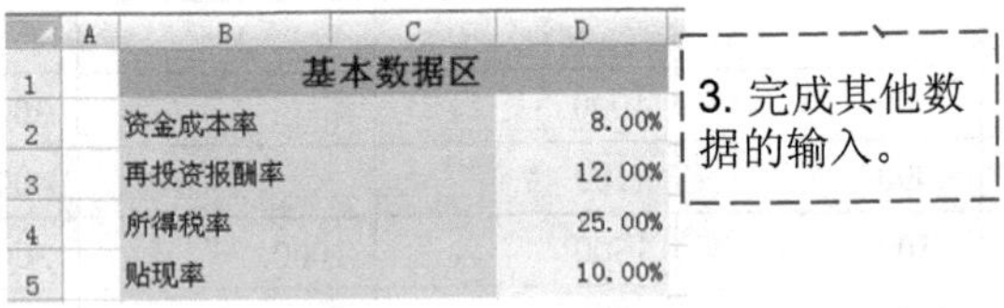

图 12-26 输入数据

活动二　项目投资决策

Step 01 设置项目投资决策模型计算区公式，如图 12-27 所示。

	A	G	H	I	J
1		计算结果区			
2		指标		方案A	方案B
3		净现值		=NPV($D$2,D21:J21)+C21	=NPV($D$2,D34:J34)+C34
4		内含报酬率		=IRR(C21:J21)	=IRR(C34:J34)
5		修正内含报酬率		=MIRR(C21:J21,$D$2,$D$3)	=MIRR(C34:J34,$D$2,$D$3)
6		生产经营期净流量的总现值		=NPV($D$2,C19:J19)	=NPV($D$2,C32:J32)
7		投资额的总现值		=ABS(NPV($D$2,C12:G12))	=ABS(NPV(D2,C25:H25))
8		现值指数		=I6/I7	=J6/J7

图 12-27 计算区公式设置

函数与公式

1. MIRR()函数（修正内含收益率函数）

含义：返回某一连续期间内现金流的修正内部收益率。函数 MIRR()同时考虑了投资的成本和现金再投资的收益率。

语法：MIRR(values,finance_rate,reinvest_rate)

解释：

values 为一个数组或对包含数字的单元格的引用。这些数值代表着各期的一系列支出（负值）及收入（正值）。参数 values 中必须至少包含一个正值和一个负值，才能计算修正后的内部收益率，否则函数 MIRR()会返回错误值#DIV/0!。如果数组或引用参数包含文本、逻辑值或空白单元格，则这些值将被忽略；但包含零值的单元格将计算在内。函数 MIRR()根据输入值的次序来解释现金流的次序。所以，务必按照实际的顺序输入支出和收入数额，并使用正确的正负号（现金流入用正值，现金流出用负值）。

finance_rate 为现金流中使用的资金支付的利率。

reinvest_rate 为将现金流再投资的收益率。

例如，某项目初始投资额为 150000 万元，各年现金净流量分别是 40000 万元、31000 万元、21000 万元、37000 万元、46000 万元，贷款的资金成本率为 8%，再投资收益率为 12%，假定项目经营期为五年，计算五年的修正收益率；假定为三年，计算三年后的修正内含收益率；假定再投资收益率为 14%，计算五年的修正内含收益率，如图 12-28 所示。

	A	B
10	**数据**	**说明**
11	-150,000	初始投资额
12	40,000	第一年的净流量
13	31,000	第二年的净流量
14	21,000	第三年的净流量
15	37,000	第四年的净流量
16	46,000	第五年的净流量
17	8.00%	贷款额的年利率（资金成本率）
18	12.00%	再投资收益的年利率
19	**公式**	**说明（结果）**
20	=MIRR(A11:A16, A17, A18)	五年后投资的修正收益率（8%）
21	=MIRR(A11:A14, A17, A18)	三年后的修正收益率（-11%）
22	=MIRR(A11:A16, A17, 14%)	基于 14% 的再投资收益率的五年修正收益率（9%）

图 12-28　修正内含收益率计算

Step 02 输入各备选方案已知数据及计算公式，如图 12-29 所示。

	B	C	D	E	F	G	H	I	J
10	方案A现金流量表								
11	使用年限	0	1	2	3	4	5	6	7
12	初始投资(1)	-3000	-1000	-1000		-1000			
13	销售收入(2)				2500	4000	5500	4000	3000
14	付现成本(3)				1000	1100	1500	1200	1150
15	折旧额(4)								
16	税前利润(5)=(2)-(3)-4)		=D13-D14-D15	=E13-E14-E15	=F13-F14-F15	=G13-G14-G15	=H13-H14-H15	=I13-I14-I15	=J13-J14-J15
17	所得税(6)-(5)×25%		=D16*$D$4	=E16*$D$4	=F16*$D$4	=G16*$D$4	=H16*$D$4	=I16*$D$4	=J16*$D$4
18	税后净利(7)=(5)-(6)		=D16-D17	=E16-E17	=F16-F17	=G16-G17	=H16-H17	=I16-I17	=J16-J17
19	营业净现金流量(8)=(7)+(4)		=D18+D15	=E18+E15	=F18+F15	=G18+G15	=H18+H15	=I18+I15	=J18+J15
20	终结现金流量(9)								
21	现金流量(10)=(1)+(8)+(9)	=C12+C19+C20	=D12+D19+D20	=E12+E19+E20	=F12+F19+F20	=G12+G19+G20	=H12+H19+H20	=I12+I19+I20	=J12+J19+J20
22									
23	方案B现金流量表								
24	使用年限	0	1	2	3	4	5	6	7
25	初始投资(1)	-3000	-2000				-1000		
26	销售收入(2)				3000	4000	5000	4000	3000
27	付现成本(3)				1000	1150	1350	1200	1200
28	折旧额(4)								
29	税前利润(5)=(2)-(3)-4)		=D26-D27-D28	=E26-E27-E28	=F26-F27-F28	=G26-G27-G28	=H26-H27-H28	=I26-I27-I28	=J26-J27-J28
30	所得税(6)=(5)×25%		=D29*$D$4	=E29*$D$4	=F29*$D$4	=G29*$D$4	=H29*$D$4	=I29*$D$4	=J29*$D$4
31	税后净利(7)=(5)-(6)		=D29-D30	=E29-E30	=F29-F30	=G29-G30	=H29-H30	=I29-I30	=J29-J30
32	营业净现金流量(8)=(7)+(4)		=D31+D28	=E31+E28	=F31+F28	=G31+G28	=H31+H28	=I31+I28	=J31+J28
33	终结现金流量(9)								
34	现金流量(10)=(1)+(8)+(9)	=C25+C32+C33	=D25+D32+D33	=E25+E32+E33	=F25+F32+F33	=G25+G32+G33	=H25+H32+H33	=I25+I32+I33	=J25+J32+J33

图 12-29　各备选方案已知数据及计算公式

Step 03 决策结论。

各备选方案的数据输入并计算后，计算结果区将自动计算出各数据，如图 12-30 和图 12-31 所示。

方案A现金流量表

使用年限	0	1	2	3	4	5	6	7
初始投资(1)	-3000.00	-1000.00	-1000.00		-1000.00			
销售收入(2)				2500.00	4000.00	5500.00	4000.00	3000.00
付现成本(3)				1000.00	1100.00	1500.00	1200.00	1150.00
折旧额(4)								
税前利润(5)=(2)-(3)-4)		0.00	0.00	1500.00	2900.00	4000.00	2800.00	1850.00
所得税(6)=(5)*25%		0.00	0.00	375.00	725.00	1000.00	700.00	462.50
税后净利(7)=(5)-(6)		0.00	0.00	1125.00	2175.00	3000.00	2100.00	1387.50
营业净现金流量(8)=(7)+(4)		0.00	0.00	1125.00	2175.00	3000.00	2100.00	1387.50
终结现金流量(9)								
现金流量(10)=(1)+(8)+(9)	-3000.00	-1000.00	-1000.00	1125.00	1175.00	3000.00	2100.00	1387.50

方案B现金流量表

使用年限	0	1	2	3	4	5	6	7
初始投资(1)	-3000.00	-2000.00				-1000.00		
销售收入(2)				3000.00	4000.00	5000.00	4000.00	3000.00
付现成本(3)				1000.00	1150.00	1350.00	1200.00	1200.00
折旧额(4)								
税前利润(5)=(2)-(3)-4)		0.00	0.00	2000.00	2850.00	3650.00	2800.00	1800.00
所得税(6)=(5)*25%		0.00	0.00	500.00	712.50	912.50	700.00	450.00
税后净利(7)=(5)-(6)		0.00	0.00	1500.00	2137.50	2737.50	2100.00	1350.00
营业净现金流量(8)=(7)+(4)		0.00	0.00	1500.00	2137.50	2737.50	2100.00	1350.00
终结现金流量(9)								
现金流量(10)=(1)+(8)+(9)	-3000.00	-2000.00	0.00	1500.00	2137.50	1737.50	2100.00	1350.00

图 12-30　各备选方案数据

计算结果区

指标	方案A	方案B
净现值	672.40	725.74
内含报酬率	13.32%	13.57%
修正内含报酬率	12.68%	12.87%
生产经营期净流量的总现值	6090.95	6164.84
投资额的总现值	4988.05	5131.48
现值指数	1.22	1.20

图 12-31　计算结果区数据

从计算结果区各指标净现值、内含报酬率、修正内含报酬率角度看，方案 B 优于方案 A；从现值指数评价，方案 A 优于方案 B，且方案 A、B 均可行。

建立该模型后，相似投资决策项目可以只需输入基础数据，系统将自动计算出所有结果，并可据此作出决策结论。

任务三　其他投资决策

活动一　复利下终值、现值计算模型

【案例 12-3】建立一个模型，在 5%、6%、8%、9%、10%等多个利率时能依次完成以下各方案终值、现值的计算，如表 12-3 所示。

表 12-3　终值、现值计算模型资料

年　　份	0	1	2	3	4	5	6	7	8	9	10
方案 1 各年净流量	–200	–200	–200	–200	–200	–200	–200	–200	–200	–200	–200
	–500										
方案 2 各年净流量	–300	–300	–300	–300	–300	–300	–300	–300	–300	–300	
方案 3 各年净流量	–300										
方案 4 各年净流量		–400	–400	–400	–400	–400	–400	–400	–400	–400	–400
方案 5 各年净流量		–300	–300	–300	–300						

Step 01 建立“复利下终值、现值计算模型”工作表，如图 12-32 所示。

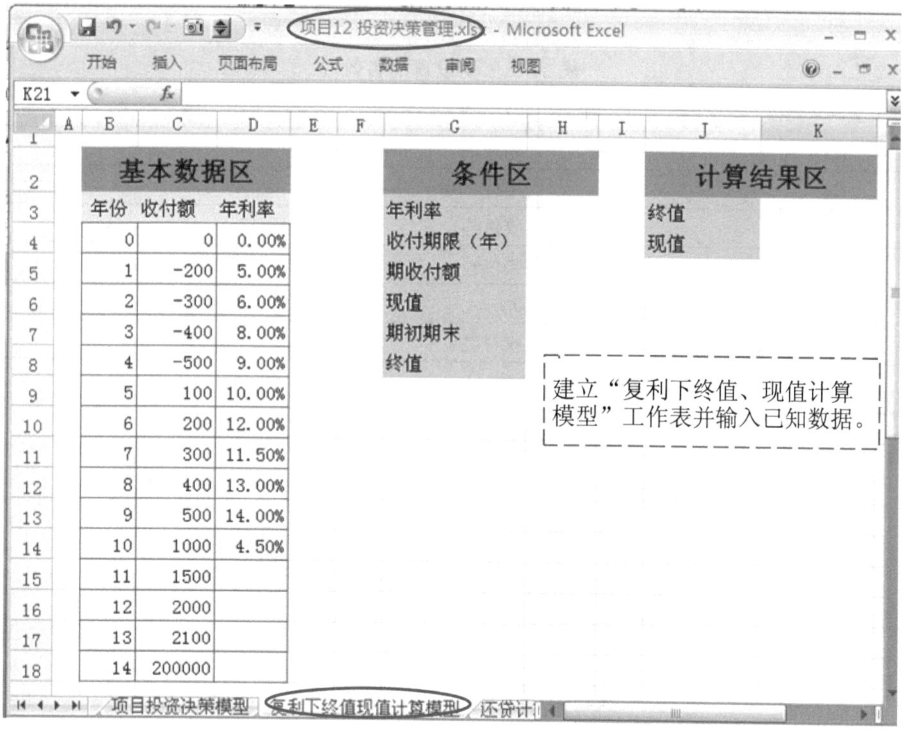

图 12-32　建立复利下终值、现值计算模型工作表

Step 02 工作表名称定义，如表 12-4 所示。

表 12-4　要定义的名称

名称	公　　式	范围
年份	=OFFSET(复利下终值计算模型!$B$4,,,COUNTA(复利下终值计算模型!$B$4:$B$100),1)	工作簿
收付额	=OFFSET(复利下终值计算模型!$C$4,,,COUNTA(复利下终值计算模型!$C$4:$C$100),1)	工作簿
年利率	=OFFSET(复利下终值计算模型!$D$4,,,COUNTA(复利下终值计算模型!$D$4:$D$100),1)	工作簿

Step 03 在条件区建立数据有效性引用，如图 12-33 和表 12-5 所示。

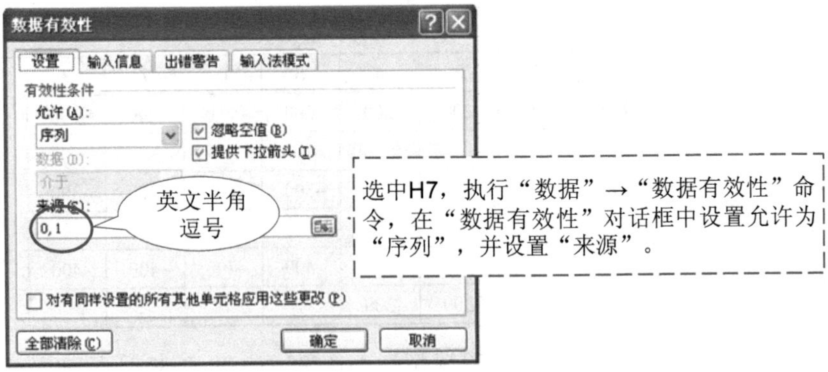

图 12-33　数据有效性设置

表 12-5　要设置的有效性

要设置的单元格	允　许	来　　源
H3	序列	年利率
H4	序列	年份
H5	序列	收付额
H6	序列	收付额
H7	序列	0,1
H8	序列	收付额

Step 04 计算结果。

设置终值、现值计算公式并输入基础数据，如图 12-34 所示。

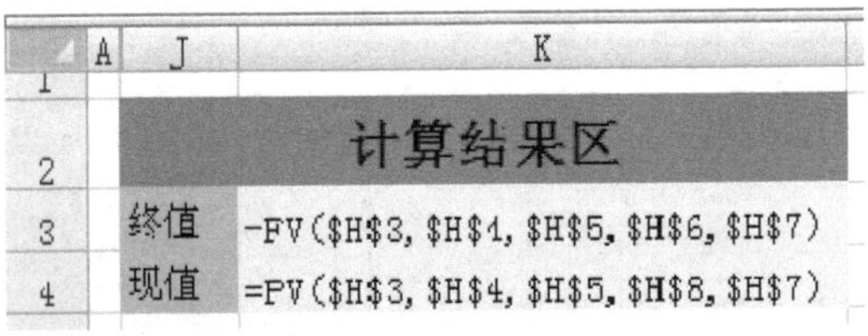

图 12-34　设置终值、现值公式

设置其他年利率及方案可得到相应结果，如图 12-35 所示。

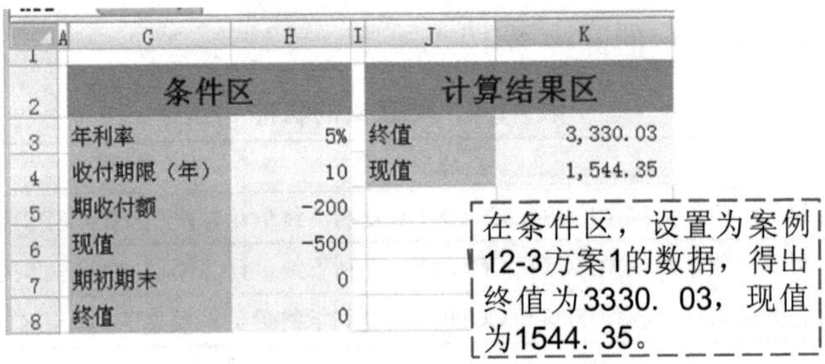

图 12-35　案例 12-3 方案 1 结果

函数与公式

FV()函数

含义：基于固定利率及等额分期付款方式，返回某项投资的未来值。

语法：FV(rate,nper,pmt,pv,type)，即 FV(利率,期数,年金,现值,期初或期末)。

解释：

rate 为各期利率。

nper 为总投资期，即该项投资的付款期总数。

pmt 为各期所应支付的金额，即年金，其数值在整个年金期间保持不变。如果省略 pmt，则必须包括 pv 参数。

pv 为现值，或一系列未来付款的当前值的累积和。如果省略 pv，则假设其值为 0，并且必须包括 pmt 参数。

type 为 0 或 1，用以指定各期的付款时间是在期初还是期末。1 为期初，0 或省略表示期末。

可用于计算复利终值、普通年金终值等。

活动二　还贷模型

【案例 12-4】某人从银行贷入三年期借款 20 万元，年利率为 9%，按年等额偿还本息，计算各年支付的本金数。

Step 01 建立“还贷计算模型”工作表，如图 12-36 所示。

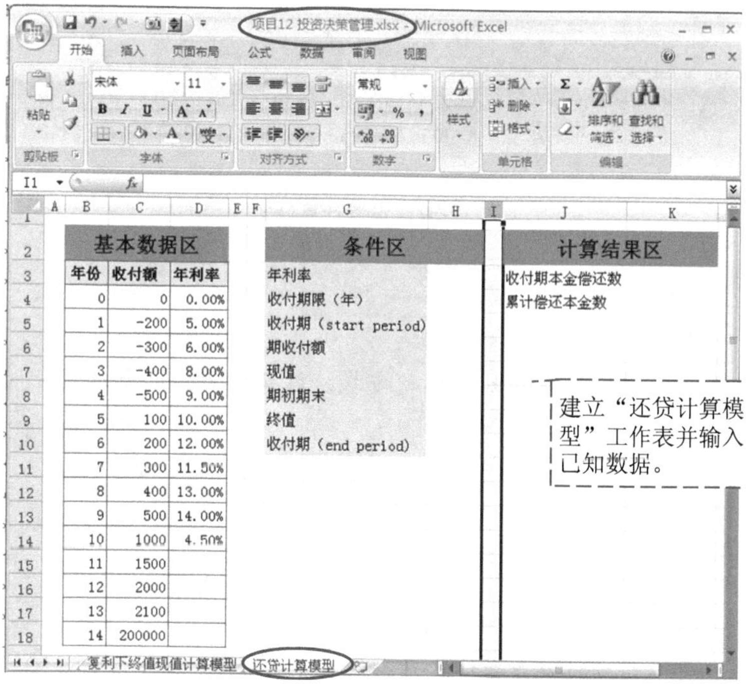

图 12-36　建立还贷计算模型工作表

Step 02 工作表名称定义，如表 12-16 所示。

表 12-6　要定义的名称

名　称	公　　式	范　围
年期	=OFFSET(还贷计算模型!$B$4,,,COUNTA(还贷计算模型!$B$4:$B$100),1)	工作簿
收付金额	=OFFSET(还贷计算模型!$C$4,,,COUNTA(还贷计算模型!$C$4:$C$100),1)	工作簿
利率	=OFFSET(还贷计算模型!$D$4,,,COUNTA(还贷计算模型!$D$4:$D$100),1)	工作簿

Step 03 在条件区建立数据有效性引用，如表 12-7 所示。

表 12-7　要设置的有效性

要设置的单元格	允　许	来　　源
H3	序列	利率
H4	序列	年期
H5	序列	收付金额
H6	序列	收付金额
H7	序列	0,1
H8	序列	收付金额
H9	序列	收付金额
H10	序列	年期

Step 04 计算结果。

设置收付期本金偿还数、累计偿还本金数计算公式并输入基础数据，如图 12-37 所示。

图 12-37　设置计算公式

函数与公式

1. PPMT()函数

含义：基于固定利率及等额分期付款方式，返回投资在某一给定期间内的本金偿还额。

语法：PPMT(rate,per,nper,pv,fv,type)

解释：

rate 为各期利率。

per 用于计算其本金数额的期数，必须介于 1 到 nper 之间。

nper 为总投资期，即该项投资的付款期总数。

pv 为现值，即从该项投资开始计算时已经入账的款项，或一系列未来付款当前值的累积和，也称为本金。

fv 为未来值，或在最后一次付款后希望得到的现金余额，如果省略 fv，则假设其值为 0，也就是一笔贷款的未来值为 0。

type 为 0 或 1，用以指定各期的付款时间是在期初还是期末。

例如，某人从银行贷入三年期借款 800 万元，按月等额偿还本息，计算各月支付的本金数，如图 12-38 所示。

	A	B	C
153	1	数据	说明
154	2	10%	年利率
155	3	1	支付期间(年)
156	4	3	还款年限
157	5	8000000	贷款额
158		公式	说明（结果）
159		=PPMT(B154/12,1,B156*12,B157)	第1个月支付的本金数(-191470.83)
160		=PPMT(B154/12,2,B156*12,B157)	第2个月支付的本金数(-193066.42)
161		=PPMT(B154/12,3,B156*12,B157)	第3个月支付的本金数(-194675.31)

图 12-38　PPMT()函数应用

2. CUMPRINC()函数

含义：返回一笔贷款在给定的 start-period 到 end-period 期之间累计偿还的本金数额。

语法：CUMPRINC(rate,nper,pv,start_period,end_period,type)

解释：

rate 为利率。

nper 为总付款期数。

pv 为现值。

start_period 为计算中的首期，付款期数从 1 开始计数。

end_period 为计算中的末期。

type 为付款时间类型，0 表示期末，1 表示期初，无默认值。

例如，某人向银行借入一笔住房抵押贷款 20 万元，年利率为 9%，期限 20 年，分期等额偿还，每月末还本付息，求第 2 个月累计支付的本金为多少？当为每年末还本付息时，求第 2 年末累计偿还的本金数，如图 12-39 所示。

	A	B
1	数据	说明
2	200000	现值
3	9%	年利率
4	20	期限
5	公式	结果(说明)
6	=CUMPRINC(A3/12,A4*12,A2,2,2,0)	第2个月累计支付的本金(-301.70)
7	=CUMPRINC(A3,A4,A2,2,2,0)	第2年累计支付的本金(-4261.13)

图 12-39　CUMPRINC()函数应用

Step 05 设置条件自动计算数据，如图 12-40 所示。

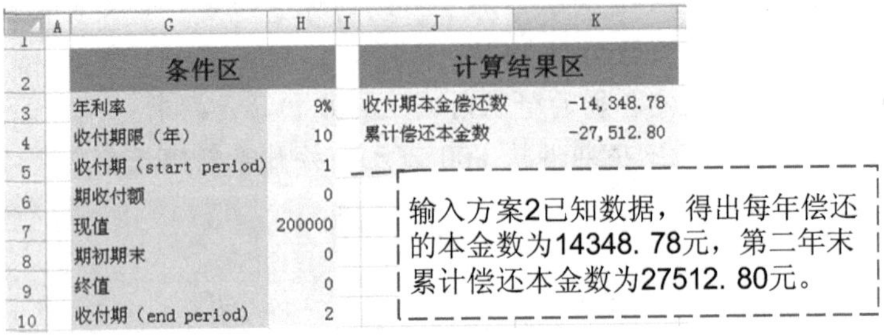

图 12-40　还贷模型运用方案 2 结果

注意：收付期限的单位及利率必须一致。如果以年为单位，则所有时期为年，利率为年利率，如果以月为必须单位，则所有时期以月计算，利率折算为月利率。

模拟实战

1．海苔公司有两个投资方案，现金流量如表 12-8 所示，利用本项目设置的模型计算各方案的净现值、内含收益率及现值指数。

表 12-8　各方案现金流量表　　单位：万元

年　份	方案 1		方案 2	
	流出	流入	流出	流入
0	–4000		–3000	
1	–2000		–3000	
2				
3		2000		1500
4	–800	3000		3000
5		3500	–1000	3500
6		2000		3000
7		2500		2000

2．海苔公司准备用一台新设备代替旧设备。新旧设备的数据如表 12-9 所示，所得税率为 25%，资金成本率为 10%。建立模型作出更新决策。

表 12-9　新旧设备数据

项　目	旧 设 备	新 设 备
固定资产原值（万元）	80000	100000
预计使用年限（年）	10	5
已使用年限（年）	5	0
年销售收入（万元）	60000	120000
年付现成本（万元）	20000	40000

续表

项　　目	旧 设 备	新 设 备
残值（万元）	0	15000
目前变现价值（万元）	20000	100000
折旧方法	直线法	年数总和法

3．在 5%、6%、8%、9%、10%、11%等多个利率条件下，能依次完成表 12-10 所示的方案现值的计算模型应该如何建立？

表 12-10　利息现值计算模型资料

年　　份	0	1	2	3	4	5	6	7	8	9	10
方案 1 各年净流量	–200	–200	–200	–200	–200	–200	–200	–200	–200	–200	–200
											–500
方案 2 各年净流量	–300	–300	–300	–300	–300	–300	–300	–300	–300	–300	
方案 3 各年净流量											–300
方案 4 各年净流量		–400	–400	–400	–400	–400	–400	–400	–400	–400	–400
方案 5 各年净流量		–300	–300	–300	–300						

4．某人向银行借入一笔住房抵押贷款 2 万元，年利率为 9%，期限 10 年，分期等额偿还，每月末还本付息，求第 2 年累计支付的本金为多少？

13
CHAPTER

项目 13 筹资决策管理

项目目标

1．能利用 Excel 工具通过销售百分比法、线性回归分析函数进行资金需要量预测。

2．能利用 Excel 建立模型进行负债筹资、权益筹资决策。

3．能利用 Excel 工具、通过综合资金成本法、边际资金成本法、比较资金成本法、每股收益无差别点分析法进行多种筹资方式组合筹资决策。

4．能熟练运用 SLOPE()、INTERCEPT()、FORECAST()函数。

项目导入

企业经营离不开筹资。筹资是指为满足资金的需求、财务结构及风险调控等目的，采用一定方式通过筹资渠道和金融市场，经济有效地筹措和集中资本的活动。要筹措资金，首先需要确定要筹措多少，然后再确定各种筹集方式所付出的代价，最后确定筹集方式。

2013 年丹枫制衣有限公司拟对 2014 年的资金需要量及筹资方式进行确定。

项目思路

本项目根据资金筹措的基本思路进行内容安排。先是讲述如何确定资金需要量，然后讲述如何利用各种资金成本的计算进行筹资决策。

任务一　建立筹资管理系统框架

筹资管理系统框架如图 13-1 所示。

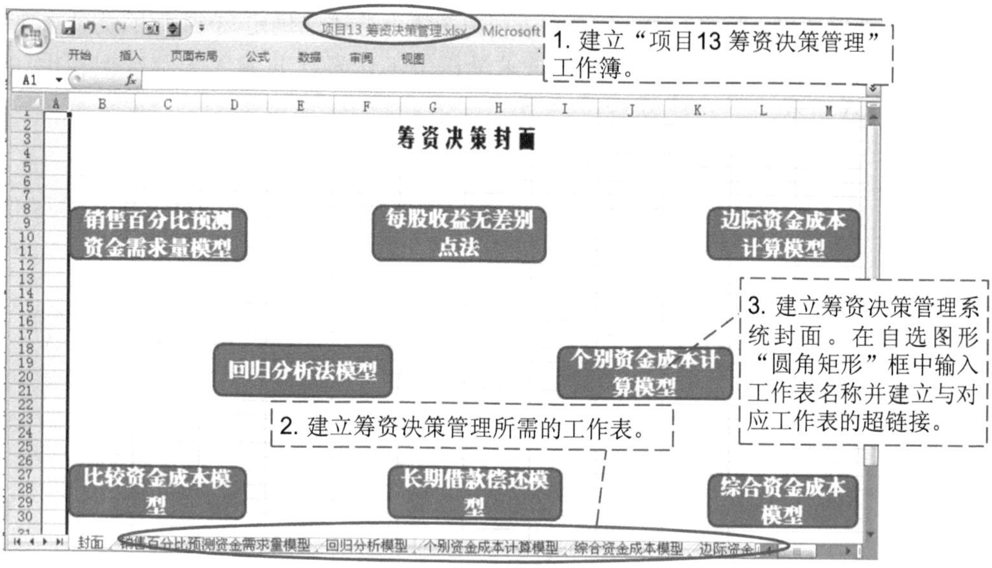

图 13-1　建立筹资决策管理

任务二　资金需要量预测

资金需要量预测的方法主要有定性预测法和定量预测法两种。定性预测法包括特尔菲法、市场调查法等，定量预测法包括销售百分比法、资金习性法等。

活动一　销售百分比法预测

销售百分比法是指直接利用财务报表各项目与销售收入的比例关系及会计等式、考虑其他资金来源及其他开支进行资金需要量的预测。

外部融资需求量＝资产增加额－负债自发增长－预期的利润留存±其他收支

资产负债表中的某些项目会随销售收入的变化而变化，有些则不变，变化的项目称为敏感性资产或负债。则：

外部融资需求量＝敏感性资产增加额－敏感性负债增加额－预期的利润留存±其他收支

＝敏感性资产总额占销售收入的百分比×销售收入增长额－敏感性负债总额占销售收入的百分比×销售收入增长额－预期的利润留存±其他收支

销售百分比法也可直接利用公式：$\Delta F = K \cdot (A - L) - D - R + M$

其中，ΔF 为预计未来需要追加的资金数额，K 为未来销售收入增长率，A 为随销售收入变动的资产项目基期金额，L 为随销售收入变动的负债项目基期金额，D 为计划期提取的折旧、摊销额与同期用于更新改造的资金的差额，R 为按计划期销售收入及基期销售净利润率计算的净利润与预计发放股利的差额，M 为计划期新增的零星资金开支数额。

【案例 13-1】丹枫制衣有限公司已预测 2014 年销售收入将比 2013 年增长 20%，2013 年销售净利率为 28%，同时，根据投资决策，决定于 2014 年年初将旧设备更新为新设备，需在期初投入资金 3000 万元，预计可使用的折旧与摊销额合计为 29.78 万元，一项项目投资拟采用方案 A，需在期初投入资金 8000 万元，请利用销售百分比法确定 2014 年的资金需要量。

Step 01 设置销售百分比法预测资金需求量模型工作表，并输入基础数据和批注，如图 13-2 和图 13-3 所示。

图 13-2 设置销售百分比法预测资金需求量模型工作表

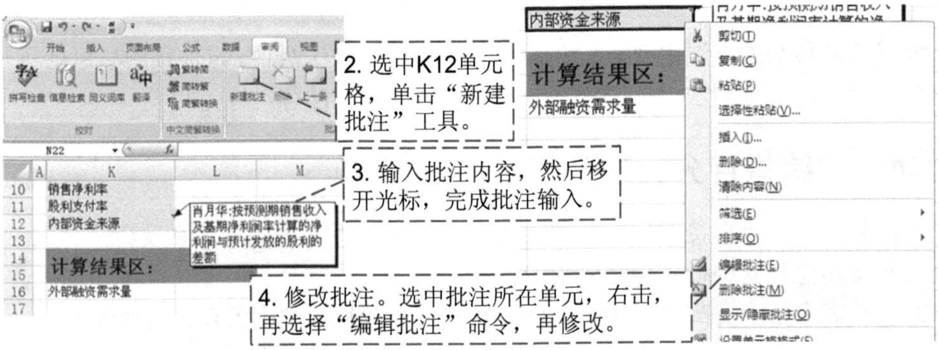

图 13-3 输入、修改批注

Step 02 定义名称。

为方便以后对工作表内容的引用，可进行名称定义。要定义的名称如表 13-1 所示。

表 13-1 销售百分比法要定义的名称

名　称	范　围	引用位置
销售百分比资产	工作簿	=OFFSET(销售百分比预测资金需求量模型!$H$4,,,COUNTA(销售百分比预测资金需求量模型!$H$4:$H$100),1)
销售百分比负债	工作簿	=OFFSET(销售百分比预测资金需求量模型!$D$4,,,COUNTA(销售百分比预测资金需求量模型!$D$4:$D$100),1)
基期数据负债	工作簿	=OFFSET(销售百分比预测资金需求量模型!$G$4,,,COUNTA(销售百分比预测资金需求量模型!$E$4:$E$100),1)

续表

名　　称	范　围	引用位置
基期数据资产	工作簿	=OFFSET(销售百分比预测资金需求量模型!$C$4,,,COUNTA(销售百分比预测资金需求量模型!$E$4:$E$100),1)
预测期数据负债	工作簿	=OFFSET(销售百分比预测资金需求量模型!$I$4,,,COUNTA(销售百分比预测资金需求量模型!$B$4:$B$100),1)
预测期数据资产	工作簿	=OFFSET(销售百分比预测资金需求量模型!$E$4,,,COUNTA(销售百分比预测资金需求量模型!$B$4:$B$100),1)

Step 03 设置公式，如图 13-4～图 13-8 所示。

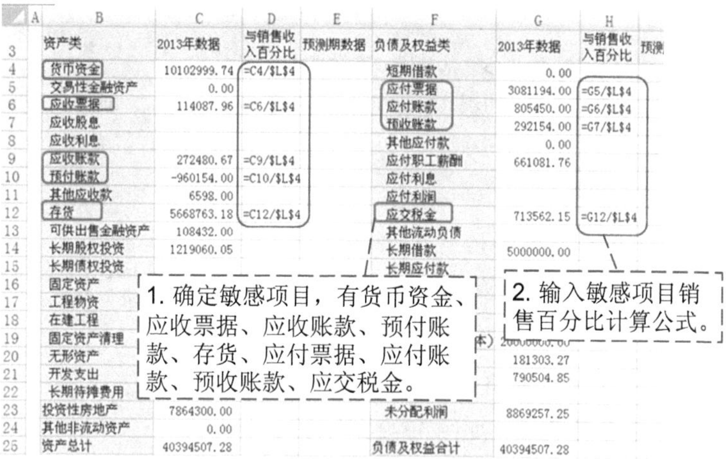

图 13-4　设置敏感项目百分比公式

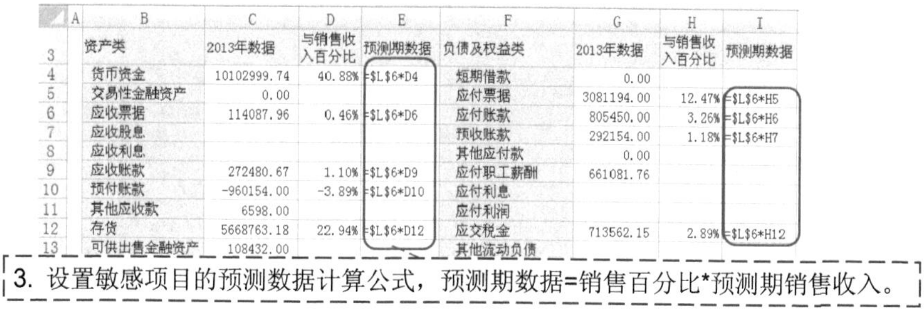

图 13-5　设置预测期数据公式

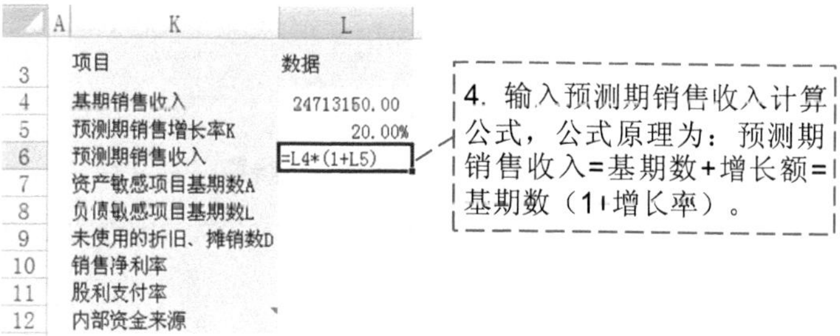

图 13-6　设置预测期销售收入百分比公式

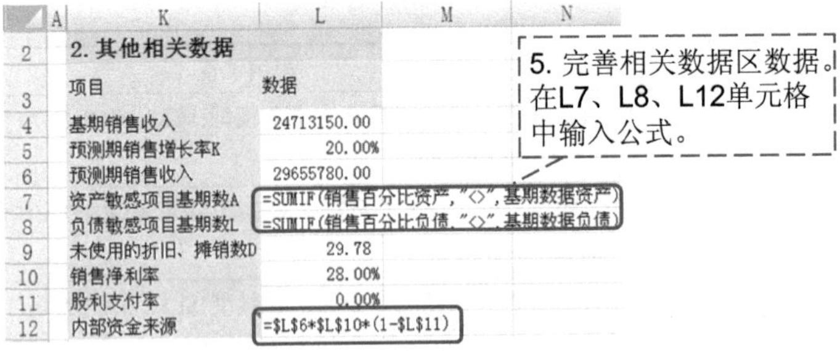

	K	L
2	2. 其他相关数据	
3	项目	数据
4	基期销售收入	24713150.00
5	预测期销售增长率K	20.00%
6	预测期销售收入	29655780.00
7	资产敏感项目基期数A	=SUMIF(销售百分比资产,"<>",基期数据资产)
8	负债敏感项目基期数L	=SUMIF(销售百分比负债,"<>",基期数据负债)
9	未使用的折旧、摊销数D	29.78
10	销售净利率	28.00%
11	股利支付率	0.00%
12	内部资金来源	=$L$6*$L$10*(1-$L$11)

图 13-7 设置基期数求和公式

函数与公式

=SUMIF(销售百分比资产,"<>",基期数据资产)

表示如果销售百分比资产区域（D4:D24）单元格不为空，则将基期数据资产区域（C4:C24）数据相加。

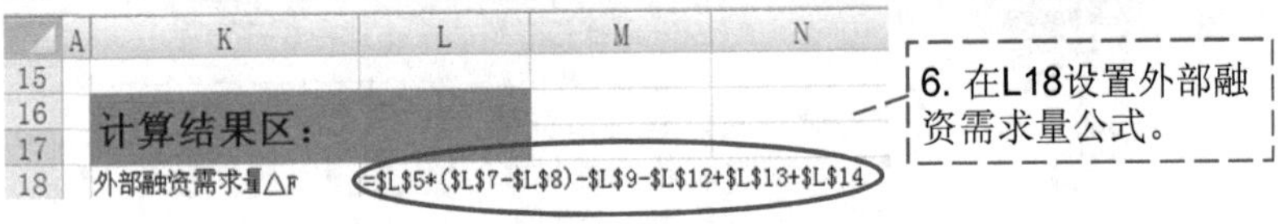

	K	L
15		
16	计算结果区：	
17		
18	外部融资需求量△F	=$L$5*($L$7-$L$8)-$L$9-$L$12+$L$13+$L$14

图 13-8 设置外部融资需求量公式

Step 04 预测外部融资需求量，如图 13-9 所示。

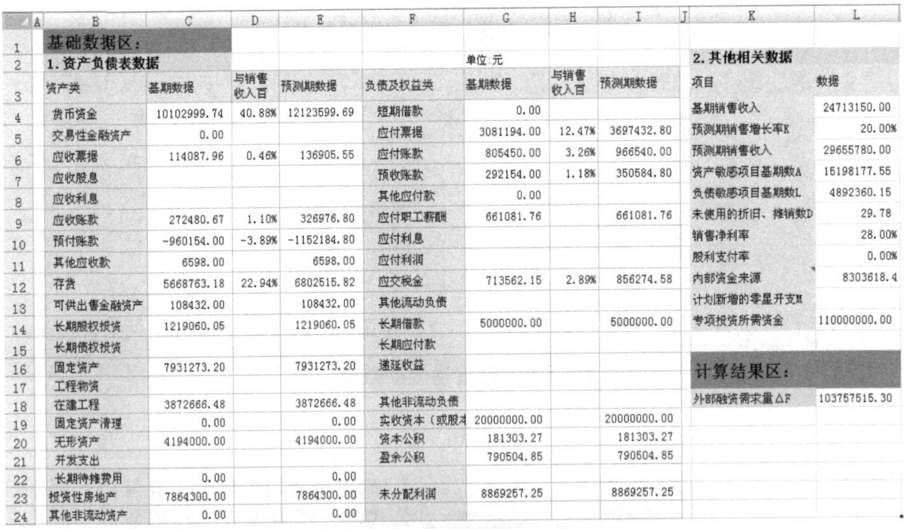

	B	C	D	E	F	G	H	I	K	L
1	基础数据区：									
2	1. 资产负债表数据					单位:元			2. 其他相关数据	
3	资产类	基期数据	与销售收入百	预测期数据	负债及权益类	基期数据	与销售收入百	预测期数据	项目	数据
4	货币资金	10102999.74	40.88%	12123599.69	短期借款	0.00			基期销售收入	24713150.00
5	交易性金融资产	0.00			应付票据	3081194.00	12.47%	3697432.80	预测期销售增长率K	20.00%
6	应收票据	114087.96	0.46%	136905.55	应付账款	805450.00	3.26%	966540.00	预测期销售收入	29655780.00
7	应收股息				预收账款	292154.00	1.18%	350584.80	资产敏感项目基期数A	15198177.55
8	应收利息				其他应付款	0.00			负债敏感项目基期数L	4892360.15
9	应收账款	272480.67	1.10%	326976.80	应付职工薪酬	661081.76		661081.76	未使用的折旧、摊销数D	29.78
10	预付账款	-960154.00	-3.89%	-1152184.80	应付利息				销售净利率	28.00%
11	其他应收款	6598.00		6598.00	应付利润				股利支付率	0.00%
12	存货	5668763.18	22.94%	6802515.82	应交税金	713562.15	2.89%	856274.58	内部资金来源	8303618.4
13	可供出售金融资产	108432.00		108432.00	其他流动负债				计划新增的零星开支M	
14	长期股权投资	1219060.05		1219060.05	长期借款	5000000.00		5000000.00	专项投资所需资金	110000000.00
15	长期债权投资				长期应付款					
16	固定资产	7931273.20		7931273.20	递延收益				计算结果区：	
17	工程物资									
18	在建工程	3872666.48		3872666.48	其他非流动负债				外部融资需求量△F	103757515.30
19	固定资产清理	0.00		0.00	实收资本（或股本	20000000.00		20000000.00		
20	无形资产	4194000.00		4194000.00	资本公积	181303.27		181303.27		
21	开发支出				盈余公积	790504.85		790504.85		
22	长期待摊费用	0.00		0.00						
23	投资性房地产	7864300.00		7864300.00	未分配利润	8869257.25		8869257.25		
24	其他非流动资产	0.00		0.00						

图 13-9 外部融资需求量结果

根据图中的计算结果，可以得出本案例外部融资需求量为 103757515.30 元。

活动二 线性回归分析模型预测

【案例 13-2】 蝶臣公司 2008 年～2013 年的业务量及资金占用量如表 13-2 所示，利用回归分析，分析当 2014 年产销量为 12000 万件时的资金需要量。

表 13-2　蝶臣公司业务量与资金需要量表

年　度	产销量(X_i)（万件）	资金占用(Y_i)（万元）
2008	10500	10000
2009	10540	9500
2010	10600	9000
2011	10700	11000
2012	10900	10500
2013	10800	11500

Step 01 设置回归分析模型工作表并输入基础数据，如图 13-10 所示。

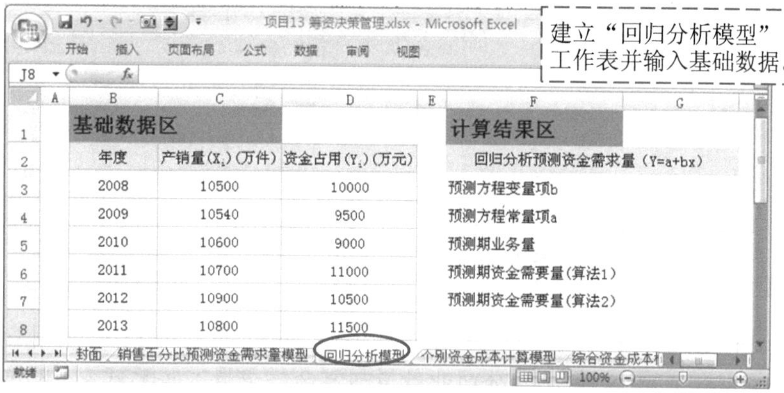

建立“回归分析模型”工作表并输入基础数据。

图 13-10　建立回归分析模型工作表

Step 02 插入折线图，以判断产销量与资金占用量是否呈线性变化，如图 13-11 所示。

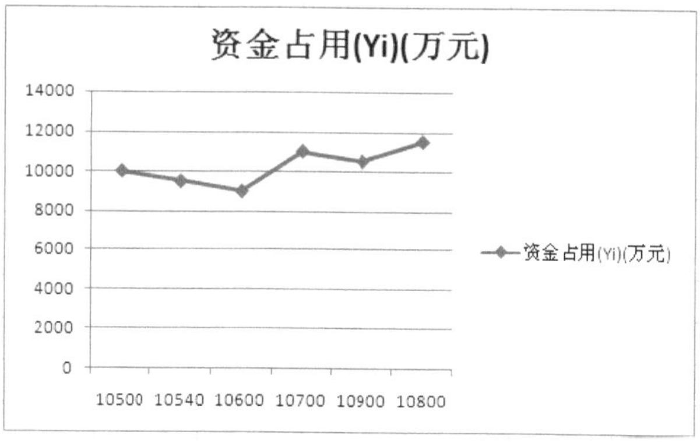

以 C3:C8 为轴标签区域、D3:D8 为系列值、D2 为系列名称，建立“堆积折线图”。

图 13-11　资金占用与产销量关系

从图中可以看出，产销量与资金占用呈线性关系，说明可以使用回归分析法进行预测。

Step 03 设置回归公式并输入预测期业务量。单元格及其公式如图 13-12 所示。

	A	B	C	D	E	F	G
1		基础数据区				计算结果区	
2		年度	产销量(X_i)(万件)	资金占用(Y_i)(万元)		回归分析预测资金需求量（Y=a+bx）	
3		2008	10500	10000		预测方程变量项b	=SLOPE($D$3:$D$8,$C$3:$C$8)
4		2009	10540	9500		预测方程常量项a	=INTERCEPT($D$3:$D$8,$C$3:$C$8)
5		2010	10600	9000		预测期业务量	12000
6		2011	10700	11000		预测期资金需要量(算法1)	=$G$4+$G$3*G5
7		2012	10900	10500		预测期资金需要量(算法2)	=FORECAST(G5,$D$3:$D$8,$C$3:$C$8)
8		2013	10800	11500			

图 13-12　回归分析公式

Step 04 回归分析预测结果，如图 13-13 所示。

	A	B	C	D	E	F	G
1		基础数据区				计算结果区	
2		年度	产销量(X_i)(万件)	资金占用(Y_i)(万元)		回归分析预测资金需求量（Y=a+bx）	
3		2008	10500	10000		预测方程变量项b	3.873626374
4		2009	10540	9500		预测方程常量项a	-31094.50549
5		2010	10600	9000		预测期业务量	12000
6		2011	10700	11000		预测期资金需要量(算法1)	15389.01099
7		2012	10900	10500		预测期资金需要量(算法2)	15389.01099
8		2013	10800	11500			

图 13-13　回归分析预测结果

分析：

第一种回归预测算法中，利用 SLOPE()函数求出 y=a+bx 方程中的 b，利用 INTERCEPT()函数求出 y=a+bx 方程中的 a，得出该公司业务量与资金需求量的关系式 y=−31094.51+3.87x，将业务 x=12000 代入方程中，得出预测期资金需要量为 15389 元。

第二种回归预测算法中，直接利用 FORECAST()函数预测出资金需要量为 15389 元。

函数与公式

1. SLOPE()函数

含义：返回经过给定数据点的线性回归拟合线方程的斜率。即返回 y=a+bx 直线方程式中的 b 值。

语法：SLOPE(known_y's，known_x's)

解释：

known_y's 是关系表达式 y=a+bx 中已知的 Y 值集合。

known_x's 是关系表达式 y=a+bx 中已知的可选 X 值集合。

2. INTERCEPT()函数

含义：利用已知的 x 值与 y 值计算直线与 y 轴交叉点，即截距 a。

语法：INTERCEPT(known_y's, known_x's)。

解释：参数含义同 SLOPE()函数中 known_y's、known_x's 参数。

3. FORECAST()函数

含义：根据已有的 x 值和 y 值计算或预测未来值。基本原理是利用已有的 x 值和 y 值，推测出 x 和 y 的直线方程，再利用线性回归对新值进行预测。

语法：FORECAST(x,known_y's,known_x's)

解释：

x 为需要进行预测的数据点。如果 x 为非数值型，则函数 FORECAST()返回错误值#VALUE!。

参数 known_y's、known_x's 的含义同 SLOPE()函数中的 known_y's、known_x's 参数。如果 known_y's 和 known_x's 为空或含有不同个数的数据点，则函数 FORECAST()返回错误值#N/A。如果 known_x's 的方差为零，则函数 FORECAST()返回错误值#DIV/0!。

任务三　筹资决策

确定资金需要量以后，就可以使用一定的筹资方式，在遵循成本效益原则的基础上进行资金的筹集。筹资方式主要有负债筹资、权益筹资。负债筹资有借款筹资、债券筹资等方式，权益筹资有普通股筹资、优先股筹资、留存收益筹资等，采用何种方式筹资或者是哪几种方式组合筹资，主要看各筹资方式的资金成本或组合筹资的综合资金成本。下面以案例的方式进行讲解。

活动一　负债筹资决策

【案例 13-3】某企业从银行借入长期借款 300 万元，年利润率为 8%，期限 3 年，每年付息一次，到期一次还本，筹资费用率为 0.1%，企业所得税率为 25%，建立借款资金成本模型，计算其资金成本。

Step 01 建立“个别资金成本计算模型”工作表并设置“负债筹资，分期付息，到期一次还本资金成本”工作区，同时输入基础数据，如图 13-14 所示。

图 13-14　负债筹资资金成本—基础数据

Step 02 名称定义，如表 13-3 所示。

表 13-3　负债筹资资金成本计算要定义的名称

名　称	范　围	引用位置
筹资总额	工作簿	=OFFSET(个别资金成本计算模型!$A$4,,,1000 ,1)
筹资面值	工作簿	=OFFSET(个别资金成本计算模型!$B$4,,,1000 ,1)
筹资年利率	工作簿	=OFFSET(个别资金成本计算模型!$C$4,,,1000 ,1)
筹资期限	工作簿	=OFFSET(个别资金成本计算模型!$D$4,,,1000 ,1)
筹资费率	工作簿	=OFFSET(个别资金成本计算模型!$E$4,,,1000 ,1)
所得税率	工作簿	=OFFSET(个别资金成本计算模型!$F$4,,,1000 ,1)

Step 03 通过设置数据有效性输入条件区数据。

负债筹资资金成本计算要设置数据有效性的单元格及来源和允许，如表 13-4 所示。

表 13-4　负债筹资资金成本计算要设置有效性的单元格及来源

名　称	允　许	来　源	名　称	允　许	来　源
I3	序列	筹资总额	I6	序列	筹资期限
I4	序列	筹资面值	I7	序列	筹资费率
I5	序列	筹资年利率	I8	序列	所得税率

Step 04 设置计算区公式，如图 13-15 所示。

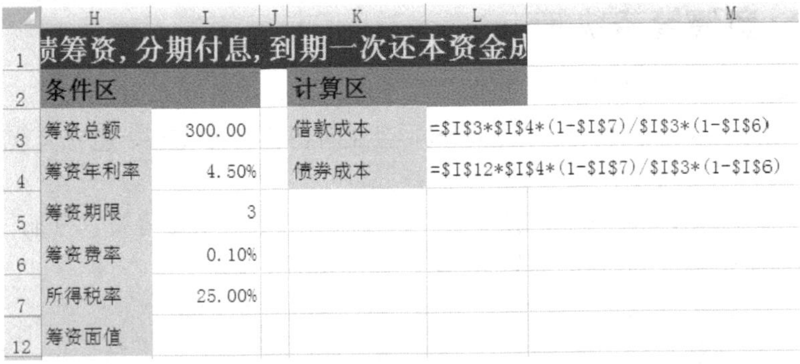

图 13-15　负债资金成本公式设置

Step 05 设置成本计算条件并计算结果。

在条件区设置案例中的筹资总额为 300 万元、筹资年利率为 8%、筹资期限为 3 年、筹资费率为 0.1%、所得税率为 25%，计算区将自动计算出借款成本为 5.994%。（当筹资期限以年为单位，则利率、资金成本均为年利率；以月为单位，则利率、资金成本均为月利率）

若企业以 1100 万元的价格发行面值为 1000 万元的债券，票面利率为 6.5%，每年付息一次，期限为 5 年，发行费率为 2%，所得税率为 25%，将数据输入上述模型，则可计算出债券成本为 4.343%。

活动二　权益筹资决策

【案例 13-4】某公司以每股 10 元发行普通股 500 万股，筹资费率为 5%，第一年股发放股利 1 元，以后每年增长 6%，利用权益筹资资金成本模型计算普通股资金成本。

Step 01 在“个别资金成本计算模型”工作表中设置权益筹资资金成本计算表，如图 13-16 所示。

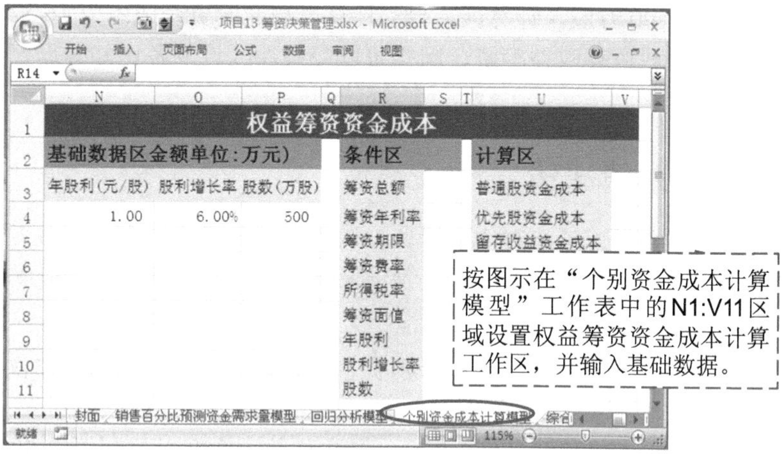

图 13-16　权益筹资资金成本计算表样式

Step 02 名称定义，如表 13-5 所示。

表 13-5　权益筹资资金成本计算要定义的名称

名　称	范　围	引用位置
年股利	工作簿	=OFFSET(个别资金成本计算模型!$N$4,,,1000 ,1)
股利增长率	工作簿	=OFFSET(个别资金成本计算模型!$O$4,,,1000 ,1)
股数	工作簿	=OFFSET(个别资金成本计算模型!$P$4,,,1000 ,1)

Step 03 通过设置数据有效性输入条件区数据。

权益筹资资金成本计算要设置数据有效性的单元格及来源和允许，见表 13-6。

表 13-6 权益筹资资金成本计算要设置有效性的单元格及来源

名　称	允　许	来　源	名　称	允　许	来　源
S3	序列	筹资总额	S8	序列	筹资面值
S4	序列	筹资年利率	S9	序列	年股利
S5	序列	筹资期限	S10	序列	股利增长率
S6	序列	筹资费率	S11	序列	股数
S7	序列	所得税率			

Step 04 设置计算区公式，如图 13-17 所示。

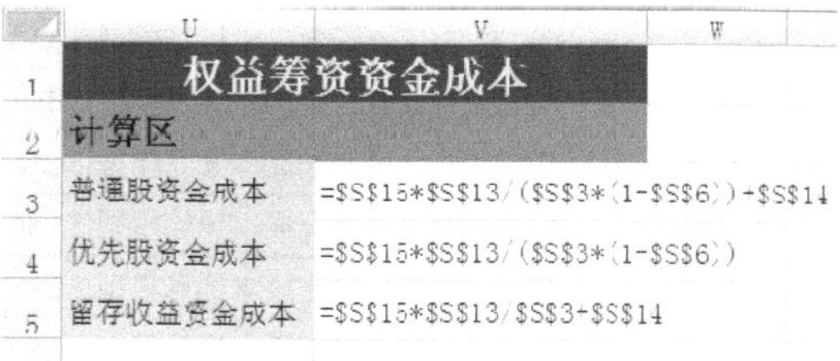

图 13-17　权益筹资资金成本计算公式

Step 05 设置成本计算条件并计算结果。

在条件区设置案例中的筹资总额为 5000 万元、筹资费率为 5%、年股利为 1 元/股、股利增长率为 6%、股数为 500 万股，计算区将自动计算出普通股资金成本为 16.526%。

若企业使用优先股或留存收益筹资，同样可以在条件区设置各已知数据，计算区将自动计算出相应资金成本。

活动三　综合筹资决策

综合筹资是指多种筹资方式进行组合筹资。决策依据为资金成本。综合筹资决策方式可以是综合资金成本法、边际资金成本法、比较资金成本法、每股收益无差别点分析法。

1. 综合资金成本计算模型

综合资金成本是指个别资金成本乘以个别资金在总资金中所占比重的加权平均数之和，又称为加权平均资金成本。

【案例 13-5】某企业共有资金 50000 万元，其中借款 10000 万元，债券 5000 万元，普通股 25000 万元，留存收益 10000 万元，各种资金成本分别为 5%、8%、13%、12%，计算企业加权平均资金成本。

Step 01 在“项目 13　筹资决策管理”的工作簿中创建名为“综合资金成本模型”的工作表，并设置工作表样式，同时输入基础数据，如图 13-18 所示。

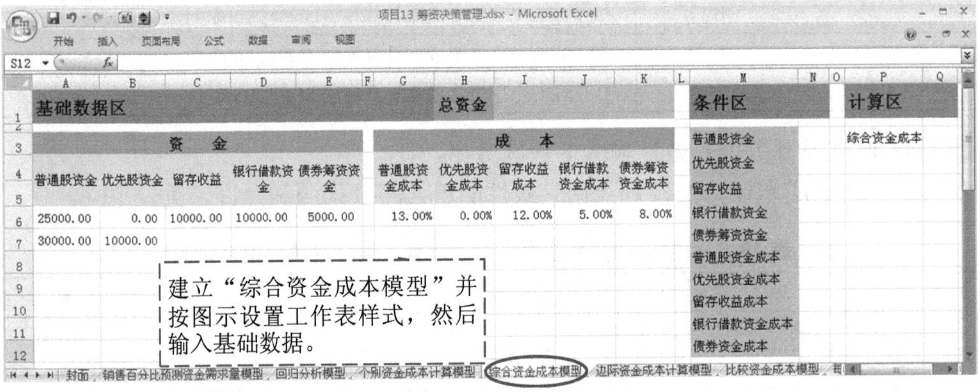

图 13-18　综合资金成本模型

Step 02 名称定义，如表 13-7 所示。

表 13-7　综合资金成本计算要定义的名称

名　　称	范　围	引用位置
普通股资金	工作簿	=OFFSET(综合资金成本计算模型!$A$6,,,1000 ,1)
优先股资金	工作簿	=OFFSET(综合资金成本计算模型!$B$6,,,1000 ,1)
留存收益资金	工作簿	=OFFSET(综合资金成本计算模型!$C$6,,,1000 ,1)
银行借款资金	工作簿	=OFFSET(综合资金成本计算模型!$D$6,,,1000 ,1)
债券筹资资金	工作簿	=OFFSET(综合资金成本计算模型!$E$6,,,1000 ,1)
普通股资金成本	工作簿	=OFFSET(综合资金成本计算模型!$G$6,,,1000 ,1)
优先股资金成本	工作簿	=OFFSET(综合资金成本计算模型!$H$6,,,1000 ,1)

续表

名　　称	范　围	引用位置
留存收益资金成本	工作簿	=OFFSET(综合资金成本计算模型!$I$6,,,1000 ,1)
银行借款资金成本	工作簿	=OFFSET(综合资金成本计算模型!$J$6,,,1000 ,1)
债券筹资资金成本	工作簿	=OFFSET(综合资金成本计算模型!$K$6,,,1000 ,1)

Step 03 通过设置数据有效性输入条件区数据。

综合资金成本计算要设置数据有效性的单元格及来源和允许，如表 13-8 所示。

表 13-8　综合资金成本计算要设置有效性的单元格及来源

名　　称	允　许	来　　源	名　　称	允　许	来　　源
N3	序列	普通股资金	N8	序列	普通股资金成本
N4	序列	优先股资金	N9	序列	优先股资金成本
N5	序列	留存收益资金	N10	序列	留存收益资金成本
N6	序列	银行借款资金	N11	序列	银行借款资金成本
N7	序列	债券筹资资金	N12	序列	债券筹资资金成本

Step 04 设置计算区公式，如图 13-19 所示。

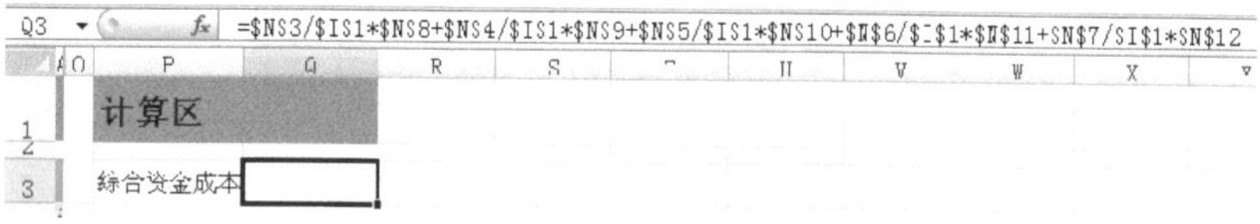

图 13-19　综合资金成本计算公式

Step 05 设置综合成本计算条件并计算结果。

设置筹资总额为 50000 万元、普通股资金为 25000 万元、留存收益资金为 10000 万元、银行借款资金为 10000 万元、债券筹资资金为 5000 万元、普通股资金成本为 13%、留存收益资金成本为 12%、银行借款资金成本为 5%、债券筹资资金成本为 8%，计算区将自动计算出综合资金成本为 10.7%，如图 13-20 所示。

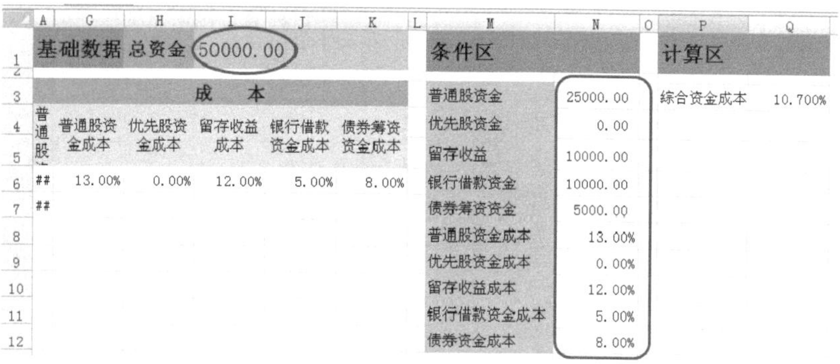

图 13-20　综合资金成本计算结果

若企业筹资结构发生变化，则只需将各种资金筹资金额输入“资金区”，相应的资金成本输入“成本区”，便可在条件区及总资金栏设置筹资条件，在计算区计算出综合资金成本。

2. 边际资金成本计算模型

企业一般无法以某一固定的资金成本来筹措无限的资金，当其筹措的资金超过一定限度时，原来的资金成本就会增加。在企业追加筹资时，需要知道筹资额在某一数额时会引起资金成本怎样的变化。这就要用到边际资金成本的概念。边际资金成本是指资金每增加一个单位而增加的成本。

分析步骤：先确定最理想的资金结构，再确定各种筹资方式的资金成本，然后计算筹资总额分界点（筹资突破点），最后计算边际资金成本。

【案例 13-6】已知海泉公司拥有长期资金 50000 万元，其中借款 10000 万元，债券 5000 万元，普通股 25000 万元，留存收益 10000 万元，该结构为目前最理想的结构，公司拟筹集新的资金 60000 万元，已知各种资金成本的变化如表 13-9 所示。

表 13-9 海泉公司资金成本表

资金种类	新筹资额（万元）	资金成本
借款	10000 及以下	5%
	10000 以上	8%
债券	5000 及以下	8%
	5000 以上	10%
普通股	25000 及以下	13%
	25000-40000（含）	11%
	40000 以上	9%
留存收益	10000 及以上	12%
	10000 以下	12%

要求：计算各筹资范围的边际资金成本。

Step 01 在“项目 13 筹资决策管理”的工作簿中创建名为“边际资金成本计算模型” 的工作表，并输入基础数据，如图 13-21 所示。

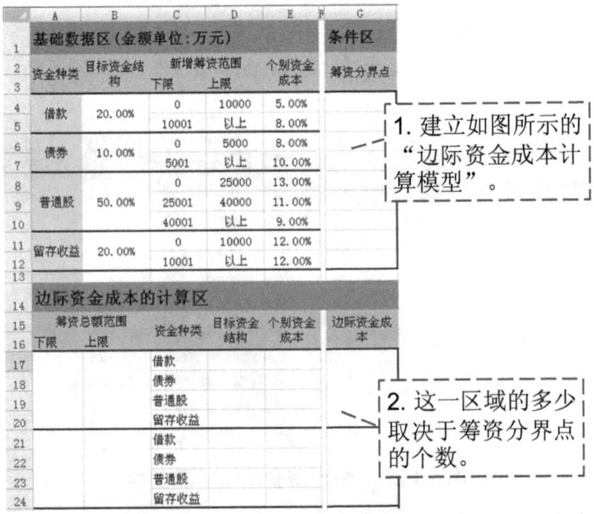

图 13-21 边际资金成本计算模型

Step 02 设置计算公式，如图 13-22 所示。

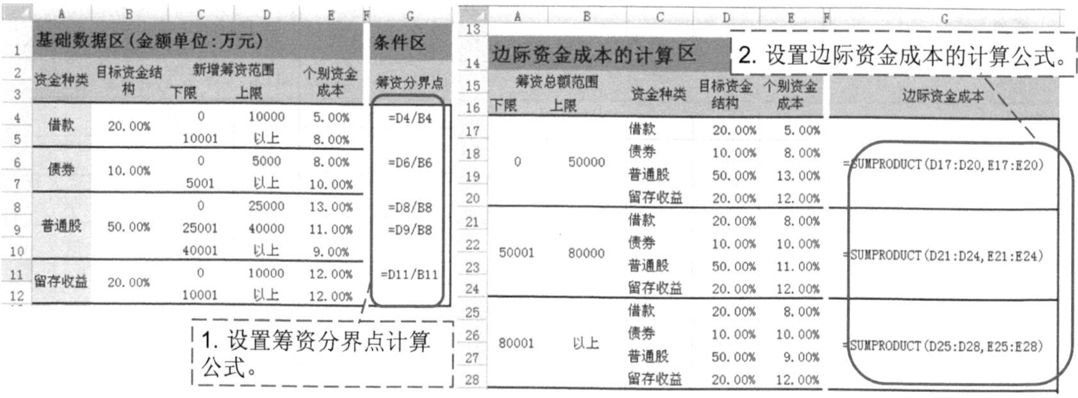

图 13-22　边际资金成本公式设置

Step 03 分析结果，如图 13-23 所示。

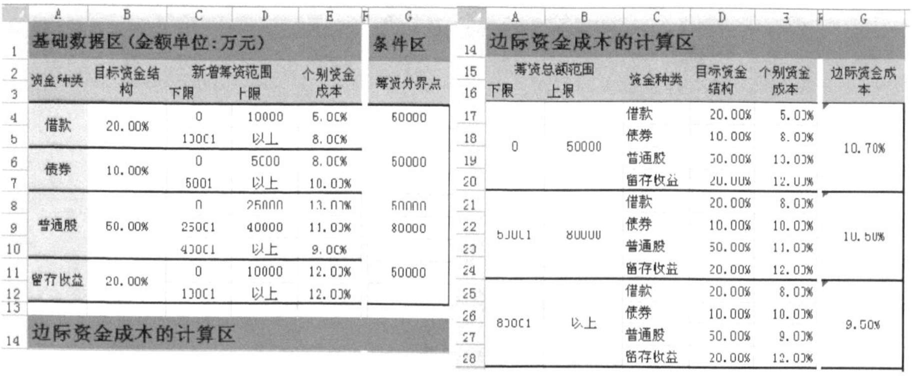

图 13-23　边际资金成本计算结果

从结果图中可以看出，公司拟筹资 6000 万元的边际资金成本为 10.5%。

若企业边际筹资的条件发生变化，则只需将变化的条件输入模型中相关区域，便可计算出新的边际资金成本。

3. 比较资金成本计算模型

比较资金成本法是指将各种筹资方式的加权平均资金成本进行比较，选择成本最小的筹资结构的一种方法。

【案例 13-7】海泉公司拟筹资 30000 万元，有三个备选方案，如表 13-10 所示，请选择最优方案。

表 13-10　海泉公司筹资备选方案

资金来源	方案 A		方案 B		方案 C	
	资金额（万元）	资金成本	资金额（万元）	资金成本	资金额（万元）	资金成本
借款	5000	6.00%	7000	6.50%	10000	7.00%
债券	15000	8.00%	8000	7.50%	12000	8.00%
普通股	10000	12.00%	15000	12.00%	8000	12.00%

续表

资金来源	方案 A		方案 B		方案 C	
	资金额（万元）	资金成本	资金额（万元）	资金成本	资金额（万元）	资金成本
优先股	0		0		0	
留存收益	0		0		0	
合计	30000		30000		30000	

Step 01 在“项目 13　筹资决策管理”的工作簿中创建名为“比较资金成本模型”的工作表并输入基础数据，如图 13-24 所示。

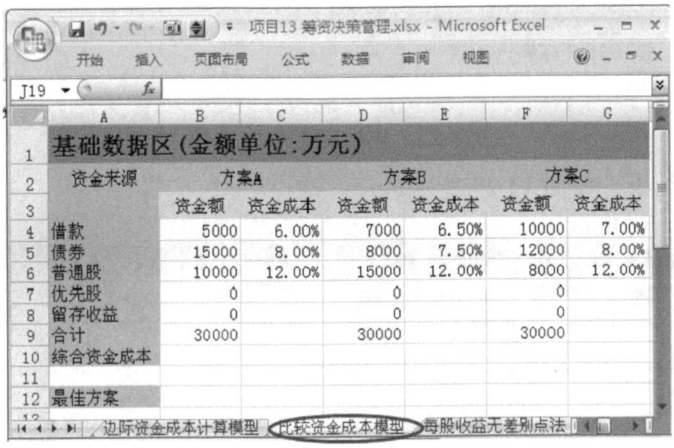

	A	B	C	D	E	F	G
1	基础数据区(金额单位:万元)						
2	资金来源	方案A		方案B		方案C	
3		资金额	资金成本	资金额	资金成本	资金额	资金成本
4	借款	5000	6.00%	7000	6.50%	10000	7.00%
5	债券	15000	8.00%	8000	7.50%	12000	8.00%
6	普通股	10000	12.00%	15000	12.00%	8000	12.00%
7	优先股	0		0		0	
8	留存收益	0		0		0	
9	合计	30000		30000		30000	
10	综合资金成本						
11							
12	最佳方案						

图 13-24　比较资金成本模型

Step 02 设置比较资金成本计算公式。单元格及公式如表 13-11 所示。

表 13-11　比较资金成本计算公式

单 元 格	公　　式
C10	=SUMPRODUCT(B4:B8/$B$9,C4:C8)
E10	=SUMPRODUCT(D4:D8/$B$9,E4:E8)
G10	=SUMPRODUCT(F4:F8/$B$9,G4:G8)
B12	=INDEX(B2:G2,MATCH(MIN(C10,E10,G10),C10:G10,0))

Step 03 分析结果如图 13-25 所示。

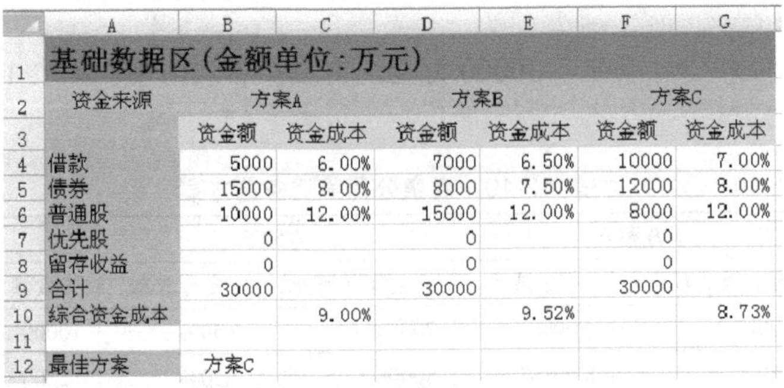

	A	B	C	D	E	F	G
1	基础数据区(金额单位:万元)						
2	资金来源	方案A		方案B		方案C	
3		资金额	资金成本	资金额	资金成本	资金额	资金成本
4	借款	5000	6.00%	7000	6.50%	10000	7.00%
5	债券	15000	8.00%	8000	7.50%	12000	8.00%
6	普通股	10000	12.00%	15000	12.00%	8000	12.00%
7	优先股	0		0		0	
8	留存收益	0		0		0	
9	合计	30000		30000		30000	
10	综合资金成本		9.00%		9.52%		8.73%
11							
12	最佳方案	方案C					

图 13-25　比较资金成本计算结果

输入计算公式及基础数据后，系统自动计算出各方案的综合资金成本并自动作出结论。

若企业各方案的资金来源、资金成本发生变化，则在模型中输入变化的数据，系统将自动选择出最佳方案。

4. 每股收益无差别点计算模型

每股收益无差别点分析法是一种利用息税前利润和每股收益之间的关系来确定最优资本结构的方法。每股收益无差别点是指每股收益不受筹资方式影响的息税前利润水平。

假设，$EBIT$ 为息税前利润，I 为每年支付的利息，T 为所得税税率，D 为优先股股利，N 为普通股股数，EPS 为每股收益。

$$EPS=\frac{(EBIT-I)(1-T)-D}{N}$$

当两种筹资方式权益筹资和负债筹资的每股收益相等时，即 $\frac{(EBIT-I_1)(1-T)-D_1}{N_1}=\frac{(EBIT-I_2)(1-T)-D_2}{N_2}$ 时的息税前利润为每股收益无差别点。决策时，如果预期的息税前利润大于每股收益无差别点的息税前利润，则运用负债筹资方式；反之，如果预期的息税前利润小于每股收益无差别点的息税前利润，则运用权益筹资方式。

【案例 13-8】已知某企业拥有长期资金 50000 万元，其中长期负债 15000 万元，资金成本 8%，普通股 25000 万元（2500 万股，面值 10 元/每股），留存收益 10000 万元，该结构为目前最理想的结构，公司拟筹集新的资金 4000 万元，有两种方案可供选择：（1）增发普通股 6000 万股，每股面值 10 元；（2）全部筹措长期债务，利率 10%。企业所得税率为 25%，企业追加资金后，预计息税前利润为 11000 万，要求比较并选择方案。

Step 01 在“项目 13　筹资决策管理”的工作簿中创建名为“每股收益无差别点法”的工作表，并输入基础数据，如图 13-26 所示。

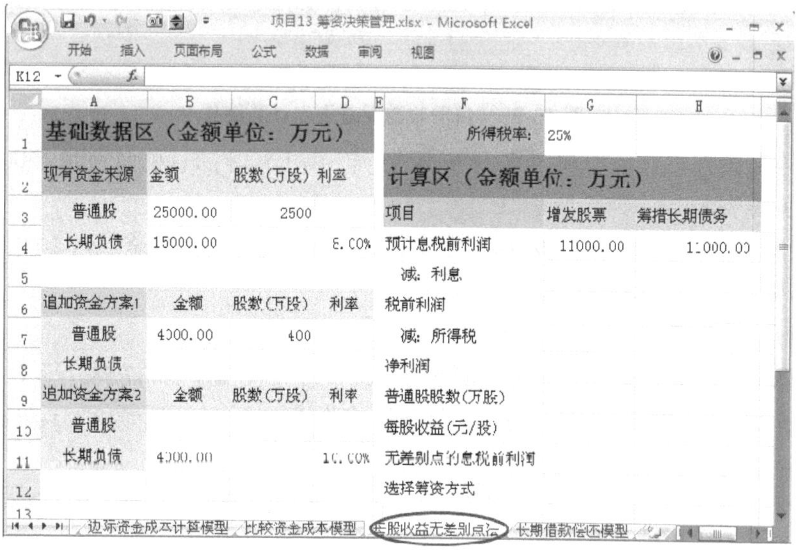

	A	B	C	D	E	F	G	H
1	基础数据区（金额单位：万元）					所得税率:	25%	
2	现有资金来源	金额	股数(万股)	利率		计算区（金额单位：万元）		
3	普通股	25000.00	2500			项目	增发股票	筹措长期债务
4	长期负债	15000.00		8.00%		预计息税前利润	11000.00	11000.00
5						减：利息		
6	追加资金方案1	金额	股数(万股)	利率		税前利润		
7	普通股	4000.00	400			减：所得税		
8	长期负债					净利润		
9	追加资金方案2	金额	股数(万股)	利率		普通股股数(万股)		
10	普通股					每股收益(元/股)		
11	长期负债	4000.00		10.00%		无差别点的息税前利润		
12						选择筹资方式		

图 13-26　每股收益无差别点模型

Step 02 设置公式，如图 13-27 所示。

	A	B	C	D	F	G	H
1	基础数据区（金额单位：万元）				所得税率：	25%	
2	现有资金来源	金额	股数(万股)	利率	计算区（金额单位：万元）		
3	普通股	25000.00	2500		项目	增发股票	筹措长期债务
4	长期负债	15000.00		8.00%	预计息税前利润	11000.00	11000.00
5					减：利息	=B4*D4	=B4*D4+E11*D11
6	追加资金方案1	金额	股数(万股)	利率	税前利润	=G4-G5	=H4-H5
7	普通股	4000.00	400		减：所得税	=G6*$G$1	=H6*$G$1
8	长期负债				净利润	=G6-G7	=H6-H7
9	追加资金方案2	金额	股数(万股)	利率	普通股股数(万股)	=C3+C7	=C3
10	普通股				每股收益(元/股)	=G8/G9	=H8/H9
11	长期负债	4000.00		10.00%	无差别点的息税前利润	=(H5*C3-G5*C7)/(C3-C7)	
12					选择筹资方式	=IF(G10<H10,H3,G3)	

图 13-27 每股收益无差别点模型计算公式

Step 03 结果分析如图 13-28 所示。

	A	B	C	D	F	G	H
1	基础数据区（金额单位：万元）				所得税率：	25%	
2	现有资金来源	金额	股数(万股)	利率	计算区（金额单位：万元）		
3	普通股	25000.00	2500		项目	增发股票	筹措长期债务
4	长期负债	15000.00		8.00%	预计息税前利润	11000.00	11000.00
5					减：利息	1200.00	1600.00
6	追加资金方案1	金额	股数(万股)	利率	税前利润	9800.00	9400.00
7	普通股	4000.00	400		减：所得税	2450.00	2350.00
8	长期负债				净利润	7350.00	7050.00
9	追加资金方案2	金额	股数(万股)	利率	普通股股数(万股)	2900.00	2500.00
10	普通股				每股收益(元/股)	2.53	2.82
11	长期负债	4000.00		10.00%	无差别点的息税前利润	1676.19	
12					选择筹资方式	筹措长期债务	

图 13-28 每股收益无差别点计算结果

本案例中无差别点息税前利润为 1676.19 万元，小于预计的息税前利润 11000 万元，选择筹措长期债务筹资。

若企业筹资的其他条件发生变化，则只需在模型中输入变化的条件，系统便可自动选择筹资方式。

5. 长期借款筹资

【案例 13-9】丹枫制衣有限公司经过资金预算，需筹集资金 1037.58 万元，准备 2014 年向银行借入一笔 10 年期款项 1000 万元，经与银行洽商，约定年利率为 8%，等额偿付方式偿还，计算每年偿还额及本金和利息。

Step 01 在“项目 13 筹资决策管理”的工作簿中创建名为“长期借款偿还模型”的工作表，并设置基本样式、输入基础数据，如图 13-29 所示。

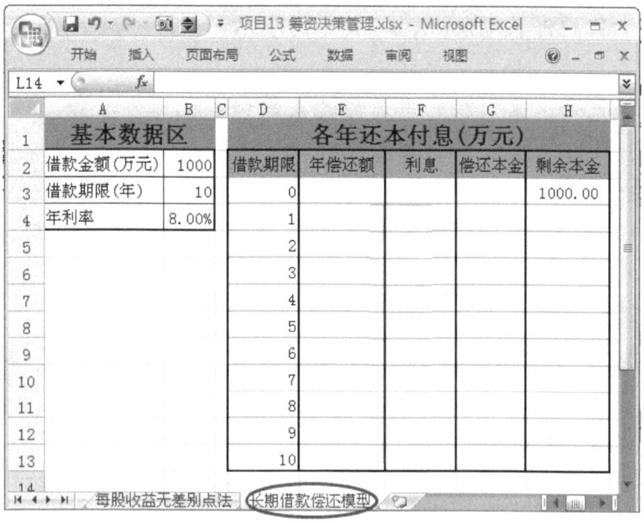

	基本数据区			各年还本付息(万元)				
1								
2	借款金额(万元)	1000		借款期限	年偿还额	利息	偿还本金	剩余本金
3	借款期限(年)	10		0				1000.00
4	年利率	8.00%		1				
5				2				
6				3				
7				4				
8				5				
9				6				
10				7				
11				8				
12				9				
13				10				

图 13-29　长期借款模型

Step 02 设置计算公式并计算出结果，如图 13-30 所示。

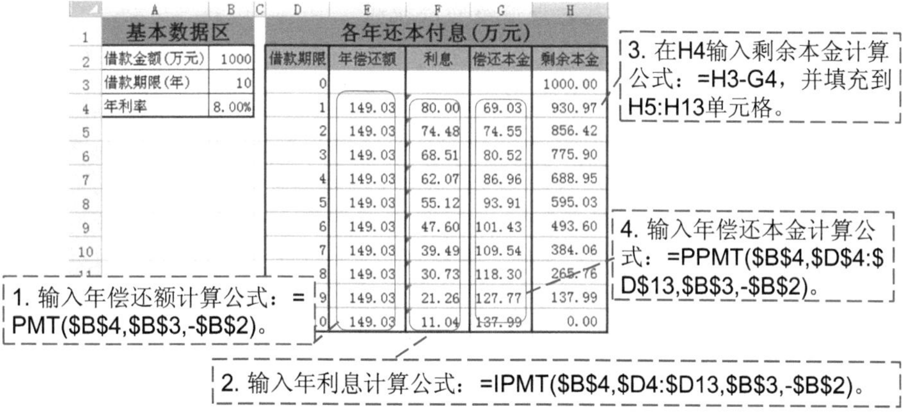

	基本数据区			各年还本付息(万元)				
2	借款金额(万元)	1000		借款期限	年偿还额	利息	偿还本金	剩余本金
3	借款期限(年)	10		0				1000.00
4	年利率	8.00%		1	149.03	80.00	69.03	930.97
5				2	149.03	74.48	74.55	856.42
6				3	149.03	68.51	80.52	775.90
7				4	149.03	62.07	86.96	688.95
8				5	149.03	55.12	93.91	595.03
9				6	149.03	47.60	101.43	493.60
10				7	149.03	39.49	109.54	384.06
				8	149.03	30.73	118.30	265.76
				9	149.03	21.26	127.77	137.99
				10	149.03	11.04	137.99	0.00

图 13-30　长期借款模型公式设置与计算结果

Step 03 结果分析。

根据计算结果，可以得出案例中所借款项，年偿还额为 149.03 万元，各年利息和本金亦如图所示。

若企业借款金额、期限、利率发生变化，则只需在基本数据区输入相应数据，系统将自动计算出各年偿还额等数据。

函数与公式

1. PMT()函数（年金函数，已知现值或终值求年金）

含义：基于固定利率及等额分期付款方式，返回贷款的每期付款额。

语法：PMT(rate,nper,pv,fv,type)，即 PMT(利率,期数,现值,终值,期初或期末)

解释：

rate 为贷款利率。

nper 为该项贷款的付款期总数，与利率的表示期必须一致，利率为月利率时，期数以月为单位计算。

pv 为现值或一系列未来付款的当前值的累积和，也称为本金。

fv 为未来值、终值或在最后一次付款后希望得到的现金余额，如果省略 fv，则假设其值为 0，也就是一笔贷款的未来值为零。

type 为 0 或 1，用以指定各期的付款时间是在期初还是期末。为 1，表示付款在期初；为 0 或忽略，表示付款在期末。

2. IPMT()函数

含义：基于固定利率及等额分期付款方式（即等额还本付息方式），返回给定期数内对某项投资回报或贷款偿还的利息额。

语法：IPMT(rate,per,nper,pv,fv,type)

解释：

rate 为各期利率。

per 为用于计算其利息数额的期数，必须在 1 到 nper 之间。nper 为必需。年金的付款总期数。

pv 为现值或一系列未来付款的当前值的累积和。

fv 为可选。未来值或在最后一次付款后希望得到的现金余额。如果省略 fv，则假设其值为 0。

type 为可选，为 0 或 1，用以指定各期的付款时间是在期初还是期末。如果省略，则假设其值为 0。

例如，假设某人向银行贷款 20 万元，贷款期限为 2 年，年息为 4.5%，计算按月等额偿还本息下每月付款中的利息，及按年等额偿还本息下第一年支付的利息，如图 13-31 所示。

	A	B	C
144	1	贷款金额	200000
145	2	贷款年限	2
146	3	年利息	4.50%
147	4	偿还期(月)	1
148		**公式**	**说明(结果)**
149		=IPMT(C146/12,C147,C145*12,C144,,)	第一个月应付利息(-750.00)
150		=IPMT(C146,1,C145,C144,,)	第一年应付利息(-9000.00)

图 13-31　IPMT()函数应用

模拟实战

1. 某企业借款 30 万元，期限 5 年，每年还款次数有 2、4、12、24 次，银行借款利率分别为 5%、6.5%、8%、9%。要求：利用 PMT()函数及模拟运算表分析企业采用哪种还款方式最划算。

2．海泉公司现有资金结构如表 13-12 所示，公司为拓展新领域，准备再筹资 1000 万元，有两种备选方案，如表 13-13 所示，要求利用 Excel 制作模型并作出最优决策。

表 13-12　海泉公司资金结构表

资金种类	金额（万元）	资金成本（%）
长期借款	1000	4
长期债券	3000	5
优先股	1500	12
普通股	2500	10
合计	800	

表 13-13　海泉公司筹资方案表

筹资方式	方案 1		方案 2	
	金额（万元）	资金成本（%）	金额（万元）	资金成本（%）
长期借款	300	4		
长期债券			400	7
优先股	400	10		
普通股	300	13	600	3
合计	1000			

A APPENDIX

附录A

经济业务凭证资料

业务1：2014年1月1日，采用商业承兑汇票结算方式采购材料，用银行存款支付的运费中，薄麻料布为4800元，厚布为4900元，按采购材料数量进行分配。

品 名	单 位	数 量	单 价	金 额	税 率	税 额
蓝薄麻料布	米	4500	25.5	114750.00	17%	19507.50
红薄麻料布	米	5500	25.5	140250.00	17%	23842.50
蓝厚麻料布	米	3400	34	115600.00	17%	19652.00
红厚麻料布	米	3600	34	122400.00	17%	20808.00
合计				493000.00		83810.00

业务2：4日，申请办理银行汇票240000元，用以支付材料款，并支付手续费25元。附件3张。

业务3：7日，用4日所开银行汇票采购如下原材料并用存款发生运费3500元（运费按数量分配），多余款已退回。附件4张。

材料名称	单 位	数 量	单 价	金 额	税 率	税 额
反光条	圈	300	42.00	12600.00	17%	2142.00
线	塔	500	9.00	4500.00	17%	765.00
松紧带	卷	1500	74.50	111750.00	17%	18997.50
高级衣车油	瓶	600	106.00	63600.00	17%	10812.00
扣子	包	1000	10.50	10500.00	17%	1785.00
合计				202950.00		34501.50

业务4：8日，通过银企税系统缴纳上年度税费，增值税25344元，城建税17740.8元，教育费附加7603.2元，个人所得税844.32元。附件4张。

业务5：8日，以证券资金账户款项购入娄底电力股票10000股，成交价10.8元/股，支付佣金432元，公司决定将该股票划分为可供出售金融资产。附件1张。

业务6：9日，行政部职工张宏伟报销差旅费4060元。附件2张。

业务7：9日，收回红盛公司应收账款200000元。附件2张。

业务8：10日，通过工行城南支行发放上年度12月份工资，如下表。附件2张。

工资结算汇总表

2013 年 11 月 30 日　　单位：元

部门		应付工资	代扣工资						实发金额
			养老保险	失业保险	医疗保险	住房公积金	个人所得税	小计	
			8%	1%	2%	6%			
生产车间	生产工人	232031.00	18562.48	2320.31	4640.62	13921.86		39445.27	192585.73
	管理人员	12835.00	1026.80	128.35	256.70	770.10		2181.95	10653.05
管理部门		165389.68	13231.17	1653.90	3307.79	9923.38	844.32	28960.57	136429.11
合计		410255.68	32820.45	4102.56	8205.11	24615.34	844.32	70587.79	339667.89

业务 9：10 日，签发转账支票 60840 元，在本地购买高速成平缝机 52000 元，增值税 8840 元，固定资产已验收。附件 2 张。

业务 10：11 日，收到生产车间职工牛生元违反公司纪律交来的罚款 400 元。附件 2 张。

业务 11：12 日，缴纳上年度 12 月份住房公积金、社会保险费。附件 2 张。

住房公积金计算表

2013 年 12 月 30 日　　单位：元

部门		应付工资	住房公积金			社会保险费		
			企业承担部分	个人承担部分	小计	企业承担部分	个人承担部分	小计
			10%	6%		25.80%	11%	
生产车间	生产工人	232031.00	23203.10	13921.86	37124.96	59864.00	25523.41	85387.41
	管理人员	12835.00	1283.50	770.10	2053.60	3311.43	1411.85	4723.28
管理部门		165389.68	16538.97	9923.38	26462.35	42670.54	18192.86	60863.40
合计		410255.68	41025.57	24615.34	65640.91	105845.97	45128.12	150974.09

业务 12：13 日，开出转账支票向娄底万宝光荣院捐赠款项 40000 元。附件 2 张。

业务 13：13 日，销售产品，收到银行承兑汇票 5180760 元，汇票签发日期为 2014 年 1 月 13 日，到期日为 2014 年 4 月 11 日。附件 3 张。

品　名	单　位	数　量	单　价	金　额	税　率	税　额
男夏装	套	2800	380.00	1064000.00	17%	180880.00
女夏装	套	2600	340.00	884000.00	17%	150280.00
男冬装	套	2600	480.00	1248000.00	17%	212160.00
女冬装	套	2800	440.00	1232000.00	17%	209440.00
合　计		10800		4428000.00		752760.00

业务 14：13 日，用转账支票支付销售产品运输费 5000 元，搬运费 600 元。附件 2 张。

业务 15：14 日，用存款支付行政管理部门电话费 3204.61 元。附件 2 张。

业务 16：15 日，将 12 月 13 日收到的银行承兑汇票办理贴现，月贴现率为 6‰，另加 3

天异地结算期，2012 年 2 月份为 29 天。附件 2 张。

业务 17：16 日，支付车间固定资产修理费 3200 元及增值额 544 元。附件 2 张。

业务 18：16 日，收到保定劳保用品公司到期银行承兑汇票款 117000 元。附件 2 张。

业务 19：17 日，上月已转入处置的平头锁眼机出售，并收到货款 32760 元，其中价款 28000 元，增值税额 4760 元。该机器设备为 2009 年 12 月购入，其进项税额已于当年抵扣。附件 2 张。

业务 20：17 日，用现金支付上述锁眼机的拆卸费用 540 元。附件 2 张。

业务 21：17 日，结转平头锁眼机清理损益。附件 1 张。

业务 22：18 日，支付新产品研究阶段委托纺织研究所进行的新布料试制费 30000 元。附件 2 张。

业务 23：18 日，支付职工培训费 6572.71 元。附件 2 张。

业务 24：18 日，报销业务招待费 8386 元。附件 9 张。

业务 25：19 日，收到职工李任华归还借款 5000 元。附件 1 张。

业务 26：19 日，收取本年专利权使用费 86000 元，该专利权系 2013 年 1 月 1 日对外出租。附件 3 张。

业务 27：20 日，支付本月水费 3360 元（800 吨，4.2 元/吨），增值税费 571.2 元。附件 2 张。

业务 28：20 日，支付本月电费 8120 千瓦时，单价 0.8 元，合计 6496 元，增值税额 1104.32 元。附件 2 张。

业务 29：21 日，收到工商银行第四季度存款利息收入 902.89 元，交通银行利息收入 1527.78 元。附件 2 张。

业务 30：21 日，支付固定资产专项借款本月利息 31000 元，该借款购建的资产尚未开工。（支款通知）

业务 31：25 日，在建工程 1#楼房交付使用，价款 7864300 元，该楼房已签订出租协议，从 2012 年 1 月起对外出租。附件 3 张。

业务 32：28 日，通过银行支付职工餐费补助 32200 元。附件 2 张。

业务 33：28 日，取得上月从山东兰妮布业购入并已入库的蓝厚麻料布发票，购买数量为 1600 米，单价 34 元/米，价款 54400 元，增值税 9248 元，并支付款项。附件 2 张。

业务 34：31 日，摊销本年专利权和土地使用权（无形资产摊销表）。

无形资产摊销表

2014 年 1 月 31 日　　　　金额单位：元

无形资产	原　　值	摊销年限	年摊销额
专利权（已出租）	360000.00	5	72000.00
土地使用权	4500000.00	30	150000.00
合　　计			222000.00

审核：李唤成　　　　制单：周中平

业务 35：31 日，支付生产车间办公用品购置费 548.09 元。附件 2 张。

业务 36：31 日，分配本月发生的职工福利费。附件 3 张。

职工福利费分配表

2014 年 1 月 31 日　　　　单位：元

受益对象		分配标准	分 配 率	分配金额
生产车间工人	男夏装	25	200.00	5000.00
	女夏装	25	200.00	5000.00
	男冬装	25	200.00	5000.00
	女冬装	25	200.00	5000.00
	小　计	100		20000.00
车间管理人员				6200.00
公司管理人员				6000.00
合　计				32200.00

业务 37：31 日计算并结转本月应代扣个人所得税。龚珍 190 元，肖宏源 310 元，李任华 344.32 元。

业务 38：31 日，分配本月职工薪酬。（工资结算汇总表、职工薪酬分配表）

工资结算汇总表

2014 年 1 月 31 日　　　　单位：元

部门		应付工资	社会保险	教育经费	工会经费	住房公积金	合　计
			25.80%	3%	2%	6%	
生产车间	生产工人	263031.00	67862.00	6575.78	5260.62	15781.86	358511.26
	管理人员	12735.00	3285.63	318.38	254.70	764.10	17357.81
管理部门		155389.68	40090.54	3884.74	3107.79	9323.38	211796.13
合　计		431155.68	111238.17	10778.90	8623.11	25869.34	587665.20

职工薪酬分配表

2013 年 12 月 31 日　　　　金额单位：元

受益对象		分配标准（工时）	分 配 率	分配金额
生产车间工人	男夏装	3250	28.6809	93212.93
	女夏装	3550	28.6809	101817.20
	男冬装	2800	28.6809	80306.52
	女冬装	2900	28.6809	83174.61
	小　计	12500		358511.26
车间管理人员				17357.81
公司管理人员				211796.13
合　计				587665.20

业务 39：31 日，计提本月折旧。生产车间 26760 元，管理部门 44743.20 元，无偿提供给高管用车 4200 元。

业务 40：31 日确认本月高管用车折旧费 4200 元为非货币性福利。

业务 41：31 日，分配本月水电费。

外购水费分配表

2014 年 1 月 31 日　　金额单位:元

受益对象	水费			电费		
	耗用量	单价	分配金额	耗用量	单价	分配金额
生产车间	600	4.2	2520.00	7000	0.8	5600.00
管理部门	200	4.2	840.00	1120	0.8	896.00
合计	800		3360.00	8120		6496.00

业务 42：31 日，根据收料凭证汇总表，结转本月入库材料计划成本。附件 6 张。

收料单

2014 年 1 月 1 日　　编号：001

材料编号	材料名称	材料规格	单位	数量		计划单价	计划总成本
				应收	实收		
	蓝薄麻料布		米	4500	4500	25.80	116100.00
	红薄麻料布		米	5500	5500	25.8	141900.00
	蓝厚麻料布		米	3400	3400	32.9	111860.00
	蓝厚麻料布		米	3600	3600	32.9	118440.00
	反光条		圈	300	300	40	12000.00
	线		塔	500	500	8	4000.00
	松紧带		卷	1500	1500	75	112500.00
	高级衣车油		瓶	600	600	105	63000.00
	扣子		包	1000	1000	10	10000.00
	合计						709540.00

主管：钱海　　质检：李小英　　验收：肖娇　　经办：刘哲

业务 43：31 日，计算并结转本月入库材料成本差异。

入库材料成本差异计算表

2014 年 1 月 31 日　　金额单位：元

材料名称	入库数量	计划单价	计划总成本	实际总成本	材料成本差异
蓝薄麻料布	4500	25.80	116100.00	116758.80	658.80
红薄麻料布	5500	25.80	141900.00	142705.20	805.20
蓝厚麻料布	4000	32.90	131600.00	117813.40	-13786.60
红厚麻料布	3600	32.90	118440.00	124743.60	6303.60
反光条	300	40.00	12000.00	12850.38	850.38
线	500	8.00	4000.00	4917.31	917.31
松紧带	1500	75.00	112500.00	113001.92	501.92
高级衣车油	600	105.00	63000.00	64100.77	1100.77
扣子	1000	10.00	10000.00	11334.62	1334.62
合计			709540.00	708226.00	-1314.00

业务 44：31 日，分配并结转本月发出材料计划成本。

生产车间材料费用分配表

2014 年 1 月 31 日　　　　　　　　　　　　金额单位：元

产品名称	本期投产量	间接计入												直接计入	材料费用合计
		扣子			松紧带			反光条			线				
		单位消耗定额	分配率	分配额	单位消耗定额	分配率	分配额	单位消耗定额	分配率	分配额	单位消耗定额	分配率	分配额		
男夏装	1500	2.0	1.5946	4783.85	2.1	3.2216	10148.20	7.2	1.0913	11785.85	1.11	1.332	2217.80	193500.00	222435.70
女夏装	1800	2.1	1.5946	6027.65	2.2	3.2216	12757.73	7.1	1.0913	13946.58	1.12	1.332	2685.33	207432.00	242849.29
男冬装	900	2.5	1.5946	3587.89	2.1	3.2216	6088.92	7.4	1.0913	7267.94	1.13	1.332	1354.65	304325.00	322624.40
女冬装	1200	3.0	1.5946	5740.61	2.2	3.2216	8505.15	7.3	1.0913	9559.63	1.12	1.332	1790.22	325710.00	351305.61
小计	5400			20140.00			37500.00			42560.00			8048.00	1030967.00	1139215.00

业务 45：31 日，计算并结转本月发出材料成本差异。

发出材料成本差异计算表

2014 年 1 月 31 日　　　　　　　　　　　　金额单位:元

车间名称	产品名称	计划成本	材料成本差异率	材料成本差异额
生产车间	男夏装	222435.70	–0.4648%	–1033.94
	女夏装	242849.29	–0.4648%	–1128.83
	男冬装	322624.40	–0.4648%	–1499.64
	女冬装	351305.61	–0.4648%	–1632.96
	小　计	1139215.00	–0.4648%	–5295.37
制造费用		1050.00	–0.4648%	–4.88
合　计		1050.00	–0.4648%	–5300.25

业务 46：31 日，结转本月发出周转材料成本。男夏装袋 540 元，女夏装袋 480 元，男冬装袋 340 元，女冬装袋 476 元。

业务 47：31 日，分配并结转本月制造费用。男夏装 15608.07 元，女夏装 17048.81 元，男冬装 13446.95 元，女冬装 13927.20 元。

业务 48：31 日，计算完工产品成本。男夏装 335762.76 元，女夏装 366066.47 元，男冬装 816350.23 元，女冬装 410465.15 元。附件 14 张。

业务 49：31 日，结转本月销售产品成本，男夏装 678775.25 元，女夏装 479080.21 元，男冬装 981963.56 元，女冬装 867760.58 元。

业务 50：31 日，结转新产品研究阶段发生的费用化支出 30000 元。

业务 51：31 日，确认对联营企业娄底晋通实业公司的投资收益。已知娄底晋通实业公司 2014 年实现净利润 4876240.20 元，本公司持有 25%股份。附件 1 张。

业务 52：31 日，计提应收账款坏账准备 13986.72 元。附件 1 张。

业务 53：31 日，计算并结转本月未交增值税。本月进项税额 139893.02 元，销项税额 757520.00 元，未交增值税额为 617626.98 元。附件 1 张。

业务 54：31 日，计提本月应交营业税 4300 元，应交城市维护建设税 43534.89 元与教育费附加 18657.81 元。

业务 55：31 日，计提应交财产税。房产税 77700.00 元，车船税 1860.00 元，土地使用税 24000 元。

业务 56：31 日，损益类（收入）账户结转。

业务 57：31 日，损益类（费用支出）账户结转。

业务 58：31 日，计提本月所得税费用 2160623.24 元，所得税率 25%。

业务 59：31 日，结转所得税费用 2160623.24 元。

业务 60：31 日，结转本年利润 6481869.71 元。

B APPENDIX

附录B 期初资料

娄底丹枫制衣有限责任公司2013年12月31日账户余额

2013年12月31日　　　　金额单位：元

总账科目	二级科目	三级科目	借方余额	贷方余额
一、资产类				
库存现金			23987.00	
银行存款	中国工商银行娄底城南支行		1043876.65	
银行存款	建设银行娄底涟钢支行		5000000.00	
其他货币资金	存出投资款		459864.76	
应收票据	保定劳保用品销售公司		117000.00	
应收票据	娄底宏迈有限公司		54000.00	
应收票据	娄底市劳保用品中心		60087.96	
应收账款	娄底大同实业公司			550654.97
应收账款	娄底华达实业公司		126755.00	
应收账款	娄底华伟实业公司		56432.00	
应收账款	娄底红盛实业公司		256652.00	
应收账款	娄底百成实业公司		658762.00	
预付账款	娄底向锦实业公司		237654.64	
预付账款	娄底惠达纺织品公司		65432.96	
预付账款	长沙纺织设备公司			1263241.60
坏账准备	应收账款			61478.64
其他应收款	行政部		6598.00	
其他应收款	李任华		5000.00	
原材料	原料及主要材料		221661.40	
原材料	辅助材料		160080.00	
原材料	修理用备品备件		5250.00	
周转材料	包装物		6400.00	

续表

总账科目	二级科目	三级科目	借方余额	贷方余额
周转材料	低值易耗品		3200.00	
材料成本差异				3782.97
库存商品	男夏装		1447476.80	
库存商品	女夏装		1031742.16	
库存商品	男冬装		1981868.23	
库存商品	女冬装		2226192.00	
持有至到期投资	投资品种名称	成本		
持有至到期投资		利息调整		
固定资产			9364950.00	
累计折旧				1409973.60
固定资产减值准备				
在建工程			11736966.48	
固定资产清理			26928.00	
无形资产			4860000.00	
累计摊销				444000.00
二、负债类				
应付票据	广东博莱纺织品有限公司			1355440.00
应付票据	浙江心语泉实业公司			1148944.00
应付账款	自来水公司			
应付账款	娄底供电分公司			
应付账款	娄底双双纺织用品公司			535950.00
应付账款	大同理尚实业公司		93500.00	
应付账款	阳泉矿井专用劳保用品公司			363000.00
预收账款	东泰实业公司			100000.00
预收账款	金燕实业公司			336548.00
预收账款	世宙实业公司		76854.00	
预收账款	新华实业公司		67540.00	
应付职工薪酬	工资			410255.68
应付职工薪酬	社会保险费			151284.80
应付职工薪酬	住房公积金			65776.00
应付职工薪酬	职工教育经费			9800.00
应交税费	应交所得税		1252075.24	
应交税费	应交个人所得税			844.32
应交税费	未交增值税			253440.00
应交税费	应交城市维护建设税			17740.80
	应交教育费附加			7603.20
长期借款	专项借款	建设银行娄底涟钢支行		5000000.00

续表

总账科目	二级科目	三级科目	借方余额	贷方余额
三、所有者权益				
实收资本				20000000.00
资本公积				181303.27
盈余公积				89860.00
利润分配	未分配利润			9369997.43
四、成本类				
生产成本	男冬装		396132.00	
制造费用				
合计			43130919.28	43130919.28

C
APPENDIX

附录 C

预算案例资料

丹枫公司拟于 2014 年 12 月做好 2015 年的预算工作。其基础资料如下：

（1）该公司计划 2015 年度只生产一种产品，要求 2015 年销售量在 2014 年的基础上增长 20%，销售收入中 50%收现，50%下季度收取，2014 年年末应收账款余额为 350 万；

（2）年末现金余额为 30 万元；

（3）在付款政策中，采购当季度付采购款的 50%，其余下季度支付 40%，再下季度支付 10%，2014 年年末应付账款余额为 310 万元。

（4）2014 年各季度销售量分别是 6000、7000、8000、9000 件，销售单价为 3500 元/件。

（5）期末存货按下季度销售的 40%确定，预计 2015 年年末、年初库存量为 2400 件，年初、年末原材料库存量为 7200 米，各季度原材料存量按下季度生产需要量的 40%计算；

（6）单位产品材料耗用量为 3 米，每米计划单价为 80 元，每件产品工时定额为 20 小时，每小时工资为 80 元。

（7）该企业采用变动成本法进行预算，期初期末无在产品，期初库存商品成本 2950 元/件。

（8）根据 2014 年及以前制造费用统计情况，制造费用的相关资料如表 C-1 所示。

表C-1　制造费用统计表

项　　目	分配率（元/时）	项　　目	金额（万元）
变动部分	44	固定部分	730
间接材料	12	管理人员薪酬	34
间接人工	15	折旧费	268
维修费	8	办公费	164
水电费	6	修理费	88
其他	3	保险费	96
		其他	80

（9）根据 2014 年及以前销管费用统计情况，销管费用的相关资料如表 C-2 所示。

表C-2 销管费用统计表

项　　目	占销售百分比	项　　目	金额（万元）
变动部分：		固定部分：	
业务费	1.50%	销管人员薪酬	5
广告费	1.00%	折旧费	8
运输费	1.00%	办公费	6
包装费	0.50%	差旅费	3
		交通费	3
		其他	9

（10）预计 2014 年项目投资金额为 3000 万，并于年初投资，公司已决定借入 10 年期借款 1000 万元，年利率 6%，按季度计息。

（11）所得税率为 25%，各季度按销售收入的 5%预缴，年终清缴。增值税率为 17%，综合考虑进项税等销售税项及城建税、教育费附加税率（7%、3%），预计销售环节税金为销售收入的 12%。年底向投资者分配利润 1.44 万元。

（12）现金余额最低为 28 万元。现金过多可考虑短期投资或存在银行或提前偿还贷款，现金不足可考虑短期贷款，融资金额以 1 万元为单位，短期借款利率为 4%。

D
APPENDIX

附录 D

索引